KB014888

100개의 키워드로 읽는
광고와 PR

이 도서의 국립중앙도서관 출판예정도서목록(CIP)은 서지정보유통지원시스템 홈페이지(http://seoji. nl. go. kr)와
국가자료공동목록시스템(http://www. nl. go. kr/kolisnet)에서 이용하실 수 있습니다.
CIP제어번호 (양장 CIP2017027093 학생판 CIP2017027090)

100개의 키워드로 읽는
광고와 PR

김병희·김찬석·김효규·이유나·이희복·최세정 지음

100 ESSENTIAL KEYWORDS
IN ADVERTISING & PUBLIC RELATIONS

광고/PR의 정의, 광고/PR 직업, 광고/PR 윤리, 광고전략, PR기획, 광고소구, 광고규제, 광고비평, 공중, 미디어믹스, 공공캠페인, 브랜드저널리즘, 광고콘셉트, 광고기호학, 광고창의성, 아이디어 발상법, PR 4모형, 조직—공중 관계성, 위기관리, 갈등관리, 명성관리, 임파워먼트, 공익광고, 정부광고, 부당광고, 간접광고, 가상광고, 네이티브광고, 언론 관계, 마케팅 PR, 디지털 PR, 비영리 PR, 관여도, 광고태도, 광고회피, 소비자조사, 트리플 미디어, 스마트 미디어, 글로벌 광고/PR, 방송광고, 옥외광고, 온라인광고, 소셜미디어광고, 모바일광고, 개인맞춤형광고, 미디어 플래닝, 비히클과 유닛, 총노출량, CPM과 CPRP, 미디어렙, ATL과 BTL, MCN, O2O 마케팅 외

한울
아카데미

차례

〈KADPR 지식총서〉를 발간하며

저의 학부 전공은 신문방송학입니다. 학과명에서 드러나듯이, 이 학과에 개설된 많은 교과목에는 신문, 방송, 언론(매스컴)이란 이름이 들어가 있었습니다. 대다수 학과생들의 졸업 후 희망진로도 신문기자나 방송PD 둘 중 하나였으며, 광고회사 입사를 준비하는 학생은 찾아보기 어려웠습니다. 지금 광고 전공의 교수로 대학에 몸담고 있고 나름 학부에서 유관 전공으로 공부했다고 하지만, 제가 학부 당시 수강할 수 있었던 광고홍보학 관련 과목은 '광고학개론'이 유일했습니다. 국내 커뮤니케이션 학문분야에서 광고홍보학의 존재가 미미하고 한참 변방에 있던 시절의 이야기입니다.

어느덧 30년 가까운 세월이 흐른 지금, 광고홍보학의 학문적 위상은 그때와 비교할 수 없을 만큼 달라졌습니다. 전국 4년제 대학에 설치된 광고홍보학과만도 40여 개에 이르고, 수천 명의 광고홍보학 전공 대학생들이 광고나 PR분야의 진로를 꿈꾸며 이 전공의 유난히 고된(!) 학업을 이겨나가고 있습니다. 대학뿐 아니라 고등학교에도 많은 광고동아리가 생겼고, 광고와 홍보 전문인력에 대한 사회적 수요도 높아졌습니다. 실용적 성향이 유난히 높은 전공으로서 산업의 성장과 함께 학문적 저변도 크게 넓어진 것입니다.

　광고홍보학은 사회와 문화의 변동과 함께 빠르게 진화하는 학문입니다. 그러하기에 교육자로서, 그리고 연구자로서 변화에 대응해야 한다는 강박관념을 안고 살며, 날로 넓어지고 있는 학문적 개척의 지평은 도리어 부담스럽기만 합니다. 광고홍보학이란 학문의 영역에서 사방을 돌아보면 채우고 노력해야 할 일들이 너무나 많습니다. 이것이 현실 인식이라면 남은 과제는 개선의 의지와 실행입니다. 작은 것부터라도 차곡차곡 쌓으며 세상의 호흡을 따라가야 한다는 생각, 그래서 학문의 책무와 자존심을 지키고 사회가 필요로 하는 전공분야로서의 위상을 높여야 한다는 생각. 한국광고홍보학회(KADPR)가 발간하는 〈KADPR 지식총서〉 시리즈는 이러한 자각을 바탕으로 기획되었습니다.

　광고, PR, 마케팅, 미디어, 소비자 등 광고홍보학 전공과 관련된 도서는 국내에서만도 일일이 헤아릴 수 없을 만큼 많이 출판되어 세상에 나왔습니다. 그런데도 제 주변에 적지 않은 교수님들은 막상 전공수업의 교재로 쓸 만한 책이 없다며 아쉬움을 토로합니다. 다양한 출판사에서 산발적으로 출간되는 도서에 대해 정보가 부족한 이유도 있고, 학계의 니즈보다는 주로 개인 저자의 관심분야와 여건에 따라 저술되는 상황적 이유도 있을 것입니다. 문제의 솔루션을 생각하다 보니 이런 생각이 떠올랐습니다. 광고홍보학 교육이나 연구에 필요한 도서주제를 선정하고, 저술을 지원하고, 출판과정을 관리하고, 출간된 책을 학계에 알리는 전반적인 역할을 학회라는 조직이 나서서 해주면 좋지 않을까? …… Why not?

　이 발상이 실행으로 옮겨지기까지 다행히 모든 과정이 순조로웠습니다. 첫번째 발간도서는 광고홍보학을 공부하려면 기초지식으로 알아두어야 할 핵심용어나 개념의 설명집이면 좋겠다고 생각했습니다. 우리 전공분야에 있을 만한 책이 없다고 아쉬워했던 주제입니다. 그 니즈에 공감하고 저술 요청에 응해주신 학자들로 집필진이 어렵지 않게 구성되었습니다. 집필에 참여하신 여섯 분의 교수님은 모두 광고홍보학계에서 신뢰받는 학자들입니다. 킥오프

미팅에서부터 출간까지의 9개월간 모두 책임감 있게 맡은 역할을 다해주셨습니다. 〈KADPR 지식총서〉 시리즈의 첫 번째 신간인 『100개의 키워드로 읽는 광고와 PR』은 큰 의미를 담은 결실입니다. 대학에서 광고홍보학을 공부하(려)는 학생들과 광고홍보 분야 연구자들이 꼭 한 번쯤 읽어봐야 할 필독서이자 참고도서로서 많은 쓰임을 받는 책이 되리라 믿습니다.

끝으로, 앞으로도 계속 발간될 〈KADPR 지식총서〉 시리즈의 출간사업 지원을 약속하신 메타커뮤니케이션즈 한재방 대표님께 깊은 감사의 뜻을 전합니다. 아울러 〈KADPR 지식총서〉의 편집 및 출판작업을 맡아 진행할 한울엠플러스(주) 담당자분들의 노고에도 감사드립니다. 향후 지속될 광고홍보학 분야의 양서 출간으로 학계의 니즈에 부응할 수 있도록 한국광고홍보학회가 잘 관리하고 지원할 것입니다. 이러한 노력이 광고홍보학의 학문적 성장에 작은 보탬이 될 수 있기를 소망하며, 독자 여러분의 관심과 성원을 기대합니다.

2017월 10월

한국광고홍보학회 제12대 회장

한규훈

100개의 키워드에서 1000개의 아이디어로

어떤 전문 분야를 단시간에 이해하기란 생각보다 어려운 일이다. 특히 초심자는 어디서부터 어떻게 시작해야 할지 막막할 때가 많으리라. 그럴 때 친절히 안내해주는 길잡이를 만날 수 있다면 많은 도움이 될 것이다. 한국광고홍보학회가 지식총서 시리즈를 기획하면서 첫 번째 책으로 출간하는 『100개의 키워드로 읽는 광고와 PR』은 광고와 PR 분야에 관심을 갖고 보다 깊이 알아보고자 하는 분들에게 유용한 길잡이가 필요하다는 다소 야심찬 바람에서 시작되었다.

원고 집필에 앞서 나름대로의 기준에 따라 광고와 PR 분야의 전문가로 평가받는 여섯 명의 저자들이 선정되었다. 저자들이 모여 광고와 PR 분야에서 꼭 알아야 할 100가지 키워드가 무엇인지 정하는 문제부터 쉽지 않은 작업이었다. 광고와 PR 분야는 커뮤니케이션, 미디어, 마케팅, 심리, 기술, 역사, 문화, 예술, 경제, 법률, 언어 등 다양한 분야들을 아우르며 융합된 학문과 실무의 영역이자, 이론과 실제가 상호작용하면서 진화해온 학문 영역이기 때문이다.

고심 끝에 저자들은 광고, PR, 미디어라는 세 가지 영역으로 나누고 그에 알맞은 100개의 키워드를 선정했다. 광고와 PR 각각의 정의와 주요 유형은 물론 환경, 주요 이론과 개념, 실무 관련 용어들을 모두 10개의 장으로 묶어 관심 분야에 따라 독자가 쉽게 찾아볼 수 있도록 정리했다. 제시된 100개의 키워드는 광고와 PR을 이해하는 데 전통적으로 중요하게 여겨지는 용어는 물론 사물인터넷, 인공지능, 빅데이터, 증강현실, 가상현실 같은 미디어 기술 발전에 따라 광고와 PR이 진화하며 새롭게 등장한 용어들도 두루 포함했다. 300여 개에서 시작된 처음의 키워드는 수차례의 논의 과정을 거쳐 결국 100 개(광고 65개, PR 35개)의 핵심어로 집약되었는데, 이 과정에서 유사한 용어는 하나의 상위 키워드에 통합하려고 노력했다. 따라서 이 책에서 소개하는 100 개의 키워드에는 '지금', '여기'에서 필요로 하는 광고와 PR 용어를 모두 포괄 했다고 해도 과언이 아니다.

책의 내용은 다음과 같다. 제1장에서는 광고의 정의와 환경에 관한 내용을 두루 살펴보았고, 제2장에서는 광고 이론과 관련 개념을 촘촘히 검토했으며, 제3장에서는 광고 기획과 전략의 실무적 맥락을 소개했다. 제4장에서는 광고 크리에이티브의 제반 사항을 톺아보고, 제5장에서는 광고 유형을 다양한 맥락에서 해석했으며, 제6장에서는 광고와 미디어의 관련 양상을 점검하고, 제7장에서는 광고 미디어 기획의 세세한 측면을 규명했다. 제8장에서는 PR의 정의와 환경에 관한 내용을 우리 시대에 알맞게 짚어보고, 제9장에서는 PR 기획과 전략의 제 문제를 탐색했으며, 제10장에서는 PR 이론과 관련 개념을 학술적, 실무적 맥락에서 고찰했다.

각 키워드는 주제에 알맞게 10개의 장에 배열했는데, 필자별로 집필한 키 워드를 정리하면 다음과 같다. 김병희는 광고의 정의, 광고회사 보상제도, 광 고 규제, 광고 기호학, 광고 비평, 브랜드 저널리즘, 광고 창의성, 아이디어 발 상법, 광고 소구, 광고 카피, 광고 디자인, 네이티브 광고, 기사형 광고, 공익 광고에 대해 집필했다. 이희복은 광고회사, 광고 직업, 광고 윤리, 광고 리터 러시, 광고 전략, 광고 콘셉트, 슬로건, 스토리텔링, 정부광고, 부당광고, 패러디 광고, 매복광고, 간접광고, 가상광고, 중간광고에 대해 집필했다. 최세정은 광고 기술, 위계효과 모형, 정보원효과 모형, 관여도, 광고 인게이지먼트, 광고 태도, 광고 회피, 구전 커뮤니케이션, 통합마케팅커뮤니케이션, 시장세분화와 목표설정 및 포지셔닝, 고려상표군, 소비자 조사, 광고효과 측정, 개인맞춤형 광고, 글로벌 광고, 다중채널 네트워크(MCN), O2O 마케팅, 검색엔진 마케팅(SEM), 온라인 광고, 소셜미디어 광고에 대해 집필했다. 김효규는 트리플 미디어, 스마트 미디어, 방송광고, 모바일 광고, 옥외광고, 미디어 플래닝, 미디어와 비히클 및 유닛, ATL과 BTL 및 TTL, 미디어 믹스, 3-히트 이론, 시청률과 점유율 및 열독률, GRPs, CPM과 CPRP, 미디어 스케줄, 발행부수공사제도, 미디어렙에 대해 집필했다. 김찬석은 공중, 퍼블릭 어페어즈, PR 직업, 언론관계, 투자자관계, PR 기획, 기업PR, 마케팅PR, 디지털PR, 인수합병PR, 정부PR, 비영리PR, 공공캠페인, 위기관리, 갈등관리, 헬스 커뮤니케이션, 신뢰 항목에 대해 집필했다. 이유나는 PR의 정의, 사원관계, 지역사회관계, PR 교육, PR 윤리, 글로벌PR, PR 효과, PR 4모형, 체계이론, 비판이론, 우수이론, 상황이론, 정황적 수용이론, 상황적 위기커뮤니케이션 이론(SSCT), 조직-공중 관계성, 명성관리, 임파워먼트, 상호지향성에 대해 집필했다.

각 키워드에 대한 기술은 개념에 대해 간략히 정의하고 핵심 내용을 설명한 다음 필요할 경우 이미지를 넣어 풍부하게 구성했으며, 관심 있는 키워드가 있으면 독자들이 추가로 관련 내용을 찾아볼 수 있도록 참고문헌도 제시했다. 물론 이 책은 교과서처럼 상세한 맥락이나 정보를 전달하지는 않지만, 광고와 PR 분야에 관심 있는 독자들이 주요 개념과 정보를 100개의 키워드를 통해 손쉽게 이해하도록 할 것이다. 나아가 이 책이 광고와 PR의 핵심 내용을 제공하는 동시에 추가 정보를 찾는 방향을 제시하는 길잡이가 되어주기를 바란다.

이 책이 나오기까지 지원과 격려를 아끼지 않으신 한국광고홍보학회의 한규훈 회장님과 집행부 여러분께 감사드린다. 또한 책의 꼴을 보다 값지게 만들어주신 한울엠플러스(주)의 편집부에도 고맙다는 인사를 전하고 싶다. 두루 알다시피 광고와 PR은 사회 환경에 민감하게 반응하며 소비자나 공중의 필요와 욕구에 발 빠르게 대응하고 의미 있는 관계를 맺으며 날로 새롭게 진화하는 분야이다. 따라서 필요할 경우에는 이 책에서 제시하고 있는 100개의 키워드와 기술 내용을 사회 변화에 알맞게 앞으로 지속적으로 보완하고자 한다.

바둑에 정석이 있지만 정석대로 바둑이 두어지는 것은 아니다. 상황 변화에 알맞게 정석을 자유자재로 응용해가면서 바둑을 둬야 게임에서 이길 수 있다. 이 책에서 제시하는 100개의 키워드는 바둑의 정석에 가깝다. 바둑에서와 마찬가지로 100개의 키워드는 광고와 PR의 상황 변화에 따라 1000개의 아이디어로 확장되고 자유자재로 활용되어야 한다. 저자들은 부족한 부분을 업데이트하고 새로운 추세를 반영함으로써, 이 책이 광고와 PR 키워드의 정석으로 자리매김하도록 계속 노력할 것이다.

2017년 10월
저자들을 대신하여
김병희, 최세정

제1장
광고의 정의와 환경

001

광고의 정의
Definition of Advertising

일찍이 1655년에 『메르쿠리우스 폴리티쿠스(Mercurius Politicus)』라고 하는 뉴스북(오늘날의 신문과 같은 뉴스전달 매체)에 애드버타이즈먼트(advertisement) 라는 말이 쓰였는데 이때부터 이 말이 널리 확산되었다. 이후로 영국의 간행물에는 광고가 많이 실렸고 '애드버타이즈먼트'라는 말도 자주 쓰였다. 1710년 조지프 애디슨(Joseph Addison)이 편집한 ≪태틀러(The Tatler)≫ 지에서는 광고 특집을 기획해 광고에 대한 정의를 내렸다. 그때까지 '광고'는 모든 정보를 가리키는 의미로 쓰였지만, ≪태틀러≫에서는 광고를 비즈니스 알림(business announcement)이라는 의미에 한정시켜 사용해야 한다고 명시했다(Wikipedia, 2017).

광고(advertising)의 어원은 라틴어의 '아드베르테르(adverter)'인데, 이는 "돌아보게 하다", "주의를 돌리다"라는 뜻이다. 광고를 의미하는 독일어의 디 레클라메(Die Reklame)와 프랑스어의 르끌람(Reclame)이라는 단어는 '부르짖다' 라는 의미의 라틴어 어원 '클라모(Clamo)'에서 나왔는데, "반복해 부르짖다"라는 뜻이다. 광고의 어원을 종합하면 광고란 '반복해 부르짖음으로써 주의를

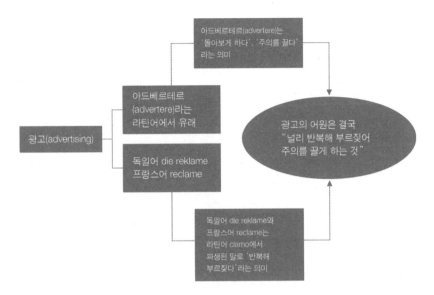

아드베르테르(advertere)는
'돌아보게 하다', '주의를 끌다'
라는 의미

아드베르테르
(advertere)라는
라틴어에서 유래

광고(advertising)

독일어 die reklame
프랑스어 reclame

광고의 어원은 결국
"널리 반복해 부르짖어
주의를 끌게 하는 것"

독일어 die reklame와
프랑스어 reclame는
라틴어 clamo에서
파생된 말로 '반복해
부르짖다'라는 의미

그림 1-1 **어원으로 알아본 광고의 의미**

끌게 하는 것'이다. 세계 광고사의 초창기에 광고인을 광호인(廣呼人, crier)이라고 불렀는데, 이 역시 광고의 어원을 충실히 반영한 것이었다. 우리말에서 광고의 의미도 라틴어의 어원과 비슷하다. 광고의 의미를 시각적으로 정리하면 그림 1-1과 같다.

한편, 1963년 미국마케팅학회의 광고정의위원회는 광고의 개념을 다음과 같이 정의한 바 있었다. 즉, "광고란 명시된 광고주가 유료로 아이디어와 제품 및 서비스를 비대인적으로 제시하고 촉진하는 일체의 형태이다". 이와 같은 광고에 대한 정의는 그동안 광고학계와 광고업계에서 포괄적인 동의를 얻으며 유효성과 설명력을 가지는 것으로 인정받아왔다.

광고산업의 전문분야 종사자들이 광고 활동의 어떤 측면을 강조하느냐에 따라, 광고학계의 연구자들이 마케팅과 커뮤니케이션 중 어떤 관점을 지지하느냐에 따라, 광고는 각양각색으로 정의되어왔다. 이상에서 제시한 광고의 정의들은 광고를 '마케팅의 도구'로 보는 관점과 '커뮤니케이션의 수단'으로

표 1-1 광고의 정의들

연구자	광고의 정의
John E. Kennedy(1894)	광고란 인쇄된 판매술이다(리대룡, 1990 재인용).
Advertising Age(1932)	광고는 광고주의 이익을 높이기 위한 아이디어, 서비스, 제품에 관한 정보의 전달이다.
미국마케팅협회 (AMA, 1948)	광고는 명시된 광고주가 행하는 아이디어, 제품, 서비스에 관한 유료 형태의 비대인적 설명 및 판매촉진 활동의 모든 것이다.
미국마케팅학회 (AMA, 1963)	광고란 명시된 광고주가 유료로 아이디어와 제품 및 서비스를 비대인적으로 제시하고 촉진하는 일체의 형태이다.
Tillman & Kirkpatrick (1972)	광고란 매스컴을 통해 전달하고 원하는 바를 이루기 위해 설득하는 것을 목적으로 하는 유료의 상업적 촉진형태이다.
미국광고회사협회 (AAAA, 1976)	광고란 소비대중에게 자사 제품의 판매나 서비스의 이용을 궁극적인 목표로 삼고, 이에 필요한 정보를 미디어를 통해 유료로 전달하는 모든 활동이다.
Wright(1977)	광고란 대중매체를 통한 통제된 명시적 정보 및 설득이다.
Dunn & Barban(1986)	광고란, 광고 메시지 속에 어떤 형태로든 명시된 기업이나 비영리조직 또는 개인이 다양한 미디어를 통해 특정 집단의 수용자에게 정보를 제공하거나 설득하고자 하는 유료의 비대인적 커뮤니케이션이다.
Bovee & Arens(1989)	광고란 확인 가능한 광고주가 대가를 지불하고 다양한 매체를 통해 제품, 서비스, 아이디어에 관한 정보를 전달하기 위한 설득적·비대인적 커뮤니케이션이다.
Pride & Ferrell(1989)	광고란 대중매체를 통해 표적 청중에게 전달하기 위한 조직이나 제품에 관한 유료의 비대인적 커뮤니케이션 형태이다.
Wells & Burnett(1989)	광고란 명시된 광고주가 대중매체를 이용해 청중을 설득하거나 영향력을 행사하려고 하는 유료의 비대인적 커뮤니케이션의 한 형태이다.
Russel & Lane(1990)	광고란 명시된 광고주가 대중매체를 이용해 전달하는 유료의 메시지이다.
리대룡(1990)	광고란 인증된 스폰서가 유료적이고 비대인적인 매스커뮤니케이션 수단을 통해 제품이나 서비스를 판매하는 것이다.
Nylen(1993)	광고란 특정 제품, 서비스, 신념, 행동에 관한 정보를 제공하거나 사람들을 설득할 목적으로 대중매체에 대가를 지불하고 싶는 메시지이다.
한국광고학회(1994)	광고란 광고주가 청중을 설득하거나 영향력을 미치기 위해 대중매체를 이용하는 유료의 비대면적 의사전달 형태이다.
차배근(1995)	광고란 커뮤니케이션의 한 형태로서 소비자나 고객 또는 일반 대중에게 제품이나 서비스에 대한 정보를 제공해 광고주가 의도하는 방향으로 영향을 미치기 위한 커뮤니케이션이며, 광고주와 소비자 간의 커뮤니케이션의 행위이다.
Arens(1999)	광고란 확인 가능한 광고주(스폰서)가 다양한 미디어를 통해 제품이나 서비스 또는 아이디어에 관해 통상적으로 비용을 지불하고, 대개는 사실상 설득적인 정보를 제시하는 비대인적 커뮤니케이션이다.
Wells, Burnett & Moriarty(1999)	광고란 알려진 광고주가 수용자를 설득하거나 영향을 미치고자 대중매체를 이용하는 유료 형태의 비대인적 커뮤니케이션이다.
Advertising Age(1999)	광고란 판매, 이용, 투표, 승인에 영향을 미치기 위해 광고주의 비용으로 사람, 제품, 서비스, 운동 등에 대해 인쇄하거나 쓰거나 말하거나 그려서 제시하는 것이다.
김봉현·김태용·박현수· 신강균(2011)	광고란 명시된 스폰서로부터 대중매체를 통해 수용자를 설득하거나 영향을 줄 목적으로 전달되는 비대인적 커뮤니케이션이다.
김병희·한상필(2012)	광고란 명시적, 비명시적 광고주체가 목표 고객에게 브랜드 자산을 구축하기 위해 직간접 매체를 활용해 내용을 전달하는 마케팅 커뮤니케이션 활동이다.
김병희(2013)	광고란 광고주체가 수용자를 설득하는 데 영향을 미치기 위해 매체를 활용해 아이디어와 제품 및 서비스 내용을 전달하는 단계별 커뮤니케이션 활동이다.

자료: 김병희(2013a, 2013b); 김병희·한상필(2012: 248~282); 김봉현·김태용·박현수·신강균(2011); 이두희(2006)
에서 재인용 또는 재구성.

보는 관점, 그리고 두 관점을 통합하려는 관점으로 대별할 수 있다.

첫째, 광고의 정의에 대한 마케팅적 관점이다. 일찍이 미국마케팅학회는 "광고란 명시된 광고주가 유료로 아이디어, 제품, 서비스를 비대인적으로 제시하고 촉진하는 일체의 형태이다"(AMA, 1963)라고 광고의 개념을 정의했다. 이 정의는 마케팅 관점에서의 광고의 개념을 대표해왔다. 여기에서 제시된 광고의 정의는 다음과 같은 네 가지 특성을 지닌다.

① 유료의 형태(paid form)로 노출된다는 것이다. 광고주는 돈을 내고 여러 미디어의 지면(space)이나 시간(time) 또는 사이버 공간(cyber space)에 광고 메시지를 노출한다. 이런 의미에서 광고는 돈을 지불하지 않고 제품이나 서비스에 대한 정보를 보내는 퍼블리시티(publicity)와는 다르다.

② 비대인적으로 제시(nonpersonal presentation)된다는 것이다. 매체별로 약간의 차이는 있지만 대부분의 광고는 다수의 소비자 혹은 대중을 대상으로 자사의 제품이나 서비스에 대한 정보를 제공한다. 따라서 광고는 소비자들과 직접 접촉하는 면대면(face-to-face)의 대인 판매와는 달리 다수를 대상으로 하기 때문에 비대인적(非對人的)으로 제시된다.

③ 아이디어와 제품 및 서비스(ideas, goods, and services)를 전달한다는 것이다. 광고의 대상에는 어떤 기업의 제품만이 아니라 은행이나 항공사의 서비스도 포함된다. 기업PR 광고나 공공광고처럼 어떤 철학이나 정책을 전달하려는 목적으로 광고를 하기도 하기 때문에 광고의 대상에는 제품, 서비스, 아이디어가 포함된다고 할 수 있다.

④ 명시적 광고주(identified sponsor)가 있다는 것이다. 광고는 광고주의 마케팅 목표나 광고 목표를 달성하기 위해 제품이나 서비스나 아이디어에 관한 정보를 전달한다. 따라서 거의 모든 광고물에는 광고하는 주체가 반드시 명시된다.

여기에서 PR(public relations)과 선전(propaganda)은 '유료의(paid)'와 '명시적(identified)'이라는 두 가지 측면에서 광고와 구별되는 것으로 간주되어왔다. PR과 선전은 광고와는 달리 유료의 비용을 지불하지 않아도 가능하며, PR과 선전을 하는 주체를 명시하지 않아도 된다. 이 밖에도 공공광고의 경우에는 매체사에 비용을 지불하지 않고 무료로 광고를 한다.

둘째, 광고의 정의에 대한 커뮤니케이션적 관점이다. 마케팅 관점에서의 광고의 정의와는 달리, 커뮤니케이션 관점을 지지해온 학자들은 광고를 판매자와 수요자 사이의 커뮤니케이션 연결(communication link)을 가능하게 해주는 매개체로 보았다. "광고란 대중매체를 통한 통제된 명시적 정보 및 설득이다"(Wright, 1977). "광고란 알려진 광고주가 수용자를 설득하거나 영향을 미치고자 대중매체를 이용하는 유료 형태의 비대인적 커뮤니케이션이다"(Wells, Burnett and Moriarty, 1999) 같은 정의는 커뮤니케이션 관점에서의 광고 개념을 대표해왔다.

커뮤니케이션의 관점을 지지하는 학자들은 광고에 대해 정의할 때 '정보'와 '설득'이라는 두 가지 단어가 반드시 포함되어야 한다고 하면서, 미국마케팅학회에서 제시했던 광고의 정의를 비판했다(Wright, 1977). 즉, 미국마케팅학회(AMA)에서 내린 광고의 정의가 마케팅 연구자들에게는 유용할지 몰라도 광고 현장의 실무자들에게 커뮤니케이션 기술로서의 광고의 개념을 설명하기에는 미흡한 점이 많다는 것이었다. 이 관점을 지지해온 학자들은 광고의 정의에 다음과 같은 네 가지 기본 요인이 포함되어야 한다고 강조했다.

① 정보(information)와 설득(persuasion)이 포함되어야 한다는 것이다. 광고란 명시된 광고주가 매스미디어를 통해 불특정 다수의 소비자에게 제품 정보를 전달해 판매를 촉진하는 설득 커뮤니케이션이기 때문에, 소비자들에게 정보를 전달하거나 설득하기 위한 커뮤니케이션 활동의 특성을 가져야 한다는 뜻이다.

② 통제적(controlled) 특성을 지니고 있다는 것이다. 여기에서 '통제적'이라는 형용사에는 광고 메시지의 내용이나 광고의 규격이 광고주에 의해 통제되고, 경우에 따라서 광고심의 과정을 거쳐 규제를 받는다는 의미가 담겨 있다.

이러한 '통제적'이라는 수식어 때문에, 광고가 다른 커뮤니케이션 형태인 대인판매(personal selling)나 퍼블리시티(publicity)와 구별된다는 뜻이다.

③ 명시적(identifiable) 특성을 지녀야 한다는 것이다. 이는 광고의 주체를 확인할 수 있거나 광고주체가 분명해야 한다는 뜻으로, '명시적'으로 제시되어야 한다는 특성을 지니기 때문에 광고를 PR이나 선전과는 다른 개념으로 인식해야 한다는 것이다.

④ 대중매체(mass media)를 통해 전달된다는 것이다. 광고 메시지는 반드시 대중매체를 통해 목표 고객에게 도달된다는 뜻으로, 광고란 매스 커뮤니케이션의 영역에 해당된다는 특성을 지니며 이 특성은 광고를 대인 판매와 구별하는 요인으로 간주되어왔다.

셋째, 광고의 정의에 대한 통합적 관점이다. 시간의 흐름과 미디어 환경 변화를 고려해 마케팅적 관점과 커뮤니케이션적 관점을 통합하려는 시도들이 있었다. 두 가지 관점을 통합해 1980년대 미국의 광고 환경을 설명하려 했던 "광고란, 광고 메시지 속에 어떤 형태로든 명시된 기업이나 비영리조직 또는 개인이 다양한 미디어를 통해 특정 집단의 수용자에게 정보를 제공하거나 설득하고자 하는 유료의 비대인적 커뮤니케이션이다"(Dunn and Barban, 1986) 같은 정의에서는, 이윤을 추구하는 기업에서만 광고를 한다는 기존의 광고의 정의에서 벗어나 비영리조직인 정부나 정당이 행하는 정치 커뮤니케이션이나 교육기관 혹은 자선단체가 행하는 사회문화적 커뮤니케이션도 광고의 새로운 정의에 포함되어야 한다는 쪽으로 광고의 개념을 새롭게 정립했다. 이에 따라 광고의 주체가 기업은 물론 정부기관, 대학, 교회 같은 비영리단체나 개인에 이르기까지 확대되었으며, 정치광고나 공공광고 영역도 광고의 새로운 범위에 포함되었다.

이후 광고의 정의가 다시 한 번 수정되었다. 광고의 정의에 '유료'나 '설득'이라는 두 가지 단어가 반드시 포함될 필요는 없다는 주장은 광고의 개념을 다시 한 번 되돌아보게 만들었다. "광고란 판매, 이용, 투표, 승인에 영향을 미

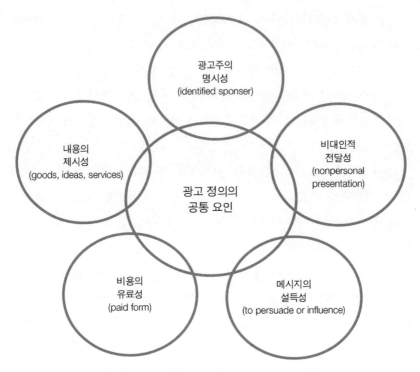

그림 1-2 **광고의 정의에 필요한 다섯 가지 요인**
자료: 김병희(2013b: 36).

치고자 광고주가 자기 비용으로 사람, 제품, 서비스, 운동에 대해 인쇄하거나 쓰거나 말하거나 그려서 제시하는 것이다"(Advertising Age, 1999) 같은 광고의 정의에는 '유료'나 '설득'이라는 두 가지 단어가 빠져 있다. 여러 가지 광고의 정의들을 종합하면, 광고의 정의에 필요한 구성요인이 그림 1-2와 같은 다섯 가지 요인에 집중되어 있다.

　① 광고주의 명시성이다. 광고에 광고주가 표시되지 않는다면 광고주체가 누구인지 알 수 없다. 따라서 전통적인 광고의 정의에서는 거의 모든 광고에 광고주가 명시되어야 한다고 강조했다.

　② 비대인적 전달성이다. 광고주는 소비자에게 제품 메시지를 직접 전달하

지 않고 대중매체를 통해 전달하기 때문에, 비대인적 전달성이란 대중매체를 통해 전달된다는 사실과 동일한 의미를 지닌다. 따라서 전통적으로 공인된 광고의 정의에서는 어떤 광고 메시지가 비대인적으로(non-personal) 전달된다는 점을 강조해왔다.

③ 메시지의 설득성이다. 광고주가 대중매체에 비용을 지불하고 광고를 하는 이유는 소비자 설득에 영향을 미치기 위해서이다. 따라서 전통적인 광고의 정의에서는 소비자를 설득하거나 영향을 미친다는 광고 목적이 들어가야 한다고 강조했다.

④ 비용의 유료성이다. 광고를 무료로 내주는 미디어는 거의 없다. 물론 공익광고 같은 공공캠페인의 경우 무료 광고가 가능하지만 이는 예외적인 사례이다. 따라서 전통적인 광고의 정의에서는 광고가 유료의 형태라는 내용이 들어가야 한다고 강조했다.

⑤ 내용의 제시성이다. 모든 광고에서는 소비자에게 알리고자 하는 제품과 아이디어 및 서비스에 대한 내용을 어떤 메시지로 구성해 제시한다. 따라서 전통적인 광고의 정의에서는 제품과 아이디어 및 서비스의 내용이 제시된다는 점을 강조해왔다.

이상에서 논의한 광고의 정의를 최근의 미디어 환경 변화나 소비자 행동의 변화에 비춰 비교해보면 수정할 필요성이 제기된다. 광고의 정의에서 광고의 기본적인 구성요인으로 알려진 명시된 광고주, 유료의 형태, 설득과 영향, 그리고 비대인적 전달이라는 기존의 광고 개념으로는 현재 우리나라의 광고 현상을 설명하기 어려워진다. 현대 광고는 콘텐츠의 특성이 있기 때문에, 광고의 새로운 정의가 필요하다(이시훈, 2007). 광고에 대한 세 가지 관점을 종합하면, 명시된 광고주라는 내용이 들어가야 하지만 현대의 광고에서는 광고주가 명시되지 않은 광고 형태도 있고, 비대인적으로 제시된다는 내용이 들어가야 하지만 대인적으로 제시되는 광고 형태도 있고, 그리고 유료의 형태라는 내용이 들어가야 하지만 공익광고처럼 무료로 하는 광고의 형태도 있다. 또한 소

표 1-2 광고 개념의 변화

구분	기존의 광고 개념	향후의 광고 개념
광고의 정의	광고주의 명시성	광고주체의 (비)명시성
	비대인적 전달성	(비)대인적 전달성
	메시지의 설득성	메시지의 (단계별) 설득성
	비용의 유료성	비용의 (무)유료성
	내용의 제시성	내용의 제시성(관계성)

비자 설득에 영향을 미친다는 목적이 들어가야 하지만 소비자 정보탐색 과정에서 각 단계별로 영향을 미친다는 의미도 반영되어야 하며, 제품과 서비스의 내용을 표현한다는 내용이 들어가야 하지만 제품과 서비스 내용을 표현하지 않으면서 소비자와의 관계성을 지향하는 광고도 증가했다. 이상을 요약하면 광고 개념의 변화를 표 1-2와 같이 정리할 수 있다.

이상에서 살펴본 광고의 정의를 구성하는 요인들은 나름대로 의의가 있지만 현대의 광고 현상을 완벽하게 설명하지 못한다는 한계점도 나타나기 때문에, 기존의 광고의 정의에서 광고의 개념을 구성하는 기본 요인들을 현재의 광고환경에 견주어 보다 심층적이고 구체적으로 규명할 필요가 있었다. 이런 문제의식에서 서베이 결과와 초점집단면접 결과를 바탕으로 광고의 새로운 개념 정립을 시도하는 연구들이 이루어지기도 했다(김병희, 2013a, 2013b; 김병희·한상필, 2012). 일련의 연구 결과에서 도출된 광고의 새로운 정의는 다음과 같다. "광고란 광고주체가 수용자를 설득하는 데 영향을 미치기 위해 매체를 활용하여 아이디어와 제품 및 서비스 내용을 전달하는 단계별 커뮤니케이션 활동이다"(김병희, 2013a, 2013b).

광고의 새로운 정의에서는 '광고주(sponsor, advertiser)'를 '광고주체(advertising subject)'로 바꿨다. '광고주'라는 단어에는 광고주가 '갑'이고 광고회사가 '을'이라는 뉘앙스가 강하지만, '광고주체'라는 표현에는 그런 뉘앙스가 많이 희석되고 광고를 관리하고 제작하는 누구라도 광고의 주인이라는 의미가 담겨 있다. 결국, '명시된 광고주'(미국마케팅학회, 1963)라는 말에 비해 보다 포괄적인 개념인 '광고주체'가 현대의 광고 생태계를 설명하는 타당한 표현이다. 광고의 새로운 정의는 나름대로의 의의가 있지만 상당한 한계점도 있다. 광고라는 대상을 놓고 연구하는 학자들의 전공 영역만 해도 커뮤니케이션학, 경영학, 심리학, 미학, 문학, 디자인학, 미디어학, 콘텐츠 텍스트학 같은 다양한 층위를 형성한다. 전공 영역에 따라 광고에 대한 관점도 다를 수밖에 없는데, 스마트 미디어 시대의 광고 현상을 두루 설명할 수 있는 보다 포괄적인 층위를 고려해서 광고의 정의를 정립해야 한다.

❏ 연관어: 광고의 범위, 광고의 새로운 정의

더 읽어야 할 문헌

김병희. 2013a. 「광고의 새로운 정의와 범위: 혼합연구방법의 적용」. ≪광고학연구≫, 24(2), 225~254쪽.
김병희. 2013b. 『광고의 새로운 정의와 범위』. 서울: 한경사.
김병희·한상필. 2012. 「광고의 새로운 개념 재정립을 위한 시론」. ≪광고연구≫, 95, 248~282쪽.
김봉현·김태용·박현수·신강균. 2011. 『광고학개론』. 서울: 한경사.
리대룡. 1990. 『광고의 과학』. 서울: 나남출판.
미국마케팅학회(AMA). 1948, 1963, 2017. American Marketing Association (www.marketingpower.com)
이두희. 2006. 『광고론: 통합적 광고』. 서울: 박영사.
이시훈. 2007. 「광고의 개념 재정립과 이론화: 상호작용 광고의 영향을 중심으로」. ≪커뮤니케이션이론≫, 3권 2호, 153~188쪽.
Advertising Age. 1932, 1999, 2017. adage.com
Dunn, S. Watson, and Arnold M. Barban. 1986. Advertising: Its Role In Modern Marketing (6th ed.). Chicago, IL: Dryden Press.
Wells, William D., John Burnett and Sandra E. Moriarty. 1999. Advertising: Principles and Practice (5th ed.). Upper Saddle River, NJ: Prentice-Hall.
Wright, John S. 1977. Advertising (4th ed.). New York: McGraw-Hill.
Wikipedia. 2017. https://ko.wikipedia.org/wiki/%EA%B4%91%EA%B3%A0

002

광고회사
Advertising Agency

    광고의 주체는 광고주이지만 광고 실무를 진행하는 실제적인 역할은 광고회사가 맡는다. 광고회사는 광고주와 협조관계를 유지하면서 광고기획과 광고제작, 광고집행, 광고관리 등 마케팅 커뮤니케이션 관련 업무를 진행한다. 광고회사 안에는 이와 관련된 다양한 직능의 사람들이 기능을 수행하고 있으며, 이들은 기획력과 창의력이 강조되는 크리에이티브 집단이다.

    광고회사는 광고업무에 대한 계약을 맺고 광고주의 광고 활동을 대신하는데, 광고주와 광고조성기관 및 통제기관과 커뮤니케이션 등 업무연락을 하는 위치에 있기 때문에 광고산업의 핵심적인 역할을 한다. 우리나라에는 방송광고를 취급하는 광고회사가 1036개(2017년 9월 현재 한국방송광고진흥공사에 본사 809개 사, 지사 227개 사 등록)가 있으며 제일기획과 이노션, HS애드, SK마케팅앤컴퍼니, 대홍기획, TBWA코리아 등의 광고회사들이 있다. 대형 광고회사 중심으로 계열광고회사(in house agency)를 만들어 안정적인 영업을 하기도 한다. 최근에 와서는 각 광고회사들 사이에 광고주 확보를 위한 치열한 경쟁이 벌어지고 있다.

표 1-3 **우리나라 10대 광고회사 취급액(2016년 기준)**

(단위: 억 원)

구분	2015년 취급액	2016년 취급액	전년 대비 성장률	총취급액 중 해외 취급액
제일기획	50,660	53,383	5%	40,407
이노션월드와이드	36,792	39,139	6%	30,967
HS애드	12,293	13,560	10%	4,913
대홍기획	8,239	8,777	7%	227
한국언론진흥재단	5,779	6,187	7%	-
SK플래닛	4,147	4,806	9%	
TBWA	3,141	2,654	-16%	
그룹엠코리아	1,938	2,313	18%	-
레오버넷	1,934	2,089	8%	26
오리콤	1,750	1,547	-12%	
맥켄에릭슨	1,375	1,444	5%	

자료: ≪광고계동향≫, 2017년 4월호. "2017 광고회사 현황조사".

표 1-4 **독립광고회사와 계열광고회사의 장단점 비교**

구분	독립광고회사	계열광고회사
장점	객관적인 자료 제공 및 평가 전문적이고 창의적인 인력확보 환경변화 적응에 유연성 다양하고 융통성 있는 아이디어	광고활동에 대한 통제 쉬움 모기업의 지원을 받음 중요 의사결정에 대한 정보통제 자료와 정보의 장기적인 축적
단점	광고주 유치가 어려움 기업의 비밀 유출 가능	광고활동에 대한 객관적 평가가 어려움 외부 광고주 유치에 한계 안정적 운영으로 서비스 질 저하

광고회사는 소유주체에 따라 광고주 기업이나 그룹에 속해 있는 계열광고 회사와 광고주와 관련 없이 설립된 독립광고회사로 나눌 수 있다. 국내의 경 우에도 독립광고회사와 계열광고회사가 있는데 각각의 특징은 그림 1-3과 표 1-4와 같으며, 독립광고회사와 계열광고회사의 장단점을 비교할 수 있다. 광 고주가 독립광고대행사를 이용할 때는 객관적이며 전문적인 크리에이티브 서 비스를 받는 장점이 있지만 광고회사 입장에서는 광고주 유치가 힘들고 기업 의 비밀 유지가 어렵다는 단점이 있다. 반면 계열광고회사를 이용하게 되면 관리가 쉬우며 모기업의 지원을 받아 장기적으로 대행관계가 이뤄진다는 장

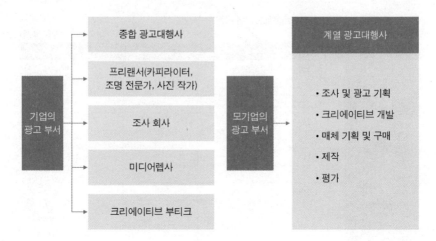

그림 1-3 **독립광고회사와 계열 광고회사의 업무 차이**

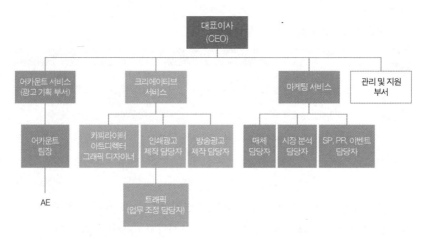

그림 1-4 **광고회사의 조직도**

점이 있다. 그러나 계열광고회사는 객관적인 평가가 어렵고 외부 광고주 유치가 어려우며 기획과 제작 등 광고 서비스의 품질이 떨어질 가능성이 있다.

그림 1-4는 광고회사의 부서별 조직도로서 광고회사의 조직과 업무를 보여준다. 각 부서는 프로젝트 중심의 효율적 구성을 통해 목표 달성을 위한 협업

에 익숙해 있다. 최고경영자를 중심으로 광고기획부에서는 광고주 서비스 업무를 담당하는 광고기획(Account Executive, 줄여서 AE), 크리에이티브 부서에서는 크리에이티브 디렉터(Creative Director), 카피라이터, 아트 디렉터, 그래픽 디자이너가, 프로듀서(PD), 매체부서에서는 미디어 플래너(Media Planner)와 미디어 바이어(Media Buyer)가 매체 기획과 집행업무를 담당한다. 그밖에 조사를 주 업무로 하는 조사부와 기타 회사운영을 지원하는 관리팀으로 구성된다. 이 밖에도 회사에 따라서는 판매촉진(Sales Promotion)이나 PR(Public Relation), 브랜드 마케팅 부서가 추가되기도 한다.

❏ 연관어: 광고 윤리, 광고 직업, 광고회사 보상제도

더 읽어야 할 문헌

김병희·윤태일. 2011. 『한국 광고회사의 형성』. 서울: 커뮤니케이션북스.
이구익. 2016. 『벌거벗은 광고인』. 서울: 이담북스.
이희복. 2016. 『광고론』. 서울: 한경사.
정연욱. 2013. 『대한민국 광고회사 취업 패스워드』. 서울: 커뮤니케이션북스.
편집부. 2017. "2017 광고회사 현황조사". ≪광고계동향≫, 4월호. 한국광고총연합회.

003

광고 직업
Advertising Jobs

    광고는 마케팅과 커뮤니케이션의 다양한 요소들로 이뤄진다. 각 분야의 지식과 숙련된 기술, 그리고 센스와 경험을 가진 전문가들이 팀워크를 이루며 '크리에이티브'라는 제품을 만들어낸다. 특히 광고산업의 주된 기능을 담당한 광고회사는 창의력과 아이디어, 정열을 가진 인재들이 모인 조직이다. 광고를 업으로 선택할 때 전공에 대한 제한은 없고 비교적 남녀의 차이가 적은 편이며 급여가 높다. 또한 자유로운 직장의 분위기와 성과 중심의 업무 평가로 대졸 취업자들에게 인기 있는 직종으로 인식되어 입사 경쟁도 치열한 편이다. 우리나라 광고산업의 총광고비 규모는 세계 10위권에 육박한다. 국내 광고시장의 경우 완전히 개방되어 거대한 외국계 광고 대행사가 국내에 진출한 상황이다. 다만 미디어 환경의 변화와 스마트 소비자의 등장으로 광고 생태계가 더욱 복잡해졌고 광고산업 종사자의 업무 강도가 더욱 강화되었다.

    또한 구인과 구직난이 공존해 대학 졸업자에게는 새로운 일자리를 구하는 데 어려움이 있는 반면 업계에서는 인력 공급이 부족한 상황이어서 전문 인력 확보가 절실히 요구되고 있다(김병희·이화자·이희복·마정미, 2009). 광고 분야는 끊임없는 호기심과 창의성이 있는 젊은 인재라면 도전해볼 만한 분야이다. 광고산업과 관련된 주요 직업을 광고회사 중심으로 살펴보면 광고기획, 크리에이티브 디렉터, 카피라이터, 아트디렉터, 씨엠플래너, 미디어 플래너, 마케팅 플래너 등이 있으며 자세한 내용은 다음과 같다.

광고기획(AE: Account Executive): 광고기획 또는 AE로 부른다. 광고회사를 대표해 담당 광고주를 관리하고 광고회사 업무 전반의 핵심적인 역할을 한다. 광고주 기업과 산업, 제품에 대한 이해가 높고, 광고회사 내부에서 전략과 기획을 수립하고 실행하기 위해서 마케팅과 광고에 대한 지식을 충분히 갖춰야 한다. 광고회사 내부 각 부문의 팀과 소통하며 업무를 추진하는 능력이 필요하다. 이런 이유로 AE를 광고의 꽃이라고도 한다.

크리에이티브 디렉터(CD: Creative Director): 크리에이티브 감독, 또는 크리에이티브 팀 최고 책임자. 줄여서 CD라고 한다. 크리에이티브 업무를 총괄하고 추진, 관리한다. 마케팅 부문, 미디어 부문 등과 크리에이티브를 연계시켜 적절하고 합리적인 최종 판단을 내린다. 광고회사 내에서는 제작팀장이나 국장, 또는 본부장을 CD로 부른다. 광고 크리에이티브 전체를 총괄하는 CD는 카피라이터나 디자이너 출신 중에서 경험과 능력이 있는 사람이 맡는다. 크리에이티브 디렉터는 아이디어를 선택하고 파는 사람이다. 좋은 아이디어를 고르는 눈과, AE와 광고주에게 파는 세일즈맨십을 함께 가지고 있어야 한다.

카피라이터(CW: Copywriter): 카피를 쓰는 사람. 줄여서 CW로 쓴다. 광고 메시지를 책임지며 아트 디렉터와 CM플래너와 협력해 광고의 말과 글을 담당하는 전문가이다. 인쇄광고의 경우 헤드라인이나 바디카피, 슬로건 등을 작성하는 사람이며, 전파광고의 경우도 말이나 글을 쓴다. 광고 작품의 기초 아이디어를 카피라이터가 내는 경우도 많다. 카피라이터는 명확한 광고 콘셉트를 추출하고, 좋은 아이디어를 짜내고, 그 아이디어를 간단명료한 글로 나타낸다. 광고 전략가인 동시에 뛰어난 아이디어맨이어야 하고, 탁월한 설득력을 갖춘 문장가이다. 날카로운 직관력과 통찰력과 마케팅에서 발생하는 문제를 해결하는 능력을 가져야 한다. 광고인 오길비(David M. Ogilvy)는 카피라이터에게 제품과 사람, 광고에 대한 호기심, 유머감각, 힘든 일을 해결하는 능력, 매체에 따른 카피작성 능력, 시각적 사고, 캠페인을 성공하고자 하는 의지가 필요하다고 했다.

아트 디렉터(AD: Art Director): 인쇄 매체에서는 비주얼을 담당하는 디자이너로 줄여서 AD로 쓴다. 메시지를 광고 전략에 입각한 시각언어로 만드는 작업을 주로 하는 광고 비주얼전문가이다. 카피라이터와 긴밀한 파트너십을 이루면서 함께 아이디어를 만들어내고, 섬네일 광고시안 준비 작업을 한다. 전략적 마인드를 가진 비주얼 아이디어맨으로 강력한 하나의 비주얼을 만드는 사람이다. 광고와 관련한 아트를 관리할 줄 알아야 한다.

CM플래너(CM Planner): CM플래너란 광고의 콘셉트를 추출하고 아이디어를 내고 발전시켜 TV와 영상광고의 스토리보드를 담당하는 사람이다. CM플래너는 PD(producer)라는 용어와 혼용되어 쓰인다. CM플래너가 영상광고의 발상과 시안, 의사결정에 초점을 맞추는 반면, PD는 사전제작회의, 촬영, 편집, 녹음 등 실제 제작과 관련이 있는 업무를 주로 추진한다는 데 차이가 있다.

미디어 플래너(Media Planner): 미디어 플래너는 미디어의 계획과 집행, 사후 효과분석 등의 전 과정을 책임지는 사람이다. 즉, 광고주의 니즈와 매체환경이 오버랩되는 부분 안에서 예산을 가장 효율적으로 쓸 수 있는 실현 가능한 방법을 기획해 근거를 제시하고, 최적의 성과를 내기 위한 분석과 미디어 전략을 제시한다.

마케팅 플래너(Marketing Planner): 마케팅 플래너는 광고주의 마케팅 커뮤니케이션 문제를 해결하기 위해 광고주가 성공적인 마케팅 커뮤니케이션 전략을 수립하도록 돕는다. AE가 필요한 정보를 제공하고 전략을 제언한다. 신제품의 시장 진입 전략, 제품 관련 환경 및 시장상황의 변화 분석, 마케팅 커뮤니케이션 4P를 포함한 광고주의 정책 등 다양한 업무를 담당한다.

이처럼 광고 직업은 다양하다. 다양한 광고 전문가를 양성하기 위해서 광

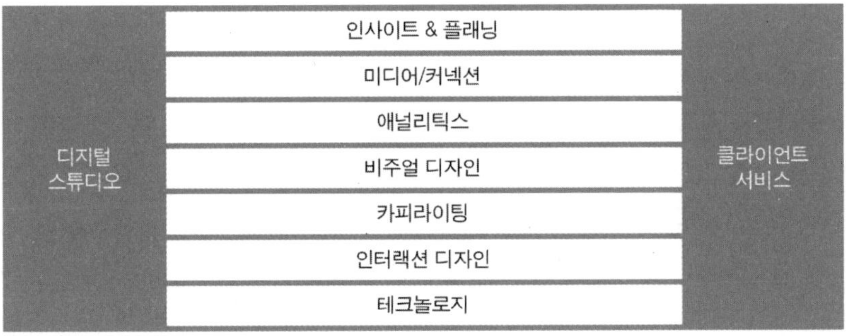

디지털 스튜디오	인사이트 & 플래닝	클라이언트 서비스
	미디어/커넥션	
	애널리틱스	
	비주얼 디자인	
	카피라이팅	
	인터랙션 디자인	
	테크놀로지	

그림 1-5 R/GA의 기술 가이드라인

고학계는 예비 광고인 양성과 교육에 새로운 가이드라인을 필요로 한다. 대학교육과 현업의 교육을 위해 차세대 광고인에게 필요한 기술을 디지털 광고회사 R/GA의 사례를 참조해 살펴보자. 이 회사에 따르면 대학의 광고홍보 커리큘럼을 기존 ATL 중심에서 새로운 광고환경에 적합한 능력을 가르칠 수 있도록 과감하고 조속히 개선해야 한다. 학교와 교수 중심이 될 것이 아니라 학생에게 필요한 이론과 기술을 포함해야 한다. 이렇게 할 때 플랫폼/애플리케이션 개발, 캠페인 디자인 및 실행, 디지털 광고, 관계 마케팅, e커머스, 시스테매틱 디자인, 브랜드 개발, 모바일, 소셜, 리테일 업무를 담당할 수 있다. ATL과 BTL로 구분하는 것은 구시대적인 모델이므로 매스미디어 광고 포맷에서의 크리에이티브와 다른, 트리플 미디어에 맞는 서비스와 비즈니스 개발이 필요하다. 새로운 커리큘럼과 교안 개발, 즉 교육 부분의 강화를 위해 광고홍보, 미디어 커뮤니케이션 부문의 교육자들이 귀담아 반영해야 할 부분이다. 이를 위해 국내 학계의 고민과 실천이 우선 담보되어야 한다(요코야마 류지·사카에다 히로후미, 2014).

광고주와 광고대행사의 고용은 데이터 애널리틱스, 콘텐츠 마케팅, 소셜미디어, 이메일 마케팅, 모바일 능력을 우선시하며 그에 알맞게 이루어져 왔다. 주목할 점은 기업의 관심이 '온드 미디어(owned media)'와 '언드 미디어(earned media)'에 있다는 것이다. 나아가 글로벌 시장에서 경쟁할 수 있도록 대비해야 하며, 사내 기업이나 분사 형태에서 데이터 분석과 활용 능력을 갖춰 서비스를 극대화하면 조직과 개인이 함께 생존할 수 있다. 아울러 차세대 크리에이터는 "디지털 시대의 흐름을 아는 인재, 즉 1000개의 아이디어를 창출하고 디지털화하여 어떤 것이 소비자의 반응을 얻는지 확인하고 분석할 수 있는 능력의 소유자"(요코야마 류지 외, 2014)라는 조언에도 관심을 가져야 한다.

❏ 연관어: 광고회사, 광고 윤리, 광고 창의성

더 읽어야 할 문헌

김병희·이화자·이희복·마정미. 2009. 「광고회사 인력구조의 개선방안에 관한 질적 연구」. ≪한국광고홍보학보≫, 11권 4호, 171~207쪽.
요코야마 류지·사카에다 히로후미. 2014. 『광고 비즈니스 향후 10년』. 애드텍포럼 옮김. 서울: 북스타.
유종숙. 2013. 『광고와 직업』. 서울: 커뮤니케이션북스.
이희복. 2016. 『광고론』. 서울: 한경사.

004

광고회사 보상제도
Compensation System for Advertising Agency

광고회사 보상제도는 광고회사가 광고주의 광고 활동을 대행하며 받는 대가가 어떠한 형태로 광고주로부터 지불되고 있는지를 나타내는 거래 체계이다(Spake, D'Souza, Crutchfield and Morgan, 1999). 광고주는 이윤 극대화를 위해 노력하는 반면 광고회사는 최소한의 노력으로 최대의 보상을 추구한다는 가정에서 출발한다. 우리나라에서 광고회사 보상제도와 관련된 논의는 대략 1990년대 말에 시작되었다. 이는 미국에서 1990년대 말 주요 광고주가 커미션(commission) 방식에서 피(fee) 방식으로의 전환을 선언한 때와 그 시기를 같이 한다. 선행연구를 보면 미국이나 일본에서는 그동안 취급고 기준의 보상시스템, 비용 기준의 보상시스템, 비용 기준과 취급고 기준이 조합된 보상 프로그램, 하이브리드 방식, 성과보상 시스템이 광고회사의 보상방식으로 논의되었다. 광고회사 보상에 관한 논의는 실무적인 특성이 강해 학계보다는 업계 쪽에서 주로 이루어졌다.

광고회사의 보상방식은 여러 가지 형태가 있지만, 취급고 기준, 비용 기준, 비용 기준과 취급고 기준의 조합, 하이브리드 방식, 성과보상 시스템으로 나누는 것이 일반적이며 두 가지 이상이 혼용되기도 한다. 각각의 보상 방식을 간략히 살펴보면 다음과 같다(日本廣告主協會, 2003; Beals and David, 2004).

첫째, 취급고 기준(billing-based) 보상방식에는 매체비의 15%와 순수 제작비의 17.65%에 해당하는 마크업(mark-up)을 합산해 보상하는 전통적인 고정 커미션 방식, 그리고 광고비 규모에 따라 보상을 늘리거나 줄이는 삭감 및 슬라이딩 스케일의 커미션 방식이 있다. 특히 슬라이딩 스케일의 커미션 방식에서는 취급고의 증가와 광고 업무량이 반드시 같은 비율로 증가하지는 않는다는 점을 전제한다(Basu, Lal, Srinivasan and Staelin, 1985).

둘째, 비용 기준(cost-based) 보상방식에서 광고회사는 그들이 담당하는 광고주에 관한 비용을 기본으로 하고, 이익으로서 통상경비에 해당하는 일정의 퍼센티지를 곱한 것을 더해 산출하는 경우가 많다. 여기에는 변형된 다양한 형태가 존재하는데, 일반적으로는 연간 계약에 기초해 월단위로 일정 금액을 광고주에게 청구하는 피(fee)와 프로젝트 단위로 자주 이용되는 시간당 요금(시간당 실제 요금, 시간당 표준 요금, 부문별 혹은 직급 수준별 요금)으로 산출하는 것으로 나눌 수 있다.

셋째, 비용 기준과 취급고 기준의 조합(combination) 보상방식은 커미션의 인하나 인상에 의해 광고회사의 수입, 비용, 이익을 일치시키거나 합의된 이익 폭을 달성하기 위해 조정하는 방식이다. 예를 들어, 매체비의 15% 커미션과 제작비의 17.65% 마크업을 받는 광고회사에서 총수입의 10~20%의 이익이 광고주의 취급고에서 인정된 폭이었다면 그 이상은 광고주에 환불되고, 커미션의 수입이 그 수준보다 낮은 수준으로 떨어지면 최저 10%까지의 총수입을 광고주가 부담할 수 있다. 물론 이 경우 광고회사의 비용은 광고회사에 의해 명확하게 보고되어야 한다.

넷째, 하이브리드(hybrid) 보상방식은 취급고 기준과 비용 기준 프로그램을 통합한 것으로, 먼저 모든 취급상의 비용은 피에 의해 지불된다. 보상액은 연단위로 산출되며 월별로 같은 금액이 분할 지불되고 연말에 조정된다. 그밖에 실제 발생한 금액을 월마다 청구하는 경우도 있다. 광고회사의 비용 혹은 취급고의 적은 변동에도 광고회사의 수익에 큰 영향을 미치게 되기 때문에 통상 수입의 과소 또는 과잉 발생 부분에 관해서는 별도의 처리 조항을 두어야 한다.

다섯째, 성과 기준(incentive-based) 보상방식은 광고회사의 동기부여를 높이기 위한 보상시스템으로 광고회사에의 보상과 성과의 균형을 목표로 한다. 이 시스템은 적어도 일정한 수준의 이익을 광고회사에 보장하고, 그것에 부가하는 형태로 성과보상을 이용하는 방식이 많다. 보상을 위한 기준으로서 판매액만을 기준으로 삼지 않으며, 성과보상을 위한 기준으로 매출액과 시장점유율 같은 양적 차원과 광고주의 판단이나 주관적 평가 같은 질적인 차원을 혼용한다.

각 보상제도의 장단점을 보면, 먼저 취급고 기준의 보상시스템은 커미션율에 관계없이, 광고주와 광고회사의 쌍방에게 위험이 높고 매체 이외의 업무에는 적용되지 않는다는 단점이 있다. 반면에 한번 결정되면 다른 시스템에서 발생할 가능성이 있는 연말 조정 등의 복잡한 업무를 전혀 필요로 하지 않아 광고주와 광고회사 쌍방이 관리하기 간편하다는 장점이 있다. 특히 광고주의 광고비가 증가함으로써 광고회사의 수입이 증가하기 때문에, 광고회사는 광고비를 높이기 위해 광고주의 매출액을 높일 수 있는 광고를 만들려고 한다. 단점에도 불구하고 이 점이 매력적이다(Basu, Lal, Srinivasan and Staelin, 1985; Beals and David, 2004).

비용 기준 보상시스템은 보상과 서비스의 공평성이 높다는 장점이 있으나 어떻게 보상 기준을 결정하고 적용하느냐가 쟁점이 된다. 광고회사가 광고주의 현안을 신속히 해결한다고 해서 이익이 더 많지 않고 문제해결 과정이 길어질수록 광고회사의 이익이 커지기 때문에 광고주의 불만족이 높아질 수 있으며 '문제해결 지향적'이라고 할 수 없다. 이 시스템에서 보상은 매체와 제작의 지출에 연동되지 않기 때문에 보상예산의 정기적인 점검과 조정이 반드시

필요하다. 만약 광고회사의 시간배분에 광고주가 불만을 가지거나 시간이 잘
못 보고되면 양측의 관계를 악화시키는 요인으로 작용한다.

성과 기준 보상방식은 취급금액 기준 혹은 비용 기준 시스템을 기본으로
하고 부가적으로 이용되기 때문에 취급고 기준 시스템의 단점인 보상과 서비
스 내용의 관계를 확실하게 보완하게 된다. 그러나 광고회사에 일정 수준의
이익이 보장되지 못하면 광고회사의 재무적 위험이 커서 양사의 관계를 악화
시키는 요인이 될 수도 있다. 따라서 성과보상은 전체 보상의 작은 부분, 예를
들면 10% 이상이 되어서는 안 된다고 한다. 성과보상에 관해서는 아직 이용
이 활발하지 않지만 현재 많은 연구가 이루어지고 있다.

광고회사 보상제도는 나라마다 차이가 많다. 미국의 경우 현재 피 방식이
주류를 이루고 있으며, 커미션 방식은 많이 줄어들고 있다. 피 방식의 경우 광
고비는 네트(net)로 거래되고 있다. 광고비 청구서가 발행되면 30일 이내에
광고주가 지불해야 하며, 기한이 넘어가는 금액에 대해서는 광고주가 은행이
자를 지불해야 한다. 신용이 없는 광고회사는 매체사(또는 미디어렙)에 50%의
선급금을 지불하고 광고해야 하나 이를 감수할 수 있는 경우는 거의 없다. 그
럼에도 불구하고 광고주가 그 광고회사를 통해 광고하고 싶으면 50%의 선급
금을 내야 한다. 즉, 신용이 없을 경우는 일정 부분 지급보증이 필요하다는 것
인데 미국에서는 신용을 기본으로 하고 있기 때문이며, 그들의 거래방식은 어
음이 있는 우리나라의 그것과 근본적으로 다르다.

미디어렙에 지불하는 매체 판매대행 수수료는 매체사마다 서로 다르다(TV
는 일반적으로 5~10%, 라디오는 15%~20%). 광고회사(혹은 미디어 구매회사)에 지
불하는 광고주의 매체 커미션도 양자 간 계약에 의하기 때문에 정확하게 광고
비(매체 구매액) 대비 몇 %인지 알 수 없으나, 15% 이하를 받는 회사가 늘어나
는 추세이다. 일반적으로 광고주에게 청구되는 광고 요금은 대행수수료가 포
함되어 있지 않은 순수 광고비이다. 방송사나 미디어렙이 광고회사나 구매전
문회사에 주는 커미션은 없으며, 광고회사나 구매회사가 광고주에게 광고비

를 청구할 때 계약된 피를 첨부해 청구한다. 청구서는 방송사가 발행하는 경우도 있고, 미디어렙이 발행하는 경우도 있는데 미디어렙의 경우 방송사로부터 커미션 혹은 일정액의 수수료를 받고 있으나 양자 간의 계약관계에 따라 매우 다양하다(Ellis and Johnson, 1993; LaBahn, 1996).

일본 광고시장은 대부분 '매체사-광고회사-광고주'의 거래 구조이다. 매체사가 광고회사에 보수를 지불하는 커미션 방식이 중심이며 기본적인 틀은 우리나라와 같다. 단, 광고회사의 규모에 따라 커미션율에 차등이 있는데(최대 20% 정도) 덴츠와 같이 거래량이 많고 큰 규모의 유력 광고회사는 매체사로부터 20%의 수수료를 받는 반면, 중소 규모의 광고회사는 15% 이하의 수수료율을 받는다. 기본적인 커미션 체제하의 구체적인 거래 관행에는 마진(margin), 커미션(commission), 피(fee)가 혼용되고 있다.

유럽 주요 국가의 일반적인 방송광고료 결제 및 대행수수료 지불 체계는 '광고주 ↔ 구매회사 ↔ 미디어렙 ↔ 매체사'이다. 방송광고 영업 대행은 미디어렙을 이용한 대행 영업과 매체사 직접 영업의 형태로 구분되며, 미디어렙이나 매체사가 지급하는 일반적인 대행 수수료율은 15%이고 총 광고료에서 할인되는 방식으로 구매회사에 지급한다(Briger Jensen Consultancy, 1994). 광고회사의 경우 신용거래가 원칙이며 신용도를 바탕으로 하고 대행수수료(15%)가 광고료에서 할인되는 개념으로도 볼 수 있는데, 이 할인 금액은 구매회사를 통해 고스란히 광고주에게 환불된다. 광고주는 구매회사에 총 광고비 중 15%가 제외된 금액을 결제하고 구매회사는 이를 미디어렙이나 매체사에 지불하는 식으로 광고비 결제가 이루어진다(Ellis and Johnson, 1993).

여러 가지 보상방법은 현재도 거의 그대로 적용되고 있으며, 각각 장단점을 가지고 있어서 어느 하나가 최적의 방법이라고 말하기는 어렵다. 즉, 유일하고 이상적인 한 가지 보상 시스템은 존재하지 않으며, 각 기업의 규모, 업종, 광고 활동 범위, 담당 부서의 인력 및 광고 활동의 상황에 따라 크게 달라진다. 한편, ANA의 가이드북에는 다섯 가지 보상제도 평가 기준이 제시되었다. 즉, 공평성(equitability, fair return), 적응성(adaptability), 관리의 단순성(administrative simplicity), 보상(reward)을 위한 동기부여, 그리고 예측가능성(predictability)이나 확신(assurance)이다. 이러한 포인트는 기존의 보상 시스템을 평가함에서도 중요한 것이고 앞으로 새로운 보상 시스템을 개발할 때도 고려되어야 할 항목들이다(Beals and David, 2004).

광고회사 보상제도는 상생이 전제되어야 하며 광고주나 광고회사 어느 한쪽이 과도한 이익을 보거나 피해를 본다면 광고산업 발전에 부정적인 영향을 미친다. 국내 광고업계에서 피 방식의 도입을 위해 어떤 것을 먼저 준비해야 한다고 생각하는지에 대해, 광고주들은 한국광고주협회와 한국광고산업협회의 보상 기준 합의가 가장 중요하다고 생각하지만 광고회사는 광고주와 광고회사 간의 파트너십 형성이 중요하다는 입장이다. 이때 출혈 경쟁과 덤핑 같은 불공정 거래로 인한 부작용을 최소화해야 하며, 광고회사 근무인력 및 소요시간에 대한 비용 산출 기준을 마련해야 한다. 이해 단체들이 추구하는 이익의 목표치도 합리적인 선에서 조절하는 것이 바람직하다.

현재 우리나라의 광고주와 광고회사의 광고거래 관행이나 매체환경을 감안할 때, 광고주의 경우 커미션과 피 방식이 혼합된 보상방식이나 커미션 방식을 적절한 광고회사 보상방식으로 인식했다. 이에 비해 광고회사의 경우에는 커미션과 인센티브가 혼합된 방식, 또는 커미션과 피 방식이 혼합된 방식, 아니면 커미션 방식이 광고회사의 보상방식으로 적절하다고 인식했다(김병희·박원기, 2009). 우리나라에서 광고회사의 보상제도를 피 제도로 전환할 경우에 가장 시급한 필요조건은 광고주와 광고회사 간에 신뢰관계가 돈독히 구축되어 있어야 한다는 것이다.

❏ 연관어: PR회사 보상제도

더 읽어야 할 문헌

김병희·박원기. 2009. 「광고회사 보상제도에 관한 광고인의 인식분석: 피, 커미션, 인센티브 문제를 중심으로」. ≪광고PR실학연구≫, 2권 2호, 130~150쪽.

日本廣告主協會. 2003. 『廣告會社への報酬制度: フェアな取引に向けて』. 東京: 日經廣告硏究所.

Basu, A. K., R. Lal, V. Srinivasan and R. Staelin. 1985. "Sales force compensation plans: An agency theoretic perspective." *Marketing Science*, 4, pp.267~291.

Beals, S., and B. David. 2004. *Agency compensation: A guide book* (2nd ed.). Association of National Advertisers.

Briger Jensen Consultancy. 1994. *Client-Advertising agency partnerships in the new Europe*. EAAA (European Association of Advertising Agencies).

Ellis, R. S., and L. W. Johnson. 1993. "Observations: Agency theory as a framework for advertising agency compensation decisions." *Journal of Advertising Research*, 33(3), pp.76~80.

LaBahn, D. W. 1996. "Advertiser perceptions of fair compensation, Confidentiality, and rapport." *Journal of Advertising Research*, 36(1), pp.28~38.

Spake, D. F., T. D'Souza, N. Crutchfield and R. M. Morgan. 1999. "Advertising agency compensation: An agency theory explanation." *Journal of Advertising*, 28(3), pp.53~72.

광고 윤리
Advertising Ethics

광고는 수용자인 소비자에게 비대인적 미디어를 활용하여 제품, 서비스, 아이디어의 판매를 촉진하기 위한 유료형태의 설득 커뮤니케이션이다. 이러한 속성 때문에 광고는 소비자 설득이라는 광고 목표를 달성하기 위해 과장적 요소가 포함될 가능성이 높다. 다만 인지적, 감성적, 행동적인 차원에서 소비자 태도변용을 위해서 다양한 설득 방법을 활용하는데 이때 광고의 윤리적인 문제가 발생할 수 있다.

광고가 우리 사회에 가져다주는 많은 긍정적인 측면들에도 불구하고 광고는 사회적 비판에 놓이기도 한다. 주된 쟁점으로는 청소년과 여성을 비롯한 건강에 관련된 문제와 물질 만능주의의 촉진, 공포심 및 성적 표현 등의 감정적 소구를 이용한 인간 심리의 조종 등이 있다. 이러한 광고의 윤리적 문제들에 대한 비평은 사회적 논쟁의 대상이 된다(박현수, 2000).

광고의 양이 늘어나고 영향력도 확대되면서 이에 대한 사회적 책임으로서 광고 윤리의 중요성이 강조되고 있다. 이렇듯 광고 윤리가 강조되는 것은 기업이 판매증대라는 목표에만 집중함으로써 허위와 과장, 기만적인 내용을 담고 있는 광고가 많이 등장하여 사회 문제로까지 비화되기 때문이다. 광고가 전하는 정보는 진실해야 한다. 광고의 진실성이란 광고가 소비자들에게 믿을 만하고 유용한 생활정보를 담고 있어야 함을 의미한다. 그래야 기업의 판매 증대뿐만 아니라 소비자들의 생활과 사회문화에도 기여할 수 있다.

광고 윤리는 광고활동에서 의사결정의 옳고 그름을 판단하는 하나의 기준이 되며, 사회적으로 용인될 수 있는 윤리적인 기준에 따라 기업의 광고활동이 이루어지지 않으면 공공의 이익 보호 차원에서 법적인 제재를 받는다. 이런 맥락에서 각 광고단체나 매체사들은 법 규제 이전에 스스로 광고의 윤리성과 진실성을 지키기 위해 윤리규정을 제정·시행했다(다음백과, 2017).

광고와 윤리의 문제를 다룰 때 그리스의 철학자 아리스토텔레스의 말에 귀를 기울여볼 필요가 있다. 그는 설득을 위해서 에토스(ethos), 로고스(logos), 파토스(pathos) 세 가지를 강조했는데 이것을 광고 윤리와 연결해 설명하면, 첫째, 에토스는 광고주의 높은 윤리성을 말한다. 둘째, 로고스는 광고 메시지에 거짓이 없음을 요구한다. 셋째, 파토스는 소비자의 신뢰와 공감을 강조한다. 에토스 측면에서는 광고의 윤리성이 강조된다. 과장광고 가능성을 최소화하고 소비자가 허용할 수 있는 수준의 광고인 허풍광고에서 멈춰야 한다. 사실이 아닌 것을 사실처럼 전하는 허위나 과장, 또는 처음부터 속일 목적으로 기획된 기만광고나 오도광고가 되어서는 안 된다(자세한 내용은 "038. 부당광고" 참조).

이와 관련해 광고인 오길비는 저서 『어느 광고인의 고백』에서 다음과 같이 말했다. "당신 가족에게 보여주고 싶지 않은 광고는 절대로 만들지 마십시오." 이것은 광고인에게 높은 윤리적인 기준을 제시한 것이다. 광고가 쉽게 말해진 거짓말이나 사기꾼의 속임수가 되어서는 안 된다. 광고를 영업의 수단으로만 생각하고 소비자를 속이는 일은 손바닥으로 태양을 가리는 매우 어리석은 짓이다. 그러나 이런 윤리적인 기준만을 엄격히 적용하고 모든 표현을 포기하라는 것은 아니다. 가령 광고이기 때문에 이해되고 용서되는 수준은 허풍광고(puffery advertising)로 허용될 수 있다. 누구나 '광고니까' 하고 넘어갈 수 있는 정도의 광고적 표현을 허풍광고로 이해할 수 있다.

허풍광고란 "아, 저건 광고니까 가능해"라고 알 수 있는 표현의 광고이다. 가령, 광고에서 주관적인 내용이 아니라 객관적인 주장을 펴려면 그 주장이 사실임을 입증해야 한다. 예를 들어 '한국 최초'라 주장했다면 우리나라 최초임을 증명해야 한다. "세계 50개국에 수출되는"이라 했으면 실제로 50개국에 수출되었음을 입증해야 한다. "세계에서 가장 가벼운 휴대폰"이라 했으면 세계 각국의 최신 모델들과 비교해 가장 가볍다는 것을 증명해야 한다. 이에 비해 "이 옷을 입으니 날 것 같아요"라는 식의 표현은 주관적인 주장으로 입증을 하지 않아도 된다(김민기, 2003). 그러나 광고이기 때문에 이런 허풍은 가능하다. 판단의 기준은 소비자의 수용가능성이다. 광고의 윤리적 쟁점이 있을 때 광고의 허위나 과장, 기만 여부를 판단하기는 어렵다. 광고 윤리는 상업 언론의 자유와 관련이 있으며 대부분 선진국에서는 광고를 포괄적으로 언론자유의 한 부분으로 다루고 있다. 의견광고와 공익광고뿐 아니라 상업광고의 표현의 자유를 헌법이 보호해주어야 한다는 점을 주목해야 하나 상업광고의 법적 지위는 불확실하며 국가의 이익, 국민의 복지와 관련된 경우 일정한 규제를 피할 수 없다.

따라서 광고는 윤리적인 측면에서 최소한의 규제가 필요하며 규제는 타율 규제와 자율 규제, 그리고 사전 심의와 사후 심의로 나뉜다. 타율 규제는 부당 표시나 허위, 기만, 과장광고로 소비자의 이익이 침해될 때 소비자 보호의 관점에서 법적 강제력으로 광고의 폐해를 규제하는 것이다. 그러나 세계적인 추세는 타율 규제보다는 자율 규제를 지향하고 있다. 자율 규제는 법에 의한 타율 규제를 최소한으로 줄이고 광고에 대한 비판을 자체적으로 해결하려는 광고업계와 대중매체의 자발적인 규제 노력의 일환이다. 자율 규제는 광고주, 광고회사, 광고 미디어사 등이 자율적으로 심의하며 관련 협회와 단체 등 업계에서 소비자는 물론 광고주 자신을 효과적으로 보호하기 위해 시행된다.

심의의 경우 방송광고는 방송협회에서, 신문광고를 비롯한 인쇄광고와 정기간행물은 신문윤리위원회와 간행물윤리위원회, 한국광고자율심의기구에서 심의한다. 물론 방송과 통신의 경우 방송통신심의위원회에서 문제 광고에 대해서 규제를 한다.

❑ 연관어: 광고 규제, 부당광고, 광고 직업

더 읽어야 할 문헌

다음백과사전. http://100.daum.net/encyclopedia/view/b02g1241a(검색일: 2017.5.30)
박현수. 2001. 「광고표현에 대한 소비자의 윤리적 평가: 한국과 미국 소비자 비교 및 윤리적 가치관에 따른 반응 연구」. 한국언론학회 봄철 정기학술대회 발표문.
오길비, 데이비드(David, M. Ogilvy). 1993. 『어느 광고인의 고백』. 이낙운 옮김. 서울: 서해문집.
이희복. 2016. 『광고론』. 서울: 한경사.
허남일. 2002. 「광고에서의 윤리문제와 광고 규제에 관한 연구」. ≪기업윤리연구≫, 5권 1호, 177~194쪽.

006

광고 규제
Advertising Regulation

광고의 위상과 영향력이 커지는 동시에 광고에 대한 규제 장치도 강화되어 왔다. 광고에 대한 법적 규제는 광고의 역기능으로부터 사회와 소비자를 보호하자는 취지에서 시작되었다. 법적 규제의 문제점은 부당광고의 폐해가 드러난 19세기 말에서 20세기 초에 제기되었으며, 허위나 과장을 비롯한 소비자 권익을 침해하는 광고의 폐해를 줄이자는 타율적인 규제 형태가 대표적이었다. 기업 간의 불공정 경쟁의 수단으로 이용되는 부당광고를 방지하기 위해서 논의가 시작되었지만, 나중에는 소비자 보호를 위한 차원으로 규제의 방향이 정립되었다.

자유론과 규제론이라는 두 가지 관점은 광고 규제론과 광고 법제론의 근간이다(이구현, 1997). 자유론적 입장은 광고를 창조적 활동이자 표현 행위로 인식한다. 광고는 경제행위와 표현행위라는 이중적 성격을 지니는데, 이중 표현행위로써 광고의 자유가 보장되어야 한다는 취지이다. 허위, 사기, 오도 등 명백한 위법 행위를 범하지 않는 한 광고의 자유가 보장되어야 하며, 광고에 대한 국가의 규제가 신중하게 이루어져야 한다는 뜻이다. 규제론적 입장은 광고가 지닌 시장 지배력과 영향력이 증가함에 따라 광고 자체적으로는 사회적 책임을 기대할 수 없다는 가정에서 출발한다. 광고는 본질적으로 상업 활동에 해당되며 공익보다 사익 추구의 도구라는 점에서 일반적인 창작활동이나 표현행위와 근본적인 차이가 있기 때문에, 적절한 수준에서 통제할 필요가 있다는 입장이다(조병량, 1994).

선진국에서는 광고를 포괄적인 언론자유의 일부로 취급해, 헌법에 광고의 법적 성격을 자유롭게 행해져야 할 경제활동으로서 인정하고 보장한다. 광고는 표현의 자유를 구현하는 방법으로서의 지위를 가지며, 헌법의 보호를 받는 국민이라면 누구나 광고를 할 수 있다는 것이다. 그러나 헌법적 보호의 범위 내에서 표현의 자유를 누릴 수 있지만 그 범위를 벗어나면 제재를 받는다. 따라서 광고 규제는 언론자유와 법익의 보호라는 측면에서 사회적인 보호 법익으로 분류한다. 광고는 타율 규제, 즉 법적 규제로써 다양한 형태의 법적 통제를 받게 된다. 법적 규제는 공공 이익의 우선 원칙과 기업 활동의 자유라는 두 가지 가치에 근거한다.

미국은 광고 규제를 위한 입법이 가장 먼저 성립되고 가장 발달된 법체계를 유지하고 있는 나라이다. 1914년에 연방거래위원회(FTC: Federation Trade Commission)에서 제정하고 1938년에 개정된 「연방거래위원회법」으로 광고를 규제한다. 연방거래위원회에서는 거의 모든 광고를 대상으로 규제의 범위를 설정하며, 기만 광고나 허위 광고를 규제하는 데 모든 역량을 집중한다(Boddewyn, 1986). 우리나라에서는 1980년에 「독점규제 및 공정거래에 관한 법률」을 제정한 다음부터 광고에 대한 법적 규제의 논의가 본격적으로 전개되었다. 그 이전에는 광고 규제에 관한 기본법으로 「물가안정 및 공정거래에 관한 법률」 등이 있었고, 개별 업종에 따라 식품위생법이나 약사법 같은 여러 영역에 걸쳐 100여 개의 규제 조항들이 흩어져 있다. 1980년에 제정되고 1986년 개정된 소비자보호법에서는 광고 규제의 기준을 정해 소비자 보호를 위한 광고 규제 원칙을 제시했다. 현재는 독립된 광고법의 하나인 「표시 광고

공정화에 관한 법률」(표시광고법)이 제정되어 각 분야에 적용되고 있다.

우리나라에서 광고 규제의 대표적인 실천 행위가 광고심의이다. 광고심의는 해당 광고가 그 범위를 벗어난 것인지 아닌지 광고의 부당성을 판단하는 행위이다. 표현의 자유를 보장하느냐 규제하느냐 하는 방향성에서 광고 규제보다 '광고심의'라는 표현이 광고 크리에이티브를 최대한 보장해주고 살리면서 표현의 자유를 더 많이 보장한다는 관점도 있다. 규제는 심의에 비해 다루는 분야가 폭넓어 광고와 관련된 모든 규제 사안을 포괄하지만, 심의는 보다 작은 범위를 다룰 때 사용할 수 있는 용어라는 뜻이다(조재영, 2015).

매체별 광고심의는 사전 심의와 사후 심의, 자율 규제와 법적 규제로 구분할 수 있다. 심의 기준이 되는 법적 근거는 방송법, 종합유선방송법, 청소년보호법, 약사법, 식품위생법 등에 마련되어 있다. 현재는 광고의 사전 심의가 폐지되었다. 광고심의규정에 대한 가이드라인은 허위 및 과대광고를 자율 규제하기 위해 의료, 식품, 보험 등 관련 업계 단체 및 회원들이 자발적으로 제정했다. 그러나 한국광고자율심의기구에서 자체 모니터링을 통해 인지한 광고물, 회원단체, 광고주, 광고제작사로부터 검토 의뢰된 광고물, 사회단체나 소비자들이 신청한 광고물, 광고에 관한 분쟁 사항, 기타 광고심의에 관련된 사항을 심의하기도 한다. 대표적인 광고심의기구인 한국광고자율심의기구는 1993년 11월 10일에 설립되어 '자율 규제'를 원칙으로 운영되고 있으며 광고업계 자체적으로 문제점을 파악해 즉시 개선할 수 있도록 유도한다.

광고심의체계의 분류는 매체별로 방송광고심의, 인쇄광고심의, 온라인·모바일과 뉴미디어 광고심의, OOH(옥외) 광고심의로 나눌 수 있다(조재영, 2015). 제품 유형에 따라서는 의료·의료기기 광고심의, 의약품·의약외품 광고심의, 건강기능식품 광고심의, 화장품·금융 광고심의, 주류·영화 광고심의로 구분한다.

❏ 연관어: 광고심의, 자율 규제, 법적 규제

더 읽어야 할 문헌

이구현. 1997. 『광고법학』. 서울: 법문사. 3~68쪽.

조병량. 1994. 「한국방송광고 규제의 법제론적 성격에 관한 연구」. ≪광고연구≫, 23호, 149~185쪽.

조재영. 2014. 『광고심의 체계』. 서울: 커뮤니케이션북스.

조재영. 2015. 『광고심의 기준』. 서울: 커뮤니케이션북스.

Boddewyn, J. 1986. *Advertising Self-Regulation: 16 Advanced Systems.* International Advertising Associations.

007

광고 리터러시
Advertising Literacy

학교 교육에서 창의력에 대한 논의는 많았다. 리터러시에 대한 관심과 노력도 계속되고 있다. 그러나 광고와 교육, 광고와 창의성, 광고와 리터러시를 연결하려는 정책적 시도는 부족했다. 광고활용교육은 그 둘 사이에 다리를 놓아 광고 리터러시(Advertising Literacy)를 키워주는 데 그 목표가 있다. 콘텐츠와 미디어를 함께 활용하는 광고를 산업이나 대학의 전공 교육에서 일반 학교와 사회 현장으로 환류해보자는 발상과 시도가 광고 리터러시, 즉 광고활용교육(AIE: Advertising In Education)이다. 광고 리터러시란 광고를 우리 사회의 중요한 문식성의 대상으로 인식하고 "광고를 읽고 쓸 수 있는 능력"을 의미한다. 여기서 읽는다는 것은 단순히 읽는 것이 아니라 비판적으로 분석(critical analysis)한다는 의미이고, 쓴다는 것 역시 창의적인 제작(creative creation)을 말한다. 광고 리터러시로 광고 창의성, 커뮤니케이션 능력, 미디어 능력을 배울 수 있다.

광고 리터러시는 미디어 교육의 접근 방법을 대중 예술적 관점, 산업 기술적 관점, 미디어 환경론적 관점으로 나눈 세 가지 관점에 모두 적합하다. 미디

표 1-5 미디어 교육의 세 가지 접근 방법

패러다임	대중 예술 관점	산업 기술 관점	미디어 환경 관점
교육목적	• 보호주의 • 예방 차원	개인 자율 규제 능력	환경 적응=미디어능력(상호작용)
미디어정의	대중 예술	미디어 산업	생활환경
요구능력	• 선별적 미디어 수용 • 메시지 분별	• 적극적 미디어 수용 • 메시지 해독	• 적극적 미디어 생산 • 메시지 창조
교육목표	감상 능력	해독 능력	생산 능력
인간형	수동적 인간	능동적 인간	창조적 인간

자료: 김양은(2005).

어 교육의 목적은 개인의 자율 규제 능력과 환경 적응 능력을 갖추는 데 있으며, 이를 통해 메시지 분별과 해독을 넘어 적극적인 미디어 및 메시지의 창조를 요구한다. 즉, 감성과 해독, 생산 능력을 갖춘 창의력 높은 창조적 인간을 지향한다(표 1-5 참조). 미디어교육의 다양한 접근방법을 살펴봄으로써 광고 활용교육의 목표와 내용, 효과를 이해할 수 있다.

광고는 마케팅 커뮤니케이션의 일환이다. 기업의 입장에서 매출을 높이기 위해서 다양한 캠페인으로 소비자와 커뮤니케이션하려 할 때 광고가 사용된다. 그래서 광고는 기업 이윤의 극대화를 위한 '판매 수단'으로 평가된다. 물론, 마케팅의 수단임은 틀림없다. 그러나 지금까지 설득을 담당한 커뮤니케이션의 한 부분으로 소비자의 인지와 태도를 변화시키기 위해 다양한 노력이 포함된 콘텐츠라는 점은 제대로 평가되지 않았다. 많은 시간과 자원이 광고를 만드는 데 투여된다. 또한 광고는 그 시대의 삶을 투영하는 '시대의 거울'이며 '문화의 쇼윈도'의 역할을 한다. 지금 이 시대의 세상을 보려거든 광고를 보면 된다. 사람들이 먹고 마시고 생각하고 살아가는 모습은 광고 안에 비춰진다.

기업의 마케팅 수단으로 과소비를 조장한다는 비판도 있지만 광고를 제대로 평가하려는 노력은 부족했다. 이 부분은 광고업계와 학계가 교육 현장과 소통하려는 노력이 부족했기 때문이다. 또한 정책적인 지원도 부재한 이유에서이기도 하다. 광고에 대한 인식 개선 측면에서 광고를 알리려는 시도는 있었으나 광고가 사회에 기여할 수 있는 본격적이고 적극적인 방법은 모색되지 않았다.

최근에는 '미디어와 콘텐츠'가 마케팅 커뮤니케이션을 대신했다. 미디어의 융·복합과 스마트 미디어의 등장으로 선택권은 기업이 아닌 소비자에게 넘어갔다. 이런 맥락에서 광고를 단순히 기업의 커뮤니케이션 활동으로 본다면 광고 리터러시의 가치를 제대로 이해하지 못한 것이다. 이공계와 인문사회학의 융·복합을 주장하는 교육 현장에서도 창의성을 토대로 다학제적인 발상과 실행을 중요하게 생각하는 광고에 대한 인식은 부족하다. 교육 현장에서 학습자와 교수자의 상호작용이 어려움을 겪는 상황에서 광고는 좋은 콘텐츠가 된다.

또 다른 측면에서 광고 리터러시는 '문제점의 발견과 해결 방안'이다. 광고의 기획과 제작은 분석과 발상으로 전략을 실행하는 캠페인의 연속이다. 다시 말해 상황 분석으로 핵심 과제를 도출하고 아이디어와 창의력으로 해결 방안을 제안하고 실행한다. 학생이나 직장인, 사업가를 비롯해 누구라도 갖고 있는 다양한 문제의 발견과 발견된 문제를 해결할 수 있는 방안이 공부가 되고 일이 되며 사업의 내용이 된다. 결국, 상황과 과제는 다르지만 새로운 문제 해결 방안을 얻을 수 있을 것이다.

신문과 방송이 힘을 갖던 시대부터 스마트폰이 이를 대체한 오늘에 이르기까지 미디어 콘텐츠로서의 광고의 가치에 주목해야 한다. 영국의 '미디어 스마트(Media Smart)'를 비롯한 유럽과 미국 미디어 교육의 많은 부분이 광고 리터러시 교육이라는 사실은 미디어 콘텐츠로서의 광고의 위치를 다시 생각하게 한다. 광고 리터러시 교육은 미디어 교육 측면뿐 아니라 미디어를 스마트하게 이해하고 활용할 수 있는 시민을 양성하는 출발점이다. 이런 맥락에서 미디어의 많은 부분을 차지하고 있으며 콘텐츠로서 무시하기 어려운 광고를 학교와 교실로 환류하는 광고활용교육(AIE)에 주목해야 한다.

광고활용교육의 목표는 광고 리터러시를 지닌 시민을 육성하는 것이다. 즉, 사람들이 미디어와 광고를 읽고 쓸 수 있는 능력을 갖추게 하는 것이다. 신문활용교육(NIE)을 비롯한 기존 미디어 교육 이론을 토대로 광고가 창의적 인간을 양성하기 위한 교육적 역할을 담당할 수 있다. 또한 창의성 교육, 지원 학습, 문화 예술 교육, 커뮤니케이션 능력 교육, 몰입 교육으로서 광고활용교 육의 기능이 있다.

광고 리터러시 교육은 어린이들을 첫째, 생산과 소비를 겸하는 프로슈머 (prosumer)로 양성한다. 둘째, 커뮤니케이션 차원에서 송신과 수신을 겸하는 소디언스(soudience)로 키운다. 셋째, 광고를 읽고 쓸 수 있는 리터러시를 갖 춘 성숙된 수용자로 만든다. 이로써 광고활용교육은 보호주의가 아닌 예방과 준비에 초점을 맞춘다. 자발적 탐구로 전환된 학생은 미디어의 수동적 피해 자가 아닌 능동적인 미디어 능력자로 성장하게 된다. 궁극적으로 광고활용교 육은 광고 콘텐츠를 활용해 광고에 대한 인식을 개선하고 광고의 순기능을 극 대화하는 방안이 된다. 또한 광고를 활용함으로써 산업과 산업, 산업과 문화 를 융합하여 지금까지 없었던 새로운 산업과 일자리를 만들어낸다(이희복·차 유철·정승혜, 2013).

미디어와 소비자의 변화에도 불구하고 광고의 역할은 여전히 중요하다. 소 비자의 생활은 여전히 마케팅과 광고 메시지로 넘쳐나고 있다. 따라서 광고 의 메시지와 시각적 자극을 피할 수 없는 소비자는 광고를 이해하는 능력, 즉 광고를 인식하고 평가할 수 있는 능력이 필요하다(Malmelin, 2010). 광고는 상 업적인 메시지를 전하는 과정에서 어떤 지식을 알게 하고 매스미디어의 사회 화나 해설, 처방, 오락 등의 미디어 기능을 동시적으로 수행한다(Wright, 1960). 또한 광고는 소비자들에게 노출되는 과정에서 일반적인 미디어가 수행하기 어려운 많은 기능을 담당한다.

광고 텍스트를 비판적으로 읽어 내용을 분석하고, 이것을 바탕으로 창의적 쓰기를 하면 제작 과정을 경험할 수 있게 된다. 여기에 읽기와 분석, 쓰기와 제작, 그리고 분석과 쓰기, 제작과 읽기 등이 유기적으로 연결된다. 따라서 광고활용교육에 미디어 리터러시 개념을 적용한다면 광고 리터러시의 차원으로 발전할 수 있다. 광고를 활용한 미디어 교육은 광고에 대한 이해와 비판, 비평, 감상과 수용, 그리고 창조적 활용과 제작, 성숙한 수용자의 역할을 포함한 미디어 교육이 되어야 한다. 이러한 미디어 교육의 범위는 광고활용교육에서 광고의 이해, 광고 비평, 광고 바로 보기, 광고 소비자, 광고 창조적 활용, 광고 모니터, 광고 크리에이티브 등 적절한 활용 범위를 제공해준다.

미디어 리터러시의 이론적 틀을 제시한 버킹엄(D. Buckingham)은 미디어 교육의 영역과 적용에서 교육과정의 네 가지 주요 개념을 제작(production), 언어(language), 재현(representation), 수용자(audiences)로 소개하면서 각 개념에서 살펴봐야 할 측면들을 소개했다(버킹엄, 2004). 이것을 광고활용교육에서 살펴보면 광고 속의 제작 과정과 광고에 사용되는 언어(문법), 그리고 기호화와 해독화 과정 재현의 문제, 마지막으로 광고 커뮤니케이션 수용자의 수용 과정에 관한 문제들로 설명할 수 있다.

이런 맥락에서 인터넷을 비롯해 새롭게 등장하는 미디어도 예컨대 소셜미디어를 활용한 교육(SMIE: Social Media In Education)으로 발전할 수 있다. 이런 측면에서 광고 리터러시 교육은 사회적, 경제적, 문화적 도구로서 미디어 교육에서 차지하는 비중이 매우 크다. 광고를 활용한 교육은 마케팅과 커뮤니케이션, 그리고 영상과 디자인 등 다양한 학문 분야와 학제적인 성격을 갖고 있다. 누구나 생활 속에서 쉽게 접할 수 있는 광고는 광고 기획과 제작 그리고 미디어 전략 등 다양한 차원에서 리터러시 교육을 수행하기에 적합하다.

또한 광고 리터러시는 창의력과 기획력, 설득력, 미디어 능력 등 학교교육에서 활용도가 매우 높다. 팀 프로젝트로 협동심과 자신감, 발표력을 높일 수 있는 행동 지향 미디어 교육이다(문혜성, 2004). 창의(creativity)와 설득(persuasion)으로 대별되는 광고야말로 미디어 교육으로서 가능성과 잠재력이 크다. 광고는 제품의 판매와 서비스 이용을 목표로 하여 다양한 미디어를 통해 소비자들에게 유료로 전달하는 정보전달 행위이다. 이 때문에 그 자체로 설득 기능을 가지며 커뮤니케이션의 대상으로 가치가 있다. 특히 기획력과 설득력, 미디어 능력 등 다양한 미디어 교육 효과를 기대할 수 있다(이희복, 2016).

❏ 연관어: 광고 창의성, 광고 태도, 광고 윤리

더 읽어야 할 문헌

김양은. 2005. 「미디어교육의 개념변화에 대한 고찰」, ≪한국언론정보학보≫, 28호, 1~34쪽.
문혜성. 2004. 『미디어교육학』. 서울: 커뮤니케이션북스.
버킹엄, 데이비드(Buckingham, D.). 2003. 기선정·김아미 옮김. 『미디어교육: 학습, 리터러시 그리고 현대문화』. 서울: 제이앤북.
"영국 미디어 스마트". www.mediasmart.org.uk(검색일: 2015.5.30).
이희복·차유철·정승혜. 2015. 『미디어 스마트』. 서울: 한경사.
이희복. 2016. 『광고활용교육』. 서울: 커뮤니케이션북스.
Malmelin, Nando. 2010. "What is Advertising Literacy? Exploring the Dimension of Advertising Literacy." *Journal of Visual Literacy*, 29(2), pp.129~142.
Wright, C. R. 1960. "Functional analysis and mass communication." *Public Opinion Quarterly* 24. pp.605~620.

008

광고기술
Advertising Technology

　다양한 기술의 개발과 함께 광고도 많은 기술을 수용하며 진화했다. 최근에 마케팅과 광고 분야에서 가장 주목 받고 있는 기술은 가상현실(VR: Virtual reality)과 증강현실(AR: Augmented reality)로서 경험 마케팅(experiential market-ing)에 활용될 수 있다. 가상현실과 증강현실은 대상물이 허상이냐 실상이냐에 따라 구분된다.

　가상현실은 인공적인 기술을 활용하여 인체의 오감(시각, 청각, 후각, 미각, 촉각)을 자극함으로써 실제로 얻기 힘든 경험이나 환경을 실제와 같이 체험하게 하는 기술이다. 360도로 펼쳐지는 영상과 음향을 통해 실제와 흡사한 가상공간을 만들어내어 감각적인 몰입도가 높고 사용자가 외부 디바이스를 활용하여 가상현실에서 구현되는 상황과 상호작용을 할 수 있다는 것이 특징이다. 가상현실은 물리적 시공간을 극복할 수 있는 특징을 내포하고 높은 몰입도과 현실성, 상호작용성이 가져오는 강한 실재감(presence)을 토대로 긍정적인 경험과 광고효과를 이끌 수 있다. HMD(head mounted display) 등의 제반 기기가 필요한 가상현실은 현실과 단절된 가상환경 체험을 바탕으로 보다 몰입감이

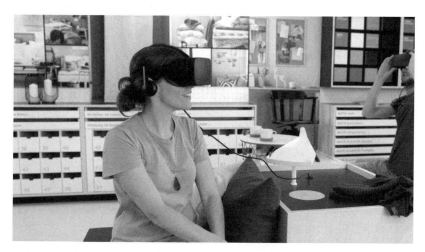

사진 1-1 **이케아 가상현실 쇼룸**
자료: http://thefwa.com/article/insights-ikea-virtual-reality-showroom

강한 게임 등 영상 중심의 커뮤니케이션에 중점을 두고 있다.

한편 증강현실은 실재 세계에 가상의 대상물(object)을 합성하여 그것이 원래의 환경에 존재하는 사물처럼 보이도록 구현하는 기술로, 실재 세계를 대체(replace)하는 것이 아닌 보완(supplement)하는 것을 말한다. 주로 이용자의 스마트폰을 통해 구현되는 증강현실은 위치기반 연계를 통한 개인화 및 실시간 마케팅이 가능한 것이 특징이다.

가상현실 기술을 마케팅에 활용한 대표적 사례로는 글로벌 가구업체 이케아(IKEA)가 있다. 이케아는 가상현실에서 인테리어를 구성해볼 수 있는 이케아 가상현실 전시실(IKEA-Virtual Reality Showroom)을 공개했다. 이용자들은 가상현실 기기를 사용하여, 사실적인 3차원 공간으로 렌더링된 가상 쇼룸과 다수의 이케아 가구를 체험할 수 있다. 가상 쇼룸에서는 가구의 위치를 손쉽게 바꾸고, 색상을 변경하며, 가구가 마음에 들지 않을 때 가구를 교체할 수도 있다. 눈 깜짝할 사이에 벽지의 재질이나 색상을 변경하고 심지어 낮과 밤의 시간에 따른 인테리어 변화도 경험할 수 있다. 고객은 가상 쇼룸에서 제품에

사진 1-2 **KT GiGA IoT 헬스 광고**
자료: http://www.etnews.com/20160718000065

대해 '좋아요', '싫어요' 같은 피드백을 전달할 수 있다. 동시에 이케아는 가구를 미리 사용할 공간에 대입시켜 보는 증강현실 앱을 제공한다. 이용자들은 앱을 통해 이케아의 가구 제품을 집안에 배치시켜보면서 집안 인테리어와 잘 어울리는지, 크기는 어느 정도인지 등을 미리 가상으로 체크해보고 구매를 결정할 수 있다.

한편 국내에서는 KT가 2016년에 360도 VR 전용 카메라로 촬영한 'IoT 기가 헬스' 영상광고를 론칭했다. KT는 해당 광고 영상을 온라인을 비롯한 디지털 미디어와 공중파 TV에 론칭함으로써 많은 관심을 끌었다. 일반 화면에서 360도 영상 재생을 지원하는 유튜브(YouTube) 같은 플랫폼을 통해 더욱 생동감 있는 광고 영상을 만들었다. 한편 이마트는 증강현실 기술을 활용한 게임 마케팅으로 고객 유입에 나서고 있다. 이마트는 스마트폰의 위치기반서비스(GPS) 기술을 활용한 '한국판 포켓몬고' 증강현실 게임인 '일렉트로맨 터치어택'을 출시했으며, 출시된 지 약 10일 동안 실제 게임을 실행한 고객 수가 약 500명으로 추정되고 이 중 15%가 실제 오프라인 매장을 방문한 것으로 나타났다.

광고 기술의 영역은 확대되고 있다. 증강현실, 가상현실뿐 아니라 디지털 사이니지, 웨어러블 디바이스 등 다양한 스마트 미디어를 활용한 광고는 소비자 경험의 확장을 가져오고 있으며, 빅데이터, 인공지능, 사물인터넷 등의 기술은 타깃팅의 정확성과 맞춤형의 정교성을 제고하고 있다. 기술을 활용한 앞으로의 광고는 기술 자체보다는 소비자의 경험을 풍부하게 하고 재미와 함께 유용성을 제고하는 데 보다 중점을 두어야 한다.

❑ 연관어: 스마트 미디어

더 읽어야 할 문헌

김소중·심성욱. 2015. 「디지털 사이니지의 사용자 맥락성에 따른 매체효과 연구」. ≪한국광고홍보학보≫, 17권 2호, 104~137쪽.
임양미. 2016. 「가상현실 콘텐츠 및 기술 동향」. ≪한국통신학회지(정보와 통신)≫, 33권 12호, 49~55쪽.
장성복·염동석. 2017. 「웨어러블 디바이스(Wearable Device)에 대한 수용자 효과에 관한 연구: 기술수용모델(TAM)을 중심으로」. ≪광고학연구≫, 28권, 6호, 73~101쪽.
조재욱·서정연. 2014. 「진단성과 심리적 거리의 매개역할에 따른 증강현실 광고효과」. ≪광고학 연구≫, 25권 1호, 203~221쪽.
허욱·정동훈. 2011. 「증강현실 광고의 프레즌스 매개효과가 광고 태도, 브랜드 태도, 그리고 구매 의도에 미치는 영향」. ≪광고 연구≫, 90권, 71~98쪽.

제2장
광고 이론과 관련 개념

009

위계효과 모형
Hierarchy of Effects Models

효과의 위계 모형 혹은 계층효과 모형이라고도 불리는 위계효과 모형은 광고의 효과를 소비자가 광고에 접했을 때 경험하는 브랜드에 대한 인지적, 태도적, 행동적 반응을 일련의 과정으로 설명한다. 위계효과 모형은 광고의 효과가 일정한 단계를 거쳐 순차적으로 발생한다는 것을 가정하는데, 래비지(R. Lavidge)와 스타이너(G. Steiner)가 최초로 제안한 모형으로 소비자가 광고에 노출되어 보이는 반응을 브랜드에 대한 ① 인지(Awareness), ② 지식(Knowledge), ③ 호감(Liking), ④ 선호(Preference), ⑤ 확신(Conviction), ⑥ 구매(Purchase)의 6단계로 개념화했다(Lavidge and Steiner, 1961). 즉, 광고를 보고 해당 브랜드를 인지하고, 브랜드에 대한 구체적 지식을 습득하며, 브랜드에 대한 우호적인 감정을 가지고, 다른 브랜드에 비해 해당 브랜드를 선호하고, 브랜드의 구매에 대해 확신을 가지며, 마지막으로 브랜드를 실제 구매하는 단계로 진행된다. 이 단계들은 인지(think), 감정(feel), 행동(do)의 차원으로 나눌 수 있으며, 구체적으로 인지, 지식은 소비자의 인지적(cognitive) 반응으로 구분되고, 호감과 선호는 감정적(affective) 차원에 해당하며, 확신과 구매는 행동적(behavioral)

그림 2-1 래비지와 스타이너의 위계효과 모형

차원에 포함된다.

래비지와 스타이너의 모형 이후 세부적인 단계의 수와 개념은 다르지만 전반적인 가정과 특징을 공유하는 다양한 위계효과 모형들이 제시되었다(Barry, 1987). 예를 들어, 잘 알려진 AIDA 모형은 ① 주의(Attention), ② 관심(Interest), ③ 욕구(Desire), ④ 행동(Action)의 4단계로 구성되었고, AICDA 모형과 AIDMA 모형은 각각 ① 주의(Attention), ② 관심(Interest), ③ 확신(Conviction), ④ 욕구(Desire), ⑤ 행동(Action)과 ① 주의(Attention), ② 관심(Interest), ③ 욕구(Desire), ④ 기억(Memory), ⑤ 행동(Action)의 5단계로 이루어진다.

위계효과 모형은 광고 실무와 밀접한 관련을 가지며 광범위하게 적용되어 왔다. 예를 들어, 1961년 미국광고주협회에서 출간한 콜리(R. H. Colley)의 저서 『측정된 광고결과를 위한 광고 목표설정(Defining Advertising Goals for Measured Advertising Results)』의 영문 제목의 두문자로 구성된 DAGMAR 모형은 위계모형의 실천적 모형으로 널리 알려졌다. DAGMAR 모형은 위계효과 모형의 개념을 기반으로 광고 목표 수립의 원칙으로서 일련의 광고효과 단계인 ① Awareness(인지), ② Comprehension(이해), ③ Conviction(확신), ④ Action(행동)을 제시한다. 광고 실무적인 관점에서 광고 노출부터 구매 행동에 이르는 과정은 여러 단계의 소비자 반응을 거치며 시간적 지연이 발생할 수 있으며 구매 행동과 연결된 매출과 시장 점유율의 증가 등 궁극적인 광고 목표의 달성은 즉각적으로 증명하기 어려운 경우가 대부분이다. 따라서 DAGMAR 모형은 위계효과 모형에서 제시하는 최종 단계인 행동에 이르기 전의 중간 단계로서 인지적, 감정적 반응 또한 광고의 목표로 설정하고 측정 지표로 활용하도록 가이드라인을 제시하는 데 의의가 있다.

실제로 위계효과 모형이 제시하는 각 단계의 주요 소비자 반응인 브랜드 인지, 지식, 태도, 구매 의도 등은 광고효과를 측정하고 판단하는 핵심 지표들로 널리 활용되고 있다. 또한 위계효과 모형은 광고효과의 발생 과정을 일련의 순차적인 단계들로서 단순화하여 이해하기 쉽게 설명하고 광고 목표의 설정과 평가에 대한 공통적 체계를 마련했다는 장점이 있다. 예를 들어, 신제품을 광고하는 경우는 인지도 제고가 주요 목표이며, 인지도가 확보되고 제품에 대한 정보가 널리 알려진 기존 제품이라면 광고를 통해 긍정적인 태도와 선호도를 형성하는 것이 더 적합한 목표이다. 이미 선호도가 높은 제품이라면 실제 구매를 유도하는 것이 주요 광고 목표로 설정될 수 있다.

위계효과 모형의 유용성과 공헌에도 불구하고 이에 대한 비판도 존재한다. 위계효과 모형은 광고 노출부터 구매 행동까지 이르는 광고효과의 과정을 소비자가 합리적이고 능동적인 의사결정자로서 제품에 대한 정보 습득과 이해를 바탕으로 평가하고 태도를 형성하여 구매를 결정하는 일련의 단계별 과정으로 설명한다. 이는 고관여 구매 상황에서는 적합할 수 있지만, 저관여 상황에서 발생할 수 있는 단순 호감으로 인한 구매 등 단계의 순서가 바뀌거나 어떤 단계는 생략될 수 있다는 가능성은 수용하지 않는다(Vakratsas and Amber, 1999; Weilbacher, 2001). 이 지적은 타당하다고 받아들여져 이후 광고효과의 연구는 인지적, 정서적, 행동적 반응을 주요 지표로 활용하되 정형화된 위계로 획일적으로 적용하기보다는 제품, 광고 메시지, 소비자, 경쟁 상황, 매체 등 다양한 관련 변수들의 영향을 고려하여 광고효과 과정을 유연하게 개념화하는 경향을 보인다.

특히 새로운 매체의 등장과 함께 전통적인 위계효과 모형은 AISAS 모형[① 주의(Attention), ② 관심(Interest), ③ 검색(Search), ④ 행동(Action), ⑤ 공유(Share)]과 AIMSCAS 모형[① 주의(Attention), ② 관심(Interest), ③ 기억(Memory), ④ 검색(Search), ⑤ 비교(Compare), ⑥ 행동(Action), ⑦ 공유(Share)]으로 진화했다. 보다 능동적인 소비자를 전제로 하는 AISAS 모형은 소비자가 광고에 노출된 후 관심이 생기면 검색을 통해 추가 정보를 수집하고 행동을 취하며, 그 경험을 다른 사람들과 공유하는 단계를 보여준다.

보다 세분화된 단계를 제시하는 AIMSCAS 모형은 광고에 대한 반응으로서 주의, 관심, 기억 단계를 거친 후 자발적인 검색을 통해 정보를 수집하고 비교 분석을 거쳐 구매와 같은 행동을 결정하며, 구매 혹은 소비 경험을 다른 소비자들과 공유하는 과정을 제시한다. 이러한 위계효과 모형들은 미디어 환경의 변화와 함께 확장된 소비자의 능동적인 역할과 상호작용을 반영하여 검색과 공유 등 새로운 광고효과의 단계를 포함한 것이 주목할 만하다. 또한 비교적 최근에 제시된 AISDALSLove 모형은 ① 주의(Attention), ② 관심(Interest), ③ 검색(Search), ④ 욕구(Desire), ⑤ 행동(Action), ⑥ 선호/비선호(Like/Dislike), ⑦ 공유(Share), ⑧ 애정/혐오(Love/Hate)의 8단계로 구성되었는데, 검색과 공유 외에도 애정/혐오 등 보다 장기적이고 심도 있는 광고효과를 추가하여 위계효과 모형의 진화를 보여준다(Wijaya, 2012).

❑ 연관어: 광고효과 측정, 광고 조사

더 읽어야 할 문헌

Barry, T. E. 1987. "The Development of the hierarchy of effects: An historical perspective." *Current issues and Research in Advertising*, 10(1-2), pp.251~295.
Colley, R. H. 2016. "Defining Advertising Goals: For Measured Advertising Results." *The Association of National Advertisers*, Inc., New York.
Lavidge, R., and G. Steiner. 1961. "A Model for Predictive Measurements of Advertising

Effectiveness." *Journal of Marketing*, 25(4), pp.59-62.

Vakratsas, D., and T. Amber. 1999. "How Advertising Works: What Do We Really Know?" *Journal of Marketing*, 63(January), pp.26~43.

Weilbacher, W. M. 2001. "Point of View: Does Advertising Cause a Hierarchy of Effects?" *Journal of Advertising Research*, 41(6), pp.19~26.

Wijaya, B. S. 2012. "The Development of Hierarchy of Effects Model in Advertising." *International Research Journal of Business Studies*, 5(1), pp.73~85.

010

정보원효과 모형
Source Effects Models

광고 메시지의 정보원은 주로 광고 모델이라고 불리는, 광고에 등장하는 인물을 말한다. 광고에서 광고의 주체인 기업이 직접 제품이나 서비스에 대해 정보를 전달하지 않고 다른 화자를 이용하는 목적은 친근하고 매력적이며 신뢰할 수 있는 인물을 대신 활용하여 광고의 설득 효과를 높이려는 것이다 (이정교, 2012). 광고 정보원은 유명인, 전문가, 최고경영자(CEO), 일반인 등의 유형으로 구분할 수 있고, 보증인(endorser), 대변인(spokesperson), 배우(actor) 등의 역할을 수행한다. 특히 유명인이 보증인으로 등장하는 광고의 활용이 두드러지는데 유명인(celebrity)이란 음악, 연기, 스포츠 등 특정 분야에서 성공하여 대중에게 널리 알려진 인물을 의미하며 유명 보증인(celebrity endorser)은 '이러한 대중적인 인지도를 이용해 광고에서 제품이나 서비스와 함께 등장하여 이를 보증하는 사람'을 일컫는다(McCracken, 1989: 310). 보증(endorsement)은 지지, 추천 혹은 옹호라고도 해석할 수 있는데, 광고 맥락에서는 어떤 인물이 광고에 등장하여 제품이나 서비스를 공개적으로 추천하는 것을 의미한다. 예를 들어, 제품이나 서비스에 대한 직접 경험과 신념을 기반으로 그 제품이나 서비스의 효능과 품질을 증언(testimonial)하기도 한다. 보증인 외에도 광고 모델은 광고에서 다른 역할을 수행하기도 한다. 제품이나 서비스에 관한 정보나 메시지를 단순히 전달하는 대변인이나, 시나리오로 구성된 허구의 이야기를 바탕으로 구성된 광고에서 가상의 등장인물을 연기하는 배우의 역할을 맡기도 한다.

광고 메시지 정보원의 효과는 동일한 광고 메시지를 누가 전달하느냐에 따라 설득 효과가 달라진다는 것으로 여러 연구에 의해 실증적으로 입증되었다(Erdogan, 1999). 광고 정보원의 설득효과 연구는 다양한 이론들을 기반으로 하는데, 대표적으로 정보원의 속성을 바탕으로 정보원의 효과를 이해하는 정보원효과 모형(Source Effects Models), 즉 정보원 신뢰도 모형(Source Credibility Model)과 정보원 매력도 모형(Source Attractiveness Model)을 적용한다. 구체적으로 정보원 신뢰도는 전문성(Expertness)과 진실성(Trustworthiness)의 두 가지 개념으로 구성된다(Hovland, Janis and Kelley, 1953).

전문성은 정보원이 객관적이고 정확한 주장을 할 능력이 있을 것이라고 지각하는 정도로서, 의약품 광고의 경우 소비자들은 의사를 일반 유명인에 비해 전문성이 높은 모델로 지각할 것이다. 진실성은 정보원의 메시지가 진실하고 타당한지를 지각하는 정도로, 생활용품의 광고일 경우 소비자들은 광고 노출의 대가로 많은 금전을 보상받는 유명인에 비해 일반 소비자 모델이 더 진실하고 정직하다고 믿을 수 있다. 정보원 신뢰도는 소비자가 제품에 대해 느낄 수 있는 불확실성을 감소시켜 줌으로써 긍정적인 효과를 야기한다. 정보원 매력성(Attractiveness)은 친근감(Familiarity), 유사성(Similarity)과 호감도(Likeability)로 세분화될 수 있다(McGuire, 1985). 즉, 소비자들은 광고의 정보원이 잦은 노출로 인한 친근감, 본인들과 특성을 공유하는 유사성, 신체적 특성이나 특정 행동 등이 불러일으키는 긍정적인 감정의 호감도가 높을 때 매력적으로 인지한다. 오해니언(R. Ohanian)은 두 모형을 종합해 유명인 신뢰도가 전문성, 진실성, 매력도의 세 가지 차원으로 구성되는 것으로 개념화하고 유명인의 광고 정보원으로서의 신뢰도를 소비자의 광고 태도, 브랜드 태도, 구매의도에 영향을 주는 요인으로 제시했다(Ohanion, 1990).

정교화 가능성 모형(Elaboration Likelihood Model)에 따르면 소비자의 관여도에 따라 정보원 신뢰도의 영향은 달라진다. 소비자의 관여도와 메시지 정교화가 높은 경우에는 광고 메시지의 논증 품질(argument quality) 등에 초점을 둔 중심적 경로(central route)를 통한 설득이 일어나며 정보원 신뢰도가 설득에 직접적으로 영향을 줄 수 있다(Cacioppo and Petty, 1984). 반면, 소비자의 관여도와 메시지 정교화가 낮은 경우에는 광고 메시지의 정보원 공신력이나 매력도 등 주변적 단서(peripheral cue)의 영향이 크며, 높은 정보원 신뢰도는 약한 메시지 효과를 중화하는 역할을 하기도 한다(Petty, Cacioppo and Schumann, 1983; Priester and Petty, 2003).

광고 맥락에서 정보원 신뢰도는 광고 모델뿐 아니라 광고주, 매체에 대한 신뢰도를 포함하기도 한다. 광고의 주체인 광고주의 특성과 광고가 게재되는 매체의 유형에 따라 소비자가 지각하는 신뢰도가 다르고 광고의 설득효과에 영향을 미칠 수 있다. 특히, 전통적으로 매체 신뢰도(media credibility)의 경우 인쇄 매체가 방송 매체에 비해 매체 신뢰도가 높게 나타나는 경향을 보여왔다. 한편, 온라인 매체와 인쇄 매체의 신뢰도 비교 연구에서는 상황이나 맥락에 따라 때로는 온라인 매체가, 다른 경우에는 인쇄 매체가 높은 매체 신뢰도를 보여 다양한 결과가 논의되고 있다. 또한 온라인 매체의 경우 그 종류와 유형이 매우 다양해서 뉴미디어의 매체 신뢰도에 대한 많은 논의가 이루어지고 있다. 예를 들어, 인터넷 미디어의 경우 플랫폼, 사용자 목적, 콘텐츠 형태 등에 따라 인터넷 커뮤니티, 포털 사이트, 온라인 뉴스, 블로그, 이메일, 인스턴트 메신저 등으로 다양하게 분류될 수 있어 각 플랫폼별, 또는 플랫폼 특성별 매체 신뢰도에 대한 많은 연구와 논의가 이루어질 여지가 있다. 또한 오늘날의 미디어 이용자는 매스미디어에서 제공하는 정보를 소비하는 데 그치지 않고, 개인 홈페이지나 블로그, 그리고 가장 최근에 이르러서는 1인 방송에 이르기까지 적극적으로 콘텐츠를 생산하는 생산자로서의 역할도 겸하고 있으며, 이에 따라 미디어 이용 행태 역시 다양성이 증가하고 파편화되어가는 양상을 보인다. 정보원에 대한 신뢰도가 누가 광고에 등장하여 메시지를 전달하는지, 어떤 기업이나 단체의 광고인지, 어떤 매체를 통해 광고가 전달되는지 등에 의해 복합적으로 결정될 수 있는 것을 고려하면, 새로운 매체가 등장하고 이용자 행위가 변화하는 시점에서 정보원 신뢰도에 대한 지속적 연구가 필요하다.

유명인 광고의 효과에 관한 또 다른 대표적 이론은 조화가설(Match-up Hypothesis)이다. 조화가설은 유명인 광고의 효과는 광고 모델의 특성과 제품의 특성을 조화시킴으로써 향상할 수 있다고 제안한다(Kamins, 1990; Till and Busler, 2000). 매크래컨(G. McCracken)은 의미전이 모형(Meaning Transfer Model)을 통해 유명인의 광고효과 과정을 설명했다(McCracken, 1989). 유명인 개개인은 소속된 사회에서 인기 있고 두드러진 다양한 문화적 의미들의 독특한 조합을 가지며, 광고를 통해 유명인에게 내재되어 있는 의미들은 연관된 제품으로 전이되고, 제품으로 전이된 의미들은 제품의 구매와 이용을 통해 최종적으로 소비자에게 전이된다(McCracken, 1989; Walker, Langmeyer and Langmeyer, 1992). 매크래컨은 정보원효과 모형에 기반한 이전 연구들이 정보원의 속성에 기인한 효과만 검증할 뿐 광고를 통해 관계가 형성되는 제품과의 상호작용의 효과에 대한 이해를 제공하지 않는다는 비판과 함께 유명인 광고 모델과 제품의 의미들이 부합할 때 광고효과가 증대될 수 있다고 제안했다.

이후 관련 연구들은 광고 모델과 제품 간의 조화를 여러 용어로 표현하지만 광고 모델의 특성과 제품의 특성이 조화를 이룰 때 유명인 광고효과가 향상된다는 개념은 공유한다(Kahle and Homer, 1985; Kamins, 1990; Lynch and Schuler, 1994; Till and Busler, 2000). 예를 들어 외모적으로 매력적인 광고 모델은 매력적이지 않은 광고 모델보다 외모를 향상시키는 데 사용되는 제품을 광고할 때 더욱 효과적인 것으로 밝혀졌다(Kahle and Homer, 1985). 조화가설의 검증에서 주로 광고 모델의 매력도를 조화 요소(match-up factor) 혹은 조화의 기반으로서 이용한 것에 반해 틸(B. D. Till)과 버슬러(M. Busler)는 조화가설 연구를 모델의 전문성으로 확장했다(Till and Busler, 2000). 연구 결과에 따르면, 유명인 모델의 매력도가 모델과 제품의 조화 요소로 사용되었을 때는 유의미한 효과가 없지만, 모델의 전문성이 조화 요소로 사용된 경우 소비자의 상표 평가에 긍정적인 영향을 미칠 수 있다. 하지만 광고 모델과 제품의 조화 유무보다는 조화의 정도가 중요하며, 이는 소비자들의 지각에 의해 결정된다. 또한 두드러진 특성이나 이미지가 조화 요소로 작용할 수 있지만, 유명인과 제품 모두 다양한 이미지를 동시에 가지고 있기 때문에 소비자가 인식하는 유명인과 제품 이미지 간의 적합성(perceived fit)으로 조화를 개념화하는 경향을 보이고 있다(Lee and Thorson, 2008).

❏ 연관어: 광고 모델, 광고 소구

더 읽어야 할 문헌

이정교. 2012. 『유명인 광고의 이해: 이론과 전략』. 서울: 한경사.

Erdogan, B. Z. 1999. "Celebrity Endorsement: A Literature Review." *Journal of Marketing Management*, 15(4), pp.93~105.

Hovland, C. I., I. L. Janis and H. H. Kelley. 1953. *Communication and Persuasion; Psychological Studies of Opinion Change*. New Haven, CT: Yale Press.

Kahle, L. R., and P. M. Homer. 1985. "Physical attractiveness of the celebrity endorser: A social adaption perspective." *Journal of Consumer Research*, 11(4), pp.954~961.

Kamins, M. A. 1990. "An investigation into the 'match-up' hypothesis in celebrity advertising: When beauty may be only skin deep." *Journal of Advertising*, 19(1), pp.4~13.

Lee, J. G., and E. Thorson. 2008. "The impact of celebrity-product incongruence on the effectiveness of product endorsement." *Journal of Advertising Research*, 48(3), pp.433~449.

Lynch, J., and D. Schuler. 1994. "The matchup effect of spokesperson and product congruency: A scheme theory interpretation." *Psychology & Marketing*, 11(5), pp.417~445.

McCracken, G. 1989. "Who is the Celebrity Endorser? Cultural Foundations of the Endorsement Process." *Journal of Consumer Research*, 16(3), pp.310~321.

McGuire, W. 1985. "Attitudes and Attitude Change." *Handbook of Social Psychology*, Vol.2, L.

Gardner and A. Elliot.

Ohanian, R. 1990. "Construction and Validation of a Scale to Measure Celebrity Endorsers' Perceived Expertise, Trustworthiness, and Attractiveness." *Journal of Advertising*, 19(3), pp.39~52.

Petty R. E., J. T. Cacioppo and D. Schumann. 1983. "Central and peripheral routes to advertising effectiveness: The moderating role of involvement." *Journal of Consumer Research*, 10(2), pp.135~146.

Priester, J. R., and R. E. Petty. 2003. The influence of spokesperson trustworthiness on message elaboration, attitude strength, and advertising effectiveness. *Journal of Consumer Psychology*, 13(4), pp.408~421.

Till, B. D., and M. Busler. 2000. "The match-up hypothesis: Physical attractiveness, expertise, and the role of fit on brand attitude, purchase intent and brand beliefs." *Journal of Advertising*, 29(3), pp.1~13.

Walker, M., L. Langmeyer and D. Langmeyer. 1992. "Celebrity endorsers: do you get what you pay for?" *Journal of Consumer Marketing*, 9(2), pp.69~76.

011

관여도
Involvement

    소비자 행동과 광고 연구에 많이 활용되는 관여도(involvement) 개념은 사회적 판단이론(social judgment theory)의 자아 관여(ego involvement) 개념을 크루그먼(H. E. Krugman)이 차용한 것인데, 크루그먼은 광고에 대한 관여도를 '소비자가 광고 메시지의 내용을 개인적 경험과 관련시켜 생각하는 것'이라 보았고, 광고가 집행되는 매체가 달라지면 소비자와 매체가 맺는 관계 역시 달라져 소비자의 관여 수준이 달라질 수 있음을 제시했다(Krugman, 1965; 1966). 연구자들마다 관여도에 대해 다소 다른 정의를 내리지만 대체로 관여도는 제품이나 메시지 등 대상에 대해 소비자가 느끼는 연관성(relevance)을 의미한다.

    관여도는 크게 지속적 관여도(intrinsic involvement)와 상황적 관여도(situational involvement)로 분류할 수 있으며 두 가지의 관여도가 특정 시점에 특정 대상에 대해 가지는 소비자의 전반적인 관여도의 정도를 결정한다(Celsi and Olson, 1988). 지속적 관여도란 일반적으로 어떤 대상에 대해 개인이 가지는 관여의 수준을 의미한다. 어떤 대상에 대해 개인적으로 관련성이 높거나 해당 대상에 관한 생각으로 많은 시간을 할애할 때 발생하는데, 지속적 관여도에 의해 만들어진 지식 구조는 인지 과정에 중요한 영향을 미칠 수 있다. 소비자가 어떤 대상이 자신에게 중요한 영향을 미친다고 지각하면 그것에 대해 더 많은 생각과 추론을 하고 더 많은 정보를 추구하고 탐색하고자 하기 때문이다. 그러나 대상에 대한 지속적 관여의 수준은 고정적이지 않으며, 시간이 흐름에 따라 해당 대상의 중요성에 대한 소비자의 인식과 평가가 바뀔 수 있다. 다시 말해, 소비자는 과거에 관여도가 높게 느낀 제품에 대해 흥미를 잃을 수 있고 관여도가 낮아질 수도 있다.

반면, 상황적 관여도는 소비자가 어떤 대상에 대해 지각하는 중요성이나 관련성이 특정 상황이나 다른 요인들에 의해 일시적으로 달라지는 것을 의미한다. 상황적 관여도는 소비자가 평소 관여도가 높지 않은 해당 대상에 대해 선물 구매와 같은 특정 상황에 접하거나 의사 결정 시간이 촉박해서 일시적으로 높은 관심을 나타내는 것을 설명해준다. 예를 들어, 타인을 위한 선물로서 어떤 제품을 구매하는 경우와 자신이 사용할 목적으로 구매하는 경우에 소비자의 관여도는 다른 양상을 보일 수 있다. 밸런타인데이 등 기념일을 위해 선물을 구입할 때처럼 평소에는 관여도가 높지 않았던 제품에 관심을 가지고 신중한 구매를 위해 고민하는 경우 상황적 관여도가 높다고 할 수 있다. 이러한 상황적 관여도를 높이는 마케팅 기법 또한 흔하게 찾을 수 있다.

관여도는 연속적이며 상대적인 개념이지만 관여도가 소비자 행동에 미치는 영향을 설명하기 위해 편의상 그 정도에 따라 고관여와 저관여 두 유형으로 구분한다. 예를 들어 제품 관여도는 소비자 개인이 어떤 제품에 대해 얼마나 관심을 가지는지, 또는 개인의 자아에 해당 제품이 얼마나 관련이 있으며 중요한 역할을 할 수 있는지 인지하는 정도로 결정된다.

크루그먼은 고관여 제품 구매 상황과 저관여 제품 구매 상황에서 소비자의 태도가 각각 다른 과정을 거쳐 형성된다고 보았다. 크루그먼의 고관여/저관여 분류 체계에 따르면, 고관여 제품 구매 상황에서는 전통적 광고효과의 위계모형인 AIDA 모형에서와 같이 제품이나 브랜드에 대한 태도의 형성이 실제 구매 행동에 선행하는 반면, 저관여 제품 구매 상황에서는 반대로 구매 행동이 선행하고 태도가 나중에 형성될 수 있다.

관여도는 많은 광고 및 소비자행동 연구에서 광고효과에 영향을 주는 중요한 변수로서 다루어져 왔다. 광고에 노출되었을 때 광고 또는 제품 자체에 대한 소비자의 관여도에 의해 소비자가 광고 메시지에 설득되는 과정과 정도가 달라질 수 있다. 대표적으로 정교화 가능성 모델(Elaboration Likelihood Model)은 광고에 노출된 소비자의 관여도 차이로 인해 소비자가 광고 메시지를 처리하는 과정에 차이가 발생할 수 있음을 보여준다. 정교화 가능성 모델에서는 중심(central) 경로와 주변(peripheral) 경로 두 가지의 태도 변화 경로를 설명하는데, 관여도는 소비자의 메시지 수용 및 태도 변화 과정에 영향을 미치는 요인의 하나로 제시되고 있다(Petty, Cacioppo and Schumann, 1983). 중심 경로를 통한 사고는 메시지에 제시된 논점에 대한 해석을 통해 설득이 되는 경우이고, 주변 경로를 통한 사고는 메시지에 제시된 논점과는 큰 관련이 없는 요소들에 따라 설득 또는 태도변화가 일어나는 경우이다. 중심 경로를 통해 형성된 태도는 비교적 장기간 지속되며, 행동에 영향을 미칠 가능성이 높고, 부정적 정보에 직면했을 때도 쉽게 동요하지 않게 된다. 반면에 주변 경로를 통한 태도는 비교적 일시적이며, 부정적 정보에 노출되면 쉽게 변화되고, 행동유발 가능성이 낮다.

정교화 가능성 모델에서는 정보를 처리하려는 메시지 수신자의 동기(Motivation)와 능력(Ability)이 클수록 정교화 가능성이 커져 중심 경로를 통한 메시지 처리가 이루어진다고 보았는데, 고관여 상황일수록 수신자의 메시지 처리 동기가 커지게 된다는 점에서 정교화 가능성 모델과 관여도는 밀접한 관계를 가진다. 즉, 관여도가 높은 경우 정보처리는 주로 중심 경로를 통해 처리되어 중심 단서가 수신자의 태도에 영향을 미칠 가능성이 높고, 반면 상황관여가 낮은 경우 정보처리는 주변 경로를 통해 처리되어 메시지 자체의 내용보다는 메시지의 제시 형태나 메시지 제공자의 특성 등 주변 단서가 미치는 영향력이

	이성적	감성적
고관여	학습 → 태도 형성 → 행동 (예: 보험, 냉장고, 컴퓨터)	태도 형성 → 학습 → 행동 (예: 패션 의류, 자동차, 향수)
저관여	행동 → 학습 → 태도 형성 (예: 세제, 비누, 치약)	행동 → 태도 형성 → 학습 (예: 음료, 캔디, 담배)

그림 2-2 **FCB 그리드 모델**

커지게 된다.

한편, 다국적 광고대행사인 FCB(Foote, Cone and Belding)가 관여도 개념을 활용해 소비자의 의사결정과정을 설명하는 틀로서 제시한 FCB 그리드 모형 (FCB Grid Model)은 광고 실무에서 많이 활용되어왔다(Ratchford, 1987). 제품에 대한 소비자의 관여도를 정도에 따라 고관여와 저관여로 나누고, 소비자의 구매 의사결정 방식이 이성적인지 감성적인지 여부를 나누어 네 가지 경우에 대한 제품태도 형성 과정을 설명하며 그에 따른 효과적인 마케팅 전략을 제시했다. 고관여 제품에 대한 이성적 의사결정 상황의 경우 AIDA 모델에서 제시했던 것과 마찬가지로 학습(Learn)-태도형성(Feel)-행동(Do)의 순서를 따르게 된다. 이 경우 제품 가격이 비싸거나 고려해야 할 것들이 복잡하고 다양한 보험, 컴퓨터, 냉장고 등의 구입 상황을 예로 들 수 있다. 한편, 고관여 제품에 대한 감성적 의사결정 상황에서는 태도가 형성된 이후 학습이 일어나고 행동이 촉발되며, 의류, 향수, 자동차 등 값비싼 쾌락적 제품이 이에 해당된다. 마지막으로, 저관여 상황에서의 감성적 의사결정 시에는 행위가 먼저 촉발된 이후 태도가 형성되고, 그 결과 학습이 일어난다. 가격은 비싸지 않지만 제품에 따라 다양한 특성이나 기능을 가질 수 있는 세제, 비누, 치약 등의 구매 상황이 이에 해당한다. 마지막으로, 저관여 상황에서 이성적 의사결정을 하는 경우 행동이 먼저 일어나고 학습이 이루어지며, 값이 비싸지 않은 쾌락 제품, 즉

음료, 캔디, 담배 등 기호식품이 대표적인 예이다. 이렇듯 FCB 그리드는 관여도에 따라 다른 소비자의 구매 의사결정 과정을 제시해 유용한 전략적 틀로서 활용되지만, 제품에 대해 느끼는 관여도는 소비자 개인에 따라 다르기 때문에 제품을 고관여 혹은 저관여 제품으로 단순히 분류하고 전형적인 의사결정 유형을 적용하는 것은 바람직하지 않다.

❏ 연관어: 위계효과 모형, 정교화가능성모델

더 읽어야 할 문헌

Celsi, R. L., and J. C. Olson. 1988. "The Role of Involvement in Attention and Comprehension Processes." *Journal of Consumer Research*, 15, pp.210~224.

Krugman, H. E. 1965. "The Impact of Television Advertising: Learning without Involvement." *Public Opinion Quarterly*, 29(3), pp.349~356.

Krugman, H. E. 1966. "The Measurement of Advertising Involvement." *Public Opinion Quarterly*, 30(4), pp.583~596.

Petty, R. E., J. T. Cacioppo and D. Schumann. 1983. "Central and Peripheral Routes to Advertising Effectiveness: The Moderating Role of Involvement." *Journal of Consumer Research*, 10(2), pp.135~146.

Ratchford, B. T. 1987. "New Insights about the FCB Grid." *Journal of Advertising Research* 11(4), pp.24~38.

012

광고 인게이지먼트
Advertising Engagement

    인게이지먼트(engagement)는 미디어와 광고효과에 대한 새로운 효과 측정의 변수로서 최근 많은 관심을 받고 있다. 미디어의 세분화, 다양화 추세의 가속화와 함께 과도한 광고 노출에 대한 반감, 회피 등이 증가하면서 전통적인 광고효과 측정 변수 외에 소비자가 얼마나 미디어, 브랜드, 광고 등에 대해 인게이지먼트를 경험하는지를 새로운 광고효과 측정의 대안으로 제시하기도 한다. 아직 인게이지먼트 개념에 대한 정의가 확립되지는 않았지만 주의 및 관심을 끈다는 단어의 뜻이 기반이 되어 여러 정의가 인게이지먼트의 이해를 돕고 있다.

    예를 들어, 광고연구재단(ARF: Advertising Research Foundation)은 광고 인게이지먼트를 광고를 둘러싼 주변 맥락에 의해 강화된 브랜드 아이디어와 잠재 소비자를 연결시키는 것이라고 정의하며 인게이지먼트가 GRP(Gross Rating Points)를 대체하는 새로운 광고 패러다임이 될 것이라고 제안했다(Advertising Research Foundation, 2006). 왕(Wang, 2006)은 광고 인게이지먼트를 광고의 메시지 효과 혹은 설득 효과로 이해하고 소비자와의 관련성(relevancy)과 관여도

(involvement)를 인게이지먼트의 핵심으로 보았다. 즉, 광고 인게이지먼트는 "프레임된 브랜드에 관한 메시지가 주변 상황에 따라 노출될 때 이 상황과 적합한지"를 측정하는 것이라고 정의했다. 유사하게 라파포트(S. D. Rappaport)는 광고 인게이지먼트가 브랜드의 소비자와의 높은 관련성과 브랜드와 소비자 간의 감정적인 연결을 중심으로 형성된다고 보았다(Rappaport, 2007). 한편, 광고 인게이지먼트를 소비자가 광고에 접하면서 느끼는 무의식적인 감정의 정도로 설명하기도 한다(Heath, 2007). 요약하자면, 수동적이고 단순한 반응을 유도하는 광고보다는 주변 맥락과 연관되어 관련 있고 감정적인 경험을 촉발하여 브랜드와의 연결로 이끄는 인게이지먼트를 가질 수 있도록 하는 광고가 효과적이다. 실제로 광고 인게이지먼트가 높을수록 광고 회상, 메시지 관여도, 메시지 태도가 긍정적이라는 연구 결과가 보고되었다(Wang, 2006).

광고 인게이지먼트 외에도 인게이지먼트 개념은 미디어와 마케팅 분야에서 활용되고 있는데 관련된 여러 유형의 인게이지먼트가 제시되었다. 예를 들어, 고객 인게이지먼트(customer engagement)는 고객과 브랜드/서비스 간의 관계를 강조로써써 신뢰, 감정적 몰입을 형성하거나 충성도와 반복적인 구매를 유도하는 심리적 과정이다(Bordie et al., 2011). 유사한 유형으로 소비자 인게이지먼트(consumer engagement)는 크게 인지적, 감성적, 행위적 차원으로 나눌 수 있는데 소비자와 브랜드 간의 상호작용을 강조한다(Brodie et al., 2011). 한편 고객 브랜드 인게이지먼트(customer brand engagement)는 "몰입(immersion)", "열정(passion)", "활성화(activation)"의 속성을 강조하며 "고객의 구체적인 브랜드 상호작용을 위한 인지적, 감성적, 행위적 투자의 수준"으로 정의된다(Hollebeek, 2011).

한편, 미디어 인게이지먼트(media engagement)는 미디어를 활용하는 광고의 효과에 영향을 미치기 때문에 효율적인 미디어 기획과 집행을 위해 중요하다. 미디어 인게이지먼트는 미디어의 콘텐츠에 대한 집중도와 만족도를 기반으로 설명되는데(이종선·장준천, 2009), 미디어 이용자가 미디어 인게이지먼트를 높게 경험할수록 광고에 노출될 확률이 높기 때문에 미디어 인게이지먼트가 광고의 효과에 긍정적인 영향을 미친다고 할 수 있다(Calder et al., 2008). 흥미롭게도 디지털 미디어의 확대와 일상화를 반영하는 디지털 과잉 인게이지먼트(digital overengagement)는 스마트폰이나 모바일 게임 중독처럼 새로운 미디어, 플랫폼, 콘텐츠의 부작용으로 이해되기도 한다(Scheinbaum, 2016).

인게이지먼트 개념의 모호성은 여러 관련 개념이 존재하고 구분이 불확실하기 때문이다. 예를 들어, 심리학적 관점에서 '연관성,' '전념,' '몰입,' '참여' 등의 개념이 인게이지먼트와 함께 사용되고 있다. 또한 인게이지먼트의 개념이 확립되지 못한 이유 중 하나는 인게이지먼트의 선행변수들과 결과를 인게이지먼트 자체와 혼동하기 때문이며, 소비자의 온라인 경험의 인게이지먼트는 원격실재감(telepresence)과 지각된 상호작용성과 구분되어야 하고 지각된 상호작용이 원격실재감에 영향을 주고 원격실재감이 인게이지먼트의 선행변수라고 제시된 바 있다(Mollen and Wilson, 2010). 또한 같은 연구에서 인게이지먼트가 소비자의 태도와 행동에 영향을 줄 수 있다고 제시했다. 아직 인게이지먼트는 개념적 이해가 부족하기 때문에 인게이지먼트에 대한 개념적 정의와 측정 방법, 인게이지먼트에 영향을 주는 요인과 인게이지먼트의 결과 등을 정교화, 체계화하는 노력이 더 필요할 것이다.

❏ 연관어: 관여도, 몰입도

더 읽어야 할 문헌

이종선·장준천. 2009. 「TV 프로그램의 인게이지먼트가 광고효과에 미치는 영향」. ≪광고연구≫, 여름호, 156~186쪽.
한은경·문효진. 2013. 「광고 인게이지먼트 구성요인에 대한 탐색적 연구」. ≪광고연구≫, 99권, 161~189쪽.
ARF 2006. Statement by Joseph Plummer on behalf of the Advertising Research Foundation, New York, April.

Brodie, R. J., L. D. Hollebeek, B. Jurić and A. Ilić. 2011. "Customer Engagement: Conceptual Domain, Fundamental Propositions, and Implications for Research." *Journal of Service Research*, 14(3), pp.252~271.

Calder, B. J., E. C. Malthouse and U. Schaedel. 2008. "An Experimental Study of the Relationship between Online Engagement and Advertising Effectiveness." *Journal of Interactive Marketing*, pp.1~36.

Hollebeek, L. 2011. "Exploring Customer Brand Engagement: Definition and Themes." *Journal of Strategic Marketing*, 19(7), pp.555~573.

Mollen, A., and H. Wilson. 2010. "Engagement, Telepresence and Interactivity in Online Consumer Experience: Reconciling Scholastic and Managerial Perspectives." *Journal of Business Research*, 63, pp.919~925.

Rappaport, S. D. 2007. "Lessons from Online Practice: New Advertising Models." *Journal of Advertising Research*, 47(2), p.135.

Scheinbaum, A. C. 2016. "Digital Engagement: Opportunities and Risks for Sponsors." *Journal of Advertising Research*, 56(4), pp.341~345.

Wang, A. 2006. "Advertising Engagement: A Driver of Message Involvement on Message Effects." *Journal of Advertising Research*, 46(4), pp.355~368.

013

광고 태도
Attitude toward the Advertisement

  광고에 대한 태도(attitude toward the ad)는 특정 제품이나 서비스의 개별 광고물 자체에 대해 호의적 또는 비호의적으로 평가하는 성향을 의미한다. 쉽게 말해 소비자가 광고를 보았을 때 가지게 되는 좋거나 싫은 감정적 반응으로 이해할 수 있다. 이는 광고 전반에 대해 가지는 태도(attitude toward advertising)와는 구분된다. 즉, advertisement(흔히 줄여서 ad)는 특정 개별 광고(물)를 지칭하며 advertising은 집합적인 의미의 광고로서 특정 광고물이 아닌 전반적인 광고 혹은 모든 광고를 의미한다.

  보통 학술연구와 업계의 카피 테스트(copy test)에서 측정되는 광고 태도는 개별 광고물에 대한 태도를 의미한다. 관련 이론으로서 광고 태도 모형(attitude toward the ad model)은 특정 광고물에 대한 태도의 역할과 이에 영향을 미치는 요인들에 대해 설명하기 때문에 광고 태도를 이해하는 데 유용하다. 광고 태도 모형은 광고에서 제시된 정보를 바탕으로 형성된 브랜드에 대한 신념 등 인지적 반응이 브랜드에 대한 태도를 결정한다는 위계효과 모형과 달리 광고 자체에 대한 태도가 브랜드에 대한 태도와 선택에 영향을 준다고 제안한다

(Mitchell and Olson, 1981; Shimp, 1981). 위계효과 모형을 비롯해 전통적으로 광고효과를 설명하는 연구는 대체로 광고가 제품에 대한 정보를 제공하여 긍정적인 신념을 형성하는 등 상표에 대한 인지적 반응을 유발한 후 이에 대한 평가를 바탕으로 상표에 대한 호의적 태도 등 감정적 반응을 얻을 수 있다고 설명하는 인지 기반의 접근이 주를 이루었다. 하지만 제품의 특성과 제공할 수 있는 편익에 대한 정보를 제공하는 광고 이외에도 온정, 유머, 생활방식, 이미지 등을 이용해 소비자의 감성에 직접 소구하는 광고도 많다. 이런 감성적 광고는 구체적인 제품 정보를 전달하지는 않지만 광고를 통해 소비자가 의도하는 느낌이나 정서를 경험하도록 하고 이러한 감정적 반응을 통해 해당 상표에 대한 태도에 영향을 주려는 것을 목적으로 한다. 이 경우 상표에 대한 신념이 우호적인 태도 형성을 위한 필요조건이 아니며 광고 자체에 대한 감정적 반응의 역할을 이해하는 것이 중요하다.

광고 태도 모형은 이러한 광고 자체에 대해 소비자가 가지는 감정적 반응이 브랜드에 대한 태도 형성에 미치는 영향을 설명한다. 물론 보다 세부적으로 광고 태도의 개념은 인지적, 감정적 요소로 구분할 수 있고, 초기 광고 태도 모형 연구는 광고에 대해 소비자들이 가지는 인지적 반응이 광고 태도를 결정한다고 보며 인지적 반응에 초점을 두었다(Mitchell and Olson, 1981; Shimp, 1981). 하지만 이후 연구는 광고 태도를 결정하는 데 광고에 대한 감정적 반응의 역할을 강조했다(Batra and Ray, 1986). 브랜드 태도에 광고 태도가 미치는 영향의 이론적 근거는 크게 두 가지로서 첫 번째 고전적 조건화(classical conditioning)는 광고에 대한 소비자의 긍정적인 감정적 반응이 해당 상표로 전이된다고 본다. 또 다른 이론적 근거로서 인지 반응 이론은 광고로 인한 긍정적인 감정이 상표에 대한 우호적인 인지 반응을 더욱 많이 유도한다고 설명한다(Muehling and McCann, 1993).

광고 태도 모형 연구의 실증적 결과를 살펴보면 광고 태도는 브랜드 태도에 직접적으로 영향을 줄 뿐 아니라 브랜드와 관련한 인지적 반응 생성을 용이하게 하여 후속적으로 브랜드 태도를 결정짓는 간접적인 영향도 가진다(Homer, 1990; MacKenzie, Lutz and Belch, 1986). 하지만 광고 태도가 브랜드 태도에 미치는 영향은 다른 요인들에 의해 다를 수 있으며, 특히 브랜드 친숙도가 낮은 경우 브랜드 관련 인지적 판단 근거가 부족하기 때문에 광고 태도가 브랜드 태도에 더 큰 영향을 줄 수 있는 것으로 나타났다(Machleit and Wilson, 1988). 이와 같이 개별 광고물 자체에 대한 소비자 반응, 특히 광고 태도는 소비자의 브랜드에 대한 반응에 유의미한 영향을 주기 때문에 광고의 효과를 평가하고 판단하기 위한 직접적인 측정지표들 중 하나로서 활용된다.

❑ 연관어: 위계효과 모형, 광고 회피, 소비자 조사

더 읽어야 할 문헌

Batra, R., and M. L. Ray. 1986. "Affective responses mediating acceptance of advertising." *Journal of Consumer Research*, 13(2), pp. 234~249.

Homer, P. 1990. "The Mediating Role of Attitude toward the Ad: Some Additional Evidence." *Journal of Marketing Research*, 27(1), pp. 78~86.

Machleit, K. A., and R. D. Wilson. 1988. "Emotional Feelings and Attitude toward the Advertisement: The Roles of Brand Familiarity and Repetition." *Journal of Advertising*, 17(3), pp. 27~35.

MacKenzie, S. B., R. J. Lutz and G. E. Belch. 1986. "The Role of Attitude toward the Ad as a Mediator of Advertising Effectiveness: A Test of Competing Explanations." *Journal of Marketing Research*, pp. 130~143.

Mitchell, A. A., and J. C. Olson. 1981. "Are Product Attributes the Only Mediator of Advertising Effects on Brand Attitude: A Second Look." *Journal Marketing Research*, 27, pp. 109~219.

Muehling, D. D., and M. McCann. 1993. "Attitude toward the Ad: A Review." *Journal of Current Issues and Research in Advertising*, 15(2), pp. 25~58.

Shimp, T. A. 1981. "Attitude toward the ad as a mediator of consumer brand choice." *Journal of Advertising*, 10(2), pp. 9~48.

014

광고 회피
Advertising Avoidance

광고에 대한 노출을 의도적으로 피하는 모든 행동을 광고 회피(advertising avoidance)라고 할 수 있다. 흔히 광고의 홍수라고 할 정도로 무수히 많은 광고에 접하는 소비자들은 피로감을 호소하기도 한다. 다양한 매체와 플랫폼의 등장과 함께 광고주들은 광고물량을 늘려 소비자에게 전달하려 하지만 광고 혼잡도(advertising clutter) 또한 증가해 소비자들의 광고 회피를 심화하는 결과를 초래하고 광고의 효율성을 떨어뜨린다. 또한 스마트 TV, 모바일 기기 등으로 광고 미디어의 디지털 전환 혹은 디지털 기술과의 융합이 일어나면서 소비자의 매체 이용은 보다 능동적으로 바뀌고 광고 회피 또한 증가했다.

광고 회피의 유형은 물리적 회피(physical avoidance), 기계적 회피(mechanical avoidance), 인지적 회피(cognitive avoidance)로 구분될 수 있다(Speck and Elliott, 1997). 물리적 회피는 소비자가 광고에 노출되는 동안 광고를 접하지 않거나 다른 활동을 하는 것을 말하며, 기계적 회피는 채널을 바꾸는 등 광고를 걸러서 노출 자체를 차단하는 것을 의미하고, 인지적 회피는 광고에 노출되더라도 이를 무시하거나 주의 깊게 보지 않는 행위를 일컫는다. 물리적, 기계적 회피

백선생의 초간단 '무밥' 만들기!

▷ 54,646   등록 2015.09.01.   ♡ 1   ∧ 접기

♡ 81   +   ⬈

사진 2-1 온라인 동영상 광고 건너뛰기

를 함께 행동적 회피로 구분할 수도 있다.

광고 회피의 정도는 매체별로 다르게 나타나며 인터넷, 모바일 등 상호작용성 혹은 능동성이 강한 매체를 이용할 때 상대적으로 수동적인 성격의 전통적인 매체를 이용할 때보다 소비자의 광고 회피가 더 높은 것으로 나타났다(양윤직·조창환, 2012; 최인규·한상필, 2008). 광고 회피에 영향을 주는 요인은 연구의 결과가 일관되지는 않으나, 광고가 매체 콘텐츠의 소비를 많이 방해한다고 느낄수록 광고 회피는 증가하는 반면, 광고의 정보성이나 오락성이 높다고 생각하는 등 광고에 대한 태도가 긍정적일수록 광고 회피는 감소했다(양윤직·조창환, 2012).

광고 회피는 광고의 효율성을 저해하기 때문에 광고 회피를 줄이기 위한 노력으로 강제로 노출되도록 하는 광고 유형이 이용되기도 한다. 예를 들어, 콘텐츠 온라인 동영상 콘텐츠를 시청할 때 시작 전에 노출되는 프리롤(pre-roll) 광고는 유튜브의 경우 5초, SMR(Smart Media Representative)을 통해 제공되는 지상파 방송 콘텐츠의 경우 15초까지 시청자들에게 강제로 노출된 후 '건너뛰

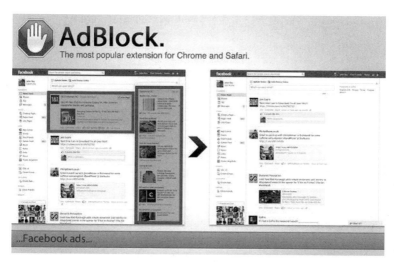

사진 2-2 **광고 차단 프로그램 예**

기(skip)'를 선택할 수 있도록 한다. 하지만 이렇게 콘텐츠를 이용하기 위해서
일정 시간 이상 광고에 노출되어야만 하는 형태의 광고라고 해서 회피가 불가
능한 것은 아니다. 위에서 설명했던 회피의 유형 중 광고를 보지 않고 다른 행
동을 하는 물리적 회피와 광고에 집중하지 않고 다른 생각을 하는 등의 인지
적 회피는 여전히 많이 발생할 수 있다. 또한 강제성과 침입성으로 인해 광고
노출이 오히려 소비자들에게 부정적인 반응을 유발하기도 한다.

실제 연구에서 인터넷과 모바일 광고의 회피는 물리적 회피와 인지적 회피
유형이 기계적 회피에 비해 상대적으로 높은 것으로 나타났다(최인규·한상필,
2008). 하지만 이러한 회피 양식은 광고 차단 프로그램의 등장으로 변화가 불
가할 것으로 보인다. 광고 차단 소프트웨어를 이용하면 인터넷, 모바일 콘텐
츠를 소비할 때 배너광고뿐 아니라 동영상 광고를 전면적으로 차단할 수 있어
서 디지털 환경에서의 광고 노출 자체가 불가능한 상황이 된다. 전 세계적으
로 광고 차단 프로그램 이용이 증가하고 있으며 이 추세는 미국과 유럽을 중
심으로 가속화되고 있다. 아직 국내에서 광고 차단 프로그램의 이용률은 높

지 않지만 앞으로 증가할 것으로 예상되기 때문에 이에 대한 고민과 대처가
필요한 시점이다.

❑ 연관어: 광고 태도, 온라인 광고, 동영상 광고

더 읽어야 할 문헌

송태원·이희옥. 2016. 「Ad Block에 의한 광고차단의 법적 문제에 대한 고찰」. ≪법학연구≫, 19권, 2
　　호. 147~175쪽.
양윤직·조창환. 2012. 「광고 매체별 광고 회피 수준과 요인 연구」. ≪광고연구≫, 92권, 355~382쪽.
정만수. 2014. 「연령과 인지욕구가 스마트폰 사용행동에 미치는 영향에 관한 탐색적 연구: 스마트폰 의
　　존도, 앱 활용도, 앱 호감도, 사생활침해 우려, 광고 회피행동을 중심으로」. ≪광고학연구≫, 25
　　권 6호, 105~133쪽.
최인규, 한상필. 2008. 「모바일 광고 회피 행동에 영향을 미치는 요인에 관한 연구」. ≪한국심리학회지:
　　소비자·광고≫, 9권 3호, 523~547쪽.
Speck, P. S., and M. T. Elliott. 1997. "Predictors of Advertising Avoidance in Print and Broadcast
　　Media." *Journal of Advertising Research*, 26(3), pp.61~76.

015

광고 기호학
Advertising Semiotics

    광고는 자체적 의미를 지니고 있지만 사회문화적 맥락 속에서 의미를 표출한다. 광고 기호학의 과제는 사회문화와의 연계 속에서 광고의 의미를 밝히는 것이다(백선기, 2010). 광고는 카피와 비주얼 측면에서 기호학적 의미를 가진다. 19세기 후반에 프랑스의 소쉬르(Ferdinand de Saussure)와 미국의 퍼스(Charles S. Peirce)는 기호학의 체계를 거의 완성했다. 소쉬르는 기호를 외연적 의미(denotation)와 내포적 의미(connotation)로 구분했다. 퍼스는 기호를 대상과의 관계로 설명하고, 유상(類像, icon) 기호, 지표(指標, index) 기호, 상징(象徵, symbol) 기호라는 3분법으로 분류했다.

    광고 기호학은 1960년대에 이론적 체계를 갖추고 광고연구의 정성적 방법으로 사용되었다. 한국에서도 1990년대에 주목할 만한 성과를 냈으며 대부분의 연구가 소쉬르의 구조주의 계열의 기호학적 방법이나 퍼스의 화용론 중심으로 진행되었다. 광고 기호학 분야는 광고 이미지의 언어적 분석, 소쉬르 구조주의 언어기호학의 통합적 접근, 레비스트로스의 신화학적 접근, 구조적 이데올로기 분석, 그레마스의 서사 구조 분석, 퍼스의 정보기호학적 분석, 퍼스의 시각기호학적 분석, 퍼스와 모리스의 통합기호학적 분석, 화용론적 텍스트 이론 분석, 소쉬르와 퍼스의 융합기호학적 분석이라는 10가지 틀을 갖는 것으로 알려지고 있다(조창연, 2016).

광고 기호학 중에서 기호학적 사각형(Semiotic rectangle) 모형이 가장 주목할 만하다. 파리 기호학파의 창립자인 그레마스(Algirdas J. Greimas)가 1960년대 말에 제시한 이 모형은 그레마스 기호학의 대표적 도식이다(김성도, 2002). 그레마스의 기호학은 텍스트 내에서 어떻게 의미가 생성되고 조직화되는가를 밝혀내는 이론이다. 그레마스는 텍스트를 표출 단계, 표층 단계, 심층 단계라는 3단계로 구분해 기호학적 구도를 설명하고 이를 '의미 생성 경로'로 명명했다(엄창호, 2005). 의미 생성 경로는 의미가 드러나 텍스트처럼 되기까지의 경로를 가정한 도식이다. 이 도식에서는 처음의 분절된 의미가 거쳐가는 연속 단계들을 질서정연하게 제시한다. 의미는 단순하고 추상적인 상태로부터 풍부하고 복잡한 단계로 변해간다.

그레마스는 소쉬르가 제시한 기호의 이원적 구조를 보완해 복합적인 의미를 생성할 수 있는 '기호학적 사각형'을 구상한다. 그는 소쉬르가 제시한 의미 생성의 대립적이고 이중적인 구조의 개념에서 벗어나 더욱 다양한 의미를 생성하는 다중의 복합 구조를 고안했다(정승혜, 2015). 기호학적 사각형은 광고에서 심층적인 의미 작용의 구조를 파악하는 데 유용한데, 광고 메시지가 의미 작용을 하는 가치 체계를 시각적으로 배치함으로써 이분법적 이항 대립을 넘어서는 의미의 생성 과정을 논리적으로 설명했다.

기호학적 사각형은 네 요소 사이의 이항 대립 관계로 형성되며, 범주적 대립과 결여적 대립이 서로 교차해 기호학적 사각형을 만들어간다. 그림 2-3에서 S는 기표의 총체성의 세계이며, -S는 그것의 부재를 의미한다. S1과 S2는 대립 관계에 있는 두 항으로, 대립 관계는 한 항의 존재가 다른 항의 존재를 전제하고, 또 다른 항의 부재가 다른 항의 부재를 전제한다. 예컨대, 밝음은 어둠을 전제하고 흑색은 백색을 전제한다. 결여적 대립(S1과 -S1, S2와 -S2)과

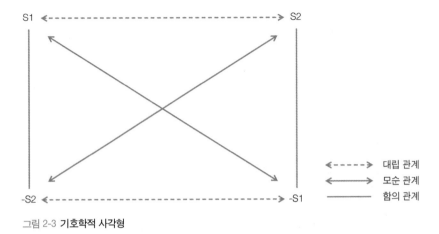

그림 2-3 **기호학적 사각형**

범주적 대립(S1과 S2)이라는 두 개의 대립 유형이 교차함으로써 기호학적 사각형이 구성된다. 또한 대립 관계(S1과 S2, -S1과 -S2), 모순 관계(S1과 -S1, S2와 -S2), 함의 관계(-S2는 S1과, -S1은 S2) 같은 요소들 사이의 세 가지 관계를 통해 광고의 의미를 파악할 수 있다(정승혜, 2015).

그레마스의 구조기호학을 계승한 플로슈(Jean M. Floch)는 마케팅의 기호학적 접근을 시도했다. 플로슈는 그레마스의 이론을 발전시켜 프랑스 지하철 승객들의 행동 방식, 자동차 광고, 광고 제작자의 견해를 종합함으로써 소비 가치의 기호학적 사각형을 제시했다(Floch, 2001). 광고 이데올로기에 대한 기호학적 사각형은 소비 가치를 설명하는 보편적인 모형이라는 평가를 받아왔다. 플로슈는 기호학적 사각형의 기본 의미 범주로 '실용적 가치'를 지닌 자동차를, 이와 대립되는 개념으로 '실존적 가치'를 설정하고, 실용적 가치에 모순되는 가치를 '유희적 가치'로 명명했다. 플로슈가 제시한 기호학적 사각형은 지나치게 환원론적이고 기계적인 대입을 유도한다는 비판도 받았지만, 학계와 업계에서 이론적 적합성과 실용적 타당성을 인정받았다는 점에서 의미가 크다(정승혜, 2015).

□ 연관어: 기호학, 광고 기호론, 문화 기호학

더 읽어야 할 문헌

김성도. 2002. 『구조에서 감성으로: 그레마스의 기호학 및 일반 의미론의 연구』. 서울: 고려대학교 출판부.

백선기. 2010. 『광고 기호학』. 서울: 커뮤니케이션북스.

엄창호. 2005. 「영상광고의 신화적 성격에 관한 연구: C. Levi Strauss의 신화이론과 A.-J. Greimas의 서사이론을 중심으로」. ≪한국광고홍보학보≫, 7권 2호, 105~154쪽.

정승혜. 2015. "기호학적 사각형." 『광고 연구의 질적 방법론』. 서울: 커뮤니케이션북스.

조창연. 2016. 『광고 기호학의 핵심 이론』. 서울: 커뮤니케이션북스.

Floch, Jean-Marie. 2001. *Visual Identities*. London: Bloomsbury Publishing.

016

광고 비평
Advertising Criticism

광고물은 비평의 대상이다. 광고 비평은 문화비평인 동시에 생활비평의 성격을 지닌다(김병희, 2000; 김영찬, 2004). 광고 비평이 광고효과에 미치는 영향이 확인되고 있다. 수용자들은 일반인이 긍정적으로 비평한 광고에 보다 긍정적인 태도를 가지며, 중립적으로 비평한 광고에 대해서는 태도변화가 없었고, 부정적으로 비평한 광고에 대해서는 보다 부정적인 태도를 나타냈다. 또한 전문 비평가의 긍정적 광고 비평은 광고 태도에 영향을 미치지 않았지만, 중립적이거나 부정적인 광고 비평은 광고 태도에 보다 부정적인 영향을 미치는 것으로 나타났다(김병희·지원배·한상필, 2007).

광고 전문가들도 하나의 광고물에 대해 각각 다른 평가를 내리고, 일반 수용자들 역시 하나의 광고물에 대해 각양각색의 의견을 나타낸다. 이런 상황에서 광고 비평의 객관성을 확보할 필요가 있다. 포괄적인 맥락에서 광고에 관한 담론들을 모두 광고 비평으로 규정할 수도 있다(엄창호, 2004). 미디어 비평에서 공통적으로 언급된 비평 방법을 바탕으로 광고의 상황에만 적용되는 방법을 추가하면 10가지 광고 비평 방법이 가능하다. 즉, 신화 비평, 기호학

그림 2-4 **10가지 광고 비평 방법**

적 비평, 이데올로기 비평, 정신분석학적 비평, 사회학적 비평, 페미니즘 비평, 수용자반응 비평, 담론분석, 제도적 비평, 마케팅적 비평이 그것이다(김병희·강승구·원용진, 2009). 10가지 광고 비평 방법을 보다 구체적으로 설명하면 다음과 같다.

첫째, 신화 비평이다. 광고의 형식에 내재된 관념들을 추적해 현대의 신화인 광고의 의사소통 체계를 규명하는 방법이다. 광고에서 포착되는 신화는 대상이나 개념이라기보다 의미작용(signification)의 한 양식에 가깝다. 신화 비평을 통해 담론 형식의 하나인 광고의 메타 언어적 속성을 해부한 다음, 신화소의 연결 관계를 바탕으로 광고 메시지의 의미작용 과정과 구체적인 형식을 알아볼 수 있다.

둘째, 기호학적 비평이다. 지시 대상 체계에 따라 광고 텍스트의 기호화 과정에 주목하는 방법이다. 광고의 의미는 메시지를 구성하는 기호 체계를 통해 생성되는데, 광고 분석을 통해 카피와 영상 같은 겉으로 드러난 기표와 그것의 의미를 함축하는 기의의 관계를 구조적으로 추적한다. 카피 내용이나 형태에 초점을 맞추기보다 기호, 상징, 이미지 분석을 통해 광고에 내포된 의미를 드러내는 데 비평의 목적이 있다.

셋째, 이데올로기 비평이다. 광고가 사회 구성원들의 일상생활을 통제하며 사회관계를 지배한다고 전제한 후, 지배 계급의 체제 유지 수단이 되는 광고의 기능에 주목하는 방법이다. 이때 광고의 단기적 목표는 소비자를 설득해 상품을 판매하는 것이지만, 장기적 목표는 소비자의 태도, 가치, 관습 등을 변화시켜 지배 계급의 체제를 유지하는 것임을 주목하며 지배 계급에 봉사하는 광고의 작동 방식을 비판적으로 고찰한다. 이 방법은 마르크스주의 비평과 거의 유사한 성격을 갖는다.

넷째, 정신분석학적 비평이다. 프로이트 심리학에서 제기한 인간의 동기나 성격에 관한 이론을 바탕으로 소비자 심리의 기저를 분석하는 방법이다. 특히 성, 방어기제, 상상계, 상징계 같은 프로이트나 라캉이 제시한 개념들을 바탕으로 광고 메시지에 숨어 있는 욕망의 단서를 분석해낸다. 이 방법을 활용해 수용자의 욕망의 구조, 관음증, 물신주의 같은 광고에 내재된 의식의 심층을 섬세하게 포착할 수 있다.

다섯째, 사회학적 비평이다. 광고의 사회적 역할이나 가치를 해석하는 방법인데, 광고가 사회에 미치는 비의도적인 결과를 추적하기도 한다. 사회 심리의 집단적 수용 과정에 주목하며, 광고의 사회적 가치 창출 문제에 관심을 기울인다. 광고에 나타난 가치는 사회 환경에 영향을 미치기 때문에 광고 비평가는 광고에 나타난 가치와 사회 구성원의 가치 체계 사이의 함수 관계에 관심을 쏟게 마련이다.

여섯째, 페미니즘 비평이다. 사회 통념에 반기를 들고 여자에 대한 고정 관념을 인간학의 입장에서 극복하려는 방법이다. 광고에 나타난 여성성 문제를 인간학적 맥락에서 고찰하는 것이 비평의 핵심 과제가 된다. 이 방법은 가부장적 사회 제도에 대한 비판 의식을 바탕으로 경제 주체로서의 여자의 본질을 환기시킨다. 그러나 남자를 맹목적으로 비판하거나 인간성을 왜곡하는 태도는 철저히 경계한다.

일곱째, 수용자반응 비평이다. 텍스트 분석보다 살아 움직이는 실체인 수용자의 반응에 관심을 기울이는 방법이다. 광고는 수용자의 적극적인 참여를 통해 그 형식이 완결되는 열린 구조를 갖게 되는데, 비평가는 수용자에 대한 텍스트의 일방적 소통보다 수용자와 텍스트 사이의 상호 작용에 비평의 초점을 맞춘다. 텍스트와 수용자 사이의 '간격 메우기'를 실현하기 위해, 비평가는 광고 창작자와 수용자 사이에서 해석의 공통분모를 찾아내야 한다.

여덟째, 담론분석이다. 러시아 형식주의자들의 민담분석 이후 텍스트의 서사(narrative) 구조를 밝혀내기 위해 보다 정교하게 발전된 방법이다. 담론분석에서는 메시지의 특성이나 이데올로기적 판단 같은 텍스트의 내용에는 거의 주의를 기울이지 않는다. 반면에 광고를 구성하는 담론의 구조와 메시지 전달 형식을 분석하고, 구성 요소들의 맥락을 형성하는 내적 원리를 탐색한다.

아홉째, 제도적 비평이다. 광고가 사회적인 풍요를 가져온다고 보고, 광고의 사회적·경제적 기능을 분석하는 데 초점을 맞추는 방법이다. 광고를 사회 제도로서의 광고와 제도 유지의 수단인 광고물로 구분한다. 특히 광고 행위와 광고물이 사회의 풍요를 유지하는 데 어떻게 기여하는가에 관심을 갖는다. 광고 텍스트보다 광고의 사회제도적 맥락에 주목함으로써 대안적 광고 제도를 제안하기도 한다.

열째, 마케팅적 비평이다. 광고 텍스트의 내용이나 형식, 문화적인 영향력, 미학적 완결성에 대해서는 거의 주목하지 않는다. 오로지 '광고가 상품을 팔아주는가'라는 판매 기여도에 따라 광고효과를 평가하는 비평 방법이다. 문화비평의 관점에서는 무미건조한 방법으로 보일 수 있지만, 효과성을 가장 큰 미덕으로 평가하는 광고의 기능에 대한 고전적인 입장에서 볼 때 결코 도외시할 수 없는 방법이다.

❏ 연관어: 문화비평, 미디어 비평, 문학평론

더 읽어야 할 문헌

김병희. 2000. 「광고를 보는 새로운 지평: 광고 비평 서설」. 『광고와 대중문화』. 서울: 한나래.
김병희·강승구·원용진. 2009. 『광고 비평 방법』. 파주: 나남출판.
김병희·지원배·한상필. 2007. 『광고 비평의 정보원과 프레이밍이 광고 태도에 미치는 효과』. ≪광고학
　　　연구≫, 18권 2호, 127~151쪽.
김영찬 편. 2004. 『광고 비평의 이해』. 서울: 한울아카데미.
엄창호. 2004. 「광고 비평은 가능한가?: 비평의 권력성과 광고의 종속성에 관한 탐색」. 김영찬 외. 『광
　　　고 비평의 이해』. 서울: 한울아카데미, 12~33쪽.

017

구전 커뮤니케이션
Word-of-Mouth Communication

구전 커뮤니케이션(word of mouth communication: WOM)은 광고주가 원하는 메시지를 생산해서 소비자에게 전달하는 광고와 달리 소비자들 간에 일어나는 커뮤니케이션이다. 구전 커뮤니케이션은 대면, 전화 문자, 이메일, 블로그, 메신저, 소셜미디어 등 다양한 채널을 통해 일 대 일 혹은 일 대 다의 형태로 발생하며, 인터넷과 모바일 미디어의 등장과 함께 구전 커뮤니케이션의 전파 범위, 속도, 영향력은 기하급수적으로 확장되었다. 소셜미디어와 모바일 플랫폼을 통해 한 명의 의견이 수천 명 혹은 수만 명에게 순식간에 전달되고 재생산, 공유될 수 있는 구전 활동이 가능하다. 이를 전통적인 구전 커뮤니케이션과 구분해 전자 구전 커뮤니케이션(electronic word of mouth communication) 혹은 eWOM 커뮤니케이션이라고 부른다. eWOM 커뮤니케이션은 인터넷을 통해 다수의 대중과 단체들에게 알려질 수 있는 잠재적, 실제, 혹은 과거 고객들의 제품, 서비스, 또는 기업에 대한 긍정적이거나 부정적인 의견을 의미한다(Hennig-Thurau, Gwinner and Walsh, 2004).

구전 커뮤니케이션은 일반적으로 소비자들의 제품 구매 결정에 큰 영향을 미치는 것으로 알려져 있다. 소비자들의 관점에서 제품이나 서비스에 대해 정보를 제공하는 광고는 메시지를 생산하는 광고주가 제품이나 서비스에 대해 알리고 우호적인 태도를 유발하며 궁극적으로 판매를 제고하려는 설득 의도를 가지고 있는 반면, 일반 소비자들이 본인의 제품 구매와 사용 경험을 공유하는 구전 커뮤니케이션은 특정 의도가 없기 때문에 보다 신뢰할 수 있다. 실제로 디지털 미디어 환경을 반영하는 AISAS 등의 광고 위계효과 모형은 검색(Search)과 공유(Share)를 포함함으로써, 현대 소비자들이 광고 등 기업이 제공하는 정보에만 의존해서 구매 결정을 하기보다는 다른 소비자들이 제공하는 정보나 의견을 검색을 통해 찾아보고 제품을 비교하여 구매를 결정하며 이러한 경험을 다른 소비자들과 공유하는 과정을 제시한다. 이렇듯 디지털 환경에서의 능동적인 소비자들은 제품이나 서비스에 대한 의견을 자발적으로 생산하고 소비하고 공유하며 서로에게 영향력을 행사한다.

　기업의 입장에서 구전 커뮤니케이션의 영향력을 활용하려는 노력은 구전 마케팅이라 불리며 다양한 형태로 진행된다. 관련된 용어들을 살펴보면, 버즈 마케팅(buzz marketing)은 브랜드에 대한 소비자들의 대화를 촉발하기 위해 기업이 이벤트 등 뉴스로서의 가치가 있는 브랜드 경험을 생산하는 것을 말한다(O'Guinn, Allen and Semenik, 2015). 일차적으로 관련 마케팅 활동에 대한 광범위한 미디어 보도를 목표로 설정하기도 하지만 궁극적으로 일반 소비자들이 일상 대화에서 언급하고 여러 채널을 통해 공유할 때 버즈 효과가 발생한다고 볼 수 있다. 또한 바이럴 마케팅(viral marketing)은 기업의 주도로 주로 블로그, 소셜미디어 등 인터넷 기반의 미디어와 플랫폼을 이용해서 소비자들이 다른 소비자들에게 브랜드에 대한 긍정적인 정보나 의견을 전달하는 마케팅 과정이다(O'Guinn, Allen and Semenik, 2015). 마지막으로 인플루언서 마케팅(influencer marketing)은 많은 소비자들에게 구전을 통해 긍정적인 영향력을 미칠 수 있는 신뢰도와 능력을 가진 개인들이나 집단에게 먼저 개별적으로 마케팅을 하여 이야깃거리를 제공하고 구전을 유발하는 마케팅을 말한다

(O'Guinn, Allen and Semenik, 2015).

디지털 미디어 환경에서 구전 커뮤니케이션의 영향력과 중요성이 급증함에 따라 긍정적인 구전을 유도, 활성화하려는 기업의 구전 마케팅 또한 활발하지만 언제나 긍정적인 결과만을 낳는 것은 아니다. 일반 소비자들의 블로그, 소셜미디어 등을 통한 제품, 서비스 홍보가 자발적인 구전이 아니라 기업의 지원을 받은 마케팅 활동이라는 것이 알려졌을 때 오히려 더 부정적인 결과를 초래할 수 있다. 또한 마케팅을 통해 구전 커뮤니케이션을 촉발하거나 확산에 영향을 줄 수 있지만, 기업이 구전 커뮤니케이션의 내용과 과정을 완전하게 통제할 수 없기 때문에 예상치 못한 방향으로 진행되어 바람직하지 못한 결과를 낳을 수도 있다. 특히 부정적인 정보나 의견은 긍정적인 정보나 의견에 비해 전파력이나 파급력이 크기 때문에 주의가 필요하다.

❏ 연관어: 소셜미디어 광고, 온라인 광고

더 읽어야 할 문헌

류병희·이경렬. 2015. 「온라인 구전보도의 일면/양면 방향성과 지각된 유용성이 온라인 구전효과에 미치는 영향: 조절초점(regulatory focus)의 조절효과를 중심으로」. ≪광고학연구≫, 26권 6호, 263~304쪽.
조재현. 2013. 「소비자의 개인적 성향이 구전커뮤니케이션에 미치는 영향」. ≪한국광고홍보학보≫, 15권, 2호, 65~84쪽.
Henning-Thurau, T., K. P. Gwinner and G. Walsh. 2004. "Electronic Word-of-Mouth via Consumer-Opinion Platforms: What Motivates Consumers to Articulate Themselves on the Internet?" *Journal of Interactive Marketing*, 18(1), pp.38~52.
Luís Abrantes, J., C. Seabra, C. Raquel Lages and C. Jayawardhena. 2013. "Drivers of in-group and out-of-group electronic word-of-mouth(eWOM)." *European Journal of Marketing*, 47(7), pp.1067~1088.
O'Guinn, T., C. Allen and R. J. Semenik. 2015. *Advertising and Integrated Brand Promotion* (7th edition). Cincinnati, OH: South-Western Cengage Learning.

018

브랜드 저널리즘
Brand Journalism

브랜드 경영과 브랜드 스토리텔링의 결합 형태인 브랜드 저널리즘은 브랜드를 위한 스토리를 마케팅에 활용하려는 목적으로, 전통적 저널리즘에서 기사를 생산하고 편집하고 확산하는 과정과 유사하게 브랜드 스토리를 생산하고 유통하는 것을 의미한다. 브랜드 저널리즘은 갑자기 생겨난 개념이 아니며, 광고와 PR활동에서 활용하면 효과를 기대할 수 있는 새로운 기법이다. 대중 마케팅의 효과가 의문시된 이후 바이럴 마케팅, 디지털 마케팅, 소셜미디어 마케팅, 콘텐츠 마케팅 같은 여러 명칭으로 불리던 다양한 기법들이 '브랜드 저널리즘'으로 통합되는 것은 광고와 콘텐츠의 구분이 애매해지고 뉴스의 광고화가 가속화되면서 나타난 현상이다(김병희, 2014).

2004년 6월, 맥도널드의 글로벌 마케팅총괄책임자(CMO)였던 래리 라이트(Larry Light)가 "애드버타이징에이지(Advertising Age)" 콘퍼런스에서 자사의 브랜드 저널리즘 계획을 소개하면서부터 이 용어가 사용되기 시작했다. 맥도널드는 "I'm lovin' it"이라는 새로운 캠페인을 시작하면서 하나의 메시지를 반복하는 광고 캠페인의 전통적인 접근법을 버리고 다양한 소비자에게 다면적이고 입체적인 메시지를 전달하는 '콘텐츠 흐름 접근법(content stream approach)'을 시도했다. 하나의 키워드를 소비자의 기억 속에 남겨야 한다는 포지셔닝(Positioning) 전략이 대화형 마케팅의 시대에는 한계가 있을 수도 있다는 의문 때문이었고, 그 대신에 급격히 세분화되고 개인화된, 그리고 항상 온라인에 접속되어 있는(always-on) 모바일 시대에 소비자의 마음을 진심으로 얻으려면 소비자가 메시지를 읽고 경험하게 하는 브랜드 저널리즘이 필요하다는 것이었다. 현재 이 말은 대개는 브랜드 스토리를 전략적으로 경영하는 의미로 사용되고 있다.

브랜드 저널리즘을 채택하거나 응용하는 기업이 대거 등장하면서, 이제 브랜드 저널리즘은 광고와 마케팅은 물론 PR에서도 핵심 용어로 떠올랐다. ≪파이낸셜타임스(Financial Times)≫ 출신의 언론인 포렘스키(T. Foremski)는 "모든 기업은 미디어 기업이다"(Foremski, 2009)라고 하면서, 모든 기업이나 기관이 언론사의 기능을 가져야 한다는 화두를 던졌다.

브랜드 저널리즘은 이전의 브랜드 스토리텔링(Brand Storytelling)에서 진화된 개념으로 전통적인 저널리즘에서 기사를 생산하고 편집하고 확산하는 과정과 유사하게 마케팅을 위해 브랜드 스토리를 전략적으로 생산하고 관리한다. 브랜드 스토리텔링이 단편적이고 일시적이라면, 브랜드 저널리즘은 브랜드의 발전이라는 장기적인 계획 아래 적시적소에 강력한 스토리를 제공함으로써 안정적이고 효과적인 마케팅을 가능하게 한다. 전통적 광고에서 주로 활용하던 기존의 4대 매체를 벗어나 블로그, 다큐멘터리, 소셜미디어 같은 새로운 미디어를 복합적으로 활용함으로써 설득력과 진정성을 극대화한다(유승철, 2014).

결국 브랜드 저널리즘이란 브랜드를 위한 스토리를 마케팅에 활용하려는 목적으로, 전통적 저널리즘에서 기사를 생산하고 편집하고 확산하는 과정과 유사하게 브랜드 스토리를 생산하고 유통하는 것을 의미한다(Bull, 2013; Swenson, 2012). 나아가 브랜드 저널리즘은 브랜드 경영과 브랜드 스토리텔링의 결합이

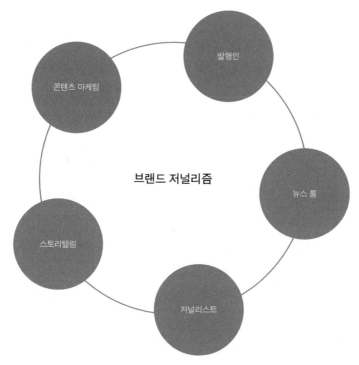

그림 2-5 브랜드 저널리즘의 구성요인

라고 할 수 있으며, 다양한 커뮤니케이션 플랫폼 속에 이 두 가지를 융합시킴
으로써 기업의 광고PR활동에서 놀라운 시너지 효과를 발휘할 수 있다.

브랜드 저널리즘은 맞춤화되고 연결하는 콘텐츠를 원하는 서로 연결된 소
비자들의 흥미를 사로잡고 그들에게 말하는 것이다. 1890년부터 1911년까지
12년 동안 ≪더 타임스(The Times)≫의 편집장을 역임했던 모벌리 벨(Moberly
Bell)은 "뉴스는 와인처럼 숙성시켜야 가치가 증가한다"는 말을 남겼다. 그는
저널리즘의 브랜드 가치를 키워야 언론사의 부가적인 비즈니스도 가능하다
는 교훈을 우리에게 알려준 셈이다(Hansen, 2012).

광고와 PR을 비롯한 여러 영역에서 브랜드 저널리즘의 활용 방안이 다양한
맥락에서 제시되었다(Bull, 2013; Light, 2014). 브랜드 저널리즘에서는 마케팅

환경과 미디어 환경의 변화를 반영하여 각 기업에서 언론사들처럼 뉴스룸을 만들고, 수용자에게 유용한 콘텐츠를 생산하여 다양한 미디어 채널을 통해 전달함으로써 기업 커뮤니케이션 효과를 극대화하는 것을 중요시한다. 마찬가지로 기업에서도 브랜드를 알리는 콘텐츠를 생산하여 다양한 미디어 채널을 통해 전달함으로써 광고효과를 극대화할 필요가 있다. 브랜드 저널리즘을 전개하는 데 필요한 핵심적인 구성요인 다섯 가지는 다음과 같다(유재수, 2015).

첫째, 발행인(Publisher)이다. "모든 기업은 미디어 기업"이라는 포렘스키의 말은 브랜드 저널리즘의 특성을 여실히 보여준다. 브랜드 저널리즘에서 최고경영자(CEO)의 지위는 언론사의 발행인과 같아야 한다는 뜻이다. 미디어 기업의 발행인이 자사의 명성과 영향력을 관리하는 최고 책임자의 역할을 하듯이, 기업의 경영자들도 해결책을 제시하는 생각의 지도력(thought leadership)을 발휘함으로써 영감을 주는 동시에 기업이 나아가야 할 방향을 제시하는 생각의 지도자가 되어야 한다.

둘째, 뉴스룸(News room)이다. 뉴스룸은 콘텐츠를 개발하고 기업의 메시지를 전달하고 관리하는 콘텐츠 전략의 실행 본부이다. 기업의 광고PR활동에서 목표 고객을 대표하는 가상의 인물인 '구매자 페르소나(buyer persona)'가 누구인지를 먼저 설정해야 한다. 그다음에 그들에게 어떻게 이야기하고 어떤 미디어에 노출할 것인지를 계획하고 실행해야 하는데, 이때 뉴스룸은 브랜드 저널리즘의 실행 본부가 된다.

셋째, 저널리스트(Journalist)이다. 브랜드 저널리즘의 핵심은 콘텐츠의 생산이다. 언론사의 기자들처럼 브랜드에 관한 광고PR 콘텐츠를 생산하는 브랜드 저널리스트가 필요한 것이다. 이때 저널리스트는 자신이 하고 싶은 이야기를 전달하지 않고 구매자 페르소나에 해당되는 목표 고객들이 듣고 싶어 하는 이야기를 전달해야 한다. 브랜드 저널리스트는 문화예술 분야에 대한 통찰력과 글쓰기의 전문성을 갖추는 것이 가장 중요하다.

넷째, 스토리텔링(Storytelling)이다. 이야기라는 단어가 '귀로 먹는 약(耳於

藥)' 또는 '먹는 약보다 더 이로운 것(利於藥)'이라는 말에서 유래했다는 주장도 있다. 이야기는 우리 생활에 유용하다는 뜻이 담겨 있으며, '이야기하는 사람'이라는 뜻의 학명 호모 나랜스(Homo Narrans)가 인간에게 붙여지기도 했다(김병희, 2014). "성공적인 마케터는 소비자들이 믿을 만한 스토리를 제공한다"(고딘, 2007)는 점에서 브랜드 스토리를 전달하는 데 브랜드 저널리즘이 효과적인 방안이 될 수 있다.

다섯째, 콘텐츠 마케팅(Contents Marketing)이다. 콘텐츠 마케팅이란 불특정 다수를 대상으로 하지 않고 특정 고객에게 가치 있고 연관성이 높은 콘텐츠를 만들어 확산시키는 마케팅 기법이다. 광고에 대한 거부감이 심해지는 상황에서 자유로운 형식과 내용으로 고객과 소통하는 동시에 소셜미디어(SNS)에서 반응을 바로 확인할 수 있다는 점이 콘텐츠 마케팅의 매력이다. 브랜드 저널리즘은 콘텐츠 마케팅의 개념을 확장한 것이다. 콘텐츠 마케팅에서 콘텐츠의 노출보다는 파급과 확장을 더 중시하듯이, 브랜드 저널리즘에서도 메시지의 확산과 재생산을 중요한 성과로 간주한다.

브랜드 저널리즘과 유사한 개념으로 브랜디드 콘텐츠(branded contents)라는 용어를 쓰기도 한다. 브랜디드 콘텐츠란 브랜드가 녹아든 콘텐츠나 브랜드 자산을 높이기 위해 만들어진 콘텐츠이다. 브랜디드 콘텐츠는 딱딱한 제품 설명서가 아니며, 기존의 광고를 넘어선 또 다른 광고이자 현대 마케팅의 대안적 해결책으로 디지털 미디어 플랫폼에 기반을 두고 콘텐츠를 활용한 문화상품이다. 따라서 소비자에게 보다 친근하게 다가가는 광고 같지 않은 광고가 '브랜디드 콘텐츠'이다(김운한, 2016). 소비자는 이런 광고를 스스로 소비하고 스스로 전달하며 다른 소비자와 경험을 공유한다. 즉, 브랜디드 콘텐츠는 소비자가 찾는 광고, 그래서 자연스럽게 브랜드를 알릴 수 있는 광고이다.

❑ 연관어: 콘텐츠 마케팅, 브랜디드 콘텐츠, 홍보성 기사

더 읽어야 할 문헌

고딘, 세스(Seth Godin). 2007. 『마케터는 새빨간 거짓말쟁이: 마케팅을 강력하게 만드는 스토리텔링의 힘』. 안진환 옮김. 서울: 재인.

김병희. 2014. 「브랜드 저널리즘」. 『문화예술PR』. 서울: 커뮤니케이션북스. 97~107쪽.

김운한. 2016. 『브랜디드 콘텐츠: 광고 다음의 광고』. 파주: 나남.

유승철. 2014. 「광고와 스토리의 융합: 브랜드 저널리즘과 네이티브 광고」. CHEIL Worldwide, 5월호, 36~41쪽.

유재수. 2015. "브랜드 저널리즘을 떠받치는 5개의 기둥." 3.28. http://www.changuptoday.co.kr/news/articleView.html?idxno=8309

Bull, A. 2013. *Brand Journalism*. New York, NY: Routledge.

Foremski, T. 2009. "Every Company is a Media Company." August 22. http://www.zdnet.com/article/every-company-is-a-media-company.

Hansen, J. F. 2012. *New Journalism and the Boer War*. Lawrence University Honors Projects, Paper 18.

Light, L. 2014. "Brand Journalism Is a Modern Marketing Imperative: How Brand Journalism Is Impacting Brand Management." *Advertising Age*, July 21, 2014.

Swenson, R. D. 2012. *Brand Journalism: A Cultural History of Consumers, Citizens, and Community in Ford Times*. Unpublished Doctoral Dissertation, University of Minnesota.

제3장
광고 기획과 전략

019

통합마케팅커뮤니케이션
Integrated Marketing Communication (IMC)

통합마케팅커뮤니케이션(IMC: Integrated Marketing Communication) 개념은 마케팅 분야의 실무자와 이론가들에 의해 1980년대에 제기되었다. 슐츠(D. E. Schultz)는 IMC를 "명확성, 일관성, 극대화된 효과를 얻고자 다양한 커뮤니케이션 분야의 전략적 역할을 평가하고 이들을 종합적으로 조합하는 마케팅 커뮤니케이션 기획의 개념"이라고 정의했다(Shultz, 1993). 다시 말해 목표로 하는 소비자에게 영향을 미칠 목적으로 기업이나 제품, 서비스가 가능한 소비자와의 모든 접촉을 고려하여 다양한 마케팅 커뮤니케이션을 기획하고 시행하는 과정으로 이해할 수 있다. 통합마케팅커뮤니케이션의 핵심은 하나의 제품 혹은 브랜드를 알리기 위해서 광고 이외에도 PR이나 판촉 등과 같이 다양한 마케팅 수단을 통합적으로 활용하여 최대의 효율성을 얻는 것으로서, 여러 마케팅 커뮤니케이션 채널 혹은 도구들 각각의 원리, 역할 및 장점을 이해하고 상호관련성을 기반으로 동시다발적인 활용을 통해 시너지 효과를 창출하는 것이 중요하다(Dyer, 1982; Coulson-Thomas, 1983; Thorson and Moore, 1996).

통합마케팅커뮤니케이션 개념과 활용은 이후 진화를 거듭하며, 그 목적이

사진 3-1 **Red Bull 이벤트**
자료: https://manansilawat15.wordpress.com

서비스나 제품을 판매하는 데에 그치지 않고 PR의 관점을 포함하여 기업의 내외부 커뮤니케이션을 통합하고 사회적 가치를 구현하는 커뮤니케이션 프로그램 전체를 기획, 개발, 실행, 평가하는 전략적 과정으로 재정의되었다 (Schultz and Kitchen, 2000). 즉, 통합마케팅커뮤니케이션을 단순히 제품 혹은 서비스의 마케팅 수단으로 여기는 것이 아니라, 기업의 사회적 지위, 가치를 구현하는 전략으로서 이해하고 기업의 내부와 외부 이해관계자들 모두에게 명확하고 일관성 있는 메시지와 이미지를 전달하는 것이 중요하다(성민정·조정식, 2009).

통합마케팅커뮤니케이션 개념은 제안 초기부터 높은 관심을 받았으며 실무적으로 활용되어왔다. 특히 소셜미디어 등 다양한 미디어와 마케팅 채널이 등장하고 진화하는 오늘날에는 소비자들의 미디어 이용의 변화를 적극적으로 수용하여 다양한 채널에 대한 인식과 경험을 반영함으로써 통합마케팅커뮤니케이션이 효율적으로 수행되어야 한다. 예를 들어, 레드불(Red Bull)은 열정적이고 모험적인 브랜드 이미지를 구축하기 위해 통합마케팅커뮤니케이션을 적극적으로 활용했다. 레드불은 광고를 제작하는 것뿐만 아니라, 각종 익스트림 스포츠(extreme sports) 경기를 후원하고 참신한 소비자 참여 형식 프로모션 이벤트와 소셜미디어 등 목표 소비자들이 주로 이용하는 미디어를 통해 구전효과를 유도하는 등 여러 마케팅 수단을 통합적으로 이용하여 캠페인을 진행했고, 그 결과로 소비자들에게 젊고 열정적인 브랜드 이미지를 전달하는 데 성공했다.

통합마케팅커뮤니케이션은 중요한 커뮤니케이션 개념으로 자리 잡았지만 세부 실행 단계에서 광고, PR, 판촉 등 다양한 커뮤니케이션 수단들을 통합적으로 관리하고 평가하는 데 현실적으로 어려움이 있다는 지적을 받는다. 기업 내에서 다양한 커뮤니케이션 기능을 통합적으로 관리하지 않고 각각의 독립된 부서에서 따로 관리하는 경우가 많기 때문에 기획과 수행에서 진정한 통합마케팅커뮤니케이션에 차질이 생기며, 일관성과 효율성을 기반으로 창출되는 통합마케팅커뮤니케이션의 시너지 효과를 평가하는 체계화된 측정 지표도 부족해 보다 근본적인 고민과 변화가 필요하다(성민정·조정식, 2009).

❑ 연관어: 광고 전략, 광고 캠페인, 미디어 믹스

더 읽어야 할 문헌

성민정, 조정식. 2009. 「글로벌 기업의 통합마케팅커뮤니케이션 현황」. ≪광고학연구≫, 20권 3호, 51~76쪽.
Coulson-Thomas, C. J. 1983. *Marketing Communications*. Oxford; Butterworth-Heinemann, Ltd.
Dyer, G. 1982. *Advertising as Communication*. London; Routledge.
Schultz, D. E. 1993. "Integrated Marketing Communications: Maybe Definition is in the Point of View." *Marketing News*, January 18.

Schultz, D., and E. Kitchen. 2000. *Communicating Globally: An Integrated Marketing Approach*, McGraw-Hill, New York.

Thorson, E., and J. Moore(eds.). 2013. *Integrated communication: Synergy of persuasive voices*. Psychology Press.

020

시장세분화, 목표설정, 포지셔닝
Segmentation, Targeting, Positioning (STP)

광고는 기업의 마케팅과 연계된 활동이기 때문에 광고 목표는 기업의 전반적인 목표와 마케팅 목표를 반영해야 한다. 광고의 목표를 수립하기 위해서는 선택적 마케팅이 필요한데, 이는 소비자 집단을 공통된 특성을 기반으로 나누어 그중 적합한 집단을 선택하고 그들을 목표로 적합한 마케팅 활동을 수행하는 것을 의미한다. 선택적 마케팅은 다음 세 단계로 구성된다. 첫째, 세분화(segmentation), 둘째, 목표설정(targeting), 셋째, 포지셔닝(positioning)이다.

시장세분화(segmentation)는 모든 소비자가 동일하지 않다는 전제를 가지고 전체 소비자 시장을 유사한 속성을 가진 하위 집단들로 분할하는 과정을 뜻한다. 분할된 각 하위 집단을 세분화된 시장이라고 하며 광고주가 목표로 삼으려는 하위 집단 혹은 집단들을 목표시장(target market) 혹은 목표집단(target segment)이라고 한다. 소비자 시장을 세분화하는 데는 다양한 변인들이 이용되는데, 크게 ① 인구 구조 변인, ② 심리 구조 변인, ③ 지리 구조 변인으로 나뉜다. 인구 구조 변인은 인구의 수, 연령, 성별, 인종, 세대 형태, 주택 소유 형태, 교육, 직업, 소득 등 인구통계학적 속성들을 의미한다. 심리 구조적 세분화는 심리적 특성과 행동적 특성에 따라 시장을 세분화하는 것을 지칭하며, 소비자의 구매 동기나 혜택, 태도, 인간성, 라이프스타일, 구매 및 소비 행동이 속한다. 지리 구조적 세분화는 같은 지역에 거주하는 소비자들은 유사한 필요와 특성을 공통적으로 가진다는 전제를 가지고 지역을 기반으로 시장을 세분화하는 것을 말한다.

시장을 세분화한 후에 적합한 하위 소비자 집단을 목표로 선택하는 것이 중요하다. 대체로 목표설정(targeting)은 다음과 같은 기준들을 고려하는 것이 바람직하다(O'Guinn, Allen and Semenik, 2015). 첫째, 세분화된 집단 내의 소비자는 유사한 필요와 동기 등의 특성을 지녀야 한다. 둘째, 세분화의 결과로 너무 작은 시장을 선택할 경우 규모의 경제가 보장되지 않기 때문에 이윤을 얻을 수 있는 시장의 크기가 확보되어야 한다. 세분화가 지나쳐서 너무 시장 규모가 작을 경우 목표 집단에서 얻는 이윤이 적기 때문이다. 하지만 시장 규모만을 고려하기보다는 집단에 소속된 소비자들의 경제력과 성향을 분석해 집단의 크기는 작지만 상위 소득 계층 등 충분한 이윤을 발생시킬 수 있다면 선택할 수 있다. 셋째, 선택하는 집단의 소비자들을 자사 제품이나 서비스로 만족시킬 수 있는지를 고려해야 한다.

세분화된 하위 집단들 중 어느 집단을 얼마나 선택하느냐에 따라 마케팅 전략이 달라질 수 있다. 먼저 세분화를 했으나 어떤 특정 집단도 선택하지 않고 전체 소비자 시장을 대상으로 동일한 마케팅을 진행한다면 이는 대중 마케팅(mass marketing) 혹은 무차별 마케팅(undifferentiated marketing) 전략을 활용하는 것이다. 이와 상반된 전략은 개인화 마케팅(personalized marketing)으로서 집단으로 세분화하지 않고 소비자 개개인의 필요와 성향을 반영한 맞춤형 마케팅을 제공하는 것을 의미한다. 이러한 양 극단의 마케팅 전략 외에도 이 두 전략의 특성을 조합한 전략들이 더 보편적이다. 차별화된 마케팅(differentiated marketing) 전략은 세분화된 집단들 중 하나 이상의 집단을 선택하여 각 소비자 집단의 특성에 맞는 차별화된 마케팅을 동시에 진행하는 것을 말한다. 이에 반해 집중적 마케팅(focused marketing)은 세분화된 여러 집단들 중 하나의 집단만 선정하고 이에 맞는 마케팅을 수행한다(O'Guinn, Allen and Semenik, 2015).

마지막으로 포지셔닝(positioning)은 특히 광고에서 중요한 개념으로서 라이즈(A. Ries)와 트라우트(J. Trout)는 저서 『포지셔닝: 마음을 사로잡기 위한 전쟁터(Positioning: The Battle for Your Mind)』에서 그 중요성을 강조했다. 대체로 소비자들은 제품들의 모든 속성을 기억하거나 평가하지 않고 주요 속성을 기반으로 경쟁 상품들을 비교하고 평가한다. 심리학적 관점에서 포지션이란 소비자가 해당 제품 혹은 브랜드에 대해 가지고 있는 지식, 경험, 감정, 의견 등을 포함한 모든 연상의 총체를 반영하는 것으로서 소비자 마음속에 차지하고 있는 위치라고 이해할 수 있다. 포지션은 해당 제품이나 브랜드를 같은 제품군에 속한 경쟁 제품들과 얼마나 유사하게 혹은 다르게 인식하느냐에 따라 결정되기 때문에 상대적인 위치를 의미한다. 따라서 포지셔닝이란 경쟁 맥락에서 자사 제품이나 브랜드의 차별화된 인식을 확립하는 데 초점을 둔다. 흔히 포지셔닝 맵(positioning map) 기법을 이용해 해당 제품이나 서비스군에서 소비자들이 가장 중요하게 인식하는 속성 두 가지를 양축으로 하여 자사 제품을 비롯해 경쟁 제품이 어디에 위치하는지를 파악한 후 이상적인 포지션을 확립하기 위한 마케팅이나 광고 전략을 수립한다.

❑ 연관어: 소비자 조사, 광고 전략

더 읽어야 할 문헌

윤정미·임정수. 2012. 「소셜 네트워크 서비스 간 유사성과 서비스 선호도에 관한 포지셔닝 분석」. ≪한국방송학보≫, 26권 3호, 416~457쪽.
천용석·전종우. 2012. 「글로벌 브랜드 포지셔닝 전략이 브랜드 인식과 구매의도에 미치는 영향: 브랜드 본국 소비자를 중심으로」. ≪광고연구≫, 92권, 135~173쪽.
Myers, J. H. 1992. "Positioning products/services in attitude space." Marketing Research, 4(1), p.46.
O'Guinn, T., C. Allen and R. J. Semenik. 2015. Advertising and Integrated Brand Promotion (7th

edition). Cincinnati, OH: South-Western Cengage Learning.

Ries, A., and J. Trout. 1987. *Positioning: The Battle for Your Mind.* New York: Warner Books.

021

광고 전략
Advertising Strategy

　광고를 잘 살펴보면 전쟁과 비슷하다. 캠페인(campaign)이란 단어는 '선거 운동, 운동, 조직적 활동, 광고'라는 여러 가지 뜻이 있다. 이 캠페인이란 단어가 광고와 함께 사용되어온 것이다. 그런데 캠페인은 사회적·정치적 운동, 즉 선거 운동과 유세를 말하지만, 군사용어로 일련의 군사행동, 전투, 작전 등을 의미하기도 한다. 쉽게 말해 전쟁을 뜻하는 것이다. 일정 기간 동안 총력전을 펼친다는 의미에서, 오늘날 국경 없는 마케팅 무한경쟁 상황을 감안하면 캠페인에서 이기는 기업만이 살아남는 현실을 잘 보여주고 있다고 하겠다.

　전쟁에서 이기려면 전략이 필요하다. 광고 전략은 마케팅 커뮤니케이션 활동으로 오랫동안 광고 현장에서 검증된 광고의 접근방법이며, 광고기획의 한 모델이다. 광고의 역사가 긴 서구의 광고회사들은 오랜 시행착오 끝에 각 회사별로 독특한 광고 전략을 개발해 실무에 활용해왔다. 각 회사가 개발한 광고 전략은 광고업무를 효율적으로 처리하기 위한 서식에서 출발하여 경쟁력 있는 전략으로 거듭나게 되었다.

　주요 광고 전략은 표 3-1에 나타난 것처럼 여섯 가지로 크게 구별된다. 광

표 3-1 세계적 주요 광고회사의 광고 전략

제이 월터 톰슨(J. Walter Thompson)의 티플랜(T Plan)
디디비 니드햄(DDB Needham의) R.O.I 스프링보드(Springboard)
에프씨비(FCB: Foote, Cone & Belding)의 그리드 모델(Grid Model)
린타스(SSC & B Lintas)의 링크플랜(Link Plan)
오길비 앤 매더(Ogilvy & Mather)의 식스키스텝(Six Key Step)
사치 앤 사치(Saachi & Saachi)의 브리프(The Brief)

고회사 사치 앤 사치(Saachi & Saachi)의 브리프(The Brief) 모델, 제이 월터 톰슨(J. Walter Thompson)의 티플랜(T Plan), 디디비니드햄(DDBNeedham)의 R.O.I 스프링보드(Springboard), 에프씨비(FCB: Foote, Cone & Belding)의 그리드(Grid) 모델, 린타스(SSC & B Lintas)의 링크플랜(Link Plan), 오길비 앤 매더(Ogilvy & Mather)의 식스키스텝(Six Key Step)이 그것이다. 각 광고회사는 많은 시간과 노력을 기울여 자사만의 경쟁력 있는 전략을 개발해왔으며 이로써 다른 회사와 차별화하고 이를 토대로 성공 캠페인을 만들어왔다. 그러나 오늘날 이러한 광고 전략이나 모델은 거의 평준화되었다. 브리프 모델은 오늘날 많은 광고회사에서 가장 널리 활용되고 있다. 각 회사의 경영철학이나 광고에 대한 가치관이 서로 다르고 광고 전략의 이름은 다르지만, 사치 앤 사치의 브리프 모델이 대표적이다.

티플랜

제이 월터 톰슨의 티플랜(T Plan)은 광고 전략 기획과정의 여러 필수 항목 가운데에서 광고 목표, 메시지 전략, 매체전략, 목표 소비자 등 광고의 목표공중에 대한 분석에 관심을 갖는 것을 특징으로 한다. 티플랜(T Plan)의 T는 타깃(Target), 즉 목표공중을 말하며 다른 모델들이 광고주가 소비자에게 전달하려는 핵심 메시지를 토대로 광고를 만드는 데 비해 티 플랜은 소비자 반응을 얻어내는 광고를 강조한다. 티 플랜의 핵심은 누구를 소구대상으로 하며, 그 소구대상이 광고 브랜드를 구매하도록 무엇을 마음에 남겨야 하는가를 찾아내는 것이다.

R.O.I

디디비 니드햄(DDB Needham)의 R.O.I 스프링보드(Springboard)는 광고 전략에서 상관성(Relevance), 독창성(Originality), 영향력(Impact)을 강조한다. 이 세 가지 요소를 갖춘 광고라야 광고주에게 투자한 광고비용에 대한 확실한 수익(Return On Investment)을 가져다주기 때문이다. 관련성이란 메시지가 제품, 콘셉트, 소비자와 맞아야 하며 의도한 소비자 반응을 고려해야 한다는 것이다. 독창성이란 소비자 욕구에 초점을 맞추면서도 경쟁자가 쉽게 모방할 수 없는 제안이며 차별화의 토대가 된다. 영향력은 매체 집행이 목표 소비자의 빈틈을 노리는 강력한 것이어야 함을 의미한다.

그리드 모델

에프씨비(FCB)의 그리드 모델(Grid Model)은 제품에 대한 소비자의 관여 정도에 따라 소비자의 정보 요구량, 정보처리 유형 등 의사결정을 다르게 설명한다. 그리드 모델은 고관여/저관여, 이성/감성을 축으로 하는 네 개의 분면으로 이루어진 전략적 사고의 틀로서 각 분면에 적합한 광고 표현전략을 수립하고자 구성되었다.

이렇게 만들어진 네 개의 분면에 따라 적합한 광고 전략을 수립해 적용하면 효과적인 광고를 만들 수 있다. 그리드 모델은 상황분석 과정과 광고 전략 과정에서 함께 사용되는 전략이다.

그리드 모델은 광고 전략의 입안 과정과 특히 표현전략에 중점을 두고 개발되었지만 그 활용은 광범위하다. 또한 고객의 생각과 시장계획의 가교 역할을 하며 대행사와 광고주 사이에 필요한 언어와 시각, 이해를 제공한다. 그리드 모델은 날카롭게 요점을 파악하며 강력한 크리에이티브를 만드는 뛰어난 수단이다.

	이성	감성
관여도 고	고관여/이성	고관여/감성
관여도 저	저관여/이성	저관여/감성

그림 3-1 **그리드 모델**(Grid Model)

브리프 모델

사치 앤 사치(Saachi & Saachi)의 브리프 모델의 특징은 말 그대로 '요약', '압축'이다. 즉, 단순화이다. 메시지는 단순한 것에 접했을 때 훨씬 기억에 남고 태도 및 이미지에 연결시키기 좋다. 1950년대에 로서 리브스(Rosser Reeves)는 "독특한 방법의 판매 제안이 없으면 안 된다"는 내용으로 고유판매제안(USP: Unique Selling Proposition) 전략을 제안했다. 가장 중요한 것은 브리프는 복잡해서는 안 된다는 것이다. 그리고 하나의 자극만을 일관성 있게 지속적이고 반복적으로 제시할 것을 주장했다. USP는 다음의 세 가지로 정의했다. "첫째, 제안하라. 둘째, 경쟁자가 할 수 없는 약속을 하라. 셋째, 그 약속은 힘을 지녀야 한다." 그밖에 더 나은 이미지를 위한 아홉 가지 기법을 제시했다. ① 광고에는 절대 하나 이상의 제품을 제시하지 말라. ② 일곱 가지 이상의 디자인 요소는 넣지 말라. ③ 이미지는 가능하면 간단명료하게 만들어라. ④ 배경은 단순하게 처리하라. ⑤ 하나의 주제를 사용하라. ⑥ 주제를 중앙에 놓지 말라. ⑦ 어렵더라도 주제를 다른 시각으로 보아라. ⑧ 샷의 앵글을 조절하라. ⑨ 사진은 전문적으로 다뤄라.

업계에서 사용하는 브리프는 회사마다 조금씩 다르지만 일반적으로 그림 3-2와 같다. 크리에이티브 브리프는 광고기획을 담당한 AE가 작성하기도 하고 크리에이티브 팀과 회의과정을 거쳐 수정된다. 회사에 따라서는 크리에이

```
                                        작성자   Planning
                                                Creative    _____
                                                Account     _____
                                                Media       _____

  크리에이디브 브리프    _____

  Date: _____  Client: _____  Brand: _____


  1. 우리가 왜 커뮤니케이션해야 하는가? (광고배경)

  2. 커뮤니케이션함으로써 얻게 되는 것의 기대치는 무엇인가? (광고목표)

  3. 누구의 행동에 영향을 주고자 하는가? (목표공동)

  4. 타깃이 우리 브랜드에 대해 분명하게 인식해야 하는 '단 하나'는 무엇인가? (콘셉트_SMP)

  5. 어떻게 그것이 먹혀들어 갈 수 있나? (소구근거)

  6. 우리가 만약 시장점유율을 올린다면 누가 그것을 맡는가? (경쟁자)

  7. 우리 브랜드 메시지의 색깔은? 계속 유지해야 할 브랜드 자산은? (tone/manner_광고 분위기)

  8. 그 외 참고해야 할 중요한 사항이 있는가? (기타 요구사항)

  9. 힌트 한 마디 (Tip)
```

그림 3-2 **브리프 양식**

티브의 책임자의 리뷰를 거친다. 크리에이티브 브리프에 포함되는 내용은 먼저 날짜와 광고주, 브랜드가 있다. 또한 관련 부서와 스텝을 쓸 수 있다. 1번부터 9번까지의 내용은 다음과 같다. 1. 광고배경, 2. 광고 목표, 3. 목표공중, 4. 콘셉트, 5. 소구근거, 6. 경쟁자, 7. 톤 앤 매너, 8. 기타 요구사항, 9. 팁(Tip).

브리프 모델은 직원들이 브리프 양식에 따라 전략적으로 사고하고 업무를 처리할 수 있도록 하여 관련 부서 상호간의 합의, 광고주의 의사결정을 얻는 데 유용하다. 다시 말해 내부 문서로 콘셉트를 공유하고, 커뮤니케이션을 표준화하는 수단으로 활용되며, 최종적으로 광고물을 평가하는 체크리스트의 역할을 한다.

오늘날 광고 전략은 매우 어려워졌다. 미디어와 소비자가 스마트해졌기 때문이다. 그러나 광고 전략의 기본이 바뀐 것은 아니다. 소비자와 시장을 읽는 통찰력을 바탕으로 인간의 마음을 움직이는 캠페인이라면 시대와 장소를 초월해서 마케팅과 브랜드 전쟁에서 이길 수 있는 전략이 될 것이다.

❏ 연관어: 광고 콘셉트, 광고 창의성, 통합마케팅커뮤니케이션

더 읽어야 할 문헌

신강균. 2017. 『뉴미디어시대 광고기획론』. 서울: 한경사.
우석봉. 2015. 『실전 광고기획 에센스』. 서울: 학지사.
이명천·김요한. 2013. 『광고 전략』. 서울: 커뮤니케이션북스.
이희복. 2016. 『광고론』. 서울: 한경사.

022

고려상표군
Consideration Set

합리적인 소비자가 어떤 제품이나 서비스를 구매, 사용할지 결정하는 소비자 구매의사결정 과정은 대체로 ① 필요 인지, ② 정보 탐색, ③ 대안 평가, ④ 선택, ⑤ 구매 단계로 이루어지는 것으로 본다(Solomon, 2015). 이 중 원하는 제품군의 대안에 대한 정보를 탐색하는 단계에서 소비자는 이미 본인의 기억에 저장되어 있는 정보를 탐색하는 내적 탐색(internal search)과 기억 외의 외부 정보를 탐색하는 외적 탐색(external search)을 할 수 있다. 별도의 시간과 노력을 투자해야 하는 외적 탐색에 비해 내적 탐색은 큰 노력 없이 바로 결과를 얻을 수 있기 때문에 먼저 기억에 의존해서 제품을 떠올리게 된다.

소비자가 구매 결정 시점에서 기억해내는 모든 제품들의 집합은 상기상표군(evoked set) 혹은 환기상표군이라고 부른다. 실제 기억에 저장된 제품의 정보는 더 많을 수 있지만 구매를 고려하는 시점에서 소비자가 회상할 수 있는 제품이 중요함을 알 수 있다. 관련해서 최초상기도(top of mind awareness)는 해당 제품이 제품군을 생각했을 때 가장 먼저 떠오르는 정도를 의미하는데, 해당 제품의 최초상기도가 높다면 많은 소비자들의 상기상표군에 포함될 것이며 이는 구매 결정으로 이어져 시장점유율에도 긍정적 영향을 미치기 때문에 중요한 지표이다.

소비자는 상기상표군에 포함된 모든 제품을 구매를 위해 고려하지는 않는다. 상기하기는 했지만 관심이 없거나 부적합하다고 생각하는 제품을 제외한 후 실제로 구매를 고려하는 제품들로만 고려상품군(consideration set)을 이룬다. 따라서 고려상품군은 상기상표군의 부분집합으로 볼 수 있지만, 만약 고려 대상을 확대하기 위해 외적 탐색을 통해 제품을 추가한다면 상기상표군과 교집합을 가져도 부분집합으로 볼 수는 없다. 혹은 상기상표군에 포함된 제품이 모두 마음에 안 들거나 부적합하다고 생각하여 외적으로 탐색된 새로운 제품들만으로 고려상표군을 구성한다면 완전히 다른 집합이 될 것이다.

예를 들어, 피자를 배달, 주문하려고 하는 소비자가 기억으로부터 떠올린 브랜드가 도미노 피자, 피자헛, 미스터 피자라면 이 세 개의 브랜드가 상기상표군에 속한다. 하지만 과거의 만족스럽지 않은 경험이나 다른 이유로 피자헛과 미스터 피자를 주문하고 싶지 않다면 도미노 피자만 유일한 구매 고려의 대상이 된다. 뭔가 새로운 브랜드를 시도해보고 싶어 스마트폰으로 피자 배달을 검색해 파파존스 피자가 신제품을 출시했다는 것을 알고 주문을 고려한다면 도미노 피자와 파파존스 피자가 고려상표군에 속한다.

고려상표군은 마케팅 측면에서 중요하다. 소비자가 구매를 고려하는 대상이 되는 제품들로만 구성이 되며, 소비자가 이 제품들을 대안으로서 비교하고 평가해 구매를 결정하기 때문에 선택될 확률이 높다. 물론 최초상기도가 높고 상기상표군에 포함된다면 고려상표군 내에 포함될 확률이 높기 때문에 제품 인지도를 높이는 것이 중요하지만, 단순한 상기는 구매 고려를 보장하지 않기 때문에 인지도는 높으나 선호도가 낮은 제품은 구매로 이어지기가 어렵다. 또한 요즘 소비자들에게 스마트폰 등 검색을 이용한 외적 탐색은 매우 쉽기 때문에 기억에 의존한 내적 탐색이 아니더라도 외적 탐색을 기반으로 소비자의 고려상표군에 포함될 수 있는 기회도 증가했다. 특히 위치기반 서비스 등을 통해 소비자가 원하는 정보를 보다 정확하게 파악하고 적합한 정보를 제공하는 맞춤형 검색 광고가 가능해지면서 소비자가 구매 시점에 고려하는 상품군에 영향을 줄 수 있다. 따라서 제품의 인지도를 제고하는 것과 함께 실제 구매 결정 시점에서 고려될 수 있는 혜택이나 속성을 개발하고 커뮤니케이션 하는 것이 중요하다.

□ 연관어: 관여도, 검색엔진마케팅, 소비자 조사

더 읽어야 할 문헌

박기경·류강석·박종원. 2015. 「소비자의 조절초점, 상품구색의 크기, 그리고 선택모드가 금융상품 선택에 미치는 영향」. ≪마케팅연구≫, 30권 4호. 1~19쪽.

손용석·권한나. 2010. 「소비자 사전지식과 유인대안의 위치가 유인효과에 미치는 영향에 관한 연구」. ≪마케팅연구≫, 25권 3호, 17~34쪽.

한상린·이한준·김윤태. 2013. 「고려상표군 간의 집단유인 효과에 관한 탐색적 연구」. ≪소비자학연구≫, 24(1), 31~49쪽.

Pescher, C., P. Reichhart and M. Spann. 2014. "Consumer decision-making processes in mobile viral marketing campaigns." *Journal of Interactive Marketing*, 28(1), pp.43~54.

Solomon, M. R. 2015. *Consumer Behavior: Buying, Having and Being* (11th edition), New Jersey: Pearson-Prentice Hall.

023

소비자 조사
Consumer Research

광고를 성공적으로 기획, 집행하기 위해서는 소비자에 대한 이해가 필수적이다. 광고대행사들은 광고 전략을 수립하기 전에 광고의 대상이 되는 제품이나 서비스뿐 아니라 경쟁제품과 서비스에 대한 소비자의 인식, 평가를 파악하고자 한다. 다양한 소비자 조사를 통해 이러한 정보를 얻을 수 있다. 새로운 제품을 출시할 때 수행하는 콘셉트 점검(concept testing)은 소비자의 피드백을 통해 제품 아이디어가 타당한지 확인하고 개선점을 파악하여 반영할 수 있다. 또한 제품 개발을 위해 컨조인트 분석(conjoint analysis)을 통해 제품의 어떤 특성이 구매에 영향을 미치는지를 조사하고 제품의 구성을 결정할 수 있다. 예를 들어, 운동화 신제품을 개발한다면 잠재 소비자들이 중요하게 여기는 속성을 파악해야 한다. 디자인, 기능성, 가격 등의 요인을 달리해 구성한 여러 제품에 대해 소비자의 선호도를 조사한 후 결과를 분석하여 해당 속성들의 상대적인 중요성을 기반으로 최적의 제품을 개발할 수 있다.

제품이 정해진 후 목표 소비자를 선정하기 위해서는 먼저 시장을 세분화해야 한다. 소비자 시장의 세분화를 위해서 군집 분석(cluster analysis)을 이용해 다양한 소비자들을 여러 집단으로 구분한다. 다양한 소비자들의 관련 태도, 의견, 성향 등을 조사하여 유사성이 강한 소비자들을 같은 집단으로 묶어서 차별화된 여러 집단을 구분한다. 목표 소비자를 대상으로 포지셔닝 전략을 수립하기 위해서 인식 지도(perceptual map) 조사가 활용된다. 주로 다차원 척도법(multi-dimensional scaling)을 통해 소비자들이 같은 제품군에 속하는 여러 제품을 어떻게 인식하는지를 조사해 분석한다. 소비자들이 해당 제품군의 대안들을 평가할 때 가장 중요하게 여기는 속성 두 가지를 파악해 양축으로 구성하고, 이 두 가지 속성에 대해 자사 제품과 경쟁제품이 어디에 위치하는지를 결정한다. 인식 지도는 실제 속성보다 소비자가 인식하고 있는 속성의 평가를 반영하여 자사 제품이 경쟁 제품과 유사한지 혹은 차별화되고 있는지를 시각적으로 보여주기 때문에 향후 포지셔닝과 광고 전략을 수립하는 데 유용하다.

광고 전략의 중요한 요소인 매체 전략 또한 조사가 필요하다. 목표 소비자들의 매체 이용 행태를 직접 조사할 수도 있지만 주로 전문조사기관의 서비스를 이용한다. 예를 들어, 텔레비전 시청률, 신문이나 잡지 등 인쇄매체의 열독률, 소셜미디어 이용빈도와 시간 등을 파악해 어떠한 매체와 플랫폼을 이용하여 최적의 조합으로 목표 소비자들에게 광고를 전달할지 결정한다.

이 외에도 광고 전략을 수립한 후에 광고 제작 과정에서 조사를 활용한다. 광고를 제작하기 전에는 광고의 주요 개념, 슬로건, 광고 시안 등에 대한 반응을 조사한다. 하나의 광고 또는 여러 광고의 시안을 준비해 소비자의 반응을 측정함으로써 의도한 방향으로 기획되었는지 확인하고 개선점을 파악하여 최종 광고물 제작에 반영한다. 이러한 조사는 카피 리서치라고도 불리며 집담 인터뷰, 투사 기법, 극장 테스트 등의 조사 기법이 활용된다. 광고 전략을 수립하고 광고물을 제작, 완성하는 과정에서 소비자 조사를 활용하는 가장 중요한 이유는 광고비의 가장 많은 비중을 차지하는 매체비의 효율성을 극대화하기 위해 문제가 발생할 소지를 사전에 막고 광고물의 효과를 제고하는 것이다. 광고를 집행한 후에는 광고의 효과를 측정하는 조사가 이루어진다.

□ 연관어: STP, 광고 슬로건, 광고 카피

더 읽어야 할 문헌

김은진·박재진·박정연. 2014. 「Q 방법을 이용한 해외직접구매 이용에 대한 소비자 유형 연구」. ≪광고학연구≫, 26권, 1호. 75~102쪽.

Haley, R. I., and A. L. Baldinger. 1991. "The ALF copy research validity project." *Journal of Advertising Research*, 31(2), pp.11~32.

Hofacker, C. F., and J. Muphy. 1998. "World Wide Web banner advertisement copy testing." *European Journal of Marketing*, 37(7/8), pp.703~712.

Rutz, O. J., G. P. Sonnier and M. Trusov(in press). "A New Method to Aid Copy Testing of Paid Research Text Advertisements." *Journal of Marketing Research*. available https://doi.org/10.1509/jmr.14.0186

O'Guinn, T., C. Allen and R. J. Semenik. 2015. *Advertising and Integrated Brand Promotion* (7th edition). Cincinnati, OH: South-Western Cengage Learning.

024

광고효과 측정
Advertising Effectiveness Measurement

광고효과는 위계효과 모형에서 제시한 단계를 활용한 광고 목표설정과 밀접한 관련이 있다. 광고에 노출된 소비자의 반응을 위계효과 모형에서 제시한 바와 같이 주로 인지적(cognitive), 감성적(affective), 행동적(conative) 효과로 나누어 측정한다. 인지 효과는 주로 광고의 정보 전달이나 이해도를 측정하고, 태도 효과는 광고에 대한 정서적 반응, 광고와 브랜드에 대한 태도와 선호도를 측정하며, 행동 효과는 제품 구매 의도, 구매 시도 여부, 구매량 또는 판매량의 변화 등을 측정함으로써 파악한다.

구체적으로 인지적 반응은 광고 노출 후 제품 혹은 브랜드에 대한 정보나 메시지를 얼마나 이해하는지를 주로 기억에 의존하여 측정한다. 예를 들어 소비자가 광고와 관련된 정보가 주어졌을 때 인지하는지 여부를 판단하는 재인(recognition)과 광고를 통해 학습한 정보를 능동적으로 기억으로부터 인출할 수 있는지를 측정하는 회상(recall)을 통해 상표 인지도, 이해도, 연상 등의 인지적 반응을 평가한다. 예를 들어, TV광고의 인지 효과를 광고 집행 직후가 아닌 다음날 측정하는 일명 '하루 후 회상(day after recall: DAR)'은 해당 광고에 대한 TV 시청자들의 비보조 회상(unaided recall), 보조 회상(aided recall), 재인 (recognition)을 다룬다. 만약 아모레퍼시픽 해피바스 바디케어 광고의 새로운 TV광고에 대한 DAR 조사를 진행한다면 비보조 회상("어제 바디케어 제품 광고 보신 것이 있습니까?"), 보조 회상("어제 해피바스 광고 보셨습니까?"), 재인(해피바 스를 포함한 여러 개의 바디케어 제품 브랜드명을 제시하면서 "이 중 어제 광고된 브 랜드는 무엇입니까?")을 각각 측정할 수 있다. 순서대로 비보조 회상이 보조 회 상보다, 보조 회상이 재인보다 답하기 어려운 대신 광고에 대한 기억 효과는 더 크다고 할 수 있다.

널리 알려진 다른 광고 인지 효과 조사를 소개하면, 미국의 스타치(Starch) 사는 정기적으로 인쇄광고의 인지 효과를 측정해 결과를 보고하는「스타치 구독 보고서(Starch Readership Report)」를 발행한다. 구체적으로 스타치 조사 의 측정은 세 가지 지표로 구성된다. 예를 들어, 켈로그 시리얼 잡지광고의 인 지 효과를 측정한다면, 광고가 게재된 잡지를 인터뷰 대상자에게 미리 전달 해서 구독하게 한 후, ① 해당 광고를 본 것을 기억하는지(noted), ② 해당 광 고가 켈로그 시리얼 광고라는 것을 기억하는지(associated), ③ 해당 광고 카 피의 절반 이상을 읽었는지(read most) 측정한다. 한편, 미국의 브루존 리서치 (Bruzzone Research) 회사가 진행하는 브루존 테스트는 방송광고의 회상을 측 정한다. 인터뷰 대상자들에게 측정 대상인 방송광고의 실제 장면들과 설명을 인쇄해 구성한 포토보드(photoboard)를 보여주고 해당 광고를 보았는지, 브랜 드명을 기억하는지를 측정한다. 브랜드명 회상 측정을 위해 포토보드에서 브 랜드명은 노출하지 않는다.

정서적 반응은 광고 노출 후 광고와 브랜드에 대한 감정과 평가를 의미하 며 정서적 지표는 해당 광고와 브랜드에 대한 감정적 반응, 태도, 선호도를 포 함한다. 즉, 해당 광고를 얼마나 좋아했는지, 광고를 볼 때 어떤 감정을 경험 했는지, 광고를 본 후 해당 브랜드를 얼마나 좋아하는지, 혹은 광고를 보기 전 과 비교해 해당 브랜드를 얼마나 더 좋아하거나 싫어하게 되었는지 등을 측정한다. 앞서 살펴보았던 브루존 테스트는 인지적 반응뿐 아니라 이러한 감정적 반응과 태도를 함께 측정하기도 한다.

마지막으로 행동적 반응은 광고의 효과로서 발생하는 소비자의 실제 행동이나 행동에 대한 동기를 포함하며 주로 구매 행동이나 의도를 통해 측정한다. 소비자 조사를 통해 소비자가 광고를 본 후 실제 해당 제품을 구매했는지 구매할 의향이 있는지를 측정하지만, 기업의 실제 판매 실적이나 시장 점유율 추이 등을 반영하여 광고의 행동적 효과를 유추하기도 한다.

이상의 광고효과 측정은 전통적 매체 광고를 중심으로 이루어져 왔기 때문에 디지털 매체 광고를 포함한 확대와 정교화가 필요하다. 예를 들어, 기존의 행동 효과 조사에서 활용하는 구매 행동과 의도뿐 아니라 소셜미디어나 다른 인터넷 기반 플랫폼에서 파악할 수 있는 좋아요, 댓글, 공유 등의 소비자 행동 또한 유용한 측정 지표가 될 수 있다. 또한 이러한 반응의 내용을 분석하여 태도 반응을 유추할 수 있을 것이다. 실제로 디지털 매체를 중심으로 새로운 광고효과 측정 지표들이 제시되고 활용되고 있으며, 정확한 광고효과 측정을 통해 광고가 얼마나 효과적인지 평가하고 이 결과를 이후 광고 전략과 제작에 반영하려는 노력이 지속될 것이다.

❑ 연관어: 위계효과 모형, 광고 태도

더 읽어야 할 문헌

김봉현. 2013. 「모바일광고의 효과 표준 측정지표 관련 프레임워크에 관한 탐색적 연구: 전문가 심층인터뷰를 중심으로」. ≪광고학연구≫, 24권 5호, 181~203쪽.
문효진·한은경. 2014. 「온라인광고의 지속가능발전 지표 개발에 관한 탐색적 연구」. ≪한국광고홍보학보≫, 16권 2호, 221~260쪽.
한상필. 2009. 「국내 광고효과조사의 현황과 문제점: 광고회사 실무자 설문조사를 중심으로」. ≪광고학연구≫, 20권 3호, 123~144쪽.
O'Guinn, T., C. Allen and R. J. Semenik. 2015. *Advertising and Integrated Brand Promotion* (7th edition). Cincinnati, OH: South-Western Cengage Learning.
Wells, W. D. 2014. *Measuring advertising effectiveness*. Psychology Press.

제4장
광고 크리에이티브

025

광고 창의성
Advertising Creativity

창의성의 어원은 인도유럽 어 케르(ker-, 불어나다, 자라다)인데, 여기에 접미사를 붙인 형태가 라틴어 케레스(ceres, 풍작의 여신)이다. 창조한다는 뜻을 지닌 영어 '크리에이트(create)', 라틴어 '크레아레(creare)', 고전 그리스어 '크레초(kritzo)' 같은 말은 모두 케르(ker-)라는 어근에서 파생했다. 일반적으로 창의성은 참신하고 적절하게 결과를 창출하는 능력을 의미한다. 그렇지만 일반적인 창의성과 광고 창의성의 개념은 명백히 다르다.

광고 창의성 연구는 광고학의 주요 연구 분야이자 과학적 연구 영역이다(El-Murad and West, 2004; White and Smith, 2001). 전통적인 카피 테스팅(copy testing) 연구에서는 어떤 광고물의 주요 소구점을 표적 청중이 어느 정도나 제대로 이해했는가를 측정하는 데 주안점을 두었으며 대체로 상기도나 재인을 광고 커뮤니케이션 효과의 주요 지표로 간주했다. 카피 테스팅은 어떤 광고물이 창의적인 광고인지 아닌지만 측정하는 연구는 아니며, 광고물에 대한 소비자의 반응이나 메시지 효과를 포괄적인 맥락에서 규명하려는 연구 전통이다.

이에 비해 광고 창의성 연구 전통에서는 창의성의 네 가지 측면(4P) 중 어느 한 부분을 주요 연구대상으로 삼아왔다. 즉, 창의적인 결과물에 대한 연구(Product), 창의적인 발상과정에 대한 연구(Process), 창의적인 인물의 특성에 대한 연구(Person), 그리고 창의성 향상에 영향을 미치는 환경이나 문화적 맥락 연구(Persuasion) 등 네 가지 측면에서 창의성 연구들이 수행되었다(White and Smith, 2001). 창의적인 결과물에 대한 연구는 광고물에 대한 평가적인 속성을 지닌다는 점에서 카피 테스팅 연구 전통과 유사하게 보일 수 있으나, 광고물에 대한 이해나 인지 및 감정반응의 정도를 측정하는 것이 아니라 어떤 광고물이 창의적인지 아닌지를 평가한다는 점에서 카피 테스팅 연구와는 다르며 카피 테스팅에 비해 협의의 연구 영역이다.

창의성에 대한 연구는 주로 심리학 분야에서 가장 먼저 수행되었다. 그동안 심리학과 경영학 등 여러 학문 영역에서 발표된 창의성에 대한 정의는 100가지 이상이 있는 것으로 알려지고 있으나 학계에서 일반화된 정의는 없다. 심리학 분야에서 수행된 창의성 연구 경향을 종합하면, 신비주의적 접근, 실용주의적 접근, 심리역동적 접근, 심리측정적 접근, 인지적 접근, 사회-성격적 접근, 그리고 종합적 접근 등 7가지 맥락에서 연구되어왔다(Sternberg and Lubart, 1999). 이상의 7가지 연구전통은 4가지 연구경향으로 구체화되는데, 창의성의 네 가지 측면(4P) 중 어느 부분을 강조해 연구 대상으로 하느냐에 따라 연구영역이 달라진다.

첫째, 창의적인 결과물에 대한 연구에서는 특정 광고물의 창의성을 어떻게 평가할 것인지에 관심을 갖고, 광고물에 대한 종합적인 반응보다 광고물의 창의성 여부의 측정을 시도하고 광고 창의성의 구성요인을 밝히는 데 주목했다. 둘째, 창의적인 발상 과정에 대한 연구에서는 창의적인 아이디어를 도출할 수 있는 선행요인이나 발상 과정의 내적 구조를 규명하는 데에 관심을 갖고 보다 효과적인 광고 창의성 향상을 위한 실천 전략을 모색했다. 셋째, 창의적인 인물의 특성에 대한 연구에서는 크리에이티브 천재들이나 창의적인 인물의 특성에 대한 연구로써 창의적인 개인의 기질이나 창작 방법론을 알아보고 크리에이터의 특성을 유형화했다. 넷째, 창의성 향상에 영향을 미치는 환경이나 설득 맥락에 대한 연구에서는 조직과 제도적인 환경 요인이 광고 창의성 향상에 구체적으로 어떤 영향을 미치는가에 주목했으며, 광고 창의성과 직무성과의 관련 양상을 고찰했다.

특히 창의적인 결과물에 대한 연구에 해당되는 인쇄광고와 텔레비전 광고의 창의성 수준을 평가하는 척도개발 연구도 지속적으로 수행되었다. 인쇄광고의 창의성 수준은 독창성, 적합성, 명료성, 상관성이라는 4가지 구성요인에 따라, 텔레비전 광고의 창의성 수준은 독창성, 정교성, 상관성, 조화성, 적합성이라는 5가지 구성요인에 따라 평가해야 한다는 것이다. 텔레비전 광고와 인쇄광고에서의 중복된 요인을 합치면 광고 창의성의 평가 요인은 독창성, 정교성, 상관성, 조화성, 적합성, 명료성이라는 여섯 가지이다(김병희·한상필, 2006; Kim·Han·Yoon, 2010).

독창성(originality)은 광고 내용이 얼마나 개성적이고 독특하며 재미있는지를 나타내며, 정교성(elaboration)은 광고 내용이 얼마나 고급스럽고 배경이 멋있으며 세련되었는지를 나타내고, 상관성(relevance)은 광고 내용에서 제품의 특성과 소비자 혜택을 곧바로 알 수 있는지를 의미한다. 또한 조화성(organization)은 텔레비전 광고에서 소리의 전달력과 음향 효과의 절묘함은 물론 영상과 배경음악의 어울림을 나타내며, 적합성(appropriateness)은 광고 표현의 완성도 여부와 브랜드(서비스) 특성과의 어울림을 나타내고, 명료성(clarity)은 광고 내용을 이해하기 쉬운 정도를 나타내는 요인이다.

한편, 광고 창의성에 관한 국내의 연구 경향은 크리에이티브의 10가지 영역을 두루 포괄했다. 광고 창의성의 개념과 영향요인 연구, 광고 창의성의 평가준거와 척도개발 연구, 광고 크리에이티브의 효과검증 연구, 광고 표현전략 연구, 광고 카피와 수사학 연구, 광고 디자인 연구, 아이디어 발상법 연구, 광고인 연구, 광고제작산업 연구, 크리에이티브 요소의 적용 연구 등이다. 광고 창의성의 연구 전통에서 기존의 4P 접근법에서는 광고 창의성의 향상에 중

표 4-1 광고 창의성 연구의 접근방법

세부 연구주제	연구 내용
창의적 광고물 (Creative Product)	창의적 사고의 결과물인 광고물의 창의성 수준을 직관적으로 평가하지 않고 과학적으로 평가하기 위해 광고 창의성의 객관적 평가준거를 마련하는 연구들
창의적인 환경 (Creative Place)	창의성이 뛰어난 광고를 창작하게 하는 데 있어서 긍정적 또는 부정적 영향을 미치는 광고회사를 둘러싼 제반 광고산업 환경을 체계적으로 조명하는 연구들
창의적인 과정 (Creative Process)	개인의 아이디어 발상과정이나 광고회사와 광고주의 의사결정 과정은 물론 크리에이티브 결과물 산출에 영향을 미치는 구체적인 과정을 규명하려는 연구들
창의적인 인물 (Creative Person)	광고기획, 카피라이터, 디자이너, 광고감독 같은 창의적인 개인의 이력과 업적 및 사상을 분석함으로써 창의적인 인물의 특성에서 통찰력을 찾는 연구들
창의적인 설득 (Creative Persuasion)	광고 창의성의 수준과 구성요인 및 크리에이티브 요소가 광고효과에 미치는 영향을 규명함으로써 광고 창의성과 광고효과의 관계성을 입증하려는 연구들

요한 영향을 미치는 창의적인 환경(Place)을 배제한 한계가 있다(Lehnert, Till, and Ospina, 2014). 앞으로는 광고 창의성에 관한 모든 영역을 고려할 수 있는 5P(Product, Place, Process, Person, Persuasion) 접근방법을 바탕으로 창의성 연구를 수행할 필요가 있다(김병희, 2014).

광고 창의성 연구는 새로운 접근법이 필요한 연구 영역이자 새로운 도전이 필요하다. 광고학의 최종 목표가 한국 광고학의 정립에 있다면, 우리나라의 크리에이티브 현상을 규명하는 광고 창의성 연구가 한국 광고학을 정립하는 지름길의 하나가 될 수 있다.

❏ 연관어: 창의성, 광고 크리에이티브, 광고 표현

더 읽어야 할 문헌

곽원섭·차경호. 2001. 「창의성을 위한 자원과 광고교육」. ≪광고연구≫, 53호, 7~29쪽.
김병희. 2014. 「광고 창의성과 크리에이티브에 관한 연구 동향과 전망」. ≪광고연구≫, 25권 8호, 71~103쪽.
김병희·한상필. 2006. 「광고 창의성 측정을 위한 척도개발과 타당성 검증」. ≪광고학연구≫, 17권 2호, 7~41쪽.
El-Murad, Jaafar, and Douglas C. West. 2004. "The Definition and Measurement of Creativity: What

Do We Know?" *Journal of Advertising Research*, 44(2), pp.188~201.

Kim Byoung Hee, Han Sangpil and Yoon Sukki. 2010. "Advertising Creativity in Korea: Scale Development and Validation." *Journal of Advertising*, 39(2), pp.93~108.

Lehnert, Kevin, Brian D. Till and José Miguel Ospina. 2014. "Advertising Creativity: The Role of Divergence Versus Meaningfulness." *Journal of Advertising*, 43(3), pp.274~285.

Sternberg, Robert J., and Todd I. Lubart. 1999. "The Concept of Creativity: Prospects and Paradigms." In Robert J. Sternberg(Ed.). *Handbook of Creativity*. New York, NY: Cambridge University Press, pp.3~15.

White, Alisa, and Bruce L. Smith. 2001. "Assessing Advertising Creativity Using the Creative Product Semantic Scale." *Journal of Advertising Research*, 41(6), pp.27~34.

026

광고 콘셉트
Advertising Concept

콘셉트는 '개념', '방향'을 의미한다. 콘셉트는 원래 철학용어로 "개체들의 불변적인 징표, 즉 불변적인 성질이나 관계를 기초로 개체의 집합을 사고에 반영한 것"이다. 정신적인 실재가 아니라 논리적 실재인 것이다. 콘셉트의 목적은 사실을 경험적으로 탐구하는 것이 아니라 생각의 논리적 지도를 만드는 과정이다(다음백과, 2007).

광고용어로 콘셉트는 '생각의 방향'을 의미하는데 이 말이 광고계에서 사용된 것은 1960년대 미국 광고계로 거슬러 올라간다. 이후 소비자의 인식을 개선하는 새로운 것으로 이해되었다. 콘셉트는 만들어지는 것이 아니라 '눈에 띄게 강조되는 것'으로 소비자의 마음속에 숨어 있는 생각을 꺼내는 것이다. 광고 콘셉트와 마케팅 콘셉트는 불가분의 관계에 있으며, 광고 콘셉트는 마케팅 콘셉트와 크리에이티브 콘셉트를 연결시키는 고리와 같은 역할을 한다.

광고 콘셉트는 광고의 방향을 결정하고 개념을 수립하는 데 가장 중요한 역할을 한다. 광고 콘셉트는 광고회사의 광고기획(AE)이 소비자에게 전달하고자 하는 핵심적인 내용으로 상황분석에서 찾아낸 사실, 즉 제품의 콘셉트를

표 4-2 **광고 콘셉트 전개과정**

목표	담당자	사고과정	작업과정
제품화(제품 개발)	기술전문가	제품 아이디어	소재, 성능, 품질, 스타일, 컬러의 결정
상품화(판매지향)	마케터	상품 콘셉트	마케팅, 타깃팅, 포지셔닝 전략
콘셉트 도출(방향 설정)	광고기획자	광고 콘셉트	광고 전략, 광고 기획서
크리에이티브(메시지)	크리에이터	크리에이티브 콘셉트	광고 크리에이티브
수용자(미디어)	미디어 플래너	미디어 콘셉트	미디어 플래닝, 미디어 전략

자료: 송용섭·리대룡(1989)을 수정 보완.

구체화하는 과정이다. 콘셉트는 생산자의 입장에서 소비자에게 전달하고자 하는 메시지나 이미지 등을 말한다. 제품화 과정에서 제품개발의 아이디어는 상품화 과정을 거치면서 상품 콘셉트로, 그리고 광고기획자를 거쳐서 광고 콘셉트, 즉 "무엇을 말할 것인가?(what to say?)"로 발전된다. 그다음에 이것은 크리에이티브 콘셉트, "어떻게 말할 것인가?(how to say?)"로 전개된다. 최종적으로는 수용자에게 도달하기 위해 미디어 콘셉트, "누구에게 말할 것인가?(whom to say?)"가 결정된다. 좋은 광고, 명확한 광고 메시지는 잘 만들어진 광고 콘셉트에서 시작된다(표 4-2 참조).

제품 개발이 끝나면 상품 콘셉트는 무엇을 알릴 것인가를 중심내용으로 한다. 이에 따라 마케팅 담당자는 마케팅 계획을 수립한다. 소비자를 움직일 수 있는 사실로 알리기 위해서 과학적 접근을 예술적 차원으로 승화시키는 작업이 뒤따라야 한다. 크리에이티브 콘셉트 개발과정에서 핵심적인 아이디어가 도출되어야 한다. 크리에이티브 콘셉트는 빅 아이디어이며, 독창적이면서 극적으로 표현된 셀링 포인트이다. 크리에이티브 콘셉트의 추출은 광고기획의 상황분석, 기본전략, 표현전략, 매체전략 중 첫 번째 단계인 상황분석으로부터 도출된 '사실의 발견', 즉 제품 콘셉트를 기준으로 시작된다.

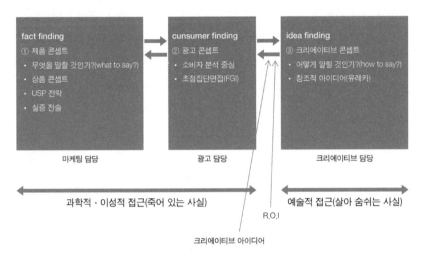

그림 4-1 **크리에이티브 콘셉트의 전개과정**

크리에이티브 콘셉트의 전개과정은 그림 4-1과 같다. 여기서는 광고 전략 단계와 소비자의 반응단계를 순서대로 보여주고 있는데 제품 콘셉트-광고 콘셉트-크리에이티브 콘셉트의 순서가 일반적인 광고 전략의 단계이다. 첫째, 제품 콘셉트 단계에서 마케터는 제품의 콘셉트에서 상품화를 위한 상품 콘셉트를 도출한다. 이때 USP 전략, 실증 전술 등이 활용된다. 두 번째 단계에서 광고기획자는 소비자 분석을 중심으로 한 다양한 조사를 실시하는데, 주로 초점집단면접(FGI)으로 필요한 시사점을 얻어 광고 콘셉트를 만든다. 세 번째 단계에서 크리에이터는 광고 콘셉트를 예술적으로 접근해 크리에이티브 콘셉트로 발전시킨다. 이 단계에서 크리에이터는 크리에이티브 아이디어와 ROI 등을 활용해 광고 콘셉트를 창조적인 광고물로 완성한다. 물론 소비자는 크리에이티브 콘셉트-광고 콘셉트-제품 콘셉트 순으로 반응한다. 광고를 보고

난 후 광고에 대해 이해하고 제품을 구매하게 된다.

요컨대 광고 콘셉트는 광고기획과 제작과정에서 소비자에게 전달하고자 하는 핵심 내용이다. 소비자의 눈에 띄게 강조하는 메시지로서 광고주의 입장에서 '소비자에게 가장 알리고 싶은 내용'인 것이다. 광고 콘셉트는 제품의 특성과 밀접한 연관이 있어야 하며, 마케팅의 여러 요소들과 조화를 이루어야 한다. 광고 콘셉트가 제품의 특성과는 잘 연결되어야 크리에이티브 콘셉트로 발전되어 소비자의 관심을 끌 수 있으며 목표한 광고효과를 거둘 수 있다.

❑ 연관어: 광고 전략, 광고 크리에이티브, 광고 창의성

더 읽어야 할 문헌

김광철. 2012. 『광고사전』. 서울: 프로파간다.
김근배. 2014. 『끌리는 컨셉의 법칙』. 서울: 중앙북스.
송용섭·리대룡. 1989. 『현대광고론』. 서울: 무역경영사.
이희복. 2016. 『광고론』. 서울: 한경사.
홍성태. 2015. 『나음보다 다름』. 서울: 북스톤.
"다음백과", http://100.daum.net/encyclopedia/view/99XX32101271(검색일: 2017.6.15).

027

아이디어 발상법
Idea Generation Technique

아이디어의 어원은 고대 그리스 철학자 플라톤(Platon)이 제시했다. 플라톤은 존재자의 원형을 이루는 영원불변한 실재를 이데아(idea)라고 했는데, 이는 인간이 지향하는 가장 완전한 상태나 모습을 의미한다. 다시 말해서 인간이 지향하는 이상향이 이데아인데, 그런 상태는 현실에 존재하지 않는다. 광고 창의성 측면에서 아이디어란 뜻밖의 발견(serendipity)이자, 전혀 새로운 무엇을 만들어내는 것이 아니라 이미 존재하는 낡은 요소들의 새로운 결합에 지나지 않는다.

일본의 창의성 전문가 다카하시 마코토(高橋誠)의 조사에 의하면, 세상에는 300가지 이상의 아이디어 발상법이 있다고 한다(高橋誠, 2008). 이에 비해 여러 연구자들이 제시한 아이디어 발상법은 172가지가 있는데 전략용, 전술용, 실행용으로 구분되며, 과제의 목적과 성격에 따라 아이디어 발상법의 평가와 선택 기준이 달라져야 한다는 견해도 있다(Smith, 1998). 결국 모든 문제를 해결해주는 절대적인 아이디어 발상법은 없으므로 주어진 과제의 성격에 따라 그때그때 다른 기법들을 적용해야 한다. 전통적으로 자주 거론되는 아이디어 발상법은 다음과 같다.

첫째, 영(James Webb Young)의 5단계 발상법이다. 카피라이터 출신인 영의 5단계 발상법은 아이디어 발상의 기본 원리를 제공한 것으로서, 어떠한 경우에도 적용할 수 있는 일반화 모형이다. 섭취(ingestion) 단계는 관련 정보를 다양하게 수집하고 탐색해 자기 것으로 만드는 단계이다. 소화(digestion) 단계에서는 자료의 내용들을 '마음의 촉수'로 느껴보며 많은 자료를 수집하고 섭취하는 것 못지않게 이를 충실히 소화해 자기 것으로 만든다. 부화(incubation) 단계에서는 업무에서 벗어나 무의식 상태에서 망각한다. 조명(illumination) 단계에서는 숙성을 거친 후 최종 아이디어를 창출한다. 증명(verification) 단계에서는 아이디어가 콘셉트를 극적으로 구현한 것인지 아닌지를 평가해야 한다.

둘째, 오스본의 브레인스토밍 발상법이다. 알렉스 오스본(Alex Osborn)과 동료들은 1939년에 브레인스토밍(brainstorming) 기법을 창안했다. 보통 5~7명으로 팀을 구성해 아이디어를 내고 더 좋은 아이디어로 발전시킴으로써 두뇌 폭풍(brain storm)을 일으킨다. 아이디어가 확산되며 눈덩이 뭉쳐지듯 연쇄적으로 이어지기 때문에 눈 굴리기(snow bowling) 기법이라고도 한다. 이 기법의 핵심은 발상 과정에서 '좋다', '나쁘다' 같은 아이디어의 수준을 판단하지 않고 최대한 많은 아이디어를 얻는 것이다. 브레인스토밍 과정에서 참여자가 지켜야 할 네 가지 규칙은 아이디어 비판 금지, 자유로운 발표, 다량의 아이디어 창출, 아이디어의 확장이다(Osborn, 1949). 브레인스토밍 진행자는 회의 주제를 충분히 숙지하고 필요한 때 적절한 질문을 해서 자연스러운 반응을 유도해야 한다.

셋째, 케이플즈(John Caples)의 연상력 발상법이다. 케이플즈의 연상력 발상법이란 머릿속에서 무의식적으로 연상되는 단어와 문장을 연속적으로 써 내려가는 방법이다(Caples, 1957). 이 발상법은 시각적 아이디어를 찾는 데도 도움이 되지만 카피 아이디어를 추출하는 데도 유용하다. 상품과 해결하려는 주제에 대한 자료를 읽어보고 숙지해 충분히 소화시키고, 큰 종이를 준비해 펜을 들어 쓸 준비를 하고, 주제나 상품과 관련해 머릿속에 가장 먼저 떠오르는 단어를 적고, 머릿속에 잇따라 연상되는 단어나 문장을 계속 써내려간다. 이때 단어나 문장이 서로 연결되는지 논리적으로 분석하거나 비판하지 않고 무의식적인 상태에서 떠오르는 대로 계속 써내려가는 것이 중요하다. 더 이상 불가능해질 때까지 이 과정을 반복한다. 계속 써내려가다 보면 단어와 단어가 구절로, 구절과 구절이 문장으로, 문장과 문장이 때로는 하나의 단락으로 발전되기도 한다.

넷째, 로르바흐의 브레인라이팅 기법이다. 생각나는 아이디어를 말로 발표하지 않고 글로 써서 표현하는 브레인라이팅(Brainwriting) 기법은 브레인스토밍의 문제점을 보완하기 위해 창안되었다. 이 기법은 1968년 독일의 베른트 로르바흐(Bernd Rohrbach) 교수가 브레인스토밍의 문제점을 극복하기 위해 창안한 것으로 6-3-5기법이라고도 한다(Rohrbach, 1969). 즉, 6명이 둘러앉아 3개의 아이디어를 5분 내에 기록하고 옆 사람에게 돌려, 30분 내에 108개의 새로운 아이디어를 얻는 것을 목표로 한다. 브레인스토밍에서는 개인의 의견이나 아이디어를 주로 말로 표현하지만 브레인라이팅에서는 문자 그대로 글로 표현한다. 따라서 이 기법은 남 앞에서 발언하기를 꺼려하는 사람, 소극적인 사람, 체면을 걱정하는 사람, 이야기 표현에 서투른 사람에게 효과적이다.

다섯째, 베이커의 360도 발상법이다. 광고 전략가 마크 블레어(Mark Blair)는 문제를 파악해 미디어를 선택하고, 문제에 대한 정확한 해답을 찾는 데 360도 커뮤니케이션의 해법이 있다고 했다. 일찍이 스티븐 베이커는 어떤 문제를 해결할 아이디어를 얻는 201가지 방법을 제시했다(Baker, 1979). 그가 360도 커뮤니케이션이라는 말을 직접 쓰지는 않았지만 일찍이 이를 실천한 셈이다. 그의 발상법에서 상상력의 끝없는 세계를 확인할 수 있다. 베이커는 좋은 아이디어는 불현듯 떠오르지 않고 다각도로 문제를 파악하는 데서 시작된다고 했다. 그가 제시한 아이디어 발상법은 "거꾸로 해보라(Turn upside down)"에서부터 "그 이상의 그 무엇과 결합시켜보라(Combine any of the above)"까지

201가지가 있다.

여섯째, 에벌(Bob Eberle)의 스캠퍼(SCAMPER) 발상법이다. 이 기법은 오스본의 체크리스트 기법을 보완하고 발전시킨 것으로 광고를 비롯한 모든 분야에서 활용할 수 있는 보편적인 아이디어 발상법이다. 사람이나 사물을 A 대신 B로 대체하거나 현재의 용도를 바꿔 다르게 써보는 대체하기(Substitute), A와 B를 결합해 새롭게 합치거나 비슷한 기능끼리 혹은 전혀 다른 요소끼리 섞는 결합하기(Combine), 주어진 조건의 목적에 알맞게 A와 B를 조정하거나 대상이나 문제를 조정하는 조절하기(Adjust), 어떤 대상 A를 B로 변경하고 확대(과장)하거나 축소하기(Modify, Magnify, Minify), 어떤 A라는 용도를 B라는 용도로 바꿔보는 용도 바꾸기(Put to Other Use), 어떤 사물 A의 구성요인에서 무엇을 제거하거나 압축하는 제거하기(Eliminate), AB를 BA로 거꾸로 바꿔보거나 레이아웃이나 패턴을 180도 다르게 배치해보는 역발상 및 재정리하기이다(Reverse, Rearrange). 이러한 7가지 질문을 하고 나서, 그에 대한 해답을 찾다보면 혁신적인 해결책이 나온다는 것이 이 발상법의 핵심이다(Eberle, 2008).

일곱째, 에디슨(EDISON) 발상법이다. 에디슨 발상법은 '창의주성' 개념을 바탕으로 탐색(Exploration), 발견(Discovery), 부화(Incubation), 구조화(Structuring), 조망(Outlook), 연결(Network)이라는 단계를 거쳐 아이디어를 내는 과정이다(김병희, 2014a, 2014b). 이는 일찍이 영(Young, 1975)이 제시한 섭취, 소화, 부화, 조명, 증명이라는 5단계 발상법을 스마트 시대에 알맞게 수정 보완한 것이다. 에디슨 발상법은, 아이디어 발상자는 창의적인 결과물에 대한 수용자의 반응에 주목할 필요가 있고 세상의 모든 유기체는 주변 환경에 따라 반응하거나 끌리는 주성(走性, taxis)이 있다는 점에 주목해야 한다는 사실에서 출발했다. 창조를 뜻하는 '크레오(creō)'에 끌림을 의미하는 '택시스(taxis, 走性)'를 더해 창의성의 수준에 따라 수용자의 마음이 끌리거나 회피하는 경향이 '창의주성(創意走性, creotaxis)'이라는 것이다. 창의주성 개념에 의한 아이디어 발상의 구조는 표 4-3과 같다.

표 4-3 창의주성 개념에 의한 아이디어 발상의 구조

창의성 영향요인	창의주성 구성요인	수용자 기대 반응	발상자 계발요인	아이디어 발상단계	생각의 방향성
인지적 Cognitive	적합성 Appropriateness	유익한 Informative	지성 Intelligence 호기심 Curiosity	탐색 Exploration	개입·참여 Engagement
정서적 Affective	공감성 Empathy	인상적인 Impressive	민감성 Sensitivity 진정성 Authenticity	발견 Discovery	차별화 Differentiation
행동적 Behavioral	정교성 Elaboration	믿을 만한 Reliable	시간보장 Time guarantee 심사숙고 Deliberateness	부화 Incubation	통찰력 Insight
맥락적 Contextual	독창성 Originality	경이로운 Surprising	새로움 Novelty 자신감 Confidence	구조화 Structuring	포화 상태 Saturation
시간적 Temporal	명료성 Clarity	간명한 Simple	자질 Talent 숙련도 Expertness	조망 Outlook	객관성 Objectivity
관계적 Affiliated	상관성 Relevance	적용할 만한 Applicable	융합 Convergence 확장가능성 Extendibility	연결 Network	새로운 시도 New-trial

자료: 김병희(2014a, 2014b).

에디슨 발상법의 아이디어 발상단계를 보다 구체적으로 설명하면 다음과 같다.

탐색(Exploration) 단계에서는 수용자에게 '유익한(informative)' 자료를 널리 수집하되, 창의주성의 '적합성' 요인을 고려해 적절하고 도움이 되는 정보만을 탐색해야 한다. 창의성의 인지적 요인에 대응하는 이 단계에서는 아이디어 발상자의 지성(intelligence)과 호기심(curiosity)이 특히 중요하며, 이 두 가지가 수용자에게 도움이 되는 아이디어를 계발하는 원동력으로 작용한다. 수용자에게 유익한 아이디어를 찾는 데 성공하려면, 생각하고 있는 초벌 아이디어가 발상의 목적에 얼마나 충실한지 되묻고 적합성(appropriateness) 여부를 수시로 점검해야 한다.

발견(Discovery) 단계에 접어들면 탐색 단계에서 수집한 정보 중에서 수용 자에게 깊은 울림을 주는 '인상적인(impressive)' 혜택을 발견해야 한다. 이때 창의주성의 '공감성' 요인을 고려하는 문제가 중요한데, 찾아낸 어떤 정보를 수용자에게 감동을 주는 혜택으로 바꾸는 통찰력을 발휘해야 한다. 창의성의 정서적 요인에 대응하는 이 단계에서는 아이디어 발상자의 민감성(sensitivity) 과 진정성(authenticity)이 특히 중요하며, 이 두 가지가 수용자에게 깊은 인상 을 남기는 아이디어를 계발하는 원동력으로 작용한다. 수용자에게 인상적인 아이디어를 찾는 데 성공하려면, 생각하고 있는 아이디어가 수용자의 공감을 어느 정도 유발할 것인지를 가늠하며 아이디어의 공감성(empathy) 여부를 예 측해봐야 한다.

부화(Incubation) 단계에 접어들면 초벌 아이디어들을 수용자들이 '믿을 만 한(reliable)' 아이디어로 발전시키되, 창의주성의 '정교성' 요인을 고려해 공들 여 완성도를 높여나가야 한다. 창의성의 행동적 요인에 대응하는 이 단계에 서는 충분한 시간을 보장(time guarantee)함으로써 아이디어 발상자가 심사숙 고(deliberateness)하도록 하는 것이 특히 중요하며, 이 두 가지가 수용자에게 믿음을 주는 아이디어를 계발하는 원동력으로 작용한다. 수용자가 믿을 만 한 아이디어를 찾는 데 성공하려면, 생각하고 있는 아이디어에 고급감과 세련 미를 더해 완성도를 높여나가는 정교성(elaboration) 여부를 수시로 따져봐야 한다.

구조화(Structure) 단계에 접어들면 수용자들이 '경이로운(surprising)' 반응을 나타낼 수 있도록 아이디어를 통일성을 갖춘 체계로 발전시키되, 창의주성의 '독창성' 요인을 고려하여 독특하고 새로운 접근법을 적용해야 한다. 창의성 의 맥락적 요인에 대응하는 이 단계에서 아이디어 발상자는 새로움(novelty) 을 바탕으로 자신감(confidence)을 가지고 아이디어 발상을 하는 것이 특히 중요하며, 이 두 가지가 수용자에게 경이로움을 주는 아이디어를 계발하는 원동력으로 작용한다. 수용자에게 경이로움을 주는 아이디어를 찾는 데 성공하려면, 자신이 낸 아이디어에 자신감을 갖고 얼마나 독특하고 새로운지 독창성(originality) 여부를 수시로 따져봐야 한다.

조망(Outlook) 단계에서는 그동안에 나온 아이디어를 더욱 간추려 수용자에게 '간단명료한(simple)' 메시지로 다가가도록 솜씨를 발휘하되, 창의주성의 '명료성' 요인에 특히 신경을 써서 분명한 메시지가 되도록 해야 한다. 창의성의 시간적 요인에 대응하는 이 단계에서는 아이디어 발상자의 자질(talent)과 숙련도(expertness)가 중요하며, 이 두 가지가 수용자에게 간단명료한 메시지를 계발하는 원동력으로 작용한다. 수용자들이 기대하는 간명한 메시지를 찾는 데 성공하려면, 생각하고 있는 아이디어를 더욱 이해하기 쉽고 분명하며 간결하게 표현했는지 그 명료성(clarity) 여부를 스스로 평가해야 한다.

연결(Network) 단계에 접어들면 해당 분야 말고도 여러 분야에 '적용할 만한(applicable)' 아이디어인지 그 적용가능성을 생각해보아야 한다. 이때 창의주성의 '상관성' 요인을 고려해 그 아이디어가 관련 분야의 특성이나 수용자 혜택과 직간접적으로 관련되도록 해야 한다. 창의성의 관계적 요인에 대응하는 이 단계에서는 아이디어 발상자의 융합(convergence) 사고와 확장가능성(extendibility)이 특히 중요하며, 이 두 가지가 실생활의 여러 분야에서 활용될 수 있는 아이디어를 계발하는 원동력으로 작용한다. 여러 분야에 적용할 수 있는 아이디어를 찾는 데 성공하려면, 생각하고 있는 아이디어가 현실적으로 관련 분야의 특성과 관련되는지 그 상관성(relevance) 여부에 대해 스스로 알아보거나 관련 분야 전문가들의 조언을 구할 필요가 있다.

❏ 연관어: 광고 콘셉트, 광고 창의성, 광고 크리에이티브

더 읽어야 할 문헌

김병희. 2014a. 「에디슨 발상법: 창의주성 개념에 의한 광고 아이디어 발상법의 탐색」. ≪광고PR실학
연구≫, 7권 1호, 7~31쪽.

김병희. 2014b. 『아이디어 발상법』. 서울: 커뮤니케이션북스.

다카하시 마코토(高橋誠). 2008. 『아이디어 발상 잘하는 법』. 이근아 역. 서울: 더난출판.

Baker, Stephen. 1979. *A Systematic Approach to Advertising Creativity.* New York, NY:
McGraw-Hill.

Caples, John. 1957. *Making Ads Pay.* New York, NY: Dover.

Eberle, Bob. 2008. *Scamper: Creative Games and Activities for Imagination Development.* Waco,
TX: Prufrock Press.

Osborn, Alex F. 1949. *Your Creative Power: How to Use Imagination.* New York: Charles Scribner's
Sons.

Rohrbach, Bernd. 1969. "Kreativ Nach Regeln- Methode 635, Eine Neue Technik Zum Lösen Von
Problemen." *Absatzwirtschaft*, 12 (19), October. pp.73~75.

Smith, Gerald F. 1998. "Idea-Generation Techniques: A Formulary of Active Ingredients." *Journal of
Creative Behavior*, 32 (2), pp.107~133.

Young, James Webb. 1975. *A Technique for Producing Ideas.* Lincolnwood, IL: NTC Business
Books.

028

광고 소구
Advertising Appeal

광고의 소구 방법은 크리에이티브 요소를 좌우한다. 광고 소구(표현전략)에 관한 여러 가지 방법 중에서 프레이저(Charles F. Frazer)와 프랜즌(G. Franzen) 이 제시한 표현전략 모형은 오래전에 나왔지만 광고학계의 포괄적인 동의를 얻고 있다(Franzen, 1994; Frazer, 1983). 두 가지 표현전략 모형은 그 타당성이 입증되어 각 나라의 광고물을 비교하는 내용분석 연구에서도 유용한 분류 기준으로 활용되고 있다.

일찍이 프레이저는 경쟁 상황을 고려한 여러 가지 광고 전략을 종합하여 본원적 전략, 선점 전략, 고유판매제안 전략, 브랜드 이미지 전략, 포지셔닝 전략, 공명 전략, 정서 전략 등 7가지 표현전략 모형을 제시했다(Frazer, 1983). 이 모형은 여러 연구에서 광고 표현전략의 일반적 가이드라인으로 평가되었 다. 7가지 표현전략 내용을 각각 살펴보면 다음과 같다.

첫째는 본원적(generic) 전략으로, 같은 상품 범주에 있는 어떠한 브랜드라 도 할 수 있는 일반적인 메시지를 구사하는 경우이다. 상품의 차별적인 특성 을 강조하기보다 일반적인 속성을 전달하는 경향이 있으며, 광고주는 자사 브랜드를 경쟁사 브랜드와 차별화하려 하지 않고 자사 브랜드가 우월하다고 주장하지 않는다. 이 전략은 주로 어떤 상품군에서 선도하는 브랜드의 광고에서 자주 쓰이고 있으나 후발 브랜드의 광고라고 해서 쓰이지 않는 것은 아니다. 다만 후발 브랜드에서 이 전략을 사용할 경우에는 본원적 주장이 선발 브랜드의 메시지로 인식되어 오히려 선발 브랜드를 도와줄 가능성이 많기 때문에 메시지 구성에서 세심한 주의를 기울일 필요가 있다.

둘째는 선점(preemptive) 전략으로, 어떤 상품 범주에서 경쟁 브랜드 간에 기능적 차이가 거의 없을 때 상품의 우월성을 먼저 강조함으로써 이미지를 먼저 차지하려는 경우이다. 이 전략을 활용하면 경쟁 브랜드에서 동일한 주장을 먼저 시도하려 할 때 사전에 효율적으로 차단할 수 있다. 이 전략은 기능적인 면에서 서로 대체할 수 있는 상품이나 서비스 광고에서 효율적으로 활용되며, 혜택이 유사한 경우에는 광고 메시지를 먼저 노출시켜 이미지를 선점하는 쪽에 유리한 방안이다. 그러나 광고의 노출량이 너무 미미하면 후발 브랜드에서 쉽게 모방할 수 있기 때문에 이 전략을 적용하려면 일정 수준 이상의 광고 노출을 고려해야 한다.

셋째는 고유판매제안(USP: Unique Selling Proposition) 전략으로, 리브스가 『광고의 실체』에서 체계화시켰다(Reeves, 1961). 이 전략은 자사 상품과 경쟁사 상품 간의 물리적이고 기능적인 차이를 바탕으로 메시지 구성을 모색한다. 1960년대 미국 광고계를 풍미한 이 전략은 상품의 고유한 특성을 강조하는 전형적인 경성 판매(hard selling) 전략이다. 전략의 핵심은 상품의 고유한 특성을 광고에서 소비자 혜택으로 제시한 다음 지속적으로 반복하고 강조하는 데 있다. 이 전략은 경쟁사의 상품이나 브랜드에서 제안하기 어려운 비교 우위점을 자사 상품의 핵심 메시지로 전달함으로써 장기적으로 메시지의 비교 우위를 확보하는 데 목적이 있다.

넷째는 브랜드 이미지(brand image) 전략으로, 브랜드의 심리적 차별화를 강조한다. 고유판매제안 전략이 경성 판매 전략이라면, 1960년대에 오길비가 주창하고 나선 이미지 전략은 연성 판매(soft selling) 전략이다. 이 전략은 1960년대 이후 경쟁 상품들 간의 차별적 우위점이 거의 나타나지 않게 되면서부터 주목을 받았다. 브랜드 이미지는 광고란 장기간에 걸친 이미지의 투자라는 전제하에 장기적인 이미지의 누적을 강조하며, 자사 상품과 경쟁사 상품의 차별점을 물리적 특성이 아닌 심리적인 특성에서 찾는다. 현대 광고에서 브랜드 자산이 갈수록 중요해지는 상황에서 브랜드 이미지 전략 역시 더 중요해질 수밖에 없다.

다섯째는 포지셔닝(positioning) 전략으로, 자사의 브랜드를 경쟁 브랜드의 강약점과 비교한 다음 상대적으로 틈새가 보이는 위치에 자리매김하는 것이다. 라이스(A. Ries)와 트라우트(J. Trout)는 시장 점유율을 경쟁 브랜드와의 싸움으로 확장할 수 있다는 잘못된 가정하에 광고 마케팅 전략을 운용하면 안 된다고 지적했다(Ries and Trout, 1981). 이 전략에 의하면 마케팅이란 실제 시장 점유율에 관계없이 소비자들이 어떤 브랜드에 대해 머릿속으로 어떻게 느끼는가 하는 인식의 싸움이다. 포지셔닝 전략의 수립 방법은 여러 가지가 있다. 상품 특성에 의한 포지셔닝, 전속 모델에 의한 포지셔닝, 가격과 품질 비교에 의한 포지셔닝, 용도 제시에 의한 포지셔닝, 상징을 활용한 포지셔닝, 경쟁자의 위상을 이용하는 포지셔닝, 상품군 활용에 의한 포지셔닝, 사회적 쟁점 제시에 의한 포지셔닝 등이다.

여섯째는 공명(resonance) 전략으로, 상품 관련 메시지나 브랜드 이미지 제고에 초점을 맞추기보다 소비자가 모방할 수 있는 상황을 제시해 소비자 스스로 그 상황을 경험하도록 한다. 일반적으로 공명은 소비자와 광고물 사이의 정서적 울림과 공감을 의미하며, 수사학적 광고 표현으로서의 공명은 카피와 비주얼 사이의 울림이자 상호유희를 의미한다. 광고에서 공명이 일어나려면 동음이의어(同音異議語)의 익살을 활용한 카피가 음운론적이고 의미론적인 작용을 일으켜야 가능하다(이희복, 2005). 광고 창작자가 소비자의 마음속에 간직된 정보나 경험을 깊이 있게 이해하여 소비자에게 긍정적인 연상 작용을 일으키는 상황을 제시해야 효과적이다. 공명은 상품 간의 차별점이 거의 없을 때 소비자가 브랜드에 긍정적으로 반응하고 다른 브랜드와 차이를 느끼도록 하는 데 유용한 방법이다.

일곱째는 정서(affective) 전략으로, 인간의 다양한 감정에 소구하는 전략이다. 인간의 감정은 사랑, 향수, 동정심, 우정, 흥분, 기쁨, 공포, 후회, 혐오 등 긍정적 정서에서 부정적 정서에 이르기까지 다양하게 전개되며 때때로 불규칙한 경향을 띠기도 한다. 따라서 이 전략에서는 복잡한 인간 감정을 두루 포괄하여 광고 메시지로 구성한다. 정서 전략은 조사 결과보다는 광고 창작자의 직감과 언어 감각이 전략 전개의 원동력이 되는 경우가 많다. 이 전략은 식음료, 패션, 보석, 화장품 등 인간의 감정에 호소하는 상품에 적용할 경우 유용한 전략이나, 상품(서비스)에 관계없이 두루 사용할 수 있다. 그러나 메시지의 전개에서 막연히 정서적이고 서정적인 내용을 담는다고 해서 광고가 되는 것은 아니며 반드시 상품과의 상관성을 고려해야 한다.

다음으로, 프랜즌의 모형을 살펴보자. 여러 가지 광고 표현전략 중 프랜즌이 제시한 표현전략 모형은 특수 문화권에만 적용되는 특별한 접근법이 아닌 여러 문화권에 공통적으로 적용할 수 있는 보편적인 접근법으로 평가받고 있다(Franzen, 1994). 비교문화연구자 드무이(Marieke de Mooij)는 20개국 이상의 인쇄광고와 13개국에서 만든 5000여 편의 텔레비전 광고를 이 기준에 따라 분석한 다음 이 기준이 지역에 따라 달라져도 모든 문화에 여전히 존재하고 있음을 발견했다(드무이, 1999).

국내에서도 이 기준을 적용해 한국과 미국의 텔레비전 광고에 나타난 표현전략을 비교했는데, 한국 광고에서는 공개 기법, 드라마 기법이 더 자주 나타난 반면, 미국 광고에서는 수업 기법, 오락 기법, 상상 기법, 특수효과 기법이 더 자주 나타났으며, 이 기준이 국가 간 광고물 비교에 유의하다고 보고했다(김병희, 2006).

나아가 드무이는 후속 연구에서도 이 분류기준을 적용해 문화적 특성이 각

표 4-4 프랜즌의 표현전략과 보조기법

표현전략	보조기법
공개 기법(announcement)	순수 제시(pure presentation) 사실적 설명(factual explanation) 상품 메시지(product message) 기업설명/다큐멘터리(corporate presentation, documentary)
진열 기법(display)	진열(display)
연상전이 기법(association transfer)	생활유형 제시(lifestyle) 은유법(metaphor) 환유법(metonymy) 유명인 전이(celebrity transfer)
수업 기법(lesson)	추천인(presenter) 증언/보증(testimonial/endorsement) 실증(demonstration) 비교(comparison) 유추(analogy) 사용법 제시(how to) 극화된 수업(dramatized lesson)
드라마 기법(drama)	일상의 단면(slice of life) 문제 해결(problem-solution) 비네트(vignettes) 연극(theater)
오락 기법(entertainment)	유머(humor) 상품 중심의 연기(play or act around product)
상상 기법(imagination)	만화(cartoons) 영화 동작 소도구(film properties in action) 기타 비현실적 연기(other, unrealistic)
특수효과 기법(special effect)	상품의 움직임, 애니메이션(product in action, animation) 영화·비디오 기법, 예술적 자극(film, video techniques, artistic stimuli)

각 상이한 11개국의 광고 표현 경향을 분석한 다음 이 모형이 세계 여러 문화권에서 공통적으로 통용될 수 있는 일반적 기준이 될 수 있다고 했다(de Mooij, 2004). 즉, 프랜즌이 제시한 광고의 표현전략 분류기준은 특수 문화권에만 적용되는 특수문화적(emic) 접근법이 아닌 세계 여러 문화권에 공통적으로 적용할 수 있는 보편문화적(etic) 접근법이다.

프랜즌이 제시한 광고의 표현전략은 공개, 진열, 연상전이, 수업, 드라마, 오락, 상상, 특수효과 등 8가지로 분류되며 각 전략에는 여러 보조기법이 있다. 광고의 표현전략과 그에 따른 보조기법의 자세한 내용은 표 4-4에 제시했으며, 각 표현전략의 개념을 설명하면 다음과 같다.

첫째, 공개 기법은 사람의 설명에 의지하지 않고 사실을 발표하여 사실이나 모양 그 자체가 상품을 대변하는 가장 기본적인 광고 기법으로 상품이용에 관한 정보를 제공한다. 이에 대한 보조기법에는, ① 순수하게 상품에 관련된 사실을 발표하는 순수 제시, ② 상품의 실체를 사실적으로 설명하는 사실적 설명, ③ 할인, 위치, 구성요소, 효용 등 상품에 대한 내용을 공개하는 상품 메시지, ④ 기업이나 상품에 대해 시각적으로 표현하며 기업과 관련된 인물이나 상품의 기능에 대해 상세히 안내하는 기업설명/다큐멘터리가 있다.

둘째, 진열 기법은 진열대에 상품을 진열하는 것처럼 상품의 주체나 사용법을 사실적으로 제시하는 방식이다. 즉, 광고 안에서 상품이나 상품을 사용하는 방법을 죽 나열함으로써 단순한 사실의 전달에 치중하는 기법이다. 광고 창작자들 입장에서는 아이디어가 빈약한 일차원적인 표현으로 평가할 수 있으나, 의외로 이 기법을 선호하는 광고주들이 많다.

셋째, 연상전이 기법은 상품의 주체, 대상, 행위를 다른 사물이나 사람 또는 상황 및 환경과 연결해 브랜드로 전환하는 것을 의미한다. 이에 대한 보조기법에는, ① 이상적인 사람들의 생활을 제시함으로써 사람들의 라이프스타일의 전환을 유도하는 생활유형 제시, ② 비유를 통해 상품이나 브랜드의 의미를 사물이나 사상으로 전이하는 은유법, ③ 원재료의 의미를 브랜드의 의미로 전이하는 환유법, ④ 유명인사의 단순 출연이나 추천, 또는 증언은 하지 않더라도 타인들과의 연기를 통해 브랜드의 의미를 전이하는 유명인 전이가 있다.

넷째, 수업 기법은 광고 메시지를 직접 전달하며 쟁점을 제시하거나 소비자를 교육시키는 방식이다. 이에 대한 보조기법에는, ① 광고 모델이 카메라 중앙에서 상품 특성을 설명하거나 소비자에게 한번 써보라고 권유하는 추천인, ② 광고 모델 스스로 해당 상품을 써보니까 좋다는 식으로 증언하거나 보증하는 증언/보증, ③ 상품의 효과를 직접 제시함으로써 상품의 특성과 장점을 소개하는 실증, ④ 특정 브랜드나 불특정 경쟁 브랜드와의 비교를 통해 자사 브랜드의 우위를 제시하는 비교, ⑤ 어떤 물건이나 사건의 유사한 점을 이용해 묘사하는 유추, ⑥ 상품을 쓰는 방법이나 결과를 설명하는 사용법 제시, ⑦ 사실적인 연기를 통해 교훈적인 메시지를 드라마 형태로 전달하는 극화된 수업이 있다.

다섯째, 드라마 기법은 두 사람 이상의 상호작용 메시지를 통해 행동의 연속성, 시작, 중간, 해피엔딩으로 구성되는 방식이다. 이에 대한 보조기법에는, ① 드라마 스타일의 대화를 통해 일반인의 일상 속의 한 장면으로 구성되는 일상의 단면, ② 문제점의 제시와 해당 상품을 사용함으로써 그 문제를 해결하는 과정을 제시하는 문제 해결, ③ 행동의 연속성이 없는 각각의 독립적인 스케치나 상황을 제시하는 비네트(vignettes), ④ 실제 생활이 아닌 이야기를 한 편의 연극처럼 제시하는 연극 기법이 있다.

여섯째, 오락 기법은 직접적인 상품 판매보다 광고 수용자에게 즐거움을 제공하는 데 중점을 두는 방식이다. 이에 대한 보조기법에는, ① 유머가 있는 장면을 제시해 수용자의 웃음을 유발하는 데 중점을 두는 유머, ② 유머는 없지만 재미있는 오락을 제시하는 상품 중심의 연기가 있다. 오락 기법 역시 최근에 들어 갈수록 선호되는 표현 전략이다. 다만 여기에서는 유머의 제시 그 자체에만 지나치게 신경을 쓰면 상품의 판매 메시지가 실종될 수 있음을 명심해야 한다. 오락 기법을 활용하면 광고 자체가 화제를 유발할 가능성이 높다는 점도 이 기법이 지닌 부가적 장점이라고 하겠다.

일곱째, 상상 기법은 만화, 영화, 비디오 기법처럼 비현실적인 상상세계를 묘사하는 방식이다. 이에 대한 보조기법에는, ① 만화를 통해 상품 메시지를 전달하는 만화, ② 영화적인 소재를 활용해 초현실적인 상황을 제공하는 영화 동작 소도구, ③ 만화와 영화 이외의 소재를 활용하는 기타 비현실적 연기가 있다. 광고물 창작이 상상력의 산물이라는 속성이 많지만, 여기에서의 상상 기법이란 현실 세계를 넘어 환상적인 판타지의 세계를 제시하는 경우를 의미한다.

여덟째, 특수효과 기법은 카메라 효과, 녹음 효과, 비디오 기법, 음악 효과 등을 활용하는 방식으로 소비자 심리를 자극하는 현대적인 기법을 활용한다. 이에 대한 보조기법에는, ① 특수효과로 상품 자체가 살아 있는 것처럼 움직이게 하는 상품의 움직임/애니메이션, ② 영화나 비디오 촬영에서 사용되는 특수 효과들을 차용하는 영화·비디오 기법/예술적 자극이 있다.

□ 연관어: 광고 표현 전략, 크리에이티브 요소

더 읽어야 할 문헌

김병희. 2006. 「가치관의 차이가 국제광고 표현에 미치는 영향: 한미 간 비교문화연구」. ≪한국광고홍보학보≫, 8권 3호, 179~209쪽.

이희복. 2005. 「광고의 수사적 비유로서 공명의 커뮤니케이션 효과」. ≪커뮤니케이션학연구≫, 13권 2호, 54~79쪽.

드무이, 마리케(Marieke de Mooij). 1999. 『글로벌시대의 국제광고론』. 김유경·전성률 옮김. 서울: 나남출판.

de Mooij, Marieke. 2004. *Consumer Behavior and Culture: Consequences for Global Marketing and Advertising*. Thousand Oaks, CA: Sage.

Franzen, G. 1994. *Advertising Effectiveness*. Henley-on-thames, Oxfordshire, UK: NTC Business Publication.

Frazer, Charles F. 1983. "Creative Strategy: A Management Perspective." *Journal of Advertising*, 12(4), pp.36~41.

Reeves, R. 1961. *Reality in Advertising*. New York: Alfred Knopf. pp.46~69.

Ries, A., and J. Trout. 1981. *Positioning: The Battle for Your Mind*. New York, NY: McGraw-Hill.

029

광고 카피
Advertising Copy

카피는 좁은 의미에서 헤드라인과 바디카피를 가리키기도 하고, 넓은 의미에서 시각적 표현을 포함한 광고물을 구성하는 모든 것을 가리키기도 한다. 카피는 광고 메시지를 지탱하고 유지하는 메시지의 등뼈이다. 현대 광고에서는 글이나 말로 표현된 것을 카피로 보는 협의의 개념보다 광고 메시지를 구성하는 전체적인 구성요소로 보는 광의의 개념으로 카피를 이해하려는 관점이 우세하다. 광고 용어로서의 카피는 대략 다음과 같은 세 가지 의미를 담고 있다. 첫째, 좁은 의미의 카피는 헤드라인과 본문(body copy)을 의미한다. 둘째, 본문 이외의 오버 헤드라인, 서브 헤드라인, 슬로건(브랜드 슬로건, 기업 슬로건, 캠페인 슬로건), 리드, 소제목을 의미한다. 셋째, 브랜드 이름, 기업 이름, 가격 표시, 상품의 사양(speck: 사용 기간, 사용법, 기타), 광고주 요구사항 등이다(김병희, 2007b).

넓은 의미의 카피는 광고물을 구성하는 모든 것(시각적 표현 포함)을 말한다. 일반적으로 사용되는 카피의 의미는 첫째와 둘째와 셋째의 의미를 합한 것을 가리키며, 넷째는 광고효과 측정에서의 카피 테스팅(copy testing)에서 사용하는 개념이다. 따라서 광고의 등뼈인 카피는 광고의 여러 가지 구성 요소 중 글이나 말로 표현되는 모든 것을 의미한다고 하겠다. 이와 같은 카피를 쓰는 과정을 카피라이팅(copywriting)이라고 하며, 카피를 쓰는 사람을 카피라이터(copywriter, 카피 창작자)라고 한다.

오로지 광고에서 글로 표현된 것만을 카피로 볼 필요가 없고 광고의 모든 구성 요소가 카피에 관련된다는 견해도 주목할 만하다. 카피에 어울리지 않는 비주얼이라면 그것이 광고에 쓰일 까닭이 없으며 카피와 어울리지 않는 모델이라면 처음부터 고려 대상이 되지 못했을 것이다. 따라서 카피를 단지 글로 쓰인 언어적인 것만으로 해석하지 않고, 광고의 전체 구성요소로 보다 넓은 의미에서 해석한 이상의 견해는 타당하다. 그러므로 넓은 의미에서의 카피는 광고 메시지를 표현하는 아이디어 전체를 지칭한다.

카피 구성 요소는 인쇄광고에서 헤드라인(headline), 오버라인(overline), 서브헤드(subhead), 바디카피(body copy), 슬로건(slogan), 캐치프레이즈(catch phrase), 캡션(caption) 등이다. 전파 광고에서는 동영상을 제외한 자막 부분과 소리로 전달하는 모든 메시지가 카피에 해당된다. 헤드라인이란 아이디어에 알맞게 크리에이티브 콘셉트를 비약시켜 표현하는 광고의 핵심 메시지이다. 오버라인이란 헤드라인 위에 배치되어 헤드라인만으로 메시지 전달이 미흡할 경우 헤드라인으로 유도하는 문구이다. 서브헤드는 헤드라인 바로 아래에 배치되어 헤드라인을 보완하는 문구로, 헤드라인만으로 부족할 때 헤드라인을 뒷받침한다. 바디카피는 헤드라인을 읽고 난 독자에게 보다 구체적인 정보를 전달하기 위해 덧붙이는 광고 메시지의 몸체 부분이다. 슬로건은 상품의 소비자 혜택이나 기업 철학 등을 짧고 기억하기 쉬운 소비자 언어로 표현하여 장기간 반복적으로 사용하는 문구이다. 캐치프레이즈는 슬로건에 비해 단기간 사용하기 위한 목적에서 창작되며, 소비자의 구체적인 구매행동을 촉구하는 문구이다. 캡션은 광고에 제시된 상품, 일러스트레이션, 쿠폰, 광고 그림, 그리고 광고 사진 주변에서 제시된 내용을 설명하는 문구이다. 자막은 텔레비전 광고에서 영상 메시지를 보완하거나 독자적인 기능을 발휘할 목적으로 화면에 문자 형태로 처리한 문구이다.

카피 전략은 표현전략을 바탕으로 표현 콘셉트를 추출하고 카피 창작에 필요한 구체적인 메시지를 구성하는 청사진이다. 카피 창작의 전략과 전술은 여러 가지가 있을 수 있는데, 광고업계에서는 카피 폴리시와 카피 플랫폼을 대표적인 카피 전략으로 손꼽는다. 카피 폴리시(copy policy)는 카피를 어떻게 쓸 것인지 사전에 결정하는 카피 정책이다. 이 용어는 일본 광고인들이 처음 만들어낸 조어인데, 카피 창작에 앞서 카피라이터가 자신이 맡은 상품이나 서비스의 카피를 어떻게 쓸 것인지를 포괄적으로 제시하는 청사진이다. 이는 카피 창작을 하기 전에 광고 카피에 대한 전반적인 청사진을 그리는 데 활용되며 단순히 머릿속으로 생각하는 것이 아니라 카피라이터에게 카피 창작의 전체 윤곽을 일목요연하게 정리해주는 장점이 있다. 카피 폴리시를 작성할 때는 카피의 접촉 대상자, 카피의 노출 매체, 카피의 목적, 카피의 강조점, 카피 노출 후의 소비자의 기대 반응 같은 5가지 사항을 명시해야 한다.

한편, 카피 플랫폼(copy platform)은 광고에서의 핵심적 진실, 고유판매제안, 빅 아이디어, 또는 포지셔닝에 대한 진술이다(Altstiel and Grow, 2006). 문자 그대로 기차역의 플랫폼이 없다면 기차가 손님을 싣고 떠날 수 없듯이 실제 카피 창작을 위해 카피라이터(기차)가 반드시 싣고 떠나야 하는 핵심 정보(승차권을 가진 손님)들의 집합이다(김병희, 2007b). 훌륭하게 작성된 카피 플랫폼은 상품의 특성과 소비자 혜택, 경쟁 구도에서의 강점과 약점, 표적수용자에 대한 구체적인 정보, 메시지의 느낌, 그리고 상품에 대해 설명하는 가장 중요한 그 한 마디(one thing)를 포괄해야 한다.

카피 플랫폼은 광고의 삼각형인 상품(서비스)과 시장과 소비자의 세 가지 영역을 먼저 설명한 다음, 마지막으로 크리에이티브 전략에 필요한 '한 마디 말'을 제시하는 것으로 마무리된다. 효과적인 카피 플랫폼을 작성하기 위해서는 수용자 정보, 브랜드 메시지 및 상품 포지셔닝, 캠페인 주제, 스타일과 톤,

제약 요소, 평가 준거 등을 사전에 검토해 모든 요소들이 조화를 이루도록 해야 한다. 카피 플랫폼은 크게 네 가지 영역을 고려해 작성해야 한다(Altstiel and Grow, 2006).

첫째, 상품 영역이다. 상품(서비스) 영역에서는 특성이나 혜택을 중요한 순서대로 나열하며 이때 "그래서?"라는 질문을 반복함으로써 상품의 소비자 혜택을 추출하는 데 주안점을 두어야 한다. 그다음에 상품(서비스)의 고유한 속성을 찾아내고 그러한 상품 관련 주장을 입증할 수 있는지를 알아본다. 이때 만약 기업명이 중요하다면 왜 그런가 하는 이유를 찾아내고 현재의 브랜드 가치를 추정해 카피 창작 시 고려할 필요가 있다.

둘째, 소비자 영역이다. 소비자 영역에서는 소비자의 인구통계적 특성, 심리적 특성(라이프스타일, 태도, 개성, 구매 행태 등), 상품(서비스)을 구매함으로써 충족되는 욕구 등을 차분하게 분석할 필요가 있다. 단순한 인구통계적 특성은 별다른 통찰력을 제공해주지 못하므로 소비자의 심리학적 특성을 보다 구체적으로 분석해야 하며, 소비자 중에서 가장 전형적인 특성을 지닌 사람의 라이프스타일을 묘사해보아야 한다.

셋째, 시장 영역이다. 시장 영역에서는 시장 및 시장 점유율에서의 주요 경쟁자, 상품(서비스)의 비교우위 및 비교열위 분석, 시장에서의 상품(서비스)의 위치, 경쟁 상품과 비교한 가격의 위치를 분석하여 기술한다. 이때 어떤 브랜드의 시장 점유율보다 포지셔닝 전략에서 말하는 브랜드에 대한 인식의 정도, 다시 말해서 소비자의 머릿속에서 그 브랜드가 자리 잡고 있는 마음 점유율(mind share)도 생각해볼 필요가 있다.

넷째, 크리에이티브 영역이다. 크리에이티브 전략 부분에서는 상품(서비스)에 대해 설명하는 한 마디 말(key word)을 제시하는 것이 가장 중요하다. 즉, 어떤 상품(서비스)에 대해 "한 마디로 말한다면 ……이다"라는 구체적이고 차별적인 내용을 기술해야 한다. 그런 다음에 상품과 시장과 소비자에 대한 사실적인 내용이나 각종 통계치를 제시하면 대체로 카피 플랫폼이 완성된다.

한편, 광고 헤드라인은 카피라이터가 작성한 여러 대안 중에서 채택된 하나의 메시지 유형인데, 연구자에 따라 각기 다른 기준을 적용해 헤드라인 유형을 분류했다. 헤드라인 유형(type of headline)은 광고 메시지의 구성 원리와 직결된다. 그동안의 헤드라인 유형 분류가 연구자의 경험이나 직관에 의지한 단순 분류라는 점에 주목하여 우리나라 광고인이 인식하는 헤드라인 유형을 실증적으로 규명한 결과, 우리나라 광고인들이 인식하는 헤드라인 유형은 아홉 가지로 분류되는 것으로 나타났다(김병희, 2007a).

첫째, 설명형이다. 소비자가 상품을 쓰고 있는 상황을 제시하고, 상품 사용 시 나타날 수 있는 문제점에 대한 대처 방법을 단계별로 설명하거나, 일상의 단면을 있는 그대로 묘사하고, 상품을 어떻게 쓰는지를 친절하게 알려주며, 상품 사용법이 어려운 경우에는 쉬운 예를 들어 설명하기도 하는 헤드라인이다.

둘째, 혜택형이다. 상품의 유익함을 강력히 주장하고, 상품 사용의 혜택을 제시하거나, 소비자에게 효용을 약속하는 헤드라인이다. 이는 상품을 사용해 얻을 수 있는 효용이나 혜택을 제시함으로써 보다 즉각적인 반응을 유도하는 유형이다. 이때 효능이나 효과 같은 상품의 물리적 혜택보다 어떤 상품을 사용하고 난 후에 오랫동안 만족할 수 있는 심리적 혜택을 제시하는 것이 효과적이다.

셋째, 실증형이다. 상품의 기능을 실제 증명해 보이거나, 서비스 이용의 보상을 제시하고, 상품의 특성을 구체적으로 입증하며, 소비자 스스로 답변하도록 유도하는 헤드라인이다. 이 유형은 소비자 혜택을 실제로 증명함으로써 수용자의 관심을 끌어들여 태도 변화를 시도한다. 상품에 대한 소비자 혜택을 실제로 증명함으로써 수용자의 관심을 끄는 유형으로, 이때 추상적인 표현을 삼가고 구체적이고 실증적인 헤드라인을 써야만 효과를 기대할 수 있다.

넷째, 경고형이다. 광고 상품을 쓰지 않으면 시대감각에 뒤처질 수 있다고 경고하거나, 비구매 소비자의 열등감을 부채질하고, 기업의 작은 성과를 크게 부풀리거나, 생활 습관을 바꾸라고 주장하는 헤드라인이다. 어떤 상품을 쓰지 않으면 남보다 뒤떨어진다는 식으로 소구함으로써 인간 심리의 약점을 찌르는 유형인데, 이처럼 인간 심리에 암시를 주거나 경고함으로써 강한 인상을 주려는 시도는 자칫 잘못하면 수용자의 반발을 유발하기 쉽다.

다섯째, 유머형이다. 같은 내용이라도 유머러스하게 전달하거나, 소비자를 웃게 만들고, 상황을 재미있게 제시하는 헤드라인이다. 유머 감각이 있는 사람은 다른 사람에게 호감을 주듯이 유머형 헤드라인은 광고 브랜드에 대한 호감을 유발할 가능성이 높다. 이때는 광고에 재미있는 장면을 제시하기도 하고 대중 매체에서 유행하는 소재를 차용하기도 하면서 재미있는 에피소드를 광고 헤드라인과 연결시킨다.

여섯째, 정서형이다. 멋있고 감각적으로 표현하고, 상품 정보를 감성적으로 표현하고, 때로는 시적으로 표현하는 헤드라인이다. 이 헤드라인 유형은 인간의 감정에 호소하는 감성소구 방법이며, 여러 가지 감성소구 광고에서 감각적, 정서적 카피 창작에 자주 활용된다. 자칫하면 시 같은 예술적 글쓰기의 매력에 빠져 상품과의 상관성을 망각할 가능성이 있으므로 주의해야 한다.

일곱째, 뉴스형이다. 언론의 보도 기사처럼 표현하고, 상품 정보를 뉴스처럼 전달하고, 상품의 장점을 직접 알리는 헤드라인이다. 이는 카피가 상품의 소비자 혜택과 서비스를 전달하는 커뮤니케이션 메시지라는 전제하에 광고의 소구점을 뉴스 스타일로 전달하는 유형인데, 광고는 베스트 뉴스라는 말은 이 유형을 설명하는 적절한 표현이다.

여덟째, 호기심형이다. 소비자의 궁금증을 유발하고, 소비자의 호기심을 자극하는 헤드라인이다. 이는 소비자들이 공감할 수 있는 메시지를 제시하고 나서 소비자가 광고에 참여해서 함께 생각하고 함께 문제를 해결해보자고 유도하는 형식이다. 전혀 생소한 질문이 아닌 소비자들이 충분히 공감할 수 있는 내용을 질문하기도 하고 소비자의 상상을 유도하기도 하는 이 유형은 소비자에게 헤드라인에 대한 긍정적인 동의를 유도하며 광고에 참여해서 함께 생각해보자는 의도가 있다.

아홉째, 제안형이다. 새로운 라이프스타일을 제안하고, 소비자의 증언을 있는 그대로 표현하는 헤드라인으로, 소비자들에게 생활 습관을 바꾸라고 주장하거나 상품 혜택이나 기업 철학에 직접적으로 동의하기를 유도하는 유형이다. 카피라이터 김태형이 광고에 '생활의 제안'이 있어야 한다고 했듯이, 이 유형에서는 극적인 제안으로 소비자의 태도변화를 시도하므로, 제안 내용은 소비자들이 수용할 수 있는 수준으로 타당한 내용이어야 한다.

❏ 연관어: 크리에이티브 전략 진술, 슬로건

더 읽어야 할 문헌

김병희. 2006. 「가치관의 차이가 국제광고 표현에 미치는 영향: 한미 간 비교문화연구」. ≪한국광고홍보학보≫, 8권 3호, 179~209쪽.

김병희. 2007a. 「광고 헤드라인의 유형분류에 관한 연구」. ≪광고연구≫, 75호, 9~34쪽.

김병희. 2007b. 『광고카피창작론: 기본원리 편』. 파주: 나남출판.

Kover, Arthur J., William L. James and Brenda S. Sonner. 1997. "To Whom Do Advertising Creatives Write? An Inferential Answer." *Journal of Advertising Research* 37(1), pp.41~53.

Tom Altstiel, and Jean Grow. 2006. *Advertising Strategy: Creative Tactics From the Outside/In*. Thousand Oaks, CA: Sage. pp.365~366.

030

슬로건
Slogan

슬로건은 마케팅과 커뮤니케이션을 비롯한 기업과 브랜드의 다양한 활동에 두루 사용된다. 잘 만들어진 슬로건(slogan)은 천천히(slow) 적을 제압하는 무기(gun)가 되어 경쟁사를 공격하고 자사 제품을 방어하며 캠페인을 승리로 이끈다. 슬로건은 기업의 메시지 전략의 역할을 하며 마케팅과 광고 등 전방위로 활용된다.

슬로건은 원래 군인들이 전투 직전에 목소리를 모아 힘껏 외치는 함성이었다. 스코틀랜드 고어로 군인을 뜻하는 'slaugh'와 함성을 뜻하는 'gairm'이 합쳐진 단어이다. 이후 발음하기 쉽게 변해 슬로건(slogan)이 되었다. 현대 영어에서 '한 무리'를 뜻하는 'slew'와 '시끄럽게 떠든다'는 뜻의 'garrulous'와 어원이 같다. 그래서 '군인의 복창소리(army yell)'라는 뜻이 내포되어 있다(박영준, 2001). 로마시대에 영국에 켈트족이 살았는데, 로마 멸망 후 독일에 살던 앵글로색슨 족이 영국 땅으로 밀고 들어오자 켈트 족은 북쪽 산악지대로 도피하여 스코틀랜드라는 나라를 세우고 앵글로색슨 족의 영국에 맞섰다. 스코틀랜드는 병력·장비 면에서 열세였지만 수차례 영국군을 무찔렀다.

표 4-5 **슬로건의 예(SK텔레콤)**

그룹 슬로건	기업 슬로건	브랜드 슬로건	캠페인 슬로건
행복날개 SK	Partner for New Possibilities	가능성의 릴레이 SK텔레콤	사람에서 기술로 다시 사람으로

스코틀랜드인 2300명이 영국 정규군 1만 3000명을 전멸시킨 '스털링다리 전투'는 미국 할리우드의 멜 깁슨(Mel Gibson)이 주연한 영화 〈브레이브 하트〉로 제작되어 우리나라에도 개봉되었다. 불리한 상황에서 전쟁을 치러야 했던 켈트 족 전사들은 출전하기 전에 목소리를 합해 자기 고향 이름, 마을 영웅 이름 등을 외쳐 사기를 높이고 단결을 도모했다. 이때 군인들이 함께 외치는 함성을 '슬로건'이라고 했다. 1700년대 계몽주의 시대 이후 유럽인들은 시위 등을 통해 자기들의 주장을 널리 알렸다. 사람들이 목청 높여 외치던 말도, 옛 스코틀랜드 전사들의 함성처럼 사람들의 마음을 하나로 모으고 적의 사기를 꺾는다는 의미에서 슬로건이라고 했다. 오늘날에는 마케팅·정치 표어와 같은 뜻으로도 쓰인다(≪월간조선≫, 2016.4.10).

슬로건은 기업 슬로건, 브랜드 슬로건, 캠페인 슬로건의 세 가지가 있다. 구분을 위해서는 각 슬로건의 목표가 무엇인지를 살펴보면 쉽게 알 수 있다. 수식하는 내용이 무엇이냐에 따라 구별된다. 슬로건 구분의 예는 표 4-5와 같다.

기업 슬로건은 기업의 이념이나 정신을 소비자에게 알리려 사용된다. 오늘날에는 일방적 커뮤니케이션에서 쉽고 편안한 소비자의 용어로 바뀌고 있다. 주로 로고와 함께 쓰인다. 기업의 브랜드 전략에 따라, 기업 슬로건과 브랜드 슬로건을 하나로 사용하기도 한다. 성공한 캠페인 슬로건이 기업 슬로건이 되는 경우도 있다. "Excellent in Flight 대한항공", "사랑해요 LG", "국민을 먼저 생각합니다. KB금융그룹" 등이다.

브랜드 슬로건은 개별 제품의 특장점을 표현하거나 타 제품과 차별한다. 기업 브랜드의 경우 기업 슬로건과 같은 경우도 있다. 브랜드의 중요성이 높아지면서 브랜드 슬로건의 관리가 더욱 중요해졌다. 브랜드 슬로건의 경우

표 4-6 슬로건과 헤드라인의 비교

비교	슬로건	헤드라인
역할	독립	종속
사용	다회	일회
형식	완전	불완전

는 제품의 특징과 관련된 내용을 쉽고 빠르게 소구하며 다음의 예와 같다. "Shoot fast. Share faster. 삼성 스마트카메라 NX300", "YOUR BEST WAY TO NATURE 코오롱스포츠", "피로, 피부에 아로나민 씨플러스".

캠페인 슬로건은 일정한 기간 동안 사용 가능한 모든 매체를 통해 하나의 주제를 집중적으로 소구하는 캠페인에 사용된다. 여기서 일관성 있는 주장을 담은 카피를 캠페인 슬로건이라 한다. 일정한 시기에 제한적으로 사용되며 수용자에게 집중적으로 소구된다. "천연암반수로 물이 다른 소주 처음처럼", "당신은 SM5입니다", "아이들에게 과학을 돌려주자. 현대모비스" 등이 그러한 예이다.

슬로건과 헤드라인의 차이점은 첫째, 독립성이다. 홀로 쓰일 수 있는가를 판단한다. 슬로건은 비주얼이나 다른 아트워크의 도움 없이도 따로 사용될 수 있다. 반면 헤드라인은 읽기 좋은 위치에 비주얼의 도움을 받아야 완벽한 광고물이 된다. 둘째, 다회성이다. 한 번 쓰고 폐기되는 것이 아니라 장기간 지속적으로 사용되면 슬로건으로 볼 수 있다. 의도하지 않았던 헤드라인이 좋은 반응을 얻어 슬로건으로 발전하는 경우도 있다. 일반적인 헤드라인은 하나의 광고물 안에서만 역할을 하고 수명을 다한다. 셋째, 완결성이다. 헤드라인은 눈을 끌어 바디카피를 읽게 해야 하지만 슬로건은 그 자체로 완전한 의미를 전달한다. 따라서 정확한 의미를 담아야 한다. 슬로건과 헤드라인의 단순한 비교는 표 4-6과 같다.

이론을 바탕으로 오랜 수련기간을 거친 현장의 전문가의 경우에도 슬로건은 쉽지 않은 고민과 작업을 거쳐 만들어진다. 효과적인 슬로건을 만들기 위한 몇 가지 원칙과 체크리스트는 다음과 같다.

- 너무 길지 않은가? … 짧아야 한다
- 너무 복잡하지 않은가? … 문장의 의미가 명확해야 한다
- 문장이 적절한가? … 문구의 짜임새가 적절해야 한다
- 독특한 무엇이 있는가? … 독창적이어야 한다
- 관심을 끌 만한가? … 재미가 있어야 한다
- 너무 어렵지 않은가? … 기억하기 쉬워야 한다

❑ 연관어: 광고 카피, 광고 전략, 광고 창의성

더 읽어야 할 문헌

류진한. 2015. 『슬로건 짧은 카피 긴 호흡』. 서울: 커뮤니케이션북스.
박영준. 2001. 「기업 슬로건의 언어적 기법에 대한 분석」. ≪이중언어학≫, 19호. 273~297쪽.
≪월간조선≫, 2016.4.10. "슬로건으로 보는 한국 선거사."
이희복. 2016. 『광고론』. 서울: 한경사.
이희복. 2017a. 『도시브랜드 슬로건 전략』. 서울: 한경사.
이희복. 2017b. 『설득의 수사학, 슬로건』. 파주: 한울.

031

스토리텔링
Storytelling

우리는 누구나 이야기에 영향을 받는다. 이야기는 인간의 본능이자 생각의 기본 단위로 경험, 지식, 사고의 대부분이 이야기로 정리된다(김훈철·장영렬· 이상훈, 2008). 신화와 같은 특정한 형식이 아니라도 이야기 형식은 미디어를 통해 우리 삶을 풍요롭게 한다. 최근 들어 다양한 분야에서 스토리텔링(story-telling)에 대한 관심이 더욱 높아지고 있는데, 이는 앞서 제시된 이야기의 유용성이라는 특징뿐만 아니라 스토리텔링에 의한 콘텐츠 분석이 다른 접근방법에 비해 생산이 쉽고 효과가 높기 때문이다. 연극이나 방송드라마뿐 아니라 광고 안에서도 스토리텔링을 쉽게 발견할 수 있다. TV광고 아이디어를 발상할 때 자주 사용하는 서식인 '스토리보드'는 말 그대로 '이야기판(story board)'이다. 광고인들은 회의에서, 대화에서 누구보다 많은 이야기를 하고, 이야기를 새롭게 만들어 소비자에게 전달하는 '스토리 비즈니스맨'이다. 광고는 스토리와 관계가 깊다. 광고를 '15초의 드라마'라고 하는 것은 광고 안의 스토리적 요소와 전달되는 과정이 스토리텔링의 구성과 닮았기 때문이다.

스토리텔링에 관한 연구는 문화콘텐츠라는 키워드로 인문학적으로 접근하

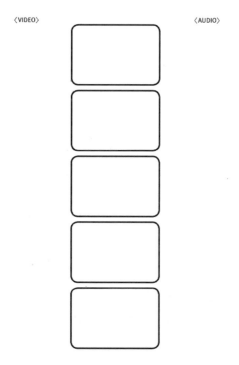

〈VIDEO〉 〈AUDIO〉

그림 4-2 **스토리보드 양식**

는 디지털 콘텐츠, 기업조직, 영화 등의 분야에서 주를 이루고 있다. 광고가 어떤 제품의 이야기를 만들어내고 그 이야기가 제품의 이미지를 구축하는 데 기여하는 구조는 근대 광고의 초기부터 있어왔지만, 스토리텔링을 광고에 활용하는 것 외에 어떻게 이론적으로 접근할 것인가에 대한 체계적인 방법론이 부족했다.

스토리는 기업을 타 기업이나 상품으로부터 차별화시키고 브랜드 가치를 높이는 도구이다(Fog, Budtz and Yakaboylu, 2005). 기업이 광고를 하고 난 후 소비자의 머리에는 일시적으로 광고 이미지가 남게 되고 이때 빠른 시일 내에 후속 자극이 생기지 않으면 그 광고 이미지는 곧 사라지고 만다. 그러나 광고가 주는 메시지가 확실하거나 광고에 얽힌 이야기가 인상적이라면, 소비자는 다른 사람과 만났을 때 그 광고에 대해 이야기하게 된다. 일시적인 광고가 스토리로 인한 화제가치 덕분에 오랜 기간 소비자의 마음을 점유하게 된다. 스토리텔링은 이성을 무력화하고 감성을 자극한다(김은혜, 2005). 이것이 바로 광고에서 스토리텔링이 지닌 영향력이라 할 것이다.

스토리텔링 구성요소에 대해 연구자들은 다양한 견해를 제시했다. 스토리텔링의 4요소를 메시지, 갈등, 캐릭터, 플롯으로 규정하기도 하고(Fog, Budtz and Yakaboylu, 2004), 드라마를 이용한 광고의 형식에 초점을 맞춰 내레이션(narration), 캐릭터(character), 플롯(plot)으로 구분하거나(Deighton, Romer and McQueen, 1989), 이야기의 사건적 요소로 행위와 돌발사를, 사물적 요소로 등장인물과 배경을 제시하기도 했다(Chatman, 1980). 서사요소 가운데 화자의 관점에 초점을 맞춰 광고를 분류하고, 화자의 차이가 줄 수 있는 광고 텍스트를 분석하여 전략적인 시사점을 제안하기도 했다(Stern, 1991). 스토리텔링 구성요소에 대한 논의가 다양한 가운데 주요한 구성요소가 있다.

교육, 관광, 헬스케어, 문학, 영상, 게임 등에서 만날 수 있는 스토리텔링은 최근 인문학에서 활발하게 연구되고 있다. 그러나 실제 활용은 미디어와 커뮤니케이션, 방송과 광고에서 쉽게 찾아볼 수 있다. 특히 마케팅 커뮤니케이션 분야에서는 기업들이 스토리텔링을 마케팅에 활용함으로써 성공전략을 펼쳐가고 있다(차유철·정상수·이희복·신명희, 2009). 스토리텔링은 '의도 또는 의도하지 않은, 브랜드와 소비자와의 대화를 포함한 실행'이다. 소비자의 선택권이 강화된 오늘날, 강력한 브랜드 파워를 목표로 마케팅 커뮤니케이션 활동을 펼치는 기업에게 스토리텔링은 소비자와의 핫라인 역할을 하게 된다(Woodside, Sood and Miller, 2008). 광고를 살펴보면 이런 유용한 역할을 하는 스토리텔링을 차용했다는 것을 쉽게 알 수 있다. 광고가 스토리를 전했다는 관점에서 보면 스토리텔링은 늘 존재하던 요소이기 때문이다.

스토리텔링은 광고에서 기업 통합 브랜딩 전략의 한 부분으로, 혹은 인지도를 향상시키기 위한 판매촉진 도구로 사용되고 있다. 광고산업에서 소비자의 주목을 끌고 충성도를 높이기 위해 텔레비전, 라디오, 잡지, 광고판, 인터넷 등을 통해 스토리텔링의 요소를 이용하고 있는 것이다. 특히 기업은 급박하게 경쟁사와 차별화시켜야 할 경우나 상품이라는 실체를 뛰어넘어 소비자에게 어떤 부가적인 가치를 제공하고자 할 경우 스토리텔링을 이용한다. 기업이 자신만의 스토리를 찾아 정교하게 다듬고 반복해서 이야기를 들려줄 때 조직의 가치를 명확히 할 수 있으며 이해관계자들과 원활한 의사소통이 가능하고, 구성원이 조직의 비전을 흔들림 없이 수행해나갈 수 있다(이장우, 2009).

스토리텔링 구성요소에 대한 다양한 논의에서 공통적이고 주요하게 나타나는 요소로 메시지, 갈등, 등장인물(캐릭터), 플롯, 화자(내레이션)의 다섯 가지를 들 수 있다. 메시지, 갈등, 등장인물이 정해졌으면 스토리를 어떻게 만들어야 할지 생각할 단계에 이르게 된다. 극적 행동의 동기를 명확하게 하고 관객이 공감하도록 인물에게 현실적이며 도덕적인 캐릭터를 부여해 그 행동을 통일하는 플롯을 구성하는 것은 쉬운 일은 아니다(티어노, 2008). 일반적으로 스토리는 크게 시작, 중간, 끝의 세부분으로 나뉘는데, 한 번에 하나의 이야기밖에 전달할 수 없기 때문에 사건의 배열인 플롯이 매우 중요하다.

스토리텔링은 디지털과 만나면서 더욱 활발하고 잠재력이 커지고 있다. 특히 디지털과 광고의 만남은 OSMU(one source multi use)로 다양한 미디어에서 활용이 가능해졌다. 기존의 TV광고 중심의 스토리텔링을 옥외광고와 휴대전화를 비롯한 다양한 스크린에도 동일한 플랫폼으로 시청할 수 있게 되었다. 또한 수용자가 원본을 적극 재가공하고 그것의 가치를 높여놓으면 탐색과 행동, 공유를 통해 더 많은 네트워킹에 노출된다. 특히 이야기가 포함된 스토리텔링 광고는 풍부한 감각적 정보의 뒷받침으로 강한 이미지를 형성할 수 있는 이점이 있는데, 커다란 감정을 형성해 광고에 쉽게 몰입하게 한다(Deighton, Romer and McQueen, 1989). 사람들은 이야기로 생각하고 이야기를 이미지로 기억하기 때문에 스토리텔링 광고의 설득력이 매우 높은 것이다. 더구나 소셜미디어 시대에는 AISAS(attention-interest-search-action-share) 모델을 통해 스토리가 더 빨리 구전된다.

□ 연관어: 광고 소구, 광고 전략

더 읽어야 할 문헌

김은혜. 2005. 「스토리텔링 광고에 관한 연구: 명품 브랜드 중심으로」. 이화여자대학교 석사학위논문.

김정우. 2016. 『광고의 스토리텔링 기법』. 서울: 커뮤니케이션북스.

김훈철·장영렬·이상훈. 2008. 『브랜드 스토리텔링의 기술』. 서울: 멘토르.

이장우. 2009. 『스토리텔링 경영전략』. 법문사.

이희복. 2016. 『광고론』. 서울: 한경사.

차유철·정상수·이희복·신명희. 2009. 『광고와 스토리텔링』. 서울: 한경사.

티어노, 마이클(Tierno, M). 2008. 김윤철 옮김. 『스토리텔링의 비밀』. 아우라.

Chatman, B. S. 1980. *Story and Discourse: Narrative Structure in Fiction and Film*. Cornell University Press.

Deighton, J., D. Romer and J. McQueen. 1989. "Using Drama to Persuade". *Journal of Consumer Research*, 16, pp.335~343.

Fog, K., C. Budtz and B. Yakaboylu. 2005. *Storytelling: Branding in Practice*. Springer.

Stern, B. B. 1991. "Who Talks Advertising? Literary Theory and Narrative Point of View." *Journal of Advertising*, 20, pp.9~22.

Woodside, A., S. Sood and K. Miller. 2008. "When consumers and brands talk, Storytelling theory and research in psychology and marketing." *Psychology and Marketing*, 25(2), pp.97~145.

032

광고 디자인
Advertising Design

　언어적·시각적 정보가 심상화되면 제품에 대한 기억이 증가하며 구매에 대한 기대감 형성에도 영향을 미친다는 광고에 대한 반응모형(Advertising-Response Model)은 광고 디자인의 중요성을 환기했다(김병희, 2014; Childers, Houston and Heckler, 1985). 나아가 언어적·시각적 자극이 동시에 제시되는 경우가 그렇지 않은 경우보다, 그리고 언어적 자극보다 시각적 자극이 더 많이 활용될 경우 기억이 향상된다는 이중부호화 모형(Dual Coding Model)도 광고 디자인이 중요하다는 사실을 실증적으로 보여주었다(Paivio, 1986; Thompson and Paivio, 1994).

　광고 디자인의 기본원리는 근접성(proximity), 정렬(alignment), 균형(balance), 통일성(unity)이다(Altstiel and Grow, 2006). 근접성의 원리란 관련되는 항목들을 물리적으로 서로 가깝게 배치함으로써, 관련된 항목들이 무관한 조각들의 묶음으로 보이지 않고 응집된 모습으로 보이도록 하는 것이다(Williams, 1994). 근접성은 시각적 흐름이 확대되도록 전략적으로 디자인된 요소들의 연계성을 만들어낸다. 정렬은 각각의 요소들이 다른 요소들과 시각적으로 연계되는 것을 말하며, 요소의 우선순위를 정하면 정렬을 효율적으로 할 수 있고 강력한 시각적 흐름을 만들어낼 수 있다. 균형에는 대칭(symmetry)과 비대칭(asymmetry)이 있다. 완벽한 대칭은 지루한 느낌을 주기도 하며, 비대칭으로 인한 대비는 시각적 흥미를 더한다. 통일성(unity)은 모든 요소들을 시각적으로 밀착시키며 조화를 통해 통일성을 만들어낸다.

광고 디자인은 레이아웃(layout)을 통해 구체성을 띠게 된다. 레이아웃이란 일러스트레이션, 사진, 헤드라인, 서브헤드, 바디카피, 슬로건, 캡션, 제품사진 및 로고 유형 같은 광고의 모든 요소들을 구성하고 배치하는 과정이자 계획이다(Jewler and Drewniany, 1998). 레이아웃에서 비주얼의 흐름에는 세 가지 패턴이 있다. 첫째, 톱-다운 레이아웃인데 집중된 요소들이 위에서 아래로 흐르는 패턴이다. 둘째, "Z" 또는 "역 S"로 불리는 패턴이다. 서구 문화권에서는 눈길이 페이지의 왼쪽 위에서부터 시작되는 경향이 있다. 그다음에 눈길은 마치 책을 읽듯이 자연스럽게 페이지의 오른쪽으로 흐르고, 이어서 오른쪽 위에서 아래로 이동하면서 왼쪽 앞으로 흘러간다. 이러한 눈길의 흐름이 마치 Z 또는 S를 거꾸로 써놓은 것처럼 보인다는 것이다. 흔히 레이아웃에서 로고가 오른쪽 아래 구석에 있는데 이는 이러한 고전적인 패턴 때문이다. 셋째, 비주얼 흐름의 패턴이 일종의 지름길을 택하도록 한다. 왼쪽 위에서 오른쪽 아래로 바로 흐르는 레이아웃으로, 시작과 끝은 Z패턴과 같지만 읽는 흐름을 빠르게 한다.

인쇄광고의 레이아웃 형태는 몬드리안(Mondrian), 그리드(Grid), 픽처윈도(Picture Window), 카피헤비(Copy Heavy), 프레임(Frame), 실루엣(Silhouette), 타이프스페시먼(Type Specimen), 컬러필드(Color Field), 밴드(Band), 액슬(Axial), 서커스(Circus) 같은 11가지의 인쇄광고 레이아웃 형태가 학계에서 가장 보편적으로 받아들여지고 있다(Jewler and Drewniany, 1998). 인쇄광고의 레이아웃에 따라 광고효과도 달라지기 때문에 제품 유형에 알맞은 레이아웃 형태를 적용할 필요가 있다(김병희·허정무, 2009).

레이아웃을 할 때는 다음과 같은 사항을 검토해야 한다. 대안을 고려했는지, 디자인의 네 가지 원리를 고려했는지, 여백을 효과적으로 사용했는지, 시원하고 논리적인 시각적 흐름을 갖는 레이아웃을 적용했는지, 광고의 느낌과 잘 어울리는 서체를 선택했는지, 바디카피의 크기와 비율을 적절하게 고려해 독자들이 편하게 읽을 수 있도록 했는지, 여유분을 고려해 디자인의 핵심 요소 주위에 충분한 여백을 주고 단순화시켜 표현했는지 섬세하게 고려해야 한다.

광고 디자인에서 서체(typography)는 브랜드에 대한 인지도와 선호도를 높이는 데 기여하는 요소로 알려지고 있다. 따라서 광고의 전략적 목적을 고려하지 않고 서체를 사용하면 독자들의 눈만 피곤하게 할 뿐 광고효과를 높이는 데는 기여하지 못할 가능성이 크다. 어떤 서체는 다른 서체에 비해 훨씬 더 무거운 느낌을 주기 때문에 광고 크리에이티브의 스타일에 알맞은 서체를 사용해야 한다. 글자의 선이 드러나 보일수록 글자들은 시각적으로 무거운 느낌을 주는 경우도 많다.

서체의 스타일에는 올드체, 모던체, 필기체, 장식체 등이 있다. 서체의 배치 방법은 반전, 겹인쇄, 글자 사이의 자간(spacing), 정렬(alignment), 맞춤(justification) 등이 있다. 레이아웃에서 서체가 더 효과적으로 작용하도록 하려면, 짧은 행을 살펴보고, 광고의 느낌에 어울리는 폰트를 선택하고, 폰트를 제한해서 쓰고, 가독성이 떨어지는 반전 카피의 사용에 유의하고, 헤드라인을 눈에 잘 띄게 나누고, 가독성을 고려해서 서체를 선택하고, 충분한 행간을 확보해야 한다(김병희, 2014; Altstiel and Grow, 2006).

❏ 연관어: 영상 디자인, 디자인 폴리시

더 읽어야 할 문헌

김병희. 2014. 「광고 창의성과 크리에이티브에 관한 연구 동향과 전망」. ≪광고학연구≫, 25권 8호, 71~103쪽.

김병희·허정무. 2009. 「제품유형별 레이아웃 형태가 광고효과에 미치는 영향」. ≪광고학연구≫, 20권 2호, 183~202쪽.

Altstiel, Tom, and Jean Grow. 2006. *Advertising Strategy: Creative Tactics From the Outside/In.* Thousand Oaks, CA: Sage.

Childers, Terry L., Michael J. Houston and Susan E. Heckler. 1985. "Measurement of Individual Differences in Visual Versus Verbal Information Processing." *Journal of Consumer Research,* 12(2), pp.125~134.

Jewler, A. Jerome and Bonnie L. Drewniany. 1998. *Creative Strategy in Advertising* (6th ed.). Belmont, CA: Wadsworth Publishing Company.

Pavio, Allan. 1986. *Mental Representations: A Dual Coding Approach.* New York, NY: Oxford University Press.

Thompson, Valerie A., and Allan Paivio. 1994. "Memory for Pictures and Sounds: Independence of Auditory and Visual Codes." *Canadian Journal of Experimental Psychology,* 48(3), pp.380~391.

Williams, Robin. 1994. *The Non-Designer's Design Book.* Berleley, CA: Peachpit.

제5장
광고 유형

033

개인맞춤형 광고
Personalized, Customized Advertising

개인화 혹은 맞춤형 광고(personalized, customized advertising)는 소비자 개개인에 대한 정보를 이용하여 각 소비자에 맞춰서 제작되고 전달되는 광고를 의미한다. 소비자의 이름, 인구통계학적 속성, 위치, 라이프스타일, 관심사, 과거 구매 기록 등의 개인정보를 바탕으로 개개인 소비자에게 맞춤형 메시지를 전달하는 것이다. 타깃팅(targeting)은 마케팅과 광고의 핵심적 개념이며 소비자를 파악하고 정확하게 전달하는 일은 무엇보다도 중요하다. 따라서 맞춤형 광고라는 개념은 인터넷 이전의 시대에도 존재했고 전화와 우편 등을 통해서도 행해졌다. 하지만 맞춤형 광고의 정확성과 효율성은 인터넷을 기반으로 실시간 정보 수집이 가능해지면서 급속하게 향상되었고, 최근 빅데이터와 알고리즘 등 새로운 기술의 활성화와 함께 그 개념과 전략에 대한 관심도 증대되었다.

검색 광고는 단순한 형태의 맞춤형 광고라고 할 수 있다. 검색어를 통해 소비자의 관심사와 필요를 파악하여 적합한 제품이나 서비스 광고를 제시하기 때문이다. 검색 서비스를 이용하는 소비자는 입력한 검색어를 통해 자발적으

그림 5-1 **리타깃팅 광고 과정**
자료: http://digitalmarketingconsultationexpert.com/2015/09/28/site-re-targeting-and-what-it-actually-means

로 자신의 관심과 필요를 명확하게 나타내고 그와 관련한 정보를 요구하며 기대하기 때문에 검색 광고는 상대적으로 활용하기 쉬운 기본적 형태의 맞춤형 광고이다. 검색서비스를 이용하는 소비자는 정보 획득이라는 목적을 가지고 있기 때문에 자신의 필요를 반영하는 검색 광고를 다른 유형의 광고에 비해 유용성이 높다고 평가할 것이다.

한편, 리마케팅 광고(remarketing advertising)라고도 불리는 리타깃팅 광고 (retargeting advertising)는 소비자의 개인정보와 인터넷 브라우징 내력을 바탕으로 제휴된 웹사이트를 방문할 경우 과거에 방문했던 웹사이트의 상품 또는 디스플레이 광고를 노출시키는 형태의 맞춤형 광고이다. 예를 들어 소비자가 온라인 쇼핑몰 A에서 카메라 제품들을 클릭하고 살펴보았다면 그 소비자가 이후에 제휴된 다른 사이트에 접속했을 때 해당 제품들의 광고를 보여주고 그 광고를 클릭하면 A 쇼핑몰 사이트로 돌아갈 수 있도록 한다.

2006년 프랑스 퍼포먼스 광고 서비스업체 크리테오(Criteo)가 세계 최초로 리타깃팅 광고를 서비스하면서 이미 리타깃팅 광고가 전 세계적인 대세 광고

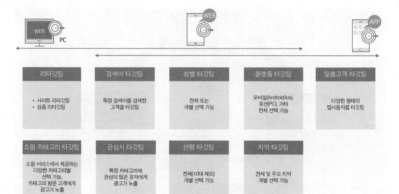

그림 5-2 **DDN(Daum Display Network) 타깃팅**
자료: https://adplus.biz.daum.net/material/ddn/53?bindex=1

플랫폼으로 떠올라 국내에도 많은 리타깃팅 광고상품이 출시됐지만, 구글의 GDN(Google Display Network)이 가장 대표적으로서 광범위한 웹사이트와의 제휴를 통해서 효과적인 리타깃팅 광고를 제공한다고 알려져 있다. 국내 기업인 다음 또한 DDN(Daum Display Network)을 통해 리타깃팅 서비스를 제공한다. DDN은 웹 브라우징 내력뿐만 아니라 검색, 쇼핑, 지역 정보 등을 이용하여 소비자의 필요와 취향을 보다 폭넓고 정확하게 파악하고, 이에 맞춘 리타깃팅뿐만 아니라 다양한 타깃팅 광고 서비스 또한 제공한다.

리타깃팅 광고는 소비자의 웹 브라우징 내력을 주된 기반으로 하여 맞춤형 광고를 제공한다는 점에서 이전의 맞춤형 광고와 다르다고 할 수 있다. 명확하게 정보를 요청하는 소비자에게 제공되는 검색 광고와 달리 리타깃팅 광고는 소비자가 직접 요청하지 않았는데도 데이터를 통해 소비자의 관심과 필요를 파악하고 반영하여 맞춤형 메시지를 제공한다는 것이다. 또한 인터넷의 정보의 홍수와 외부의 방해로 인해 소비자가 집중하지 못하고 다른 웹사이트나 활동으로 이동하는 경우가 빈번하기 때문에 관심을 가지고 방문했던 사이트의 재방문을 유도하는 상기 효과(reminder effect)도 기대할 수 있다.

미디어 기술과 기기의 발전과 함께 새로운 유형의 맞춤형 광고에 대한 기대가 높다. 모바일 광고는 소비자의 인구통계학적 특성, 웹 브라우징과 구매 이력뿐 아니라 위치 정보도 활용하여 양방향성, 연결성을 갖춘 맞춤형 광고가 가능하다. 정보에 대한 정확한 분석은 소비자가 필요로 하는 것을 소비자가 요구하기 전에 예측해서 관련 광고를 노출하는 진정한 맞춤형 광고도 가능케 한다. 소비자 개개인의 성향, 관심, 필요와 시간적, 공간적 맥락을 고려한 맞춤형 광고는 소비자와의 관련성과 관여도를 극대화하여 효과적이지만, 개인 정보 이용, 사생활 활용 등에 대한 소비자의 불안과 거부감 해결이 보다 적극적인 맞춤형 광고 개발과 활용의 관건일 것이다.

❑ 연관어: 광고 기술, 스마트 미디어, 모바일 광고

더 읽어야 할 문헌

김보람·정만수. 2015. 「리타깃팅 광고에 대한 인터넷쇼핑 이용자들의 태도 연구: 광고 태도, 클릭의도, 개인정보 제공 의도를 중심으로」. ≪광고학연구≫, 26(4), 37~63쪽.

안순태. 2013. 「행동 기반 맞춤형 광고의 자율규제에 관한 연구」. ≪방송통신연구≫, 156~181쪽.

이정기·강경수·상윤모. 2016. 「소비자 맞춤형 스마트폰 광고의 수용의도 결정요인 연구」. ≪한국방송학보≫, 30(3), 77~112쪽.

최세정. 2016. 「인터넷 광고는 스마트해지고 있나」. 『인터넷 생태계에 대한 9가지 질문』. 89~109쪽. 파주: 나남.

Lambrecht, A., and C. Tucker. 2013. "When Does Retargeting Work? Information Specificity in Online Advertising." *Journal of Marketing Research*, 50(5), pp. 561~576.

Taylor, D., D. Davis and R. Jillapalli. 2009. "Privacy concern and online personalization: The moderating effects of information control and compensation." *Electronic Commerce Research*, 9, pp. 203~223.

034

네이티브 광고
Native Advertising

네이티브 광고란 어떤 기업 커뮤니케이션 메시지가 페이지 내용과 적절한 조화를 이루고, 메시지 디자인과도 잘 어울리며, 플랫폼의 성격과 조화를 이루고 있다고 이용자들이 느끼는 유료 광고이다(IAB, 2015). 네이티브 광고에 대한 여러 정의가 있지만 미국인터랙티브광고협회(IAB)의 정의가 가장 널리 인용된다. 다시 말해서, 플랫폼의 기능, 디자인과 레이아웃의 조화, 콘텐츠의 속성이라는 세 가지 측면에서 기사와의 연속성과 유사성을 유지하며 후원이나 협찬 사실을 투명하게 명시하는 기업 커뮤니케이션 메시지가 네이티브 광고이다.

세계적인 미디어 기업들은 2012년 이후 네이티브 광고를 활성화하는 데 막대한 예산을 투자해왔다. 미국의 ≪월스트리트저널≫은 사내에 '주문제작실(Custom Studios)'이라는 네이티브 광고 전담팀을 구성했고, ≪뉴욕타임스≫도 네이티브 광고 전담팀인 '콘텐츠 제작실(Content Studio)'을 만들어 신문 광고비 축소에 대비하고 인쇄 매체의 위기를 극복하려고 노력해왔다.

네이티브 광고라는 말 이전에는 '콘텐츠 마케팅'이나 '브랜드 저널리즘(Brand

그림 5-3 네이티브 광고의 예

Journalism)'이란 용어가 보편적으로 쓰였다. 브랜드 저널리즘은 브랜드를 위한 스토리를 마케팅에 활용하려는 목적으로, 전통적 저널리즘에서 기사를 생산하고 편집하고 확산하는 과정과 유사하게 브랜드 스토리를 생산하고 유통하는 것을 의미한다(Swenson, 2012). 그렇지만 버즈피드(www.buzzfeed.com)나 허핑턴포스트(www.huffingtonpost.com) 같은 인터넷 언론에서는 광고주들이 브랜드 저널리즘이라는 말을 그다지 선호하지 않는다며, 광고라는 사실이 명시된 '네이티브 광고'라는 용어를 써서 광고 영업을 해오고 있다.

따라서 네이티브 광고는 좀 더 적극적인 브랜드 저널리즘의 일종으로 브랜드 저널리즘과 동의어로 쓰이기도 한다. 하지만 어떤 브랜드의 PR성 기사가 아니라, 플랫폼과 콘텐츠에 알맞게 광고 메시지를 구성해서 비용을 지불하고 내보내는 적극적인 광고 형태라는 점에서 차이가 있다. 네이티브 광고는 기존에 있던 기사형 광고(advertorial)와 협찬 기사가 진화한 것으로, 이 두 가지에서 네이티브 광고의 원천을 확인할 수 있다. 세계 여러 나라에서는 네이티브 광고비의 지출액이 지속적으로 증가해왔다.

모바일 환경으로 변화하는 미디어 생태계에서 생존을 위협받고 있는 언론사에게 네이티브 광고는 매력적인 수단이 될 것이다. 언론사에서 가장 잘할 수 있는 기사 형식의 광고이기 때문에 언론사 관계자들의 주목을 끌 수밖에 없다. 네이티브 광고는 분명 새롭고도 매력적인 광고 유형이기는 하지만 언론사의 저널리즘 기능과 관련해 다음과 같은 네 가지 문제점을 지적할 수 있다(김선호·김위근, 2015).

첫째, 네이티브 광고가 이용자의 경험(UX)을 향상시킬 것인지의 문제이다. 네이티브 광고는 사용자의 앱 사용 경험을 방해하지 않으려는 지속적인 노력의 결과물이므로, 이용자의 경험을 광고 차원과 플랫폼 차원에서 살펴봐야 한다. 광고 차원에서 살펴볼 때 네이티브 광고가 기존의 노출형 광고에 비해 광고에 대한 태도나 브랜드에 대한 태도를 높일 수 있는지가 확실히 검증되지 않았다. 또한 플랫폼 차원에서도 기존의 배너 광고 대신에 네이티브 광고로 바꿨을 때 웹사이트에 대한 호감도나 신뢰도를 높일 수 있는지도 불확실하다. 따라서 광고 차원과 플랫폼 차원에서 네이티브 광고가 이전 광고에 비해 효과적이라고 판명되었을 때 광고주체(광고 차원)와 매체사(플랫폼 차원)에서 네이티브 광고를 더 적극적으로 활용할 것이다.

둘째, 이용자들이 네이티브 광고를 광고라 생각하고 얼마나 신뢰할 것인지의 문제이다. 네이티브 광고는 후원사나 협찬사를 명시하기 때문에 광고임이 분명하지만, 광고주체(광고주)를 명시한다 하더라도 이용자들이 지나칠 가능성이 있다. 사람들은 보통 '인지적 구두쇠(cognitive miser)'인 경우가 많아, 어떤 메시지를 제시해도 깊게 생각하지 않으려는 경향이 있기 때문이다. 따라서 이용자들은 네이티브 광고를 기사로 묶어 보고, 결국 기사와 네이티브 광고 메시지를 구분하지 못할 수 있다. 이용자의 이런 경험이 반복되고 누적되면 나중에 가서 네이티브 광고 메시지 전반에 대해 총체적인 불신감을 가질 가능성이 크다. 네이티브 광고에 대한 신뢰도를 확보하는 것이 중요한 것도 이 때문이다.

셋째, 네이티브 광고의 투명성을 제고하기 위해 정부 규제가 필요한지 여부이다. 전통적으로 저널리즘 영역에서는 기사와 광고를 구분하는 원칙을 유지해왔다. 미국마케팅학회(1963/2013)에서 '명시된 광고주(identified sponsor)'가 광고의 정의에 포함되어야 한다고 강조한 것도 광고의 주체를 밝히고 다른 메시지와 광고를 구분하려는 의도가 담겨 있다. 또한 우리나라의「신문 등의 진흥에 관한 법률」제6조 제3항에서 "신문·인터넷신문의 편집인 및 인터넷뉴스서비스의 기사 배열 책임자는 독자가 기사와 광고를 혼동하지 아니하도록 명확하게 구분해 편집해야 한다"라고 규정한 것도 같은 맥락이다. 그렇지만 네이티브 광고 때문에 기사와 광고가 혼동된다면 어떻게 규제할 것인지도 논의할 필요가 있다.

넷째, 언론사가 네이티브 광고를 게재할 경우 독립성을 어떻게 확보할 것인지의 문제이다. 네이티브 광고는 브랜드 저널리즘 활동을 적극적으로 전개하는 것과 같기 때문에(Swenson, 2012), 광고 제작자는 취재 및 기사 작성 능력을 갖춰야 한다. 이때 광고 제작을 담당하는 별도의 인력을 채용한다면 문제가 없겠지만, 기자가 광고 스토리(카피)를 작성해야 한다면 편집국의 독립성이 훼손될 수 있다. 언론 산업에서는 비즈니스 영역과 저널리즘 영역 간에 갈등이 존재하며 광고 물량이 언론의 편집 방향이나 보도 내용에 영향을 미쳐 신문 및 방송 편집자에게 압박 요인으로 작용하는데, 만약 기자들이 네이티브 광고 제작에 참여한다면 언론의 독립성을 어떻게 지켜낼 것인지가 관건이 된다.

네이티브 광고의 효과를 높일 수 있는 보편적인 방안은 다음과 같은 세 가지로 요약할 수 있다(Roman, 2014).

첫째, 적합한 플랫폼을 선택해야 한다(Selecting the right platform). 검색엔진에서 제공하는 광고는 디자인이나 콘텐츠 측면보다 플랫폼의 속성에 부합하는 광고들이 많다. 이용자가 검색어를 입력하면 검색어와 연관된 뉴스, 블로그, 상품 사이트가 등장하고 사이트를 클릭하면 화면이 자체 사이트로 이동하는 아웃링크 형식을 취하게 되므로, 광고에서 디자인과 레이아웃의 조화 여부도 중요해진다. 따라서 브랜드 스토리를 전개하기에 적합한 플랫폼을 선택해서 네이티브 광고를 해야 한다.

둘째, 이용자에게 부가가치를 제공해야 한다(Adding value for users). 만약 이용자들이 흥미 있는 콘텐츠를 발견한다면 이용자 스스로가 그것을 공유하고 널리 퍼뜨릴 것이다. 이용자들이 자신이 본 콘텐츠에서 어떠한 부가적 혜택을 느끼게 된다면 이용자는 단순히 광고를 클릭하는 수준에서 지인에게 광고를 추천하거나 해당 브랜드를 추천하는 능동적인 소비자로 변하게 될 것이다. 따라서 네이티브 광고에 부가적 혜택을 포함하는 것이 무엇보다 중요하다.

셋째, 후원과 협찬을 투명하게 명시해야 한다(Being transparent). 광고를 하면서도 광고주체를 밝히지 않고 마치 PR 기사처럼 포장해야 메시지의 신뢰성이 올라간다고 생각하기 쉽다. 그렇지만 현명한 소비자들은 이를 쉽게 눈치챈다. 따라서 페이스북의 타임라인에 있는 '후원 게시물'처럼, 네이티브 광고에서는 광고주체나 협찬 사실을 분명히 밝혀야 한다. 광고에 '후원 기사(sponsored content)'라는 태그를 붙이거나 후원사 이름을 바이라인으로 명시해야 네이티브 광고에 대한 신뢰도가 올라갈 것이다.

❑ 연관어: 브랜드 저널리즘, 콘텐츠 마케팅, 기사형 광고

더 읽어야 할 문헌

김선호·김위근. 2015. 「소비자는 네이티브 광고를 어떻게 받아들이나?」. ≪Media Issue≫, 1권 8호, 1~9쪽.
홍문기. 2017. 「네이티브 광고 유형이 신문 독자의 태도에 미치는 영향」. ≪커뮤니케이션학연구≫, 25(1), 183~214쪽.
IAB(Interactive Advertising Bureau). 2015. "The Native Advertising Playbook." URL: http://www.iab.net/media/file/IAB-Native-Advertising-Playbook2.pdf
Roman, E. 2014. "5 Tips To Boost Native Advertising Effectiveness." URL: http://www.business2-community.com/native-advertising/5-tips-boost-native-advertising-effectiveness-0964989#KibE

54PZd0922FWh.99

Swenson, R. D. 2012. *Brand Journalism: A Cultural History of Consumers, Citizens, and Community in Ford Times.* Unpublished Doctoral Dissertation, University of Minnesota.

035

기사형 광고
Advertorial

기사형 광고는 광고(advertising)와 기사(editorial)가 합쳐진 조어로, 광고주가 적은 비용을 지출하면서 효과적으로 메시지를 전달할 수 있는 광고와 미디어 편집 콘텐츠를 혼합한 혼용 메시지이며 기사와 같은 형식을 구현하는 광고이다. 기사형 광고는 일반 기사 형식과 동일하게 헤드라인, 부제, 소제목, 본문을 모두 갖추고 있다. 이는 같은 혼용 메시지인 특집 기사와 달리, 기사처럼 보이지만 정식 기사와 서체나 레이아웃에서 다르며 광고주 로고가 드러나거나 상단에 '전면광고', '광고물', 'PR페이지' 같은 문구가 표시된다. 최초의 기사형 광고는 명확하지는 않지만 1951년 미국의 종합지 ≪애틀랜틱 먼슬리(Atlantic Monthly)≫에 실린 미국트럭수송협회의 4쪽짜리 광고 "운수업계에서의 경쟁"으로 알려지고 있다(이재진, 2013).

기사형 광고는 전 세계적으로 규모가 증가하는 추세이다. 메시지의 형식은 기사와 동일하거나 혹은 유사하지만 그 내용은 주로 특정 제품 또는 브랜드와 관련된다. 일반적으로 광고는 기사나 프로그램에 비해 소비자의 신뢰를 얻기 어렵기 때문에 광고에 기사 형식을 적용하면 신뢰도를 높여 광고효과도 올라

갈 것이라는 기대감에 따라 기사형 광고가 인기를 얻게 되었다. 소비자에게 광고를 기사처럼 보이게 함으로써 광고의 신뢰성을 높이려는 것이 기사형 광고의 의도이다. 정보 전달과 판매촉진을 위한 TV광고인 인포머셜(informercial: 정보와 광고의 합성어)에 대한 규제를 완화하기 위해 1984년에 미국 연방통신위원회(FCC)에서 광고와 프로그램의 구분을 없앤 조치도 기사형 광고가 급성장하는 계기를 제공했다.

기사형 광고에서 기사 스타일은 쉽게 사라져도 핵심적인 내용은 망각되지 않고 오래오래 잠복하게 되는 수면자 효과(sleeper effect)도 기대할 수 있다. 따라서 기사형 광고의 효과를 과신할 수 있으나 기사형 광고는 매체의 공신력을 낮추는 결과를 초래할 수 있어, 지나치게 만연하면 광고를 기사로 오인하게 함으로써 윤리적 쟁점을 야기할 수 있다. 1976년에 한국신문협회가 제정한 '신문광고 윤리강령'에서는 신문광고의 내용이 독자를 현혹시켜서는 안 된다고 규정하고, 광고와 기사를 혼동하기 쉬운 편집 체제와 표현을 금지했다. 즉, 광고는 광고이고 기사는 기사여야 한다는 뜻이다. 「신문 등의 진흥에 관한 법률」(신문진흥법) 제6조(독자의 권리 보호) 제3항에서도 신문·인터넷 신문의 편집인 및 인터넷 뉴스 서비스의 기사 배열 책임자는 독자가 기사와 광고를 혼동하지 아니하도록 명확하게 구분해 편집해야 한다고 규정했다. 다시 말하면 기사와 광고를 명확히 구분하지 않는 기사형 광고는 비윤리적일 뿐만 아니라 불법 행위라는 뜻이다(이재진, 2013).

우리나라의 '신문법' 제11조 제2항에는 "정기간행물 편집인은 독자가 기사와 광고를 혼동하지 않도록 명확하게 구분해 편집해야 한다"라고 규정되어 있다. 또한 '기사형 광고심의기준' 제1조(광고의 명시)에 의하면, 기사형 광고에는 '광고', '기획광고', '전면광고', '광고특집'같이 광고임을 명시해야 하며 '특집', 'PR', '기획', '애드버토리얼', 'Promotion', '신상품 소개', '협찬', '소비자 정보', '스폰서 특집', '스폰서 섹션'같이 소비자들이 기사로 오인할 수 있는 한글 또는 영문 표시를 해서는 안 된다고 명시되어 있다.

그럼에도 불구하고 여러 연구에서는 기사형 광고가 전통 광고에 비해 더 많은 주목을 끄는 동시에 소비자의 기억을 활성화하는 데도 기여하는 것으로 알려지고 있다. 기사형 광고의 포맷은 소비자에게 광고 메시지에 몰입하도록 유도함으로써 기존의 전통적 형태의 광고 포맷에 비해 타고난 이점을 가진다. 기사형 광고는 전통 광고에 비해 메시지의 회상도를 높이고 보다 정교한 인지적 활동을 이끌어내는 것으로 알려지고 있다. 이러한 광고효과 때문에 광고주들은 소비자의 회피를 줄이고 미디어의 신뢰도를 차용하는 기사형 광고를 자주 활용하고 있다. 비록 기사형 광고에 대한 신뢰도가 일반 기사보다는 떨어지지만 일반 광고보다는 높게 나타났다는 연구 결과도 있다. 대체로 일반 광고보다는 기사형 광고가 소비자의 메시지 평가나 수용에서 효과가 높다고 할 수 있다(강미선, 2003; 김봉현, 1996; 이명천·김요한, 2013).

2016년부터 본격적인 활동을 시작한 '네이버카카오뉴스제휴평가위원회'에서도 기사와 광고를 철저히 구별할 것을 권고한다. 각 매체에서 기사형 광고를 게재하는 데에 대해서는 이견이 없지만, 포털에 노출하는 광고성 기사는 '기사로 위장한 광고'로 간주해 벌점을 부과한다. 이때 광고성 기사란 상품의 판매 또는 서비스의 이용 촉진을 목적으로 하여 해당 상품 및 서비스에 관한 내용과 더불어 상품정보, 가격, 판매처(전화번호, 위치, 홈페이지 주소) 등의 정보가 포함된 것으로, 기자(입력자)의 성명(by-line)이 구체적으로 명시되지 않고 보도되는 내용을 말한다(김병희·심재철, 2016).

뉴스제휴평가위원회의 세부적인 검토 내용은 다음과 같다. "광고성 기사는 광고주가 자신의 상품이나 서비스를 판매·이용의 촉진 목적으로 게재를 의뢰한 정보(예: 분양관련 기사자료)임을 밝히거나 광고표시를 명확하게 해야 한다. 광고성 기사에는 허위로 기자(입력자)의 성명(by-line)을 표시해서는 아니된다. 표제지면에 광고임을 나타내는 표시 없이 광고성 기사의 표제를 함께 나열하는 방식으로 편집해서는 아니된다. 의료인, 병·의원 등 의료기관에 대한 광고성 기사는 특정 의료기관·의료인의 전화, 주소, 홈페이지 URL이나 위치, 약도 등의 정보를 표시해서는 아니된다"(김병희·심재철, 2016).

한편, 전통적인 기사형 광고(advertorial)의 본래 취지와는 달리 2016년 9월 28일부터 청탁금지법(김영란법)이 시행되자 한국형 애드버토리얼이 우리나라 신문 지면에 등장하기 시작했다. 국민권익위원회가 "언론사에 협찬 명목으로 금품을 제공한 경우, 정당한 '권원(權原, 어떤 행위를 정당화하는 법률상의 원인)'이 없는 한 제재 대상"이라고 밝히자, 신문사들이 '정당한 권원'을 제시하기 위한 방편으로 협찬 기사에 대해 '애드버토리얼'이라는 명칭을 붙이기 시작했다. 신문업계는 협찬 기사가 '부정한 금품수수'로 제재받을 가능성이 높아지자, 이에 위배되는 것을 피하고자 '정당한 권원' 마련을 위해 전통적인 기사형 광고와는 다른 의미에서 '애드버토리얼(advertorial)'이란 용어를 적극적으로 차용했다. 신문업계는 사실상 기사형 광고인 것을 별지 특집에 '애드버토리얼'이라고 이름을 붙여 광고성 협찬에 대한 청탁금지법의 적용을 피하려 했다. 광고주와의 계약에 따라 게재한 콘텐츠이지만 광고주로부터 협찬금을 받더라도 '부정한 금품수수'가 아닌 '정당한 권원'이 있다는 것을 주장하기 위해서였다. 한국형 애드버토리얼은 기사형 광고의 본래 취지와는 다르다는 점에서 광고적 가치 평가에 신중을 기할 필요가 있다.

☐ 연관어: 한국형 애드버토리얼, 네이버카카오뉴스제휴평가위원회

더 읽어야 할 문헌

김병희, 심재철. 2016. 『뉴스 어뷰징과 검색 알고리즘』. 서울: 커뮤니케이션북스.

강미선. 2003. 「기사체 광고의 실태와 개선방안: 설문조사, 내용분석, 해외 사례연구의 통합 적용」. ≪한국광고홍보학보≫, 5권 1호, 1~41쪽.

김봉현. 1996. 「위장광고가 소비자에게 미치는 영향에 관한 연구: 기사형 광고를 중심으로」. ≪광고연구≫, 31권, 279~312쪽.

이명천·김요한. 2013. 「애드버토리얼」. 『광고 전략』. 서울: 커뮤니케이션북스.

이재진. 2013. 「기사형 광고」. 『미디어 윤리』. 서울: 커뮤니케이션북스.

036

공익광고
Public Service Advertising

공익광고란 광고주체가 공중을 설득하기 위해 매체를 활용해 공공의 이익에 부합하는 아이디어와 서비스 내용을 전달하는 비영리적 커뮤니케이션 활동이다. 국제광고협회는 공익광고를 "광고의 한 형태로 일반 대중의 지배적인 의견을 수용해 사회경제적으로 그들에게 이득이 되는 활동을 지원하거나 실행할 것을 권장하는 커뮤니케이션"(IAA, 1980)으로, 미국광고협의회는 "공중 관심사에 부합하는 광고"로 정의했다(Ad Council, 2017). 여기에서 공중 관심사에 부합하는 광고란 비정치적 조직에 의해 집행되는 것으로, 지역과 종교를 막론하고 특정 대상의 이익을 배제하며, 오직 전체 국민을 위해 공평하게 공공캠페인을 전개하는 것이다. 일본의 우에조 노리오(植條則夫)는 공익광고를 "인간 사회 국가가 안고 있는 공공적·사회적 문제나 장래에 발생할 문제에 대해 커뮤니케이션 미디어를 매개로 일반 시민에게 주의의 환기, 문제의 인식, 계몽·계발을 촉구하고 해결하기 위한 협력과 행동을 불러일으키려는 자발적인 광고 커뮤니케이션"이라고 정의했다(植條則夫, 2005: 27).

기존에 이루어진 공익광고에 대한 여러 가지 정의는 일반적인 '광고의 정의'의 틀에서 많이 벗어나 있다. 1963년부터 지금까지 광고학계와 광고업계에서 오랫동안 지지해온 광고의 정의는 "광고란 명시된 광고주가 유료로 아이디어와 제품 및 서비스를 비대인적으로 제시하고 촉진하는 일체의 형태"라는 미국마케팅학회의 정의였다. 그렇지만 미국마케팅학회의 정의(AMA, 1963/2016)를 비롯한 광고에 대한 기존의 정의가 급변하는 디지털 미디어 광고 환경을 설명하기 어렵다는 반성에 따라 광고의 새로운 정의를 모색하는 연구가 이루어져 왔다. 이에 따라 "광고란 광고주체가 수용자를 설득하는 데 영향을 미치기 위해 매체를 활용하여 아이디어와 제품 및 서비스 내용을 전달하는 단계별 커뮤니케이션 활동"(김병희, 2013)이라는 새로운 정의가 등장했다. 공익광고의 개념 역시 '광고의 정의'라는 일반적인 틀에서 이루어져야 한다. 공익광고 역시 광고의 하위 유형에 해당되기 때문이다. 일반적인 광고의 새로운 정의와 국내외 공익광고의 환경을 고려하여 공익광고의 개념을 다음과 같이 정의했다(김병희, 2015). "공익광고란 광고주체가 공중을 설득하는 데 영향을 미치기 위해 매체를 활용하여 공공의 이익에 부합하는 아이디어와 서비스 내용을 전달하는 비영리적 커뮤니케이션 활동이다."

미국의 공익광고는 1942년부터 광고협의회를 중심으로 발전해왔다. 지금도 백악관의 광고협의회 담당관은 공익 캠페인의 주제를 선정하는 데 영향을 미친다. 영국 공익광고의 주관 기구는 중앙공보원에서 2011년에 정부소통센터로 바뀌었다. 일본의 공공광고기구는 1971년에 출발해 2009년에 'AC재팬'으로 명칭을 바꿨다. 중국의 공익광고는 1978년의 개혁개방 이후에 '자연적 맹아기'에서 출발해 '병목현상기'라는 5단계를 거치며 발전해왔다.

우리나라 공익광고사의 시기 구분 방법은 다양하다. 선행 연구에서 제시했던 시기 구분을 참조하되 공익광고 주관 기구의 변화나 크리에이티브 스타일의 변화에 따라 시기를 나누면 공익광고의 자생적 변화를 엿볼 수 있다. 우리나라 공익광고의 역사는 태동기(1981~1988년), 도입기(1988~1998년), 성장기(1998~현재)로 구분할 수 있다. 이는 마케팅에서의 상품수명주기 개념을 공익광고의 흐름에 적용한 것이다(김병희, 2015). 공익광고의 주제는 시대 상황에 따라 달라졌다. 공익광고 태동기에는 공익광고의 운용 방법과 메시지 전개 방안을 다각도로 모색했다. 도입기에는 환경보호, 밝은 사회 건설, 공중도덕 지키기 같은 주제가 강조되었다. 성장기에는 1998년의 '경제를 살리자'는 주제부터 2010년 이후의 다문화 사회에서 소외 계층에 대한 관심을 촉구하는 주제에 이르기까지 주제의 다양성을 추구했다(김병희, 2012).

공익광고의 기본 이념은 전반적인 성격을 규정한다. 한국방송광고진흥공사 홈페이지에서는 휴머니즘, 공익성, 범국민성, 비영리성, 비정치성 같은 다섯 가지를 공익광고의 기본 이념으로 제시했다(한국방송광고진흥공사, 2017). 다섯 가지의 기본 이념을 보다 구체적으로 살펴보면 다음과 같다.

첫째, 휴머니즘이다. 현대 소비대중사회에서는 사람들이 물질문명을 지나치게 추구함으로써 인간성의 상실을 비롯해 부작용을 낳기 때문에, 공익광고는 인본주의 정신을 바탕으로 인간의 존엄성을 회복하는 데 기여해야 한다는 것이다.

둘째, 공익성이다. 공익광고 관계자들은 사회 전반에 걸친 공공의 문제를 공익광고 메시지의 핵심 주제로 선정한다. 공익광고는 실질적으로든 잠재적으로든 공공의 이익을 추구해야 하는데, 이때 공익적 가치를 깊이 고려해야 한다는 것이다.

셋째, 범국민성이다. 공익광고는 특정 대상에만 소구하는 것이 아니다. 일반 공중이 협력하지 않으면 해결하기 어려운 구체적인 문제를 공익광고 주제로 채택해야 한다. 따라서 공공의 이익을 실현하도록 모든 국민을 대상으로 소구해야 한다.

넷째, 비영리성이다. 영리 목적을 일체 배제하는 공익광고는 상업적 목적이 아닌 공공 문제를 해결하는 데 활용해야 한다. 따라서 공익광고는 공공의 자발적인 봉사정신을 환기하고 사회봉사의 차원에서 비영리성을 띠어야 한다.

다섯째, 비정치성이다. 공익광고 전담 기구는 정부나 정당의 정치 단체에

표 5-1 **공익광고 운영제도의 국가별 비교**

구분	미국	영국	일본	한국
발족 시기	1942년	1946년	1971년	1981년
주관 기관	민간	정부 부처	민간	정부 산하기관
담당 기구	광고협의회(AC)	중앙공보원(COI) → 정부소통센터	공공광고기구 → AC재팬	한국방송광고진흥공사 공익광고협의회
발생 배경	정부 요청에 따라 제2차 세계대전 승리와 광고 명예회복 운동의 일환으로 시작	제1차 세계대전으로 정부 홍보가 필요해 설치한 '전쟁선전국'에서 유래	사회적 책임의 하나로 기업이 자성하는 뜻에서 시작	공익광고를 통해 광고의 사회적 인지도를 높이고 국민 의식을 개선하고자 시작
주제 선정	정부기관과 민간단체가 각 단체로부터 400개 이상의 주제를 접수한 후 AC공공자문위원회에서 결정	사회적으로 중요한 쟁점을 광고자문위원회에서 자체 선정	800여 항목의 인터넷 조사 결과를 공공광고기구 전국위원회(주제선정위원회)에서 결정	조사 관련 기관이 설문조사를 해서 종합한 후 공익광고협의회에서 결정
공익광고 재원	회원사 회비, 기부금	공공기금	회원사 회비	공익 자금
광고 제작비	무료	유료	무료/할인	유료
매체 광고비	무료	무료	무료/할인	방송 무료, 신문 할인, 잡지 유료·무료
참여단체	정부, 산업계, 광고계, 민간단체, 매체사	정부, 산업계, 광고계, 매체사	광고계, 민간단체, 매체사 등 1300개 회원사	정부, 유관 민간단체, 광고계, 매체사
장점	• 재원 확보 용이 • 제작과 매체비 100% 기부 • 캠페인 다양 • 캠페인의 효율성을 위해 마케팅 활용	• 광고 집행 창구의 단일화 • 정부소통센터를 통해 할인 적용 가능 • 전문성이 강화된 조직	• 순수 민간단체 • 제작/매체 100% 기부 • 주제의 다양성	• 법적 제도 • 재원 안정성 • 방송사와 협력체제
단점	• 정부와 기업의 간섭 가능성 • 재정 취약 단체의 캠페인 어려움	• 정부 광고나 정책PR 성격이 강함 • 획일적 의사소통 가능성	• 재원 확보 어려움 • 매체 활용 어려움 • 회원사의 비협조	• 다매체 이용의 한계 • 캠페인 다양성 부족

가입하면 안 되고, 정치 단체에 의해 이용되어서는 안 되고, 항상 정치적 중립을 지키는 상태에서 메시지 전략을 구사해야 한다는 것이다.

이 밖에도 공익광고의 기본 이념에 합리성과 비편파성을 추가할 수 있다.

합리성(合理性)이란 공익광고 메시지가 그 나라의 역사적, 문화적, 사회적, 정치적 성격에 합리적으로 부응해야 한다는 것이다. 비편파성(非偏頗性)은 공익광고주체가 특정 지역, 기업, 사회단체, 종교단체의 편파적인 이해관계나 이념을 배제하고 어느 쪽에도 구애받지 않아야 하고, 공공의 입장에서 커뮤니케이션을 전개해야 한다는 것이다.

한국의 공익광고는 1981년 이후 정부산하 기관인 한국방송광고진흥공사(옛 한국방송광고공사, KOBACO)의 공익광고협의회에서 주관했다. 그러나 한국의 공익광고는 영국의 중앙공보원(COI)이나 프랑스의 정부공보처(SIG: Service d'information du Gouvernement)처럼 정부 부처에서 직접 공익광고를 집행하지는 않는다. 우리나라 공익광고는 외국에 비해 늦게 출발했지만 1981년 이후 지금까지 국가와 사회에 유익한 광고 유형으로 정착되었다.

방송의 공적 책임 차원에서 보면 한국의 공익광고는 다른 나라보다 앞선다고 볼 수 있다. 또한 방송사와의 협조가 비교적 잘 이루어지기 때문에 공익광고의 효율성을 분석하기 쉽다(한국방송광고공사, 2011). 한국의 공익광고는 국민의 태도를 변화시키고 공익적 행동을 촉구할 때 의미가 크다. 따라서 공익광고의 효과성을 높이려면 국민이 기대하는 광고 주제를 선정하여 공익성을 제고하는 것이 중요하다. 나아가 우리나라 공익광고를 보다 활성화하기 위해서는 공익광고 개념을 재정립하고, 집행의 효율성을 모색하며, 공익광고의 창의성을 향상시키고, 사회적 가치를 제고하는 활동이 필요하다.

□ 연관어: 창의성, 광고 크리에이티브, 광고 표현

더 읽어야 할 문헌

김병희. 2012. 「주제 변화와 수상 실적으로 본 공익광고 크리에이티브 30년의 변화와 전망」. ≪한국광고홍보학보≫, 14권 2호, 242~264쪽.
김병희. 2013. 「광고의 새로운 정의와 범위: 혼합연구방법의 적용」. ≪광고학연구≫, 24(2), 225~254쪽.

김병희. 2015. 『공익광고의 정석』. 서울: 커뮤니케이션북스.

우에조 노리오(植條則夫). 2005. 『공익광고 연구』. 김민기 옮김. 서울: 한국방송광고공사.

한국방송광고공사. 2011. 「연도별 공익광고 캠페인 실적」. 『광고로 세상과 소통하는 KOBACO 30년사: 1981~2011』, 365~369쪽. 서울: 한국방송광고공사.

한국방송광고진흥공사. 2017. "공익광고". URL: http://www.kobaco.co.kr/websquare/websquare.jsp?w2xPath=/kobaco/businessintro/about/about_view.xm)

Ad Council. 2016. "The Story of the Ad Council". URL: http://www.adcouncil.org/About-Us/The-Story-of-the-Ad-Council

AMA. 1963/2016. "American Marketing Association." URL: www.marketingpower.com

IAA. 1980. "How advertisers present of view in public affairs." in C. Gilson and H. W. Berkman. *Advertising: Concepts and Strategies.* New York, NY: Random House. Inc.

037

정부광고
Government Advertising

정부광고는 국민이 국가이미지를 형성하고 정책을 이해하는 것을 돕기 위한 광고이다. 정부와 국민의 의사소통의 중요성이 커지면서 정부광고의 역할이 더욱 강조되고 있다. 『광고행정백서』에서는 정부광고를 "중앙행정기관, 지방자치단체, 정부투자기관 및 일부 특별법인이 일정한 효과를 위해 관념과 정보의 전달 서비스에 관한 메시지를 매체를 통해 유료로 전달하는 일체의 광고행위"(공보처, 1997)로 정의했다. 정부광고는 이윤추구를 목적으로 하는 일반 상업광고와 다르다. 정부광고의 유형은 대략 6가지로 나눌 수 있는데, 행정광고, 시책홍보광고, 의견광고, 긴급쟁점광고, 공공봉사광고(공익광고), 상품 및 서비스 광고가 있다(표 5-2 참조).

정부광고는 국민의 세금을 재원으로 한다는 점에서 일반 상업광고 못지않게 광고효과를 높이는 문제가 중요하다(김병희, 2015). 현재 국내에서는 업무 효율, 예산 절감, 저렴한 대행수수료, 언론 진흥 등을 목적으로 한국언론진흥재단이 정부광고를 대행하고 있다. 재단이 대행하는 근거로 「국무총리훈령 541호」, 「문화부 정부광고 시행지침」, 「법원 신문공고에 관한 예규」가 있다.

표 5-2 **정부광고의 유형 및 정의**

구분	정의
행정광고	정부광고의 많은 부분을 차지하는 공시, 공고, 안내, 입찰, 공람, 모집 등 법적의무조항 광고
시책홍보광고	중앙정부나 지방자치단체의 PR을 위한 광고. 새로운 정책이나 법규, 행정서비스 등을 추진할 때 이에 대한 국민의 이해와 협력, 지지를 구하며 정책목표 실현에 도움을 주기 위한 광고
의견광고	정부나 지방자치단체의 공식적인 입장을 밝히거나 필요한 의견을 제시하는 광고
긴급쟁점광고	돌발적인 사태나 긴급한 상황이 생겼을 때 이에 대한 적절한 대처나 국민들의 이해를 구하기 위한 광고
공공봉사광고 (공익광고)	정책집행 목적이 아니라 국민 계도와 공공의 이익을 위한 광고. 예를 들면 교통, 환경, 질서 등 공익적 성격을 지닌 광고
상품 및 서비스 광고	정부투자기관 및 일부 특별법인의 상품이나 서비스 광고. 상업광고와 그 성격이 유사

자료: 정성호(2013).

표 5-3 **한국언론진흥재단 정부광고 대행 현황**

(단위: 백만 원)

구분	2012년		2013년		2014년		2015년		2016년	
	건수	광고료	건수	광고료	건수	광고료	건수	광고료	건수	광고료
총계	95,821	470,394	101,702	469,822	110,885	469,836	122,385	577,922	133,697	618,773

정부광고의 광고주는 「정부광고 시행에 관한 국무총리훈령 제120호 제2조 (정의)」에 따르면 "정부 조직법 제2조 제2항에 정한 중앙행정 각 원, 부, 처, 청, 국과 그 산하기관, 도청소재지에 소재하는 지방자치단체와 시·군 단위 지역 행정기관"이다. 또한 정부광고 광고주로 '국영기업체', 즉 「정부투자기관 예산회계법시행령 제1조」에 정한 "정부투자기관과 중앙행정 각 원, 부, 처, 청, 국의 지휘감독을 받고 있는 특별법인"도 포함된다.

정부광고의 규모는 2012년 9만 5821건 4703억 원에서 2016년 13만 3697건 6187억 7천만 원으로 불과 4년 만에 건수는 39.5% 광고비는 31.4% 늘었다. 이 는 우리나라 광고산업 규모(약 11조 원)의 약 5%에 해당하는 규모이다(표 5-3). 2016년 우리나라 10대 광고회사의 취급액 기준으로 볼 때 1위는 제일기획으로 5조 3383억 원이며, 이노션 3조 9139억 원, HS애드 1조 3560억 원, 대홍기획 8777억 원 순이다. 한국언론진흥재단은 광고비 규모로 볼 때 5위권에 해당하는 대형 광고회사이다.

한편, 재단의 정부광고 대행 절차는 다음과 같다. 우선 정부기관과 공공기관 등 정부광고를 집행하고자 하는 광고주는 정부광고 대행기관인 재단에 정부광고를 의뢰한다. 이때 광고주가 책정한 정부광고 예산액을 정부광고 신탁액으로 결정해 재단에 의뢰하면 재단은 정해진 광고기획료 기준에 따라 광고료를 청구하고, 광고주가 이를 지급하면 정부광고 대행 업무가 완료된다. 재단의 주된 역할은 매체사를 선정하여 광고 또는 관련 콘텐츠를 얼마에 어느 매체에 집행할 것인지 결정하는 것이다. 이를 위해 재단은 광고주와 협의하여 매체사를 결정하고, 광고의뢰 시 청구했던 광고료에서 10%의 대행 수수료를 제외한 금액을 매체사에게 광고료로 지급한다.

재단의 정부광고 대행은 정부광고의 통합 대행에 따른 광고비용의 할인 효과로 정부예산을 절감하고, 각 기관별로 정부광고 담당 인력을 효율적으로 운용함으로써 관련 업무의 효율성을 제고한다. 특히 일반 광고대행사의 수수료가 15% 이상임을 고려할 때 재단의 정부광고 대행 수수료 10%는 국제기준은 물론 일반에 비해 매우 저렴한 것이다. 또한 재단의 정부광고 대행은 정부광고의 창구 일원화를 통해 정책홍보의 일관성을 유지하고 체계적으로 집행하는 것이 가능하며, 일반 광고대행사와 대비할 때 우월한 매체 협상력을 이용하여 정부광고를 신속히 집행할 수 있다(김병희·정원준·홍문기, 2016).

이와 같은 공익적 기능에도 불구하고 재단의 정부광고 대행에 대한 부정적인 의견이 많으며 국무총리훈령의 법제화 필요성이 제기되는 가운데 정부광고 서비스의 질적 향상에 대한 요구도 지속적으로 제기된다. 국가행정기관, 지방자치단체 등 정부기관과 공공법인이 재단에 광고를 의뢰하면 재단은 매체를 구매하고 집행한다. 이에 따라 인쇄, 방송, 인터넷, 옥외매체사가 재단에 집행결과 증빙을 제출하면 재단은 광고주에게 광고료를 청구하고, 수금된 광고료는 다시 매체사에게 지급한다. 이 과정에서 광고기획과 제작 풀에 포함

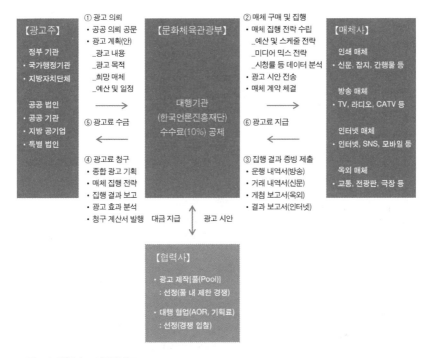

【광고주】

정부 기관
• 국가행정기관
• 지방자치단체

공공 법인
• 공공 기관
• 지방 공기업
• 특별 법인

① 광고 의뢰
• 공공 의뢰 공문
• 광고 계획(안)
_광고 내용
_광고 목적
_희망 매체
_예산 및 일정

⑤ 광고료 수금

④ 광고료 청구
• 종합 광고 기획
• 매체 집행 전략
• 집행 결과 보고
• 광고 효과 분석
• 청구 계산서 발행

【문화체육관광부】

대행기관
(한국언론진흥재단)
수수료(10%) 공제

대금 지급   광고 시안

② 매체 구매 및 집행
• 매체 집행 전략 수립
_예산 및 스케줄 전략
_미디어 믹스 전략
_시청률 등 데이터 분석
• 광고 시안 전송
• 매체 계약 체결

⑥ 광고료 지급

③ 집행 결과 증빙 제출
• 운행 내역서(방송)
• 거래 내역서(신문)
• 게첨 보고서(옥외)
• 결과 보고서(인터넷)

【매체사】

인쇄 매체
• 신문, 잡지, 간행물 등

방송 매체
• TV, 라디오, CATV 등

인터넷 매체
• 인터넷, SNS, 모바일 등

옥외 매체
• 교통, 전광판, 극장 등

【협력사】

• 광고 제작[풀(Pool)]
: 선정(풀 내 제한 경쟁)

• 대행 협업(AOR, 기획료)
: 선정(경쟁 입찰)

그림 5-4 **정부광고 시행체계도**

된 일반 협력사 또는 광고대행사가 참여한다(그림 5-4 참조).

정부광고는 국가안전보장과 사회질서 유지, 반사회 범죄 방지, 대중 계몽, 소비대중 이익보호와 사회적 손실 방지 등의 역할을 수행한다. 그러나 사기업처럼 판매 촉진이나 시장 신규진입 등을 목표로 하지 않기 때문에 광고기획 및 제작과정, 매체 집행, 그리고 광고비 집행방식 등에서 차이가 있다. 정부광고는 그 특성상 법정 시한을 준수해야 하거나 긴급을 요하는 광고의 경우 가격협상이나 매체계획을 수립할 시간적 여유가 부족하고 충분한 예산 확보가 어려워 광고예산의 효율적 집행이 쉽지 않다. 최근에 정부광고의 비효율적 집행의 문제점들이 지적되면서 정부광고의 효율적 집행에 대한 요구가 증가했다. 특히 정부광고는 국민의 세금으로 집행되는 특성상 정부의 예산절감 차원에서 효율적 집행에 대한 필요성이 증대되고 있는 실정이다(이경렬 외, 2014).

❑ 연관어: 공익광고, 광고회사, 미디어렙

더 읽어야 할 문헌

공보처. 1997. 『광고행정백서』.
국무총리훈령 541호. 문화체육관광부장관 시행지침.
김병희. 2015. 『정부광고의 정석』. 서울: 커뮤니케이션북스.
김병희·정원준·홍문기. 2016. 「정부광고 대행 프로세스와 수수료 제도 연구」. 한국언론진흥재단 보고서.
심성욱·김유경. 2013. 「해외 주요국가의 정부 및 공공기관 광고 집행체계에 관한 연구」. 한국언론진흥재단 연구보고서.
이경렬·이희복·홍문기. 2014. 「정부광고의 효율적인 매체집행을 위한 가이드라인 연구」. ≪GRI연구논총≫. 16권 3호, 319~351쪽.
정성호. 2013. 「정부광고의 현황과 문제점」. 한국광고학회 정부광고 특별세미나 발제집(2013.6.7).
한국언론진흥재단. 2000. 『정부광고실무편람』. 한국언론진흥재단 편집부.
한국언론진흥재단. 2017. 「2016년도 언론진흥재단 사업에 대한 팀별 만족도 성과지표 평가조사」.
한국언론진흥재단 홈페이지 www.kpf.or.kr
홍문기·이희복·이경렬. 2014. 「지역일간지의 발행·유료부수와 정부광고의 제도·운영·효율성 관계 연구」, ≪광고학연구≫, 25권 5호, 271~302쪽.

038

부당광고
Unfair Advertising

부당광고의 경우 광고내용이 거짓이거나 소비자를 기만하고 오인시킬 우려가 있을 경우에 지적될 수 있다. 부당광고로 판정이 되면 법적인 대응이 뒤따르게 되며, 부당광고에는 허위광고, 과장광고, 기만광고, 오도광고, 비방광고가 있다. 소비자가 부당광고로 잘못된 인식을 갖게 되거나 불쾌함을 느낄 때, 그리고 현저하게 손해를 볼 가능성이 있을 때는 통제기관이 적극적으로 개입해 광고를 규제하게 된다.

허위광고(falsity advertising)는 진실성이 없는 광고이다. 진실성의 위배는 표시 대상물과 표현된 내용을 비교하여 표현이 대상과 다를 때를 말한다. 또한 사실과 다르게 광고하거나 부분적으로 사실이라 하더라도 전체적으로 소비자를 오인시킬 우려가 있는 부정확한 광고행위를 말한다. 객관적으로 입증되지 않았는데도 '최고', '최대', '최소' 등의 용어를 사용하면 허위광고라 볼 수 있다.

과장광고(exaggeration advertising)는 사실을 확대 해석한 광고이다. 일반 소비자의 눈으로 쉽게 과장 여부를 판단할 수 있는 경우를 말하며, '허풍'이 상품에 대한 입증 불가능한 주관적 느낌의 과장적 표현이라면 '과장'은 상품에 대한 객관적 사실과 효능의 과장적 표현이다.

기만광고(deception advertising)는 소비자를 속이려는 의도를 가진 광고이다. 전달된 의미가 광고의 주장과는 달리 상품에 관한 사실과 서로 다를 때 발생한다. 사실을 은폐하거나 기만적인 방법으로 소비자를 속이거나 속일 우려가 있는 광고이다.

오도광고(misleading advertising)는 내용이 거짓은 아니지만 소비자들에게 사실과 다르게 인식되는 광고이다. 의약품, 화장품, 식품류 광고에서 주로 나타나며 광고로 인해 상품에 대해 잘못된 인식을 갖게 되었는지 여부가 오도광고 여부의 기준이 된다.

비방광고(slander advertising)는 경쟁사업자의 것에 대해 객관적으로 인정된 근거 없는 내용으로 광고하여 비방하거나 경쟁사업자의 것에 관해 불리한 사실만을 광고하여 비방하는 광고이다. 비방광고는 일반적으로 비교의 형식으로 나타나지만 객관적인 자료의 제시와 비교를 통한 소구방법인 비교광고(comparative advertising)와는 다르다. 우리나라에서는 공정거래위원회의 고시에 의해 비교광고가 가능하다.

지난 2008년 6월 헌법재판소에서는 방송광고의 사전심의를 위헌판결 했는데 신문 등 인쇄광고와 달리 방송광고는 대다수 국민에게 여과 없이 전달되기 때문에 방송광고의 경우는 특별히 사전에 정부로부터 의뢰받은 광고자율심의기구에서 방송가능 여부를 심의해왔다. 그러나 사전심의 위헌판결로 방송광고의 사전심의는 무효가 되었으며 방송업계는 자율적으로 사전심의를 하게 되었다. 방송광고의 상업성과 사회적 공익성의 균형을 이루기 위한 업계 내부의 노력이 계속되어야 한다.

방송통신심의위원회에서 발표한 사후심의 결과를 살펴보면, 약 45% 정도가 진실성이 결여된 것으로 지적되었는데 건강 관련 품목에서 소비자 오인 표현사례가 가장 많은 것으로 나타났다(김양하, 2009). 식품을 의약품처럼 표시·

1. 사건번호 : 2005헌마506

2. 사건명: 방송법 제32조 제2항 등 위헌확인 (제3항, 방송법시행령 제21조의2, 방송위원회 규칙 제23호)

3. 선고날짜 : 2008-06-26 종국결과 위헌

4. 결정 요약문

한법재판소 전원재판부(주심 이공현 재판관)는 2008년 6월 26일 재판관 8(별개의견 1인) : 1의 의견으로 텔레비전 방송광고에 관하여 사전에 심의를 받도록 규정하고 있는 구 방송법 제32조 제2항, 제3항, 방송법시행령 제21조의2 본문 중 '텔레비전방송광고' 부분, '방송심의에 관한 규정' 제59조, 방송법 제32조 제2항, 제3항은 헌법에 위반된다는 결정을 선고하였다.

1. 사건의 개요

청구인은 강릉시에서 동해건어물을 경영하는 자인 바, 2005. 3. 25. YTN 방송국에 동해건어물의 방송광고를 청약하였으나 위 방송국으로부터 방송법 제32조, 방송법시행령 제21조의2 등에 의한 사전심의를 받지 않았다는 이유로 방송청약을 거절당하였다. 이에 청구인은 방송법 제32조 제2항, 제3항, 방송법시행령 제21조의2 등이 청구인의 기본권을 침해한다고 주장하며, 2005. 5. 23. 이 사건 헌법소원심판을 청구하였다. 한편, 방송법은 2008. 2. 29. 법률 제8867호로 개정되어 방송광고 사전심의의 주체를 방송통신심의위원회로 변경하였다.

2. 심판의 대상

가. 먼저 이 사건 심판의 대상은 방송법(2004. 3. 22. 법률 7213호로 개정되고, 2008. 2. 29. 법률 제8867호로 개정된 것, 이하 '구 방송법'이라 한다) 제32조 제2항, 제3항과 방송법시행령(2004. 9. 17. 대통령령 18548호로 개정된 것) 제21조의2 본문 중 '텔레비전방송광고' 부분 및 '방송심의에 관한 규정' (2000. 8. 28. 방송위원회규칙 제22호로 제정된 것) 제59조가 청구인의 기본권을 침해하는지 여부이다.(이하 위 심판대상 규정들을 모두 합하여 '이 사건 규정들'이라 한다).

나. 한편, 위에서 본 바와 같이 구 방송법 제32조는 2008. 2. 29. 법률 제8867호로 개정되어 방송광고 사전심의의 주체를 방송통신심의위원회로 변경하였다. 그런데 방송통신심의위원회의 사전심의 역시 사전검열에 해당한다면, 위 구 방송법 규정만을 위헌선고 하여서는 방송광고 사전심의와 관련한 위헌 상태는 계속될 것이다. 따라서 개정된 방송법 규정도 법질서의 정합성과 소송경제 측면을 고려하여 구 방송법 규정들과 함께 심판대상 규정에 포함시키기로 한다.

심판대상 규정

구 방송법

제32조(방송의 공정성 및 공공성 심의)

① 생략

② 위원회는 제1항의 규정에 불구하고 대통령령이 정하는 방송광고에 대하여는 방송되기 전에 그 내용을 심의하여 방송여부를 심의 · 의결할 수 있다.

③ 방송사업자는 제2항의 규정에 의한 방송광고에 대해서 위원회의 심의 · 의결의 내용과 다르게 방송하거나 심의 · 의결을 받지 않은 방송광고를 방송하여서는 아니된다.

④ 생략

방송법시행령

제21조의2(사전심의 대상 방송광고) 법 제32조 제2항에서 "대통령령이 정하는 방송광고"라 함은 방송사업자가 행하는 텔레비전방송광고 · 라디오방송광고 및 데이터방송광고(동영상 및 음성이 포함된 방송광고에 한한다)로서 다음 각호의 방송광고를 제외한 방송광고를 말한다.

1. - 4. 생략

방송심의에 관한 규정

제59조(심의미필 등 방송광고의 금지) 사업자는 방송광고심의에 관한 규정에 의해 방송이 결정을 받지 아니한 광고물, 결정을 받은 내용과는 다른 내용의 광고물 및 동 규정에서 정한 유효기간이 지난 광고물을 방송하여서는 아니된다.

방송법(2008. 2. 29. 법률 제8867호로 개정된 것, 이하 '방송법'이라 한다)

제32조(방송의 공정성 및 공공성 심의)

① 생략

② 방송통신심의위원회는 제1항의 규정에 불구하고 대통령령이 정하는 방송광고에 대하여는 방송되기 전에 그 내용을 심의하여 방송여부를 심의 · 의결할 수 있다.

③ 방송사업자는 제2항의 규정에 의한 방송광고에 대해서 방송통신심의위원회의 심의 · 의결의 내용과 다르게 방송하거나 심의 · 의결을

그림 5-5 **방송광고 사전심의제도 관련 헌법재판소 결정문 주요 내용**
자료: 헌법재판소.

표현하거나, 질병치료에 효과가 있는 것처럼 광고한 것은 방송광고 표현의 자유 혹은 창의성과 전혀 관계없이 기본적인 정보와 무관한 것이다. 최근 미디

어법 개정과 함께 바야흐로 방송계의 구조개편, 광고시장의 확대, 광고심의규정 개정 등이 빠르게 진행될 것으로 보이는데, 불법·유해·허위·과장 광고에는 엄격한 잣대를 적용하지만 기본적으로 광고의 사후심의를 원칙으로 한다.

❑ 연관어: 광고 윤리, 광고 규제

더 읽어야 할 문헌

김양하. 2009. "방송광고 사후심의 기본방향". ≪광고계동향≫, 11월.
이희복. 2016.『광고론』. 서울: 한경사.
헌법재판소. 2008.6. 방송광고 사전심의제도 결정문(2005헌마506).

039

패러디 광고
Parody Advertising

　영화로부터 시작된 패러디는 오늘날 다양한 분야에서 나타난다. 시와 소설과 같은 문학에서, 개그나 드라마와 같은 방송 프로그램은 물론 음악과 미술, 그리고 인터넷에서 유통되는 무수히 많은 콘텐츠에서 패러디를 찾을 수 있다. 그뿐 아니라 인물과 명언이나 이야기로부터도 많은 패러디가 등장한다. 흥미로운 것은 원작과 패러디의 구분까지도 모호해지고 있다는 것이며 최근에는 광고를 원작으로 한 다양한 패러디가 등장할 정도이다. 광고에서 패러디는 광고기법의 하나로 분류하게 되었으며 패러디 광고라는 하나의 장르를 형성한 것으로 볼 수 있다. 먼저 패러디 광고에 대한 다양한 개념을 살펴보자.

　"차이를 내포한 반복이자 비평적 아이러니의 재창조"라는 패러디에 대한 린다 허천(Linda Hutcheon)의 정의는 패러디를 이해하는 출발점이다. 즉, 원작과 패러디 텍스트 사이의 반복된 차이, 그리고 아이러니를 통한 새로운 저작물의 생산을 말한다(허천, 1992). 패러디의 정의와 어원을 좀 더 살펴보자.

　넓은 의미에서 패러디는 일반인들에게 잘 알려진 원작의 약점, 또는 진지함을 흉내 내거나 과장하여 왜곡시키고 그 결과를 표현해 원작이나 사회적 상황에 대해 비평하거나 웃음을 이끌어내는 것을 말한다(Burr and Sherri, 1996). '패러디'의 어원은 대응노래(counter-song)를 뜻하는 희랍어 '파라디아(paradia)' 이다. 패러디를 뜻할 때 접두사 para는 '대응하는(counter)' 또는 '반대하는(against)'을 의미한다. 따라서 패러디는 텍스트 간의 대비나 대조의 의미를 지니며 조롱하거나 우습게 만들려는 의도를 가지고 하나의 텍스트를 다른 텍스트와 대조시킨다는 의미를 포함한다.

최근에 와서 패러디는 문화의 코드로 등장하게 되었고 광고와 마케팅에서 각광을 받게 되었다. 그 이유는 첫째, 기존 작품이나 사실을 새로운 시각으로 바라볼 수 있기 때문이며 특히 거기에 재미까지 더해지기 때문이다. 전래동화나 영화를 패러디하면 재미와 유머가 전달된다. 둘째, 패러디의 소재가 사람들에게 잘 알려져 있기 때문이다. 짧은 시간에 친숙한 이야기가 소비자에게 전달된다. 셋째, 패러디는 신선한 소재를 제공하기 때문이다. 광고주로부터의 평가가 남아 있지만 새로운 크리에이티브를 만들 수 있다.

우리나라에서 처음으로 본격적으로 광고 용어를 다룬 『광고대사전』(1986)에 의하면 패러디는 "흉내 내기. 시나 소설 등이 기성작품의 문체나 운율을 교묘히 모방해 과장이나 풍자로써 해학적으로 다시 만든 것. 광고 표현에 있어서도 이런 수법이 이용되는 수가 있다. 유행가의 한 구절이나 영화의 유명한 장면 등을 CM에 이용하는 것이 그것이다"라고 간단히 소개되어 있다. 그러나 10년 뒤에 나온 『광고대사전』(1996)에서는 "문학작품이나 연극, 영화 등 예술분야에서 기성작품의 문체나 운율을 교묘히 모방해 과장이나 풍자로써 해학적으로 다시 만든 것. 패러디는 기존 작품의 스타일상의 고유성을 이용하고 그들의 특이성을 이용함으로써 원본을 조롱하는 모방을 만들어내는 특성이 있다. 따라서 패러디에는 풍자적 충동이 의식적으로 드러나 있기 마련이다"라고 기술되어 있다.

종합하면 패러디 광고란 "패러디 기법이 사용된 광고를 말하며 원작과 패러디 텍스트 사이의 대조와 대비를 통해 차이를 알 수 있도록 만든 광고"라고 할 수 있다. 패러디와 비슷한 개념으로 패스티시(Pastiche)가 있는데 이것도 기존 작품의 모방이라는 측면에서는 패러디와 동일하나 패러디가 풍자적 충동 혹은 희극적 요소가 다분히 있는 반면, 패스티시는 모방을 긍정적으로 수행하며 풍자나 희극적인 요소가 배제된다는 측면에서 패러디와 다르다. 패러디는 원작에 대한 해체와 통합을 통해 나타나는 것이며, 원작의 일부분을 그대로 이용하는 모방이나 표절과는 다르다.

패러디는 '풍자'와 '모방'이라는 기본적인 특징을 갖지만, 패러디가 새로운 저작물로 인정될 경우 저작권을 보호받는다. 저작권자를 보호할 뿐 아니라 패러디 창작자의 권리도 함께 지키기 위함이다(정재훈, 1998).

이처럼 새로운 창작물로서 패러디는 패스티시, 모방, 인용, 반어, 풍자, 오마주와는 다르다. 저작권으로부터 보호를 받으며 대중에게 알려진 원작의 모방에서 출발하지만 원작을 떠올릴 수 있어야 하는데, 저작물을 보호함으로써 창작활동도 활성화되어야 한다. 원작으로부터 상당한 영감을 얻어 전에 없던 무엇인가를 새롭게 창작해냈기 때문에 면책이라는 형태로 노력에 보상을 받아야 한다(정재훈, 1998). 패러디 광고는 광고를 패러디한 광고, 영화를 패러디한 광고, 명화를 패러디한 광고, 사건을 패러디한 광고, 문학을 패러디한 광고로 나뉘며 이와 관련해 패러디와 오마주, 표절의 경계, 패러디의 대상으로서 광고에 대해 살펴보자. 영화, 드라마, 코미디, 음악, 미술 심지어는 정치적 인물의 패러디에 이르기까지 다양하게 패러디의 소재로 활용되고 있는 것을 보면 우리 사회에서 패러디는 매우 일반화된 하나의 양식이라 볼 수 있다. 그러나 광고계에서 '광고'라는 콘텐츠의 활용에는 매우 인색하다. 광고를 패러디한 광고의 경우도 동일 브랜드의 전편 광고에 사용된 카피, 비주얼, 배경음악을 패러디한 사례가 대부분이었다. 최근 들어 새로운 패러디 광고들이 등장하고 있는데 바로 그동안 국내 광고계에서 터부시해오던 타사 브랜드의 광고를 패러디한 광고의 등장이다(변주은, 2005).

영화를 패러디하는 수법은 패러디 광고의 기본적인 출발이다. 패러디 대상이 되는 원작의 분위기를 그대로 연출해 맥락을 살리되, 거기에 광고하고자 하는 제품을 적절하게 포함시키는 초맥락화(trans-contextulization)를 거둘 수 있다. 명화, 또는 회화를 패러디한 광고는 모나리자나 밀레의 이삭줍기 등과 같이 일반인들이 잘 아는 명작을 차용해 낯익은 것을 낯설게 하는 방식이다. 새롭게 완성된 명화 패러디 광고는 기호화(Coding)를 통한 의미의 공유를 목적으로 하는데, 명품 소비와 관련이 있다. 역사적인 사건과 인물은 패러디 광고의 소재가 된다. 명언을 패러디한 경우도 이 범주에 포함할 수 있는데, 카피에서 유명한 격언이나 속담을 패러디한 경우 영화제목이나 노래제목을 바꾸어 사용하는 경우에도 같은 맥락으로 이해할 수 있을 것이다. 특히 기존에 잘 알려진 노래는 CM송으로의 활용이 높아 패러디 가능성이 매우 높다. 모든 패러디에는 기본적으로 원작에 대한 잠재적인 경의가 내포되어 있다(허천, 1992).

풍자나 조롱 이외에 경의를 바탕으로 한 패러디가 있는데 이것을 영화에서는 오마주라고 부른다. 패러디와 표절 간의 가장 명백한 구별은 패러디는 그것이 패러디하는 텍스트의 형식을 크리에이티브의 형식에 적절히 재구성해 넣음으로써 해독자의 해석 작업을 용이하게 한다는 것이고 표절은 해독자를 배경이 된 텍스트의 해석에 개입시키지 않고 감추려 한다는 점에서 근본적으로 다르다.

오늘날 수많은 패러디 광고 중에는 원작을 재구성해 재미를 제공하는 수준 높은 패러디 광고가 있는가 하면 "소극적 빌어오기 또는 단순한 빌어오기"(김덕자, 1994) 정도의 패러디 광고도 함께 발견할 수 있다. 패러디는 반복이지만 차이를 내포한 반복이며 비평적 아이러니를 가진 재창조이다. 다매체 다채널 시대 소비자들은 정보와 선택권을 가진 현명한 프로슈머이며 패러디 광고는 사람들의 관심을 이끌어내는 방식으로 소비자들에 의해 다시 재생산된다. 방송광고의 한 장르로 자리한 패러디 광고는 앞으로 문화 속에서 더 자주 나타날 것이다. "팔 것이 있으면 광고가 있다"는 명제처럼, "원작이 있으면 패러디 광고가 있다". 소비자가 현명해진 만큼 패러디 광고는 더 치열한 방법으로 그들을 설득하고 "차이를 가진 반복"을 계속하게 될 것이다.

❑ 연관어: 광고 소구, 광고 창의성

더 읽어야 할 문헌

김덕자. 1994. 「광고 크리에이티브를 확장하는 패러디」. ≪광고학연구≫. 7권 2호. 215~239쪽.
변주은. 2004. 「광고를 패러디한 광고의 효과연구: 타 브랜드 광고를 패러디한 국내 TV-CM 사례를 중
    심으로」. 연세대 언론홍보대학원.
이현우 외. 2007. 『방송광고장르론』. 서울: 커뮤니케이션북스.
이희복. 2016. 『광고론』. 서울: 한경사.
정재훈. 1998. 「패러디 광고와 저작권 침해」. ≪광고정보≫, 39호. 9~29쪽
코래드광고 전략연구소. 1986. 『광고대사전』. 서울: 나남출판.
허천, 린다(Linda Hutcheon). 1992. 『패러디 이론』. 김상구·윤여복 옮김. 서울: 문예출판사.
Burr, Sherri L. 1996. "Artistic parody; A Theoretical construct." 14. *Cardozo Arts and Ent. L. J.* p.65.

040

매복광고
Ambush Advertising

올림픽이나 월드컵이 열리면 국제올림픽위원회(IOC)나 국제축구연맹(FIFA)에서는 공식스폰서 기업을 지정하고, 이들 외에는 공식행사 등에 참여하지 못하도록 규제한다. 예를 들어, 올림픽의 경우 아디다스나 삼성전자 같은 공식스폰서를 제외한 기업들은 광고 등에 '올림픽'이라는 말을 사용할 수 없다. 막대한 비용을 후원하는 기업에 올림픽 관련 상징물에 대한 배타적 사용권을 보장해주는 것이다. 스포츠가 상업주의화했다는 비난이 일기도 하지만, 이러한 스폰서 구조 덕에 올림픽 같은 대규모 행사가 가능하다.

공식 스폰서가 아닌데 스폰서처럼 빅 이벤트를 활용하는 광고를 매복광고(Ambush Advertising, 또는 Ambush Marketing)라고 한다. 수영 박태환 선수는 CJ 햇반, 리듬체조 손연재 선수는 LG전자 에어컨 모델이었으며, 농심에서는 배드민턴 이용대 선수를 모델로 광고를 했다. 모두 올림픽 국가대표 선수라 올림픽에 대한 관심이 고조되면 이들이 광고하는 제품의 광고효과도 커진다. 물론 기업에서는 제품을 광고할 때 올림픽이라는 단어를 사용하지 않는다. "대한민국 선수단의 활약을 기대합니다" 같은 우회적 표현을 쓸 뿐이다. 공식 스폰서가 아니기 때문이다. 기업에서는 이처럼 매복광고를 함으로써 스폰서십 비용을 줄이면서도 빅 이벤트의 후광효과를 노리는 전략을 택하는 것이다.

대한체육회에서는 보통 다음과 같은 행위를 매복광고에 포함하고 금지한다. △ 각 국가대표팀 활용, △ 용품 사용 및 광고 출연을 통한 유명 스타 활용, △ 경기장 주변에서의 프로모션, △ 국가대표팀 공식 서포터스 활용 등이다. 대한체육회는 이와 함께 오륜마크, 올림픽 명칭, 휘장, 모토 등의 올림픽 상징물과 '올림피아드', '올림픽 경기' 같은 유사 표현을 사용하는 것도 금지한다.

그러나 선수 한 명이 개별적으로 광고에 출연하는 것을 막을 수 없다. 현재까지 이 같은 문제로 법적 분쟁이 본격화한 사례도 없다. '올림픽' 같은 표현을 직접 사용하지 않고 자국 팀을 응원하는 행위 정도는 문제되지 않는다. 공식 스폰서가 아니면서 공식 스폰서처럼 한다면 「부정경쟁방지 및 영업비밀보호에 관한 법률」에서 금지하는 타사 상표 및 상품 등과 혼동되는 행위에 해당하므로 민형사상 책임을 물을 수 있다.

과거의 월드컵 축구대회에서 아디다스가 공식 스폰서 기업인데도 오히려 나이키가 대대적인 월드컵 마케팅으로 성공한 사례가 있다. 후원사가 얻게될 프리미엄이 작아지면 기업들은 굳이 큰 비용을 들여가며 공식 스폰서가 되려고 하지 않는다. 매복 마케팅을 불법화하거나 최소한 비양심적인 행위로 대중에게 인식시키는 것이 IOC나 FIFA의 희망이다. 그러나 직접적으로 매복광고를 규제할 법률은 없다. 올림픽이나 월드컵 기간에 기업들은 "대한민국 국가대표 선수들을 응원합니다"와 같은 애매한 이야기를 계속할 것이다. 공식 스폰서가 아닌 한 '올림픽에서'나 '월드컵에서' 같은 구체적인 표현을 빼야 한다(≪주간동아≫, 2012.8.20).

매복광고는 최근 월드컵과 올림픽, 프로스포츠가 흥행하면서 이와 관련된 배타적 마케팅 커뮤니케이션 권리로서 스폰서십 제공업체에게 부여되는 권리를 정면으로 파고드는 마케팅 기법이다. 기생 마케팅이나 해적 마케팅으로도 불리고 매복광고는 말의 뜻처럼 부정직한 방법으로 매도되기도 한다. 그러나 스폰서가 아니라고 해서 광고를 제한하는 것은 옳지 않다. 광고는 '인식의 싸움'이기 때문이다. 누가 소비자의 인식을 선점하느냐가 더 중요하다.

❑ 연관어: 광고의 정의, 광고 소구

더 읽어야 할 문헌

김용만·박세혁·전호문. 2009. 『스포츠마케팅』. 서울: 학현사.
김주호. 2015. 『세계 10대 메가스포츠이벤트와 스폰서십』. 서울: 커뮤니케이션북스.
문개성. 2016. 『스포츠마케팅』. 서울: 커뮤니케이션북스.
신승호. 2015. 『스포츠산업 마케팅』. 서울: 커뮤니케이션북스.
이희복. 2016. 『광고론』. 서울: 한경사.
≪주간동아≫, 2010.8.20. "박태환 손연재 광고 왜 '올림픽'을 쓰지 않을까." 851호.

041

글로벌 광고
Global Advertising

　글로벌 광고(global advertising)와 국제 광고(international advertising)는 유사한 개념이지만 엄격히는 구분될 수 있다. 글로벌 광고는 지역 광고(local advertising)와 대비되는 개념으로 국가와 상관없이 전 세계를 대상으로 동일하게 집행하는 광고를 의미하는 반면, 국제 광고는 여러 국가에서 차별화된 광고를 집행하는 것을 말한다. 즉, 글로벌 광고는 기획, 제작, 집행, 평가 등 전 과정에서 전 세계를 대상으로 수행되지만 국제 광고는 국가별로 상이한 상황을 고려하여 이에 적합한 광고를 각각 수행하는 것으로서 이해할 수 있다. 하지만 이러한 구분은 대부분의 경우에 명확하지 않으며 두 용어가 혼용된다.

　글로벌 광고가 증가하는 이유는 여러 가지가 있지만 가장 중요한 것은 제품이나 서비스의 판매를 한 국가나 지역에만 국한하지 않고 다수의 국가로 확장한 글로벌 기업들의 등장과 성장이다. 무역 장벽이 허물어지듯 교통과 미디어의 발달로 인해 국경과 상관없이 라이프스타일과 가치를 공유하는 소비자들이 등장했다. 흔히 한 국가 내의 세대 간 차이가 국가 간 비슷한 연령대의 소비자 집단 간 차이보다 크다고도 한다. 시공간을 초월하는 미디어 콘텐츠의 공유와 소통이 가능해지면서 언어와 문화가 다른 소비자들이 제품이나 서비스에 대한 관심과 취향을 쉽게 공유하며 유사한 소비자 집단을 형성한다. 예를 들어, 애플(Apple) 브랜드에 대한 충성도가 높은 소비자들은 미국뿐 아니라 여러 나라에서 쉽게 찾을 수 있으며 동일한 내용과 방식의 마케팅과 광고로 공략할 수 있다. 기업들의 국제화는 글로벌 환경에서 광고를 관리할 수 있는 다국적 혹은 글로벌 광고대행사들의 성장을 가져왔고 글로벌 광고의 성장에 기여했다. 글로벌 광고 캠페인은 글로벌 마케팅과 마찬가지로 표준화(standardization)와 현지화(localization)를 고민해야 한다(정만수 외, 2014). 공통된 가치, 성향과 수요를 가진 소비자들을 대상으로 표준화 전략을 이용할 경우 동일하거나 유사한 광고를 활용할 수 있다. 표준화는 규모의 경제와 일관성 있는 제품의 이미지와 메시지를 유지하는 데 장점이 있다. 한편, 국가별로 상황이 다르기 때문에 각 지역에 적합한 광고를 활용하는 현지화 전략은 언어, 미디어 등을 포함한 문화적 차이에 보다 민감하다. 각 국가 혹은 지역에 적합한 광고를 개별적으로 기획, 제작하기 때문에 보다 효과적이라고 본다. 많은 경우에 표준화와 현지화 중 하나의 전략만을 선택하기보다 해당 제품이나 서비스, 목표 소비자, 목표 지역 등을 고려하여 두 전략을 적절하게 혼합해 활용한다.

현지화 전략에서 강조하듯이 광고의 제작과 해석 및 수용의 맥락에서 문화는 중요하다. 드무이에 의하면 문화의 핵심은 가치이며 이는 사람들의 믿음, 태도, 행동을 결정하는 기준이다(de Mooij, 2010). 널리 알려진 문화적 성향 중 하나는 홉스테드(G. Hofstede)의 문화적 차원들이다(Hofstede, 1980). 그가 제시한 문화적 차원들은 개인주의/집단주의(individualism/collectivism), 권력 거리(power distance), 남성성/여성성(masculinity/femininity), 불확실성 회피(uncertainty avoidance), 장기적/단기적 성향(long-term vs. short-term orientation)을 포함한다. 광고와 관련된 또 다른 문화적 차원은 홀(E. T. Hall)의 고맥락-저맥락 문화이다. 홀은 문화를 사람들의 커뮤니케이션 유형에 내재된 맥락의 정도에 따라 고맥락 문화와 저맥락 문화로 구분했다(Hall, 1984). 예를 들어 한국, 일본과 같은 동양권 문화는 암묵적(implicit)이며 간접적(indirect)인 커뮤니케이션 방식을 선호하는 고맥락 문화로 구분되며, 미국과 같은 서양권 문화는 노골적(explicit)이고 직접적(direct)인 커뮤니케이션 방식이 주류를 이루는 저맥락 문화로 분류된다. 소비자들은 본인의 문화적 성향과 일치하는 광고에 우호적인 반응을 보이기 때문에 글로벌 광고에서 문화적 속성을 고려하는 것이 필수적이다.

❑ 연관어: 광고 전략, 광고 캠페인, 광고 문화

더 읽어야 할 문헌

이지연·김은미·이장로. 2015. 「다국적 기업의 광고 표준화와 기업 성과의 관계에 관한 실증연구」. ≪국제경영연구≫, 26(1), 29~53쪽.

정만수·김유경·이경렬·전영우·김병희·최영균·심성욱. 2014. 『글로벌 시장과 국제광고』. 서울: 서울경제경영.

de Mooij, M. K. 2010. *Global Marketing and Advertising: Understanding Cultural Paradoxes* (3rd ed.). Thousand Oaks, CA: Sage.

Hall, E. T. 1989. *Beyond Culture*. New York: Anchor Books.

Hofstede, G. 1980. *Culture's Consequences: International Differences in Work-Related Values.* Beverly Hills, CA: Sage.

제6장
광고와 미디어

042

트리플 미디어
Triple Media

2009년 미국의 IT사이트인 씨넷(CNET)에 '멀티미디어 2.0'이라는 논문에서 미디어 유형을 페이드 미디어(paid media), 온드 미디어(owned media), 언드 미디어(earned media)로 분류하며 소개된 '트리플 미디어'라는 용어는 일본의 광고 전략가 요코야마 류지의 『트리플 미디어 전략』이라는 책이 국내에 소개되면서 확산되었다. 흔히 세 가지 유형의 미디어 앞머리 글자를 따서 POE 미디어라고도 한다.

페이드 미디어는 비용을 지불해 매체를 구매하여 광고를 집행하는 형태의 미디어로 주로 전통적인 광고 미디어인 신문, 잡지, TV, 라디오를 포함하며 인터넷, 교통, 옥외광고 미디어 등이 포함된다. 즉, 기업이 비용을 지불해 구매할 수 있는 유료 미디어를 말하며 브랜드 인지도 확대나 유지에 유리하고 온드 미디어로의 유도나 언드 미디어의 생성 역할을 한다.

온드 미디어는 매체사에 비용을 지불할 필요 없이 기업이 자체적으로 보유하고 있는 광고 미디어로 매장이나 홈페이지, 페이스북, 블로그, 트위터 등이 해당된다. 고객과 지속적인 관계를 구축하고 기업이나 브랜드의 정보를 외부

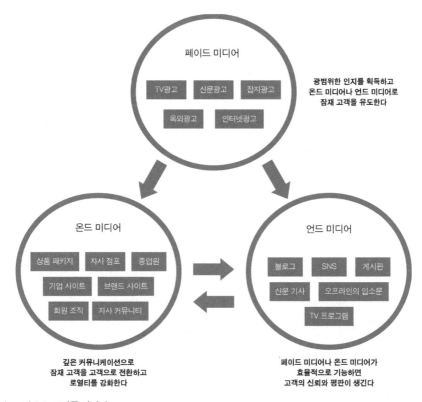

페이드 미디어

TV광고　　신문광고　　잡지광고

옥외광고　　인터넷광고

광범위한 인지를 획득하고
온드 미디어나 언드 미디어로
잠재 고객을 유도한다

온드 미디어

상품 패키지　자사 점포　종업원

기업 사이트　브랜드 사이트

회원 조직　자사 커뮤니티

언드 미디어

블로그　　SNS　　게시판

신문 기사　오프라인의 입소문

TV 프로그램

깊은 커뮤니케이션으로
잠재 고객을 고객으로 전환하고
로열티를 강화한다

페이드 미디어나 온드 미디어가
효율적으로 기능하면
고객의 신뢰와 평판이 생긴다

그림 6-1　트리플 미디어

미디어로 확산하는 역할을 한다.

　언드 미디어는 기업체와 관계없이 소비자 스스로 구축해 광고를 하고 소비
자들에 의해 자발적인 구축된 미디어로서 SNS 활동이 대표적이며 소비자들의
블로그 활동이나 게시판, 오프라인을 통한 입소문 등이 포함된다. 언드 미디
어는 소비자의 평판과 신뢰를 얻을 수 있는 미디어로 소비자를 비롯한 제3자
가 정보를 발신하는 접점이 되어 소비자 주도에 의해 평판을 전달하고 제3자
의 추천에 의해 제품이나 서비스의 신뢰성을 구축하는 데 기여하고 있어, SNS
활동이 확산되는 최근 더욱 중요한 매체로 간주되고 있다.

　정리하자면, 페이드 미디어를 통해서는 광범위한 인지도를 확보할 수 있고, 온드 미디어를 통해서는 고객들과 깊은 커뮤니케이션이 가능하며 충성도가 높은 소비자들과의 관계를 강화할 수 있고, 언드 미디어는 소비자의 신뢰와 평판을 획득할 수 있는 수단이 된다.

세 가지 유형의 미디어는 개별적으로 작동하기도 하지만 서로 연계되었을 때 시너지 효과가 발생할 수 있다. 대표적으로 요코야마 류지는 트리플 미디어는 서로 연계해 마케팅 효과를 창출해낸다고 주장하며, 미디어 연계라는 것은 상품과 서비스를 인지한 일반 계층이 팬과 고객층으로 흘러가도록 하는 구조라고 설명한다. 이 과정에서 상품(서비스)의 팬이 반드시 고객이 된다고 할 수는 없지만, 일반 계층에 호소하는 광고 미디어를 통해 고객층을 양성하고, 광고(유료) 미디어를 자사(소유) 미디어로 유입해서 고객화를 도모하며, 소셜 미디어에서 브랜드의 팬층을 양성하여 이들을 고객화해야 한다고 주장했다.

페이드 미디어에서 광고를 시청한 소비자들은 브랜드를 검색하고 사이트와 상점을 방문하며, 온드 미디어에서는 광고보다 더 실감나는 브랜드 체험을 제공하거나 장기적인 관계를 구축할 수 있다. 이러한 화제들이 블로그나 SNS를 통해 전파되고 그 내용으로 사이트의 방문자 수가 증가하게 된다. 언드 미디어에서는 블로그 등에 게재된 기사가 소셜 북마크에 등록되고 동영상 공유 사이트의 동영상을 통해 블로그에 퍼져 나가면서 화제가 확산된다. 화제가 된 내용은 포털이나 검색엔진 등을 통해 더욱 확산되고, 이어서 다시 대중매체에 소개되는 순환 관계를 맺어 짧은 시간에 광범위하게 전파될 수 있다. 이러한 관계는 통합마케팅커뮤니케이션(IMC) 활용의 개념과도 연결된다.

☐ 연관어: ATL/BTL/TTL, 구전, 통합마케팅커뮤니케이션

더 읽어야 할 문헌

요코야마 루지. 2011. 『트리플 미디어 전략』. 제일기획 옮김. 서울: 흐름출판.
이용우. 2013. 「트리플 미디어를 활용한 미디어 크리에이티브 사례연구: 프로모션 캠페인광고의 인사

이트와 크리에이티브 아이디어를 중심으로」. ≪조형미디어학≫, 16권(2호), 173~182쪽.

최환진·조용석·한규훈·박승배·엄남현·김찬석·김효숙·지준형·이상열. 2016. 『제일기획 출신 교수들이 직접 쓴 트리플 미디어 마케팅과 광고기획』. 서울: 중앙북스.

Chaffey, Dave. 2012. "The difference between paid, owned and earned media: 5 viewpoints." http://www.smartinsights.com/digital-marketing-strategy/customer-acquisition-strategy/new-media-options (검색일: 2017.9.19)

Leberecht, Tim. 2009. "Multimedia 2.0: From paid media to earned media to owned media and back," CNET, 2009, 5. 11. https://www.cnet.com/news/multimedia-2-0-from-paid-media-to-earned-media-to-owned-media-and-back/ (검색일: 2017.8.17)

043

스마트 미디어
Smart Media

위키피디아에 따르면 스마트 미디어는 원래 일본 도시바 소유의 플래시 메모리 카드 표준을 의미하며 스마트 미디어 카드라고 불리기도 한다. 하지만 이러한 메모리 카드가 내장된 다양한 디지털 기기들의 등장으로 더 이상 스마트 미디어는 메모리 카드 자체를 의미하지 않고 일상적으로 이러한 메모리 카드가 내장된 다양한 기기들을 의미한다.

2007년 애플 사가 아이폰을 출시하며 기존의 휴대폰과 완전히 차별화된 기능과 용도를 선보이면서 확산된 스마트 미디어 개념은 그 이름에서 유추되듯이 기존의 것과 차별화되고 '똑똑한(smart)' 전자 기기들을 일컫는 통칭으로 현재 사용되고 있다.

'스마트폰'이 컴퓨터가 할 수 있는 기능을 탑재한 채 기존의 송수신 위주의 휴대폰 개념을 바꾸었듯이, '스마트 TV'는 텔레비전 수상기에 웹 구동 운영체제(OS)를 탑재하여 인터넷과 텔레비전의 기능을 동시에 제공하는 다기능 및 지능형 멀티미디어 디바이스를 일컫는다. 이처럼 스마트한 미디어는 현재 기본적으로 인터넷과 연동되어 양방향 통신이 가능하고 기기의 소형화로 인해 모바일 기능이 가능한 쪽으로 진화했다.

스마트 미디어 개념은 인터넷으로 연결된 기기들이 스스로 정보를 주고받는 기술이나 환경을 뜻하는 사물인터넷(IOT: Internet Of Things) 개념과 인공지능(AI) 기술의 확산으로 그 개념을 점차 넓혀가고 있다.

□ 연관어: O2O 마케팅

더 읽어야 할 문헌

김은미·심미선·김반야·오하영. 2012. 「미디어화 관점에서 본 스마트 미디어 이용과 일상경험의 변화」. ≪韓國言論學報≫, 56권(4호), 133~159쪽.
미래창조과학부·방송통신위원회·문화체육관광부·중소기업청. 2014.12.5. "스마트 미디어 산업 육성 계획(2015-2020)".
윤장우. 2013. 「스마트 미디어 시대의 도래 및 발전 방향」. ≪방송공학회지≫, 18권(1호), 10~22쪽.
≪YTN 사이언스≫. "스마트 미디어 어디까지 왔나?" https://www.youtube.com/watch?v=xmaWfDarYJE (검색일: 2017.9.19.)
위키피디아. https://ko.wikipedia.org/wiki/%EC%8A%A4%EB%A7%88%ED%8A%B8%EB%AF%B8%EB%94%94%EC%96%B4 (검색일: 2017.8.17).

044

다중채널 네트워크
Multi-Channel Networks (MCN)

새로운 기술과 플랫폼 등장 등 매체 환경의 변화는 일반인의 콘텐츠 제작과 공유를 가능케 하며 이용자 생산 콘텐츠(UCC: User Created Content)의 활성화를 가져왔다(오동일, 2016). 초기의 텍스트 중심 UCC는 네트워크의 발달과 함께 동영상으로 이행하고 개인 창작자가 웹이나 모바일을 통해 실시간 스트리밍이나 주문형 비디오(Video-On-Demand) 방식으로 동영상 서비스를 제공하는 '1인 방송'의 성행으로 이어졌다(김경숙, 2017). 일반인이 주체가 되는 1인 방송은 실시간 방송을 진행하며 BJ(Broadcast Jockey)나 크리에이터(creator)가 시청자와 실시간 채팅이나 댓글을 통해 소통하고 시청자의 의견을 반영하여 즉각적인 반응을 보인다는 강점이 있으며, 전통적인 매체에서 다루기 힘든 다양한 소재의 콘텐츠로 특히 젊은 시청자의 다양한 취향을 만족시킨다. 실제 유튜브는 '유튜버(YouTuber)'라 불리는 많은 개인 창작자들이 독특한 콘텐츠를 제공하며 인기를 끌면서 광고 수입이 상승했다고 알려졌다(김경숙, 2017).

다중채널 네트워크 혹은 MCN(Multi-Channel Networks)은 유튜브, 페이스북, 트위치TV 등 동영상 플랫폼들과 제휴하여 여러 개인 창작자 채널들의 콘텐츠

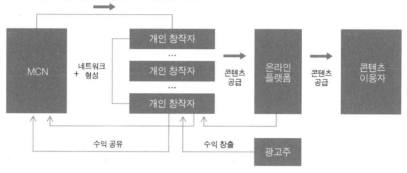

그림 6-2 **MCN의 가치 사슬**
자료: 고문정·윤석민(2016).

기획, 제작, 편성, 교육, 저작권 관리, 프로모션, 수익 창출 및 관리를 지원하는 서비스 사업자를 일컫는다. 디지털 시대의 개인 창작자는 전통적인 매체의 콘텐츠 제작과 달리 개인이 작가, 연기자, 프로듀서, 마케터 등 다양한 역할을 동시에 수행해야 하는데, 이러한 개인적인 창작과정에 대한 지원 서비스를 제공하면서 UCC의 체계화와 상업화를 지향하는 것이 MCN이라고 할 수있다(고문정·윤석민, 2016). 해외에서는 메이커 스튜디오(Maker Studios), 어썸니스TV(AwesomenessTV), 풀스크린(FullScreen), 머시니마(Machinima), 트위치(Twitch) 등 미국 사업자들 중심으로 MCN 업계를 이끌고 있으며, 국내에서는다이아 TV(DIA TV), 트레져헌터(Treasure Hunter), 아프리카TV(afreecaTV) 등이 주요 MCN 사업자로서 활동해왔다. 국내 MCN에 소속되어 활동 중인 창작자는 약 1만 명에 이르며 대도서관, 씬님, 양띵, 김이브 등이 인기 창작자들로서 활약 중이다.

MCN의 주요 수익원은 유튜브 등 콘텐츠를 제공하는 플랫폼에서 얻는 광고 수익이다. 개인 창작자가 플랫폼에 게재한 영상을 재생할 때 프리롤 광고(pre-roll advertising: 영상 전에 노출되는 광고)가 노출되며 광고의 노출횟수에 따라 광고 수익을 얻고 이를 창작자와 배분하는 방식이다. MCN은 수익원의 다각화를 위해 광고 수익 외에도 브랜드 협업(brand collaboration)을 통한 브랜디드 콘텐츠(branded content), 간접광고(PPL: product placement), 캐릭터 상품 판매, 해외시장 진출, 플랫폼 다양화 등으로 비즈니스 모델을 확대하기 위해 노력 중이다. 그림 6-2는 MCN의 가치 사슬을 보여주고 있다.

MCN의 성장은 개인 동영상 창작과 유통, 이용의 활성화와 함께 전통적인 매체의 광고 효율성이 급감하는 상황에서 이를 대체 혹은 보완하는 새로운 광고 플랫폼을 제공할 수 있다는 가능성 면에서 주목할 만하다. 대중적 인지도를 확보한 유명 연예인을 활용한 전통적 매체의 콘텐츠에 비해 MCN 콘텐츠는 소비자와의 심리적 거리가 멀지 않은 개인 창작자들이 제작한 콘텐츠로서 소재가 다양하고 공감을 얻을 뿐만 아니라 실시간, 비실시간 상호작용을 통해 콘텐츠 소비의 재미를 배가하는 등의 차별성을 가지고 있다. 특히 모바일, 인터넷 플랫폼을 이용한 동영상 소비와 채팅, 댓글을 통한 소통에 익숙한 젊은 소비자들에게 매력적인 콘텐츠이기 때문에 새로운 형식의 광고 시도가 기대된다.

❑ 연관어: 간접광고, 브랜디드 콘텐츠

더 읽어야 할 문헌

고문정·윤석민. 2016. 「온라인 플랫폼에서의 다중채널 네트워크(MCN) 비즈니스 모델 탐색」. ≪정보통신정책연구≫, 23권 1호, 59~94쪽.
김경숙. 2017. 「인터랙티브 미디어서비스 환경에서의 1인 방송의 법적 성격-플랫폼 역할의 관점에서」. ≪법학연구≫, 25권 1호, 127~152쪽.
반옥숙·박주연. 2016. 「인터넷 개인 방송 지속 이용의 구조적 관계에 대한 연구」. ≪언론과학연구 1≫, 16(1), 59~95쪽.
오동일. 2016. 「인터랙티브 엔터테인먼트의 본질적 특징에 관한 연구」. ≪애니메이션연구≫, 12권 3호, 184~203쪽.
Gardner, J., and K. Lehnert. 2016. "What's new about new media? How multi-channel network with content creators," *Business Horizons*, 59(3), pp. 293~302.

045

O2O 마케팅
Online to Offline Marketing

O2O라는 용어는 Online-to-Offline, 혹은 Offline-to-Online의 약어로, 2010년 7월 미국의 제휴마케팅업체 트라이얼페이(Trialpay)의 설립자인 앨릭스 램펠(Alex Rampell)이 한 IT 전문지에 기고하면서 쓰이게 되었다. O2O는 명칭 그대로 기존에 분리된 영역으로 여겨졌던 온라인과 오프라인의 영역을 연결한다는 개념이다. 즉, O2O 서비스를 이용하는 소비자가 구매하고자 하는 제품 및 서비스 관련 정보를 수집하고 예약하거나 지불하는 행위는 온라인에서 이루어지지만, 실제 제품과 서비스를 받는 영역은 오프라인이 되며, 이러한 일련의 구매와 소비 과정은 막힘없이(seamless) 이루어진다.

O2O 서비스는 모바일 인터넷을 활용한 소비생활 중에서도 최근 가장 각광받는 분야 중 하나이다. 최근 스마트폰을 비롯한 모바일 기기의 보급 확대와 더불어 TV 홈쇼핑과 PC 기반 온라인 쇼핑에 머물던 전자상거래(E-commerce) 시장이 모바일 상거래(M-commerce) 시장으로 확장되었고, 언제 어디서나 접속이 가능한 모바일 인터넷의 특성을 활용한 O2O 플랫폼 서비스가 새로운 비즈니스 모델로 등장했다.

O2O의 특성으로는 첫째로 소비자의 니즈가 발생하는 시점과 니즈를 해소하는 시점 간의 격차를 획기적으로 줄여준다는 점을 들 수 있다. 특히, 모바일 인터넷의 편재성(ubiquity)과 위치 정보 인지(location-awareness)로 인해 모바일 기기를 이용하는 소비자는 니즈가 발생하는 즉시 이를 해소할 수 있게 되었다. 예컨대 택시를 이용하고자 하는 소비자는 그 즉시 스마트폰 어플리케이션을 통해 근처에 있는 택시를 예약할 수 있어 소비자의 편의가 증대된다. 이와 더불어 O2O는 오프라인 판매자의 편익 역시 증대시킨다. O2O플랫폼이 판매자의 제품 및 서비스에 관한 정보를 유통시키는 데 발생하는 비용을 획기적으로 줄여줄 수 있기 때문이다.

이처럼 O2O 서비스에서는 실제 오프라인에서 서비스를 제공하는 사업자와 온라인에서 정보제공·주문·예약·결제를 하는 사업자가 달라지며, 이때 O2O 플랫폼은 중개자로서의 역할을 수행하는 경우가 많다. 즉, O2O 플랫폼은 두 가지 이용자 집단, 즉 '상호연결을 필요로 하는' 오프라인 판매자와 소비자 집단을 연결하는 양면시장(two-sided market)의 특성을 지닌다.

O2O는 현재 외식배달, 여행, 부동산, 티켓 예약, 자동차 임대, 전자쿠폰 등 분야에서 널리 응용되고 있다. O2O 산업은, 시장 규모에 대한 추정치는 리서치업체별로 차이가 존재하나 빠른 속도로 성장했다. 국내에서는 특히 카카오(Kakao)와 네이버(Naver) 등의 포털 서비스 제공자, 그리고 배달의 민족 등의 1세대 스타트업이 활발하게 사업 영역을 확장했다. O2O 산업이 활발하게 성장하고 있는 중국의 O2O 시장은 BAT로 불리는 바이두(Baidu), 알리바바(Alibaba), 텐센트(Tencent)가 이끌고 있다.

한편, 이전과는 다른 O2O 플랫폼을 통해 중개되는 거래 방식에서 다양한 소비자 문제들이 제기되고 있다. 3000명의 O2O 서비스 이용자들을 대상으로 한 조사 결과에 의하면 소비자들은 음식점의 위생 상태나 객실 및 편의시설의 관리 상태, 택시기사의 운전경력과 같은 서비스 및 서비스 제공자들의 상세정보를 중요하게 생각하고 있었으며, 소비자 문제가 가장 많이 발생하는 영역은

사진 6-1 O2O 마케팅의 예
자료: https://1seo.com/amazon-go-future-shopping/, https://www.geekwire.com/2015/amazons-new-plastic-dash
-button-lets-you-instantly-restock-items-for-the-home

서비스 제공자의 서비스 지연 및 수준 미달로 나타났다(정영훈·이금노, 2016).
따라서 O2O 서비스 제공영역에서의 소비자 보호 책임을 확대하고 피해에 대
한 보상체계를 구축하는 등의 대책 마련이 필요하다.

모바일 무선 인터넷을 기반으로 등장한 O2O 산업은 사물인터넷(IoT) 시대
가 도래하면서 새로운 성장의 기회를 맞이했다. O2O 산업은 사물인터넷 기
술의 발전과 함께 새로운 사업 기회를 창출할 것으로 전망된다. 현재에도 몇
몇 관련 기술이 오프라인 영역과 온라인 영역을 연결하며 고객을 유치하는
데 이용되고 있다. 예컨대 근거리무선통신(NFC: Near Field Communication) 기
술이나 저전력 블루투스(BLE: Bluetooth Low Energy), 위치기반서비스(LBS:

Location-based Service) 기술을 활용해 오프라인 매장 근처의 소비자에게 할인 쿠폰 및 프로모션 정보 등을 발송하면, 고객은 제품에 대한 니즈를 자극받아 근처 오프라인 매장을 방문하게 되는 방식 등이 그것이다.

스타벅스는 위치정보를 바탕으로 고객 주변에 있는 매장에 대한 정보를 제공하고, 고객이 매장에 방문하기 전 미리 주문과 결제를 마치고 매장에 가서 시간 지체 없이 커피를 들고 나올 수 있는 '사이렌오더(Siren Order)' 서비스를 운영 중이다. 해당 서비스는 2014년 5월 29일 전 세계 최초로 한국에서 시작한 이래 성공적인 O2O 서비스의 사례로서 평가받는다. 또 다른 예시로는 2015년 첫 출시된 아마존(Amazon)의 '대시버튼(Dash Button)'을 들 수 있다. 대시버튼은 생활용품을 바로 아마존에서 재주문할 수 있는 손가락만 한 5달러짜리 '버튼'형 기기로, 와이파이에 연결되어 설정과 관리는 아마존의 모바일 앱에서 이뤄지며, 일반 가정에서 해당 제품이 부족하거나 떨어졌을 때 버튼을 누르면 모바일 앱을 통해 즉시 구매가 진행된다.

O2O 산업의 또 다른 화두가 되고 있는 것은 O4O이다. Online-for-Offline의 약어로, 온라인 기반 업체들이 오프라인 영역에서 직접 서비스를 제공하는 현상을 지칭한다. 단순 서비스 중개만으로는 어느 정도 성장의 한계가 존재할 수밖에 없는 온라인 O2O 플랫폼 업체들은 다양한 기술을 적용한 혁신을 바탕으로 오프라인 영역에 진출했다. 대표적인 사례로는 아마존의 "아마존고(Amazon Go)"가 있다. 오프라인 식료품 마트인 아마존고에서는 아마존고 앱을 통해 입장 시 QR코드를 생성하여 체크인한다. 매장에서 물건을 가지고 나오면 아마존닷컴의 계정 정보를 통해 자동으로 상품의 결제가 이루어지며, 영수증은 앱을 통해 전송된다. 이렇듯 온라인과 오프라인의 경계가 허물어지고 있다.

❏ 연관어: 광고 기술, 모바일 광고, 스마트 미디어

더 읽어야 할 문헌

안경민·주재훈. 2017. 「카카오택시의 O2O 서비스 이용의도에 미치는 영향분석」. ≪인터넷전자상거래
    연구≫, 17(3), 87~105쪽.
정영훈·이금노. 2016. 「O2O 서비스에서의 소비자 문제와 개선 방안 연구」. ≪정책연구≫, 1~232쪽.
지영수·강문영·한경석. 2015. 「O2O 커머스에 대한 소비자들의 이용 중단 의도에 관한 실증적 연구」.
    ≪인터넷전자상거래연구≫, 15(4), 223~245쪽.
Cannon, S., and L. H. Summers. 2014. How Uber and the sharing economy can win over
    regulators. *Harvard Business Review*, 13(10), pp.24~28.
Pan, Y., D. Wu and D. L. Olson. 2017. Online to offline (O2O) service recommendation method
    based on multi-dimensional similarity measurement. Decision Support System.

046

검색엔진 마케팅
Search Engine Marketing (SEM)

  검색엔진 마케팅(Search Engine Marketing)은 포괄적인 개념으로서 기업이 검색엔진을 활용하여 자사의 제품이나 서비스를 기존 혹은 잠재 소비자들에게 알리고 구매를 유도하는 전략을 모두 포함한다. 검색 서비스 이용 시 제공되는 검색결과는 흔히 자연 검색결과(natural/organic search results/listings)와 유료 검색결과(sponsored/paid search results/listings)로 구분된다(Rutz and Bucklin, 2011). 자연 검색결과는 검색엔진의 알고리즘에 의해 제공된 관련 정보를 의미하는 반면, 유료 검색결과는 광고주가 보통 실시간 비딩(bidding)을 통해 사전에 구매한 검색어에 광고문구나 링크를 등록해 보여주는 검색 광고를 의미한다. 즉, 검색 광고란 구글, 네이버, 다음, 네이트 등의 검색 서비스를 제공하는 포털 사이트나 검색엔진에서 이용자가 원하는 검색어를 입력하고 검색을 요청하면, 해당 검색어에 미리 등록이 되어 있던 광고문구와 링크를 보여주고 링크를 클릭하면 제품 혹은 서비스 웹사이트로 바로 연결해주는 방식의 광고를 말한다. 검색 광고의 가장 큰 장점은 소비자가 정보를 필요로 하는 검색어를 즉각적으로 반영하여 관련된 제품과 서비스 정보를 제공한다는 것이다.

대체로 수동적인 노출 형태의 일반광고에 비해 능동적인 검색을 통해 정보를 요청한 소비자에게 제공되는 검색 광고는 자신의 필요와 관심과 관련 있는 정보를 제공하기 때문에 긍정적인 반응을 유도하고 추가 정보 탐색이나 구매 등 목표 행동을 유발하는 경향이 크다(*Harvard Business Review*, 2017). 하지만 광고의 설득의도를 인지하고 있는 소비자들은 유료 검색결과에 비해 자연 검색결과를 선호하거나 신뢰할 수 있다.

검색엔진 마케팅 중 하나인 검색엔진 최적화(Search Engine Optimization)란 특정 웹사이트나 웹페이지가 검색엔진의 자연 검색결과(organic/natural search results)에서 높은 순위를 차지할 수 있게 하려는 온라인 마케팅 기법이다. 다시 말해, 검색엔진마다 자료를 수집하고 순위를 매기는 방식이 다르기 때문에 이에 맞게 웹페이지의 구조와 내용 그리고 검색어를 최적화하여 검색 결과 상위에 노출될 수 있도록 하는 작업이다. 검색엔진 최적화는 구체적으로 웹 검색에 사용되는 상업적인 전문용어 키워드를 모든 사람들이 쉽게 이해할 수 있는 간략한 용어 혹은 어휘들로 바꾸어주는 행위로서, 웹사이트의 내부적인 변화, 예컨대 자바스크립트의 위치 지정, 하이퍼링크 사용, 블로그 같은 경우는 제목에 키워드를 포함시키고 본문 내용에 키워드를 반복하며 이미지와 글을 적절하게 섞는 방법 등을 통해 검색엔진이 쉽게 정보를 수집(크롤링, crawling)할 수 있는 구조로 변화시키는 것으로도 이해할 수 있다. 이러한 작업은 많은 자본을 필요로 하는 다른 온라인 마케팅 수단들에 비해 상대적으로 저렴하게 집행할 수 있어서 작은 규모의 사업체에서도 활용할 수 있는 방법이다.

하지만 대다수의 기업과 브랜드가 온라인을 활용하면서 검색결과의 상위 순위에 자신의 웹페이지를 노출하고 방문 트래픽을 제고하는 것은 어려워지고 있다. 검색결과를 통한 방문 트래픽을 높이기 위해서는 웹사이트의 구조를 지속적으로 검색엔진의 크롤링과 랭킹 방식에 최적화하는 등 지속적인 관리가 필요하다. 이와 함께 보다 직접적인 통제가 가능하고 효과적인 마케팅 수단으로서의 검색 광고를 활용할 때 검색엔진 마케팅의 전반적인 효과는 증대된다고 볼 수 있다.

❑ 연관어: 온라인 광고

더 읽어야 할 문헌

최윤호·이재원. 2015. 「검색광고 마케팅 서비스 유형 분석과 서비스 품질 개선방안」. ≪한국콘텐츠학회논문지≫, 15(11), 456~466쪽.

Dinner, I. M., H. J. Van Heerde and S. A. Neslin. 2014. "Driving online and offline sales: The cross-channel effects of traditional, online display, and paid search advertising." *Journal of Marketing Research*, 51(5), pp.527~545.

Harvard Business Review. 2017. "Do Search Ads Really Work?" March/April, pp.26~27.

Li, H., P. K. Kannan, S. Viswanathan and A. Pani. 2016. Attribution strategies and return on keyword investment in paid search advertising. *Marketing Science*, 35(6), pp.831~848.

O. J. Rutz, and R. E. Bucklin. 2011. "From Generic to Branded: A Model of Spillover in Paid Search Advertising." *Journal of Marketing Research*, 48(1), pp.87~102.

047

방송광고
Broadcasting Advertising

　방송 매체를 이용해 광고를 하는 것이 방송광고이며 대표적으로 텔레비전 광고와 라디오 광고를 들 수 있다. 일반적으로 방송광고는 CM(commercial message)이라고 하며, 텔레비전 CM은 CF(commercial film)라고도 한다.

　방송광고는 활자 중심의 정보 전달을 위주로 하는 인쇄광고에 비해 음성과 영상을 이용한 다양한 표현 방법이 가능하기 때문에 상대적으로 호소력이 강한 편이다. 또한 반복호소가 쉽고 전국적인 방송망을 갖추고 있어 다수의 소비자들에게 동시에 광고 메시지를 전달하는 데 효과적이다. 라디오 광고는 비교적 저렴한 비용으로 목표 소비자에게 반복 접근하여 브랜드 인지도를 강화하는 데 효과적이고, 텔레비전 광고는 시각과 청각을 동시에 자극해 생생한 메시지를 전달함으로써 이미지 형성과 설득력이 뛰어나다는 평가이다.

　TV의 경우, 방송 송출방식에 따라 지상파와 케이블, 위성 방송 등으로 구분할 수 있다. 지상파 방송의 경우 지상에서 전파를 송출해 중계기를 거쳐 각 가정의 TV 수상기에 장착된 안테나에서 전파를 수신하여 방송을 시청하는 방식을 의미하는데, 전파가 공중으로 송신되는 까닭에 공중파라고도 불린다. 이에 반해 케이블 방송의 경우 지하에 매설된 유선 케이블을 통해 전파를 송수신하는 형태의 시청방식이며, 위성을 통한 전파 송수신 방식을 이용하는 것이 위성 방송이다. 최근 등장한 IPTV의 경우 케이블을 사용하는 것은 기존의 케이블 방송과 동일하지만 케이블 방송에서 사용하는 동축케이블을 사용하지 않고 초고속망인 인터넷망을 사용하는 데서 차이가 있다. 하지만 현재의 경우 도시의 발달로 높은 건물들이 많이 들어섰거나 산이 많은 지형의 탓으로 TV 안테나를 통한 직접 수신이 어려운 상태이고, 대부분의 시청자들이 케이블이나 위성을 통해 전파를 수신하는 까닭에 지상파라는 송출방식의 구분은 큰 의미가 없어 보인다.

지상파의 경우 KBS1, KBS2, EBS, MBC, SBS 등의 채널이 있으며 현재 KBS1 채널을 제외하고 방송광고가 허용되고 있다. 지상파 방송은 전국을 시청권으로 하고 있어 광범위한 도달력을 확보할 수 있으며 뉴스, 오락, 교양 등 모든 방송 장르의 편성이 가능한 데 비해, 케이블 방송의 경우 전문 분야별로 구분해 특정 장르에 한정하여 방송을 제작하는 PP(program provider)와 이들 프로그램을 공급받아 가입자에게 전송하는 SO(system operator)로 크게 구분된다. 즉, 케이블 방송의 경우 뉴스보도, 드라마, 교양, 영화, 스포츠, 어린이/만화 요리 등 특정 전문 분야에 한정해 PP가 프로그램을 제작하면 이들 프로그램을 조합해 SO가 가입자들에게 전송하는 방식으로 운영된다. 추가로 전송망사업자로서 유선 케이블망의 구축을 담당하는 한국전력 및 한국통신과 같은 통신망 사업자 NO(Network operator)도 케이블 방송의 한 축을 이루고 있다. 1999년 종합유선방송법의 개정으로 PP, SO, NO의 겸영이 허용되면서 한 개의 사업자가 여러 개의 PP나 SO를 소유할 수 있게 되었다. 현재 대표적인 복수 PP사업자, 즉 MPP(Multiple PP)는 CJ E&M과 지상파 계열 PP 등이며, 다수의 SO를 소유한 MSO(Multiple SO)에는 CJ헬로비전과 티브로드(T-broad) 등이 있다.

2011년 출범한 종합편성채널(종편)은 케이블 TV, IPTV, 위성방송의 플랫폼을 이용하여 기존의 케이블 방송사들과는 달리 지상파와 마찬가지로 모든 장르에 걸쳐서 프로그램 편성이 가능한 방송채널이다. 케이블을 통해 전달된다는 방송 송출의 형식적인 면에서 종편은 케이블과 닮아 있지만, 채널 편성에서는 지상파와 닮아 있는 셈이다. 현재 조선일보 계열의 TV조선, 중앙일보 계열의 JTBC, 동아일보 계열의 채널A, 매일경제신문 계열의 MBN 등 4개의 방송사가 있다.

IPTV(Internet Protocol Television)는 초고속 인터넷을 이용해 정보 서비스, 동영상 콘텐츠 및 방송 등을 텔레비전 수상기로 제공하는 서비스를 말한다. 셋톱박스(set top box)를 이용해 인터넷 통신망을 텔레비전과 연결한다는 의미에서 방송과 통신이 융합된 형태라고 볼 수 있다. 따라서 방송 프로그램을 시청하는 입장에서는 기존의 케이블 방송과 차별성을 느끼기 힘들지만 IPTV는 방송 프로그램은 물론 VOD, 이메일, 쇼핑 정보 제공을 비롯해 인터넷 검색, 영화 감상, 홈쇼핑, 홈뱅킹, 온라인 게임 등 인터넷이 제공하는 다양한 형태의 부가 서비스를 양방향으로 제공하는 '양방향' 통신이라는 점에서 기존의 방송과 차이가 있으며, 시청자가 원하는 편리한 시간에 자신이 보고 싶은 프로그램을 선택적으로 볼 수 있게 한다는 점에서 방송의 주도권이 시청자에 있다는 차별성을 갖고 있다.

방송광고 형태에 대한 규제는 크게 지상파와 케이블로 구분할 수 있다. 지상파 방송광고에 대한 규제는 후발주자인 케이블을 보호한다는 입장 아래 상대적으로 강한 편이다. 대표적으로 케이블 방송에는 허용하는 '중간광고'가 현재 지상파 방송에는 허용되고 있지 않아 '비대칭 규제'에 관한 논쟁이 일고 있다.

지상파 TV와 라디오 방송광고 유형은 표 6-1과 같다.

케이블 TV 광고의 경우, 광고효과가 상대적으로 높다고 알려져 있으며 프로그램 중간에 편성되는 '중간광고'를 허용한다는 점에서 지상파 광고와 차별성을 가지고, 45~60분 프로그램은 1회, 60~90분 프로그램은 2회, 90~120분 프

표 6-1 **지상파 TV와 라디오 방송광고 유형**

유형	TV 허용량	TV 초수	라디오 허용량	라디오 초수	비고
프로그램 광고	방송프로그램 편성시간의 최대 18/100 초과 금지(단, 지상파 TV프로그램 광고는 15/100 초과 금지)	15"	방송프로그램 편성시간의 최대 18/100 초과 금지 채널별로 1일 동안 방송되는 방송프로그램 편성시간당 방송광고시간의 비율의 평균이 15/100 이하	20"	프로그램의 스폰서로 참여하여 본 방송 전후에 방송되는 광고
토막광고 (SB)		20"~30"		20"	프로그램과 프로그램 사이의 광고
자막광고 (ID, 곤이어)	채널별로 1일 동안 방송되는 방송프로그램 편성시간당 방송광고시간의 비율의 평균이 15/100 이하	10"		–	방송순서고지(곤이어), 방송국명 칭고지(ID) 시 화면 하단에 방송되는 자막형태의 광고
시보광고		10"		10"	현재 시간 고지 시 함께 방송되는 광고
간접광고	방송프로그램 시간의 5/100 이내	–			방송프로그램 안에서 상품을 소품으로 활용하여 그 상품을 노출시키는 형태의 광고
가상광고	방송프로그램 시간의 5/100 이내	–			방송프로그램에 컴퓨터 그래픽을 이용하여 만든 가상의 이미지를 삽입하는 형태의 광고

로그램은 3회 이내에 1회당 최장 1분 이내로 중간광고를 제한한다. 또한 케이블 TV는, 정보(information)와 광고(commercial)의 합성어로 상품에 대한 정보를 1분 이상 30분 이하로 상세히 제공할 수 있는 광고형태인 인포머셜(infomercial) 같은 장초수 광고가 허용되며 현재 허가받은 홈쇼핑 방송사를 제외하고 채널 사업권을 따내지 못한 일반 홈쇼핑들이 케이블 TV의 광고시간대에 상품광고를 방영하고 있다.

❏ 연관어: 간접광고, 가상광고, 중간광고

더 읽어야 할 문헌

두산백과. "방송광고".
이경렬. 2016. 『광고 미디어론』. 서울. 서울경제경영.

이희복·차영란. 2010. 「방송광고산업 활성화를 위한 간접광고」. ≪한국콘텐츠학회논문지≫, 10권(10호), 128~139쪽.

정윤재·최지윤·이희복. 2017. 「지상파 TV 중간광고 규제 완화의 근거와 허용 방안 연구」. ≪한국광고홍보학보≫, 19권(2호), 266~299쪽.

한국방송진흥공사. https://www.kobaco.co.kr/websquare/websquare.jsp?w2xPath=/kobaco/common/index.xml (검색일: 2017.8.17).

홍문기. 2017. 「지상파 방송광고 활성화를 위한 제도개선 방안 중간광고 없는 방송광고총량제의 한계와 문제점을 중심으로」. ≪방송과 커뮤니케이션≫, 18권(1호), 41~77쪽.

048
간접광고
Product Placement (PPL)

간접광고는 제품이나 서비스의 브랜드가 광고 맥락이 아닌 영화, TV쇼, 뉴스프로그램의 이야기에 등장하는 광고이다. PPL(product placement), 끼워 넣는 마케팅(embedded marketing), 스텔스광고(stealth advertising), 상품배치, 협찬고지, 협찬광고 등으로도 불린다. 간접광고(PPL)는 확장된 의미에서 영화 및 TV 프로그램에 제품을 계획적이고 조심성 있게 배치하여 수용자에게 영향을 미치는 유료의 메시지이다.

급변하는 미디어 환경 속에서 방송 및 광고산업의 여러 현안의 다양한 해법이 제시되는 가운데, 간접광고가 도입되어 활용되고 있다. 간접광고는 방송시장 전반의 안정적 수입 확대와 그에 기반을 둔 방송콘텐츠와 방송서비스의 질적 향상이라는 취지의 「방송법 시행령」 개정으로 2010년부터 시작되었다.

일반적인 광고가 제품이나 서비스 또는 아이디어를 소비자에게 알리기 위해 다양한 미디어를 활용하여 소비자가 확인할 수 있도록 광고주를 표시하고 광고비를 지불하는 유료의 비대인적인 커뮤니케이션이라는 점과 비교할 때, 간접광고는 전통적인 광고의 정의에서 규정한 구성요소인 광고주 명시와 광

표 6-2 **광고와 간접광고 비교**

구분	광고	간접광고
패러다임	많은 시간과 횟수	의미 있고 자연스러운 노출
관점	정량적(quantitative)	정성적(qualitative)
접근법	매체 중심(media centric)	시청자 중심(viewer centric)
측정항목	단순 노출빈도	브랜드 메시지와 장면연출의 연관성

자료: 한국방송광고공사(2009).

고비 지불을 포함하지 않고 있어 광고로 분류하는 데 어려움이 있었다. 이러한 사항들을 반영해 개정 방송법 제73조 제2항 제7호에서는 간접광고를 "방송프로그램 안에서 상품을 소품으로 활용해 그 상품을 노출시키는 형태의 광고"라고 정의했다.

영화산업의 소품에서 시작된 간접광고는 1980년대에 본격적으로 등장했다. 브로드캐스팅 앤 케이블(Broadcasting & Cable)은 광고주의 3분의 2가 간접광고를 실시 중이라고 했으며, 미국광고주협회는 간접광고는 적절한 콘텐츠와 특정 목표집단에 딱 맞아떨어지도록 강력한 감정연계가 가능하다고 했다. 이러한 간접광고의 대표적인 형태가 PPL이며, PPL은 원래 영화제작 시 필요한 소품을 확보하기 위해서 기업으로부터 협찬을 요청하는 데서 유래되었다.

간접광고가 제도화되기 이전에는 간접광고를 제작비 지원, 장소협찬, 소품협찬, 관계자 출연, 광고물 노출, 기타로 구분했다. 간접광고가 제도화되면서 간접광고 판매를 담당하는 한국방송광고진흥공사는 간접광고를 인물형, 배경형, 상품형으로 구분했다.

간접광고의 특징은 패러다임, 관점, 접근방법, 측정항목 등에 대한 일반적인 광고와의 비교를 통해 살펴볼 수 있다. 광고는 매체 중심으로 접근하여 많은 시간과 횟수를 바탕으로 정량적인 관점에서 단순 노출의 빈도를 측정하는 반면, 간접광고는 자연스러운 노출에 의미를 두고 시청자 중심으로 접근하여 브랜드 메시지와 장면 연출과 관련 있는 내용을 정성적으로 측정한다.

광고주 입장에서 간접광고는 프로그램에 직접 적용되어 더 많은 광고시간

표 6-3 **간접광고의 장점**

구분	장점
광고주	• 새로운 마케팅 툴(광고 + 홍보) • 높은 시청률의 프로그램에 적용 • 더 많은 광고시간의 확보 • 브랜드 및 기업이미지 향상 • 의미 있고 자연스러운 노출
방송사	• 제작비 절감/충당 • 추가 광고수익으로 프로그램 질적 향상
시청자	• 재핑(zapping) 방지 • 상품정보 파악 • 소비욕구 충족(스타 모방 심리)

을 확보할 수 있으며 자연스러운 노출이 가능해 브랜드 및 기업이미지 제고에 효과적이다. 방송사 입장에서 간접광고는 방송프로그램 제작비 마련을 위한 새로운 수입원으로, 우수한 방송프로그램을 생산하는 토대이다. 시청자는 간접광고를 통해 상품정보를 파악하고 소비욕구를 충족시키는 기회를 제공받는다.

간접광고는 광고 노출, 광고비용, 소비자효과 측면에서도 효과적이다. 광고 노출 면에서 간접광고는 프로그램 중간에 집행되는 특성으로 일반광고보다 광고 시청률이 높게 나타난다. 광고비용 측면에서는 간접광고가 집행된 프로그램의 일반광고 CPRP(Cost Per Rating Points: 표적 수용자 1%에 도달하는 데 드는 비용)를 100으로 보았을 때, 간접광고의 CPRP는 절반 수준인 46 정도에 불과해 비용 대비 효율성이 뛰어나다. 소비자효과 측면에서도 프로그램과 어울리는 간접광고를 함으로써 보다 높은 효과를 얻을 수 있으며, 간접광고와 일반광고를 함께 집행함으로써 인지, 이해, 회상에서도 상승효과를 거둔다.

브랜드 이미지를 중시하는 대다수의 대형 광고주들은 기존 협찬고지에 의해 음성적으로 해오던 각종 판매촉진에 대해 사회적으로 부정적인 인식이 많았음을 인지했다. 이러한 우려를 해소한 것이 드라마에 삽입되는 간접광고이다.

시청자는 더 좋은 방송 콘텐츠를 요구하고 있으며, 방송현장에서는 지상파 디지털 전환에 따른 재원의 부족을 호소했다. 광고업계에서는 광고의 효과를 높이기 위한 가상광고와 간접광고의 도입의 필요성이 제기되어왔다. 간접광고의 근본적 취지는 방송시장 전반의 안정적인 수입 확대와 그에 기반을 둔 방송 콘텐츠 및 방송 서비스의 질적 향상에 있었다. 앞으로 간접광고 시행 결과에 따라 세부 시행방안을 마련하는 것 역시 필요하다. 예컨대 드라마와 교양 등 프로그램 제작에 참여하는 외주제작사와 방송사 사이의 배분 비율에 대한 협상, 적정한 단가, 제작 마인드, 방송사 시스템, 효과분석 검증, 외주 제작사 협의, 간접광고 재정의, 간접광고 심의 등은 향후 지속적인 개선이 요구되는 과제들이다.

다른 한편으로는 지나친 간접광고의 문제가 있다. 방송 전반에 간접광고가 도를 넘었다는 시청자들의 지적이 많다. 드라마에서 등장인물이 광고주의 매장을 운영하는 설정을 넣는가 하면 실제 광고주의 대표가 드라마에 등장하기도 했다. 방송통신심의위원회는 이 같은 간접광고에 대해 법정제재를 내렸다. 시청자의 자연스러운 드라마 시청을 방해하는 간접광고는 광고주에게도, 시청자에게도 사랑받을 수 없기 때문이다. 간접광고의 효과를 높이기 위해서는 제작단계에서부터 세심한 기획과 전략으로 시청의 흐름을 놓치지 않도록 구성해야 한다.

❏ 연관어: 방송광고, 미디어렙, 가상광고, 광고 규제, 광고 기술, 광고 회피

더 읽어야 할 문헌

박원기. 2010. 「가상광고, 간접광고 도입과 방송광고의 변화」. ≪신문과 방송≫, 1월호, 49~53쪽.
방송법 제73조 제2항 제7호.
방송법 시행령 일부 개정령(2015.9.21).
이시훈·진용주. 2015. 『광고홍보 창업론』. 대구: 계명대학교출판부.
이희복·이수범·신명희·임정수. 2011. 「간접광고 시행에 대한 지상파 방송사와 독립제작사의 인식」.

≪한국방송학보≫, 25권 1호, 205~241쪽.
조용석. 2007. 『광고홍보 실무특강』. 서울: 커뮤니케이션북스.
한국방송광고공사. 2009. 가상·간접광고 판매 설명회 자료집.

049

가상광고
Virtual Advertising

　가상광고는 방송 프로그램에 컴퓨터그래픽을 이용해 만든 가상의 이미지를 삽입하는 형태의 광고이다. 존재하지 않는 이미지를 TV모니터로 볼 때 실제로 있는 것처럼 보이도록 가상의 이미지를 이용해 광고를 하는 기법이다. 가상광고는 방송광고의 효과를 높이고 스포츠 중계의 흥미를 유발하면서 화면의 빈 공간을 활용해 실시간 광고를 할 수 있다. 가상광고를 이용하면 시청자와 후원 업체 모두에게 높은 광고효과를 보장하며 시청자의 재시청 의사를 확보할 수 있다.

　가상광고는 디스플레이(display), 그라운드(ground), 풀 샷(full shot) 세 가지로 구성되는데, 디스플레이는 경기장의 일부를 그대로 활용해 가상광고를 업링크 하는 방법으로, 기존의 전광판과 같이 경기장의 일부를 광고화면으로 활용하는 자연스러운 노출이다. 그라운드의 경우는 운동장에 갑자기 돌출해 광고가 등장하는 방식으로 주목을 높일 수 있다. 풀 샷의 경우에는 연출된 광고가 전체 화면의 4분의 1 이내에서 최대한 화면을 활용해 다양한 움직임과 텍스트를 보여준다.

표 6-4 **가상광고와 간접광고의 표현과 허용 방송**

구분	표현	허용 방송분야
가상광고	그래픽을 이용해 가상의 이미지 삽입	스포츠, 오락, 스포츠보도
간접광고	상품을 소품으로 활용해 노출	교양, 오락

2010년 3월 26일 도입된 이후 가상광고는 그동안은 스포츠 중계방송 프로그램에서만 가능했는데 방송법 시행령이 개정되면서 스포츠 중계방송 프로그램뿐만 아니라 드라마와 예능 같은 오락 프로그램과 스포츠 보도 프로그램에서도 가상광고를 할 수 있게 되었다. 또한 스포츠 중계방송 프로그램의 경우 선수, 심판, 관중 위에는 가상광고가 금지되었으나 얼굴 식별이 불가능한 관중 위에는 가상광고가 가능하다.

가상광고의 방송분야 확대로 기존 간접광고와 오락 프로그램에서 방송분야가 중복되어 표 6-4와 같이 가상광고가 간접광고를 대체·보완할 수 있게 되었다. 컴퓨터그래픽의 발달로 실물 소품(간접광고)을 컴퓨터그래픽(가상광고)으로 대체할 수 있어 기존에 단순하게 노출되던 간접광고를 가상광고가 대신할 수 있게 되었다. 한편 제작이 완료된 프로그램에는 간접광고가 불가능했으나 사후에 삽입이 가능한 가상광고를 활용해 간접광고를 보완할 수도 있다. 또한 가상광고와 간접광고를 한 화면에 노출할 경우 간접광고와 연계된 가상광고로 시너지 효과를 기대할 수 있다.

가상광고의 허용 장르는 운동경기 중계, 오락(드라마), 스포츠 보도이며 협찬 금지를 완화했으나 프로그램 시작 전에 반드시 이를 알려야 한다. 가상광고는 프로그램을 시청하는 도중에 경험할 수 있다는 장점이 있다. 드라마의 경우 1회차당 본방, 재방, 케이블TV를 통해 총 30~40회가 방영된다면, 본방에서 획득할 수 있는 GRPs(Gross Rating Points) 외에 추가 시청률 획득이 가능하며, 대체로 일반 광고 시청률과 대비할 때 높은 시청률을 기대할 수 있다. 가상광고의 크기는 화면의 1/4 이하이나, 간접광고 동시 노출 시 두 광고의 합이 전체 화면의 1/4을 초과할 수 없다. 노출 시간은 해당 방송 프로그램의

표 6-5 **가상광고 시행 규칙**

구분	표현
가상광고 분류	소품형: 실제로 존재하는 소품, 또는 배경을 대체한 이미지 노출 / 실제로 존재하지 않는 소품, 또는 배경을 노출 자막형: 문자, 숫자, 도형, 기호 등을 고정된 자막의 형태로 노출 동영상형: 이미지, 문자 등의 움직임을 수반 음향사용형: 컴퓨터 그래픽과 음향이 결합된 가상광고 기타: 그밖에 기술 발전에 따라 새롭게 등장하는 가상광고
가상광고 시간	해당 방송 프로그램 시간의 100분의 5 이내(총량제와는 별도) - 경기자 간판대체는 미산입 - 우천 등 불가피한 사유로 방송시간 변경 시 시간제한 없음 해당 본 방송 프로그램이 방송되는 시간 기준 산정(총량제와는 별도) - 스포츠 보도가 일반 보도 프로그램의 일부로 방송되는 경우 해당 - 스포츠 보도가 방송되는 시간 기준 산정
가상광고 크기	화면의 1/4 이내(DMB는 1/3 이내) 가상광고, 간접광고 동시 노출 시 두 광고의 합이 전체화면의 1/4 초과 불가. 가상광고와 관련된 상품 또는 서비스 등의 전부, 또는 일부가 노출될 경우 가상광고로 노출된 것으로 간주
가상광고 방법	스포츠중계방송: 경기 장소에 있는 선수, 심판, 관중 위에 노출 금지 - 얼굴 식별이 불가능한 경우 관중 위에 노출 가능 - 운동경기 또는 관련 행사 진행 중일 경우, 선수, 심판, 또는 선수, 심판의 장비 일부를 가리면 안 됨 오락 및 스포츠보도: 가상광고가 프로그램 내용이나 구성에 영향을 주면 안 됨 프로그램에서 가상광고를 하는 상품 등을 언급하거나 구매, 이용 권유 불가, 가상광고로 인해 시청자의 시청 흐름이 방해되면 안 됨. 가상광고 노출을 위해 화면을 인위적으로 정지, 중단, 분할, 축소 불가(다만, 시청흐름에 방해가 안 될 경우 가능) 프로그램 중간에 장면 전환 등으로 진행이 일시 정지된 때 모든 가상광고 가능 프로그램이 진행 중인 경우 ① 오락/스포츠 보도: '동영상형', '음향 사용형' 가상광고 불가 ② 스포츠중계방송: '음향 사용형' 가상광고 불가, 선수 심판 또는 선수, 심판의 장비 일부를 가리면 안 됨

7/100 이내이며 케이블TV도 7/100로 같다.

　　방송통신위원회는 가상광고의 종류를 실제 존재하는 소품·배경을 대체하거나 실제 존재하지 않는 소품·배경을 노출하는 '소품형'과 문자, 숫자, 도형, 기호 등을 고정된 자막 형태로 노출하는 '자막형', 모양, 크기, 위치변화 등 상당한 움직임을 수반하는 형태인 '동영상형', 컴퓨터 그래픽과 음향이 결합된 '음향 사용형'으로 구분했다. 그밖에 기타 형태로 '기술 발전에 따라 새롭게 등장하는 가상광고'라고 명시하여 시청 흐름에 방해가 되지 않는 한 얼마든지 새로운 소재의 개발 가능성을 열어 놓았다.

가상광고는 새로운 광고기법으로 효과와 기술적 가능성을 인정받고 있다. 첫째, TV를 시청하는 동안 리모콘을 돌려 광고를 회피하는 재핑 현상을 방지한다. 둘째, TV 광고보다 제작비용은 적게 들지만 상대적인 효과는 크다. 가상광고의 주목도와 초기 환기율은 매우 높다. 셋째, 광고가 노출될 위치, 배치, 시점 삽입 등의 조정이 쉬우며 광고의 융통성이 뛰어나다. 그러나 가상광고의 긍정적 효과에도 불구하고 여러 가지 문제점이 지적되고 있는데, 주로 기술적인 한계보다 사회적인 부작용이 더 크다. 즉, 방송광고와 프로그램 내용의 혼동으로 인한 시청자 주권의 침해, 방송 프로그램의 질 저하, 정규 프로그램 스폰서 및 광고주들의 불만, 방송의 광고독점 심화 및 매체 간 균형발전 저해, 광고단가 상승 및 광고주의 영향력 확대 등이 있다. 이에 가상광고 활성화를 위한 방안을 모색하려면 이러한 주장들에 대한 폭넓은 이해가 필요하다. 기술의 발달에 따라 새로운 기법과 콘텐츠가 결합된 가상광고 크리에이티브가 탄생하게 될 것이다.

❑ 연관어: 방송광고, 미디어렙, 간접광고, 광고 규제, 광고 기술, 광고 회피

더 읽어야 할 문헌

이수범·이희복·신명희. 2013. 「가상광고 노출회수 및 수용자 속성에 따른 광고효과」. ≪방송과 커뮤니케이션≫. 14권 1호, 77~107쪽.
이희복. 2016. 『광고론』. 서울: 한경사.
방송법 시행령 일부 개정령(2015.9.21).
한상욱. 2015. "광고총량제 도입과 가상광고". ≪광고1번지≫, 9월호. 한국방송광고진흥공사.
"제일기획 블로그", http://blog.cheil.com(검색일: 2017.5.25)
"제이씨크리에이티브 블로그": http://blog.naver.com/jccreative1/220502047012(검색일: 2017.5.25)

050

중간광고
Mid-Program Advertising

중간광고는 개념적으로 프로그램이 방송되는 도중에 광고(commercial break, program in advertising)를 방송하는 제도이다. 프로그램 도중에 광고가 방송되고 광고가 끝나면 프로그램이 이어지는 시스템이다. 보통 시청자가 방송에 몰입되어 있는 상태에서 광고를 내보내므로 회피할 겨를도 없이 노출되어 광고효과를 크게 높이는 장점이 있다. 중간광고가 없으면 광고가 불가피하게 프로그램 앞뒤에 몰려 광고와 광고 사이의 상호 간섭과 리모컨을 이용한 광고 회피인 재핑으로 광고효과가 떨어지게 된다. 이런 점이 없기 때문에 중간광고에 대한 광고주의 선호는 상당히 높다(김광철, 2012).

방송법 제59조에서 지상파 사업자는 "라. 중간광고는 하지 아니할 것. 다만, 운동경기, 문화·예술행사 등 그 중간에 휴식 또는 준비시간이 있는 방송 프로그램을 송신하는 경우에는 휴식 또는 준비시간에 한정해 중간광고를 할 수 있으며, 이 경우 중간광고의 횟수 및 매회 광고시간에 제한을 두지 아니한다"라고 하여 중간광고를 불허했다.

현재 지상파TV를 제외한 유료방송에서 중간광고의 횟수는 방송프로그램이

45분 이상 60분 미만인 경우 1회 이내, 60분 이상 90분 미만인 경우에는 2회 이내, 90분 이상 120분 미만인 경우에는 3회 이내, 120분 이상 150분 미만인 경우에는 4회 이내, 150분 이상 180분 미만인 경우에는 5회 이내, 180분 이상 인 경우에는 6회 이내이며, 매회의 광고시간은 1분 이내로 시행하고 있다.

다만, 지상파TV의 경우 운동경기, 문화·예술행사 등 그 중간에 휴식 또는 준비시간이 있는 방송프로그램을 송신할 때는 휴식 또는 준비시간에 한해 중간광고를 할 수 있으며, 이 경우 중간광고의 횟수 및 매회 광고시간에 제한을 두지 않고 시행된다.

2015년 7월 개정되어 9월 시행된 방송법 시행령에 따라서 국내 지상파 방송에서도 방송광고총량제가 도입되었다. 2014년 국내 언론학계와 방송계에서 부각된 방송광고총량제는 지상파 방송사들의 안정적인 재원확보 방안이라는 측면에서 허용이 요구되었고, 정부와 방송통신위원회의 적극적 추진에 따라 최종 결정된 것이다.

방송광고총량제 시행으로 1974년 이후 지상파 방송에서 사라졌던 중간광고의 재개 여부에 관심이 집중되고 있다. 중간광고가 포함되지 않은 방송광고총량제에 대한 회의론이 대두되었는데, 중간광고가 없는 방송광고총량제는 사실상 유명무실하다는 평가이다. 중간광고는 3기 방송통신위원회의 출범시기부터 비전과 주요 정책과제에 포함되어 규제개선의 대상으로 검토되어 왔다. 다만 중간광고에 대해 이해관계자들의 찬성과 반대의견이 있었으나 점차 중간광고의 도입에 대해 긍정적으로 검토하기에 이르렀다. 한류(韓流)의 기반인 방송서비스를 활성화하기 위해 지상파 방송광고의 현행 제도를 개정할 필요성에 대한 목소리가 높다. 그러나 여전히 시청자의 복지를 저해할 '시청권 침해'를 이유로 반대 의견도 나오고 있어 방송광고 정책분야의 숙제로 남아 있다. 흔히 케이블을 비롯한 유료방송을 시청하다 보면 지상파TV에서는 볼 수 없는 "1분 후 계속" 자막이 우측 하단에 나타난다. 지상파TV에서는 방송법 59조에 명시된 "중간광고는 하지 아니할 것"이란 조항 때문에 이런 자막을 볼 수 없다. 방송프로그램을 송신하는 경우에는 휴식, 또는 준비시간에 한정해 허용이 가능하나 실제로 중간광고는 시행이 허용되지 않는다.

2015년 7월 방송통신위원회의 방송법 시행령 개정으로 2015년 9월부터 지상파 방송광고 편성의 자율성을 허용하는 방송광고총량제가 도입되었다. 방송광고총량제의 도입은 지상파 방송사들의 안정적인 재원확보 방안이라는 측면에서 정부와 방송통신위원회가 적극 추진했다. 그러나 중간광고의 도입을 제한함으로써 제도개선의 효과가 미비하다는 주장이 학계와 미디어계, 광고계를 중심으로 계속해서 제기되고 있다. 지상파 방송사에만 적용되는 비대칭 규제(asymmetric regulation)의 논리적 근거가 되는 매체균형발전론 또한 논리적 정당성이 부족하다는 주장이 이어지고 있다.

2016년부터 지상파TV에 중간광고와 유사한 PCM(Premium CM), 또는 유사 중간광고가 등장했다. 프로그램 하이라이트 부분에서 1부와 2부로 나눠서 그 사이에 60초 동안 광고를 편성하는 중간광고인 듯하면서도 중간광고가 아닌 방식을 택하고 있다. 이렇게 함으로써 케이블과 유료방송에만 허용된 중간광고와 같은 형식으로 광고를 내보낼 수 있게 되었다. 방송통신위원회에서 허용 여부를 놓고 수년째 결정이 지연되는 사이에 방송사 내부에서 자구책으로 내놓은 것이다. 물론, 일부에서는 꼼수라는 비판을 제기했다. 그러나 매스미디어의 전성기가 지나가면서 지상파TV의 광고시청률이 케이블TV에 역전당하는 상황에서 더 이상 인내가 한계에 이른 것으로 보인다. 이런 맥락에서 PCM의 등장은 어쩔 수 없는 것으로 보이며 방송광고 영업 전략으로 일부 프로그램 판매에서 성과를 낼 것으로 기대된다. 그러나 정책 측면에서 규제담당 부처의 고민은 더 깊어질 것이다.

중간광고를 허용하지 않아 지상파 방송이 입는 피해가 허용함으로 생기는 공적 이익보다 더 크다는 점에서 지상파 방송 중간광고 금지가 비례의 원칙에 위반되어 위헌 소지가 있다는 주장도 제기되었다.

중간광고의 도입을 제한한 매체 균형발전 주장, 방송 매체 사이의 비대칭 규제는 설득력이 없다. 방송시장 경쟁상황이 근본적으로 변했기 때문이다. 중간광고 없는 총량제의 허구성도 확인되었다. 광고산업과 미디어 산업을 위해서 효과적인 중간광고의 도입을 미루기 어렵다. 중간광고 도입 시 시청자 복지가 축소된다는 주장도 과장되었다. 중간광고의 도입을 제한적 도입, 단계적 허용, 차등적 적용 등 세 가지로 제안한 연구도 있다(이희복·정윤재·최지윤, 2017).

❑ 연관어: 광고 규제, 방송광고, 미디어렙

더 읽어야 할 문헌

김광철. 2012. 『광고사전』. 서울 : 프로파간다.
이희복. 2016. 『광고론』. 서울: 한경사.
이희복·정윤재·최지윤. 2017. 「지상파TV 중간광고 도입의 효과」. ≪방송과 커뮤니케이션≫. 17권 4
    호, 53~86쪽.
방송법 시행령 일부 개정령. 2015.9.21.
한상욱. 2015. "광고총량제 도입과 가상광고". ≪광고1번지≫, 9월호. 한국방송광고진흥공사.
"제일기획 블로그", http://blog.cheil.com(검색일: 2017년 5월 20일).
"제이씨크리에이티브 블로그", http://blog.naver.com/jccreative1/220502047012(검색일: 2017년 5월
    15일).

051

온라인 광고
Online Advertising

    온라인 광고는 인터넷을 기반으로 소비자에게 상업적 메시지를 전달하는 모든 광고를 일컫는 포괄적 개념으로서 이메일 광고, 인터넷 광고, 모바일 광고, 소셜미디어 광고를 포함한다고 할 수 있다. 온라인 광고와 혼용되기도 하는 인터넷 광고는 1994년 최초의 상업 웹매거진인 ≪핫와이어드(HotWired)≫에 세계 최초의 배너 광고인 AT&T 광고가 게재된 후 다양한 형태로 진화하며 성장했다. 맥락에 따라서는 모바일 인터넷을 기반으로 하는 모바일 광고를 따로 구분하기도 하지만 인터넷 혹은 온라인 광고는 인터넷을 기반으로 하는 다양한 하부 요소와 기기, 플랫폼 등이 새롭게 등장하고 진화하기 때문에 포괄적으로 이해된다.

    온라인 광고의 대표적 유형은 가장 오랜 역사를 가진 배너 광고를 포함한 노출형 혹은 디스플레이 광고(display advertising: DA)로서 다양한 유형으로 진화하며 활용되고 있다. 가장 대표적인 형태인 배너 광고(banner advertising)는, 규격화된 크기의 직사각형 혹은 정사각형 띠 모양의 배너광고가 웹페이지의 정해진 위치에 삽입되어 메시지를 소비자에게 노출하고 타깃 사이트(회사나 제품, 서비스 사이트)와 연결되어 있어 소비자가 클릭할 경우 이동하여 구체적인 정보와 서비스를 제공받을 수 있도록 한다. 인터넷 광고 초창기의 연구에 의하면 배너 광고는 종이신문이나 잡지에서 흔히 접하는 전통적인 형태의 광고와 비슷하게 제품이나 서비스의 인지도와 태도를 제고하고 구매를 유도하는 효과를 가진다. 하지만 전통적인 미디어의 광고와 다른 점은 광고의 효과를 실시간으로 모니터하고 측정할 수 있다는 것이다.

텍스트와 단순한 그래픽으로 이루어졌던 초기 배너 광고와 달리 인터넷 속도 개선과 함께 멀티미디어를 구현하는 디스플레이 광고들이 등장했다. 이러한 리치미디어 광고(Rich Media Ad)는 플래시(Flash), 자바(Java), 스트리밍(Streaming) 등의 기법을 통해 비디오, 오디오, 애니메이션 등을 복합적으로 활용하여 보다 다양하고 풍부한 형태의 메시지를 제공할 수 있다. 예를 들어, 새로운 웹 브라우저 창을 열어 원래의 브라우저 창 위에 나타나는 팝업(pop-up) 광고와 원래의 브라우저 창 아래에 새로운 창을 통해 광고를 보여주는 팝언더(pop-under) 광고가 있다. 플로팅(floating) 혹은 오버레이(overlay) 광고는 요청된 웹사이트의 내용 위로 겹쳐서 보이고, 미리 정해진 시간이 흐른 후 자동적으로 사라지거나 × 혹은 닫기(close)를 누르면 사라진다. 또한 디스플레이 광고를 마우스로 접촉하면 사운드나 비디오가 재생된다거나, 광고 화면이 확장(확장형 광고: expandable ad) 혹은 팝업되거나, 광고가 변형되거나, 광고 화면 내에서 간단한 게임, 설문조사, 구매 등을 할 수 있도록 하는 등의 멀티미디어적 요소와 상호작용이 강화된 리치미디어 광고가 소비자들의 주목을 끌고 있다.

동영상 광고 또한 인터넷 기반의 영상 콘텐츠 소비가 급증함에 따라 증가했다. VOD(Video on Demand) 광고라고도 불리며 이용자가 원하는 영상을 요청하면 로딩이 되는 동안 광고를 보여주기 때문에 쉽게 피할 수 있는 다른 온라인 광고와 달리 강제 노출이 가능하다는 장점이 있다. 과거에는 판도라TV, 엠군, 곰TV 등 국내 동영상 사이트가 우위를 점했지만 현재는 글로벌 무료 동영상 공유 사이트인 유튜브(YouTube)가 약진하면서 독보적인 선두 자리를 차지했다. 유튜브의 동영상 광고는 동영상 콘텐츠 시작 전에 삽입되어 이용자가 일정 시간 동안 광고를 시청한 후 이후 광고 시청 여부를 선택할 수 있도록 한다. 즉, 이용자가 원하면 나머지 광고를 계속해서 시청하고 원하지 않으면 건너뜀(skip) 버튼을 클릭하여 광고를 더 이상 보지 않고 요청한 동영상 콘텐츠를 시청할 수 있다. 또한 이용자가 광고의 제품이나 서비스에 관심이 있으면 광고를 클릭해 바로 제품 혹은 서비스 사이트로 이동할 수 있다. 온라인 동영상 광고는 노출 시점에 따라서 상기에서 설명한 바와 같이 영상 시작 시 보여주는 프리롤 광고(pre-roll advertising)와 함께 영상 중간에 삽입되는 미드롤 광고(mid-roll advertising), 영상이 종료된 후 노출되는 포스트롤 혹은 엔드롤 광고(post-roll/end-roll advertising)로 구분된다. 하지만 강제 노출의 장점이 있는 반면 영상에 대한 몰입을 크게 방해하지 않는 프리롤 광고가 가장 보편적으로 활용되고 있다. 온라인 동영상 광고는 단순한 디스플레이 광고에 비해 스토리텔링이 용이하고 TV 광고에 비해 시간적 제약을 받지 않기 때문에 상대적으로 높은 광고 주목도와 몰입을 유발할 수 있다.

현대인에게 중요한 정보원 중 하나는 인터넷이며 인터넷 사용의 가장 중요한 목적 중 하나가 검색이다. 구글과 네이버가 각각 세계시장과 국내시장에서 독보적인 우위를 차지하는 기업으로 성장할 수 있었던 이유도 막강한 검색 서비스의 제공이라고 할 수 있다. 검색 서비스의 성장과 함께 검색 광고(Search Advertising: SA) 또한 급성장했다. 검색엔진에서 검색어를 입력하면 관련 검색 결과를 얻는데, 기업은 흔히 자연검색결과라고 불리는 검색 알고리즘에 의한 결과를 최적화하기 위한 검색엔진 마케팅(Search Engine Marketing: SEM)을 수행하기도 하지만 유료검색결과라고 할 수 있는 검색 광고를 운영하기도 한다. 검색 광고는 광고주가 미리 원하는 검색어를 구입하여 관련된 광고문구나 링크를 등록해 보여주는 형태의 광고를 말한다. 소비자가 네이버, 다음, 네이트, 구글 등의 검색엔진에서 원하는 검색어를 입력하고 검색을 요청하면 해당 검색어와 관련하여 사전에 등록되었던 광고문구와 링크가 제시되고 이를 소비자가 클릭하면 연결되어 있는 제품이나 서비스, 혹은 기업의 웹사이트로 이동할 수 있다. 검색 광고의 가장 큰 장점은 소비자의 의도를 반영한다는 것이다. 소비자가 검색 서비스를 이용할 때는 관련 정보에 대한 관심과 필요를 자발적으로 표현하는 것이기 때문에 소비자가 원하는 것을 정확히 파악할 수 있고 이에 적합한 제품, 서비스 광고를 바로 노출하여 소비자의 주목을 끌 수 있으며 구매 등 행동으로 유도하기가 유리하다.

❏ 연관어: 모바일 광고, 소셜미디어 광고, 검색엔진 마케팅

더 읽어야 할 문헌

이경렬·이희복·홍문기. 2016. 「온라인 불편광고와 이용자의 인식에 관한 연구」. ≪광고학연구≫, 27(5), 53~73쪽.
이경렬·이희복·홍문기. 2017. 「디지털 플랫폼 광고의 현황과 이에 대한 전문가의 인식 연구」. ≪광고학연구≫, 28(5), 7~33쪽.
이수범·손영곤. 2014. 「국내 인터넷/모바일 광고 분야의 연구 경향: 메타분석에 의한 연구통합」. ≪광고학연구≫, 25(8), 179~211쪽.
최세정. 2016. 「인터넷 광고는 스마트해지고 있나」. 『인터넷 생태계에 대한 9가지 질문』. 89~109쪽. 파주: 나남.
Kireyev, P., K. Pauwels, and S. Gupta. 2016. Do display ads influence search? Attribution and dynamics in online advertising. *International Journal of Research in Marketing*, 33(3), 475~490쪽.

052
모바일 광고
Mobile Advertising

　스마트폰 보급률과 무선 인터넷 이용이 급증하면서 모바일 광고의 중요성 또한 증가했다. 실제로 여러 보고서에 의하면 전 세계적으로 전통적인 매체의 광고는 성장이 둔화되거나 감소세를 보이는 반면 온라인 광고는 성장하고 있으며 그중 모바일 광고의 성장이 두드러진다. 스마트폰과 무선 인터넷 보급이 활성화되기 이전 일명 피처폰 시대에는 단순한 SMS(Short Message Service) 광고가 주를 이루었다. 하지만 현재는 인터넷 광고의 주요 유형인 노출형 광고(디스플레이 광고)와 검색형 광고의 비중이 크며, 인터넷 광고가 리치미디어 기반으로 진화해왔듯이 모바일 광고도 유사한 양상을 보인다. 하지만 모바일 기기의 특성을 활용하는 새로운 형태의 광고도 등장했다.

　모바일 광고는 또한 다양한 어플리케이션(application; 앱, app)의 개발과 함께 브랜드 앱 광고, 인-앱(in-app) 광고, 게임 앱에서 캐릭터를 활용한 광고, 앱 다운로드 혹은 광고 시청 시 포인트나 마일리지를 지급하는 보상형 광고 등 기존 인터넷 광고와는 다른 유형의 광고를 포함한다. 이 외에도 3D, 가상현실, 위치기반서비스 등 새로운 기술을 활용한 새로운 유형의 광고들도 꾸준

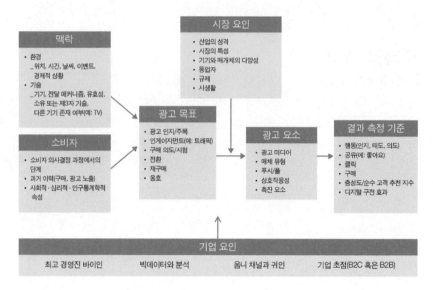

그림 6-3 **모바일 광고효과의 틀**
자료: Grewal, Bart, Spann and Zubcsek(2016: 4).

히 등장했다.

　모바일 광고의 장점은 전통적인 매체의 이용시간이 감소함에 따라 광고의 접촉률과 효율성이 감소하는 반면, 항상 휴대하는 스마트폰 등 모바일 기기를 통해 소비자에게 전달되는 모바일 광고는 접촉률과 효율성이 높다는 것이다. 또한 진정한 개인 미디어라고 할 수 있는 스마트폰을 활용한 모바일 광고는 소비자 개개인의 위치, 행태 등을 파악, 분석하여 맞춤형 광고를 전달할 수 있다는 중요한 장점이 있다. 핀테크(Financial Technology; Fintech)의 발달과 함께 간편하게 이용할 수 있는 모바일 페이는 광고의 궁극적인 목표인 제품이나 서비스 구매로 이어지는 전환율(conversion rate) 또한 높일 수 있다. 모바일 기반의 소셜미디어 이용이 증가하면서 구전효과를 제고하는 바이럴 마케팅에서 모바일 광고의 역할도 커지고 있다.

　하지만 PC 등 컴퓨터의 화면에 비해 스마트폰의 작은 화면은 소비자가 체감하는 광고의 혼잡도(clutter)를 상대적으로 증가시켜 모바일 광고의 약점으로 작용할 수 있다. 또한 개인 미디어를 통해 전달되는 모바일 광고가 개인의 공간을 침범한다고 느끼고, 맞춤형 광고에 대해 개인 정보를 이용하고 사생활을 침해한다고 인식하여 저항감을 가질 수 있다. 아울러 모바일 기기를 이용해 동영상 콘텐츠를 시청할 때 프리롤(pre-roll) 동영상 광고를 강제로 시청해야 하는 경우 소비자의 데이터를 소모한다는 반감도 존재한다. 따라서 이러한 단점과 우려를 극복하는 효과적인 모바일 광고의 개발이 필요하다.

그림 6-3은 모바일 광고의 특성을 반영하여 효과에 영향을 미치는 요인들을 정리한 개념적 틀이다.

❏ 연관어: 온라인 광고, 소셜미디어 광고

더 읽어야 할 문헌

김태우·한미정. 2015. 「모바일 리워드어플리케이션 광고의 효과 연구」. ≪한국광고홍보학보≫, 17(2), 71~103쪽.

이세진·추동엽·이재영. 2015. 「모바일 배너광고의 맥락효과와 메시지 표현유형에 따른 광고효과 연구」. ≪광고학연구≫, 26(1), 167~185쪽.

정창모·이한근·김영찬·박홍수. 2014. 「모바일 리치미디어 광고 태도에 영향을 미치는 요인에 관한 탐색적 연구」. ≪광고학연구≫, 25(4), 55~75쪽.

Bart, Y., A. T. Stephen and M. Sarvary. 2014. "Which products are best suited to mobile advertising? A field study of mobile display advertising effects on consumer attitudes and intentions." Journal of Marketing Research, 51(3), pp.270~285.

Grewal, D., Y. Bart, M. Spann and P. P. Zubcsek. 2016. "Mobile Advertising: A Framework and Research Agenda." *Journal of Interactive Marketing*, 34, pp.3~14.

053

소셜미디어 광고
Social Media Advertising

소셜미디어 광고(social media advertising)란 말 그대로 소셜미디어를 통한 광고를 말한다. 소셜미디어의 급격한 성장과 다양한 소셜미디어 플랫폼의 등장과 함께 소셜미디어 광고도 주목받고 있다. 소셜네트워킹 광고(social net-working advertising), SNS 광고(SNS advertising), 소셜 광고(social advertising)로도 불리는데, "소셜미디어에서 쌍방향성, 개인화, 콘텐츠 기반 특성을 활용하며 광고주체가 의도적으로 노출하는 통제 가능한 광고"로 정의할 수 있다(심성욱·김운한, 2011). 소셜미디어의 가장 큰 특성은 소비자들 간 네트워크로서, 소셜미디어 광고는 이를 활용해 네트워크 구성원들에게 기업, 제품에 대한 정보를 제공할 수 있다. 소셜미디어 기반의 광고와 마케팅은 정보뿐 아니라 소비자들의 감정, 생각, 의견 등을 포함하여 다양한 플랫폼들을 통해 빠르게 확산될 수 있다. 특히 전통적인 미디어를 기반으로 일방적으로 소비자에게 전달하는 푸시형 광고와 달리 광고에 노출되는 소비자들이 광고에 대해 자발적으로 반응하고 공유, 확산하는 장점이 있다(최익성, 2016).

소셜미디어 광고의 장점을 보다 자세하게 살펴보면 다음과 같다. 첫째, 소셜미디어 광고는 다양한 플랫폼을 통해 소비자들에게 동시에 광범위하게 도달할 수 있다. 둘째, 소셜미디어 광고는 전통적인 미디어와 비교해 확산속도와 비용, 효율성 면에서 우월하다. 셋째, 소셜미디어 기반 플랫폼을 통해 시간과 공간 제약 없이 소비자들과 소통이 가능하여 목표 소비자와의 새로운 소통채널로서 활용할 수 있다. 넷째, 소비자들의 세분화된 타깃팅과 맞춤형 광고가 가능하여 효과를 제고할 수 있다. 다섯째, 소셜미디어 광고는 원래 소비자들 간의 관계 형성을 목적으로 발전된 관계망을 이용하기 때문에 전통적인 미디어 기반 광고에 비해 신뢰를 기반으로 소비자들과 지속적으로 소통할 수 있고 나아가 정서적인 유대관계를 형성할 수 있다(안동근·목양숙, 2013).

광고 플랫폼으로 주로 활용되는 소셜미디어는 많은 소비자들에게 확산되어 있는 페이스북(Facebook), 트위터(Twitter), 유튜브(Youtube), 인스타그램(Instagram) 등을 포함한다(Alhabash, Mundel and Hussain, 2017). 다양한 유형의 소셜미디어 광고 중 널리 활용되는 페이스북 광고는 크게 세 가지 유형으로 분류된다. 첫째, 전통적인 배너 광고와 유사한 형태로서 페이스북 메인 페이지, 브랜드 팬 페이지 등에 노출된다. 두 번째 유형은 배너 광고와 소셜 광고가 결합된 연관 광고로서 뉴스피드에서 노출될 때 다른 웹페이지로 유도하지 않고 다양한 프로모션, 이벤트를 수행한다. 이는 페이스북에서 광고가 반복해서 노출되면서 소비자들이 가질 수 있는 부정적인 반응을 줄이기 위해 고안되었다. 셋째, 페이스북 상의 친구가 특정 브랜드의 팬으로 가입하면 이를 알람으로 띄워주는 페이스북 기본 서비스 또한 자연스러운 노출을 통해 브랜드 정보를 제공하는 광고로 볼 수 있다(민귀홍·박현선·송미정·이진균, 2015; 이은선·김미경, 2012).

트위터의 광고는 2010년 '프로모티드 트위츠(Promoted Tweets)'의 출시와 함께 시작되었는데, 이는 특정 검색어를 구입한 광고주의 트윗(tweet) 검색 결과가 높은 순위에 위치할 수 있도록 하는 검색 광고의 일종이다. 타임라인 중간에도 게시되는 '프로모티드 트위츠'뿐 아니라 메인 페이지에 노출되는 '프로

사진 6-2 **프로모티드 트위츠의 예**

사진 6-3 **인스타그램 브랜드 계정의 예**

모티드 트렌즈(Promoted Trends)', 광고주의 트위터 계정을 추천해주는 '프로
모티드 어카운츠(Promoted Accounts)', 외부 제3자 어플리케이션 영역에서 제
공되는 광고 서비스 '프로모티드 프로덕츠 포 파트너스(Promoted Products for
Partners)' 또한 이용된다(최익성, 2016).

한편, 이미지 기반의 소셜미디어로서 급속히 성장한 인스타그램(Instagram)은 다양한 사진 필터를 활용한 이미지 보정을 제공하고 해시태그(#)를 활용하여 같은 주제의 콘텐츠 검색이 쉽게 이루어지는 장점을 가진다. 기업과 개인들은 브랜드 계정을 통해 제품에 대한 정보뿐만 아니라 감각적인 이미지들을 게재하며 적극적으로 활용했다. 또한 "스폰서드(sponsored)"라는 표기와 함께 이용자들이 팔로우하는 계정의 업데이트 사이에 노출되는 광고도 제공했다.

최근에는 페이스북에서 동영상을 클릭하지 않고도 콘텐츠를 볼 수 있는 자동재생 기능과 페이스북과 인스타그램의 라이브 등 실시간 동영상을 활용한 광고가 증가했다. 또한 일반 이용자들이 게재하는 콘텐츠와 유형 및 이미지 측면에서 유사한 네이티브 광고도 많이 활용하고 있다. 각 소셜미디어 플랫폼은 이용자 기반과 네트워크와 콘텐츠의 특성 등이 다르기 때문에 이러한 서비스 유형의 특성을 고려한 차별화된 광고 전략이 필요하다.

❏ 연관어: 네이티브 광고, 모바일 광고, 온라인 광고

더 읽어야 할 문헌

민귀홍·박현선·송미정·이진균. 2015. 「페이스북 광고유형과 이용강도가 구전행위에 미치는 영향: 독립적 자기해석의 조절효과를 중심으로」. ≪광고학연구≫, 26권 8호, 7~33쪽.
심성욱·김운한. 2011. 「대학생들의 소셜미디어 이용동기가 소셜미디어 광고 이용의향에 미치는 영향」. ≪한국광고홍보학보≫, 13권 2호, 342~376쪽.
이은선·김미경. 2012. 「마케팅 커뮤니케이션 수단으로서의 기업 페이스북 팬 페이지 이용행태 분석」. ≪광고학연구≫, 23권 2호, 31~55쪽.
안동근·목양숙. 2013. 「SNS 광고 이용행태와 기업의 SNS 광고 마케팅 효과 및 전략」. ≪조형미디어학≫, 16권 3호, 77~86쪽.
최익성. 2016. 「PC와 모바일에서 나타난 소셜미디어의 광고유형과 이용동기에 대한 수용자 인식 연구」. ≪OOH 광고학연구≫, 13권 1호, 25~53쪽.
Alhabash, S., J. Mundel, and S. A. Hussain. 2017. "Social Media Advertising." *Digital Advertising: Theory and Research*, p.285.
Hurrle, D., and J. Postatny. 2015. *Social Media for Scientific Institutions: How to Attract Young Academics by Using Social Media as a Marketing Tool*. Springer.

054

옥외광고
Out-of-Home Advertising (OOH)

옥외광고는 집밖 외부에서 각종 구조물을 이용하여 설치된 광고 미디어를 말한다. 옥외매체는 OOH(Out-of-Home) 광고 미디어로도 불리며 TV, 신문, 라디오 잡지 등 전통적인 매체가 주로 집안에서 소비되는 것에 대비해 집밖에서 활용되는 모든 매체를 일컫는다. 길거리에서 흔히 볼 수 있는 빌보드, 포스터 혹은 네온과 같은 전통적인 옥외광고를 비롯하여 지하철이나 버스정류장 광고, 쇼핑카트, 비행선, 건물 등 다양한 형태의 옥외광고가 존재한다.

옥외매체는 주로 사람들의 눈에 잘 띄는 곳에 설치되어 광고 메시지의 회상 능력이 뛰어난 편이지만 크리에이티브의 한계로 광고 메시지가 비교적 짧고 목표청중을 선별하기가 어렵다는 한계도 있다. 그럼에도 불구하고 옥외매체는 브랜드명, 로고, 혹은 간단한 슬로건 등을 소비자에게 반복적으로 노출함으로써 브랜드에 대한 친숙성과 호감도를 증대시키는 데 도움을 준다. 옥외광고 미디어는 표 6-6과 같이 분류할 수 있다.

일반적으로 전통적인 의미의 옥외광고효과는 차량유동인구나 도보유동인구를 합한 일일 유효 노출 사람 수를 의미하는 DEC(daily effective circulation)

표 6-6 **옥외광고 미디어의 분류**

전통적 형태의 옥외광고	빌보드(건물, 옥상, 아립), 네온사인, 전광판
교통광고	버스, 지하철, 택시, 철도, 공항, 버스 터미널, 고속도로
경기장 광고	야구장, 축구장, 농구장, 골프장 등
특수 광고	비행선, 점보트론, 애드벌룬, 열기구 등
엔터테인먼트 미디어 광고	극장광고, 복합문화공간, 쇼핑몰 등
기타 SP매체 광고	매장 내 POP, 매장 내 비디오 광고 등

자료: 이경렬(2016: 302) 일부 수정.

의 개념이 중심이 되어 측정되는데, 이는 해당 옥외광고물을 볼 가능성이 있는 일일 최대 인원수를 의미한다. DEC 외에 가시각도, 노출시간, 차량 정체도(평균 주행 속도) 등에 따라 옥외광고물의 인지 가능성은 다르기 때문에 가시각도, 가시거리, 노출시간, 차량 평균 주행속도 등이 가중치로 부여되어 최종적으로 옥외광고 노출효과가 산출된다. 옥외광고의 효과는 '옥외광고 노출지수=DEC×가시각도×노출시간×평균주행속도'의 모델에 따라 측정할 수 있다(심성욱·고한준·김효규, 2012).

과거에는 부정기적으로 연구원들이 거리에 나가 녹화를 하거나 수동 계측기 등을 이용해 이러한 지표들을 측정해왔으나 최근 시선의 움직임을 확인할 수 있는 아이 트래커(eye-tracker)의 활용, GPS나 근거리 통신망 등 디지털 기술의 발전으로 전자적인 측정이 가능해지고 있어 그동안 상대적으로 미진했던 옥외매체의 효과 연구에도 많은 발전이 이루어지고 있다.

한편, 최근에는 디지털 기술이 결합한 '디지털 사이니지(Digital signage)' 광고가 옥외매체에 포함되면서 단순한 정보 전달에 그치지 않고 이벤트, 프로모션, 제품 판매 등으로 활동 영역을 점차 넓혀가고 있으며 디지털 기술의 발달과 함께 옥외매체의 급속한 변화와 발전을 예고하고 있다. 디지털 사이니지는 포스트, 안내 표시, 간판 등 기존의 아날로그 방식의 광고판을 대신해 디지털 디스플레이어를 활용하여 각종 정보와 광고를 제공하는 디지털 게시판을 일컫는 말이다. 기존 아날로그 방식의 디스플레이가 수동적인 방식으로 내용물을 교체해야 하는 데 비해 디지털 사이니지는 디지털 정보 디스플레이 (digital information display)를 이용하여 중앙관제센터에서 통신망을 통해 광고 내용을 실시간으로 제어할 수 있는 차별성이 있다. 지하철 역사, 버스 정류장, 승강기 등 유동 인구가 많은 곳에서 흔히 볼 수 있다.

현재는 동영상 위주의 광고를 시간대별로 노출하는 형식이 대부분이지만, 향후에는 동작인식이나 근거리무선통신(NFC)을 이용해 사용자와 양방향으로 통신하는 형식으로 진화가 예상된다. 디지털 사이니지의 유형으로 가장 흔하게 볼 수 있는 것이 건물 외벽이나 전광판에 설치된 아웃도어 디지털 사이니지이다. 건물 전체를 하나의 대형 디스플레이로 활용하는 미디어 파사드 (Media Fasade)도 이 중 하나이며 서울스퀘어 건물 등이 대표적이다.

인도어에 설치된 디지털 사이니지는 흔히 접할 수 있으며 대형 쇼핑몰 내 벽에 설치하거나 입간판 형태로 주로 제작된다. 단순히 아웃도어 디지털 사이니지의 크기를 줄인 형태로 이해되기도 하지만, 주변에 있는 사람들의 동작을 스스로 인식하거나 터치스크린 방식의 키오스크(kiosk)를 채용해 사용자와의 의사소통을 가능하게 하는 기술이 많이 등장했으며, 지하철 내의 '디지털 뷰'가 대표적이고 최근에는 버스 정류장에도 두루 활용되고 있다. 단순한 정보 전달에 그치지 않고 브랜드 경험을 제공할 수 있다는 점에서 기존의 옥외 광고와 차별성을 갖기도 한다.

디지털 사이니지는 향후 3D 기술의 발전과 함께 증강현실(AR)의 활용 등 많은 기술적 진보가 예상된다. 양방향 통신을 통한 개인 미디어 기능을 함께 수행하는 서비스로 발전하면서 양방향 커뮤니케이션 수단으로 각광받고 있으며, 광고 분야뿐 아니라 영화관, 레스토랑, 학교에서까지 활용되면서 쓰임새는 갈수록 늘어나고 있다. TV, 인터넷, 모바일에 이어 제4의 미디어로 불리기도 하는 디지털 사이니지는 하드웨어, 미디어, 콘텐츠 산업이라는 3대 분야를 통해 막대한 산업규모를 형성하고 있으며, 양적인 성장뿐 아니라 소비자의 생활 접점에 노출되는 질적 성장도 함께 이루어지고 있다.

❏ 연관어: 옥외광고, 브랜드 경험, 광고 기술, 디지털 사이니지, 광고효과

더 읽어야 할 문헌

박희송. 2012.7.26. "제4의 미디어 '디지털 사이니지' 광고 기술 출원." ≪뉴시스≫.
서동민. 2012. "용어로 보는 IT. 디지털 사이니지." http://terms.naver.com/entry.nhn?docId=3574156&cid=59088&categoryId=59096(검색일: 2017.8.17).
심성욱·고한준·김효규. 2012. 『기금조성용 옥외광고효과측정 모델개발 연구』. 서울: 한국옥외광고센터.
이경렬. 2016. 『광고 매체론』. 서울: 서울경제경영.
유승철·송시강·박정선. 2017. 「디지털 미디어 환경에서 옥외 광고의 새로운 정의와 범위에 대한 연구: 광고학과 법학적 관점의 종합」. ≪광고연구≫, 제112호, 199~237쪽.

제7장
광고 미디어 기획

055

미디어 플래닝
Media Planning

　미디어 플래닝, 혹은 우리말로 매체 기획은 광고 관련 여러 업무 중 광고를 집행할 매체업무를 준비하고 계획하는 것이라고 할 수 있으며 이를 전문적으로 담당하는 사람들을 미디어 플래너(Media Planner) 또는 매체 기획자라고 한다. 매체 기획자들은 주로 전문적인 광고대행사에 근무하며 완성된 광고 제작물을 소비자에게 잘 전달하기 위해 매체의 지면이나 시간을 전략적으로 잘 계획하고 구매하는 업무를 담당한다. 사전적인 의미에서 미디어 플래닝은 "광고 미디어의 효율적 구매를 전제로, 표적 청중에게 노출을 통한 마케팅 커뮤니케이션을 효과적으로 달성하기 위해 매체의 지면과 시간을 구매하는 과정"으로 표현할 수 있다.

　광고 캠페인이 성공적이기 위해서는 광고 캠페인을 잘 기획하고 전달하고자 하는 목표에 맞는 광고 크리에이티브를 제작한 뒤 이를 표적 소비자들에게 전달할 수 있어야 한다. 미디어 플래닝은 여기에서 '전달'이라고 하는 부분에 초점을 맞춘다. 전달을 잘하기 위해서는 전달의 시기와 방법이 중요해진다. 어떤 매체를 이용할 것인가, 그리고 언제, 얼마나 오랫동안, 어느 정도의 횟수로 전달할 것인가, 횟수들 간의 간격은 어떻게 조절할 것인가 하는 등이 미디어 플래닝의 주요 과제가 된다.

결국 매체의 지면이나 시간의 구매는 광고 메시지의 노출, 반복 노출, 그리고 지속적 노출의 과정을 관리하는 것이다. 광고효과의 출발은 잘 만들어진 광고물이 적절한 소비자에게 잘 전달되어야 발생할 수 있다. 아무리 잘 만들어진 광고 제작물이라 할지라도 소비자에게 제대로 전달되지 못한다면 광고 캠페인은 실패로 끝난다. '구슬이 서 말이어도 꿰어야 보배'라는 속담과 같은 이치이다. 전체 광고 예산에서 통상적으로 매체 구매 비용이 차지하는 비율은 약 80%를 넘어서고 있어, 예산 배분이라는 점에서 미디어 플래닝의 중요성은 커지고 있다.

매체 기획 과정은 단순히 광고를 전달하는 데 그치지 않고 집행 과정의 확인과 집행 후 매체효과 측정의 영역까지 담당한다. 매체 집행 사전 기획을 포함해 통상적으로 광고 집행 결과를 월별로 정리하여 자사 및 경쟁사의 광고 미디어 효과 분석을 실시한다. 통상적으로 규모가 크지 않은 광고대행사의 경우는 미디어 플래너가 매체 기획과 구매 업무를 동시에 담당하기도 하지만, 조직이 큰 대행사의 경우 매체 기획과 매체 구매 전문가로 업무가 구분되기도 한다.

❑ 연관어: 광고효과 측정, 미디어, 비히클

더 읽어야 할 문헌

김희진·이혜갑·조정식. 2007. 『Integrated 광고 미디어 기획론』. 서울. 학현사.
양윤직. 2010. 『디지털 시대의 광고 미디어 전략』. 서울: 커뮤니케이션북스.
이경렬. 2016. 『광고매체론』. 서울: 서울경제경영.
이강원·박원기·오완근. 2010. 『광고효과와 매체기획: 계량적 관점』. 서울: 커뮤니케이션북스.
Sissors, Jack Z., and Roger B Baron. 2010. *Advertising Media Planning*, 7th ed. New York: McGraw Hill.

056

미디어, 비히클, 유닛
Media, Vehicle, Unit

통상적으로 신문, 잡지, 라디오, 텔레비전, 인터넷 등과 같은 것을 통칭해 매체 혹은 미디어(media)라고 하며, 특정 신문이나 특정 프로그램과 같이 특정한 매체 내의 구체적인 개별 메시지 전달 도구나 수단을 비히클(vehicle)이라고 한다. 즉, 일반적으로 부르는 텔레비전은 매체이고 광고가 실리는 TV의 개별 프로그램, 예를 들어 'SBS 8시 뉴스'는 비히클이며, 신문은 매체이고 ≪중앙일보≫ 같은 개별 신문은 비히클이 된다. 인터넷 같은 경우는 포털과 뉴스 사이트 등 개별 웹사이트가 비히클이 될 수 있다. 결과적으로 비히클이 모여진 집합체(a class of vehicles)가 미디어가 되는 셈이다.

유닛(unit)은 비히클을 구성하는 '개별 광고물의 형태'로, 비히클 내의 광고물의 크기, 게재 위치, 길이, 색상 등을 말한다. TV의 경우 광고 유닛의 선택은 길이 혹은 위치를 정하는 것으로, 15초 혹은 30초 등의 광고 길이와 프로그램이 시작되기 전의 광고 시간대를 의미하는 '전CM' 혹은 프로그램의 종료 직후의 광고 시간대를 의미하는 '후CM' 등의 광고 위치를 정하는 것을 의미한다. 신문의 경우에는 특정 면의 지정과 광고 크기를 결정하는 선택이 해당된다. 매체 목표를 달성하기 위해 미디어, 비히클, 유닛을 전략적으로 선택하는 과정은 광고 미디어 기획 과정에서 매우 중요한 부분을 차지하게 된다.

❑ 연관어: 매체 기획, 방송광고

더 읽어야 할 문헌

김희진·이혜갑·조정식. 2007. 『Integrated 광고 미디어 기획론』. 서울. 학현사.
양윤직. 2010. 『디지털 시대의 광고 미디어 전략』. 서울: 커뮤니케이션북스.
이강원·박원기·오완근. 2010. 『광고효과와 매체기획: 계량적 관점』. 서울: 커뮤니케이션북스.
이경렬. 2016. 『광고 미디어론』. 서울: 서울경제경영.
이경렬. 2016. 『광고매체론』. 서울: 서울경제경영.
Sissors, Jack Z. and Roger B. Baron. 2016. *Advertising Media Planning*, 7th ed. New York: McGraw Hill.

057
ATL, BTL, TTL
ATL, BTL, TTL

광고 업무 수수료를 받는 매체와 그렇지 않은 매체를 구분하는 광고 회계 장부에 있는 선(line)에서 비롯되었다고 전해지는 ATL(Above The Line)과 BTL(Below The Line)이란 용어는 광고학계에서보다 광고실무계에서 더 자주 사용되고 있다. 따라서 엄밀하게 구분하는 기준은 제시되고 있지 않지만 대체적으로 ATL은 기존의 4대 매체라 불리는 TV, 라디오, 신문, 잡지를 비롯해 케이블TV, 인터넷 등의 대중매체를 일컫는 용어이며, BTL은 대중매체를 통하지 않는 매장의 이벤트나 프로모션, 텔레마케팅 등 ATL을 제외한 대면 광고 활동을 일컫는다. 즉, 매체비를 지불하는 경우 ATL로 볼 수 있으며, 그 외 방식의 매체활동을 BTL로 볼 수 있다.

ATL은 다수의 소비자들에게 메시지를 전달할 수 있는 장점이 있는 반면 소비자들과의 직접적인 소통이 부족할 수 있다는 단점 역시 존재한다. 반면, BTL은 도달범위의 제한이라는 단점과 함께 상대적으로 비용이 저렴한 편이며 양방향 소통이 어느 정도 가능하다는 점이 장점으로 꼽힌다.

하나의 마케팅 수단으로 고객을 공략하는 시대가 지나면서 ATL과 BTL의 구분이 의미 없다는 인식 아래 등장한 TTL(Through The Line)은 ATL과 BTL을 관통하는 통합적 마케팅 관점을 강조한다. 즉, 대중매체를 적절히 활용하면서(ATL) 고객과의 직접적인 접점을 통해(BTL) 마케팅 목표를 달성하고자 하는 것이 TTL이다. TTL은 통합마케팅커뮤니케이션(IMC) 개념의 구체적인 활용 방안이 될 수 있다.

❏ 연관어: 통합마케팅커뮤니케이션, 브랜드 접점

더 읽어야 할 문헌
이경렬. 2016. 『광고 미디어론』. 서울: 서울경제경영.
이서용·전종우. 2011. 「ATL과 BTL 광고 수용에 영향을 미치는 소비자 문화 차원의 역할」. ≪옥외광고학연구≫, 8권(1호), 5~27쪽.
박기철. 2009. 「ATL·BTL에서 CTL·DTL로」. ≪광고PR실학연구≫, 2권(1호), 90~112쪽.
김홍규·오세정. 2009. 「마케팅 커뮤니케이션으로서의 BTL 전략 요인」. ≪한국광고홍보학보≫, 11권(2호), 127~154쪽.
Iqbal, Haider. 2013. "Selecting an Appropriate Source of Media as an Effective Source of Promotion and Communication from ATL and BTL Modes of Advertising: A study on FMCGs in City of Peshawar." *International Review of Basic and Applied Sciences*, Vol. 1, No. 2, pp. 25~34.

058

미디어 믹스
Media Mix

미디어 믹스는 매체 기획 과정에서 매체목표를 달성하기 위해 다양한 광고 미디어를 선정하는 과정을 의미한다. TV, 라디오, 신문, 잡지, 인터넷 등 주어진 예산 범위 내에서 가장 효과적이면서도 효율적인 매체의 조합을 결정하는 동시에 선택된 매체에 얼마의 예산을 할당할 것인가를 결정하는 과정을 일컫는다.

매체가 다양해진 오늘날 특별한 이유가 있지 않은 한 TV나 신문 같은 단일 매체만을 이용해 광고캠페인을 진행하는 경우는 드물다. 다양한 매체를 활용하는 것, 즉 미디어 믹스를 통해 얻을 수 있는 장점은 우선 '폭넓은 도달률'을 확보할 수 있다는 것이다. 매체가 다양해지면서 소비자들의 분극화 현상으로 인해 소비자의 브랜드 접점은 갈수록 다양화되고 있어 한 가지 매체만을 이용해서는 원하는 표적수용자에게 효율적으로 도달하기 힘든 상황이다. 따라서 미디어 믹스를 통해 다양한 매체를 이용하여 광고 메시지를 분산시켜 도달시킴으로써 폭넓은 도달률을 확보할 수 있다.

다음으로, 미디어 믹스를 통해 '다양한 자극'을 소비자에게 전달할 수 있는 장점이 있다. 기존의 많은 연구들은 시각적 정보 혹은 언어적 정보를 별도로 제시하는 것보다 이들을 함께 제시하는 것이 효과적이라고 밝히고 있다. 미디어 믹스를 통해 수용자에게 다양한 형태의 시청각적 자극을 제공함으로써 광고효과를 증대시킬 가능성이 높아진다.

세 번째로 미디어 믹스를 통해 얻을 수 있는 장점은 '노출 분포의 균일성 확보'이다. 한 개의 매체에만 집중적으로 광고를 할 경우 일부 수용자들에게만 집중하거나 혹은 전혀 도달하지 못하는 가능성이 존재할 우려가 있지만 다양한 미디어를 사용함으로써 이와 같은 현상을 줄여 특정 노출분포에 몰리는 현상을 최소화할 수 있게 된다.

미디어 믹스를 결정하는 여러 가지 요인 중 로시터(J. Rossiter)와 퍼시(L. Percy)는 광고 목표를 브랜드 인지도와 브랜드 태도로 구분하고 이를 다시 관여도(고/저)와 이성적/감성적 제품의 특성으로 구분해 제품의 특성과 주어진 광고 목표를 가장 잘 달성할 수 있는 미디어 믹스를 구성할 것을 권고했다 (Rossiter and Percy, 1997).

성공적인 미디어 믹스를 구성하기 위해서는 매체 간 특성 비교가 필수적이며 비용효율성도 함께 고려되어야 할 것이다. 예를 들어 TV의 경우 넓은 도달 범위를 갖는 반면 자세한 정보전달에는 부적합할 수 있으며, 인터넷의 경우에는 상호작용성이 뛰어난 반면 낮은 주목률이 함께 고려되어야 한다. 기본적으로 미디어 믹스는 표적수용자들의 매체 접촉도에서 출발한다. 광고 메시지를 전달하고자 하는 표적수용자들이 어떤 매체를 언제 사용하는지에 대한 기본적인 정보 외에, 각각의 매체에 대한 신뢰도 및 광고 회피 정도를 파악하는 것도 미디어 믹스 구성에서 중요한 요소이다.

❏ 연관어: 통합마케팅커뮤니케이션, 브랜드 접점, 관여도

더 읽어야 할 문헌

김운한·신일기. 2010. 「크로스미디어 광고 개념의 실무적 고찰」. ≪광고PR실학연구≫, 3권(2호), 72~92쪽.

이경렬. 2012. 「TV광고와 인터넷 배너광고 간의 크로스미디어광고의 효과에 관한 실증적 연구: 광고인 게이지먼트, 브랜드인게이지먼트, 구매의도를 중심으로」. ≪커뮤니케이션학 연구≫, 20권(3호), 67~90쪽.

이경렬. 2016. 『광고 미디어론』. 서울: 서울경제경영.

양윤직. 2006. "통합마케팅커뮤니케이션과 미디어믹스". ≪광고정보≫, 1월, 62~65쪽.

정혜욱. 2013. 「통합마케팅커뮤니케이션(IMC)에서의 전략적 미디어 믹스(media mix)의 중요성: SK텔레콤 "눝" 프로모션 사례를 중심으로」. ≪디자인융복합연구≫, 42호, 111~126쪽.

Rossiter, J., and L. Percy. 1997. *Advertising communication management* (2nd ed.). New York: McGraw-Hill.

059

3-Hit 이론
Three-Hit Theory

많은 비용을 들여 광고를 집행하는 이유는 광고효과를 얻기 위함이다. 브랜드 인지도 상승이나 매출 증대 등 광고효과를 정의하는 다양한 의견들이 있을 수 있지만 기본적으로 매체를 통해 '광고 메시지가 소비자들에게 전달되었다'는 전제 아래 광고효과를 논의할 수 있다. 하루에도 수많은 광고 메시지를 접하는 소비자들에게 효과적인 광고전달 방법을 찾는 것은 많은 학자들의 몫이었다. 1959년 질스키(H. Zielske)라는 학자가 광고 메시지를 자극물로 사용해 초기의 광고반복 효과를 연구한 이래, 많은 학자들이 광고 노출 시기와 적절한 반복 횟수에 관한 연구를 실시했다.

1972년에 심리학자 크루그먼(H. Krugman)에 의해 촉발된 '3-Hit' 이론은 소비자들이 광고에 반복 노출되면서 가지게 되는 효과를 심리적 차원에서 개념화했다. 소비자들은 광고를 처음 보게 되면, "저 제품이나 브랜드(혹은 광고)는 무엇인가(What is it?)"라는 기본적인 의문을 갖게 되는 단계를 거치고, 이어 "저 제품이나 브랜드는 무엇에 쓰는가(What of it?)"의 단계를 거쳐, 최종적으로 세 번째 단계에서 제품의 구매 여부를 결정하고 브랜드에 대한 관심을 지속하거나 떨쳐버리는 단계를 거친다고 주장했다. 즉, 광고의 반복 노출 수준에 따라 소비자들은 메시지에 대한 호기심(curiosity)의 단계, 인지(recognition) 단계, 그리고 최종적인 결정(decision)의 단계를 거치는 것으로 정리될 수 있다.

현재 한국을 비롯한 전 세계의 광고업계는 이 3단계 과정에 기초해 소비자들에게 필요한 최소한의 노출 수준을 3회 이상으로 보고 있다. 따라서 1회 혹은 2회의 반복 노출은 광고효과가 발생하기 위한 최소한의 수준, 즉 '광고효과가 발생하는 문턱(threshold)'을 넘지 못하기 때문에 매체 기획에서는 최소 3회 이상의 반복 노출을 기본 출발점으로 삼고 있다. 이어지는 후속 연구들에서 일정 수준의 노출까지는 광고에 대한 반응이 증가하다가 포화점(satiation point)을 지나면 광고 효과의 증가율이 감소하는 '역 U자' 행태의 결과를 제시하거나, 심지어 일정 횟수 이상의 반복 노출은 소비자들의 짜증을 유발하여 브랜드에 대해 오히려 부정적인 반응을 낳는다는 연구 결과를 내어놓은 학자들도 있어 엄밀한 의미에서 광고 노출 3회는 하나의 기준점을 제시하고는 있지만 절대적인 횟수로 이해하면 곤란하다.

이처럼 반복되는 노출 빈도 중심의 광고효과 연구와는 다른 관점에서 광고의 노출 효과를 제시하는 것이 1995년에 에프론(E. Ephron)이 제시한 '구매시점 중심'의 매체 기획(Recency planning)이다. 이 이론은 광고의 반복 노출 수준보다 광고가 노출되는 시점이 중요하다는 점을 강조하며, 소비자의 구매시점에 맞춘 광고 노출의 필요성을 지적했다. 그는 광고가 소비자들에게 브랜드를 회상시키는 것은 맞지만 현재의 소비자들은 대부분의 광고제품과 브랜드를 이미 인지하고 있기 때문에 광고로부터 많은 학습을 하지 않으며, 따라서 소비자들은 대부분의 광고를 걸러서 받아들이고 현 시점에서 그들에게 필요하다고 느끼는 메시지만을 받아들인다는 입장이다.

라면 같은 소비재를 예로 든다면, 사람들이 라면을 구매하는 것은 그들이 광고효과 단계를 거쳐서 특정한 라면 브랜드에 대한 구매의도가 발생한 것이 아니라 그냥 라면을 구매할 필요가 있기 때문에 구매하는 경우가 대부분이기 때문에, 여기에서 광고의 역할은 구매시점에 즈음해 단순히 브랜드를 '상기(remind)'시켜주는 것에 초점을 맞춰야 한다는 것이다. 에프론의 주장은 결과적으로 광고의 반복 노출에 드는 비용을 광고를 최소한 1번이라도 볼 수 있는 소비자의 범위를 넓히는 데 사용하자는 입장으로서 '도달률(reach)' 중심의 관점이라고 할 수 있다. 크루그먼을 중심으로 하는 빈도 중심의 접근법은 '광고가 소비자를 통제할 수 있다'고 보는 시각인 반면, 구매시점 중심의 접근법은 '소비자들이 광고 메시지를 통제'한다는 시각이다.

광고의 반복 노출은 곧 비용의 증가를 의미한다. 따라서 효과적인 광고 반복 수준을 파악하는 것은 매우 중요하다. 기본적으로 크루그먼의 3-Hit 이론과 같이 반복적인 노출로 광고효과가 발생할 가능성이 커진다는 것에는 많은 사람들이 동의했다. 하지만 크루그먼 역시 그의 논문에서 3회의 노출이 광고효과를 발생시킨다고는 주장하지 않았고, 노출의 3단계 과정을 거쳐 효과가 발생할 수 있다는 점을 강조했다. 광고 크리에이티브, 광고 혼잡도, 소비자의 관여도 수준 등의 영향으로 인해 크루그먼이 주장하는 3단계는 3회의 반복 노출만이 아니라 수십 번의 반복 노출로도 확장될 수 있다. 동시에 구매시점 중심의 접근법에서 볼 수 있듯이 반복 노출의 수준은 물론이고 노출되는 시점에 관한 관점 역시 미디어 플래닝에서 중요하게 다루어져야 할 부분이다.

❏ 연관어: 매체 기획, 위계효과 모형

더 읽어야 할 문헌

김효규. 2012. 「광고의 반복 노출과 광고 효과에 관한 연구: 노출 기회 및 노출 인지의 반복 횟수를 중심으로」. ≪한국광고홍보학보≫, 14권(1호), 244~268쪽.

Ephron, E. 1995. "More Weeks, Less Weight: The Shelf-Space Model of Advertising." *Journal of Advertising Research*, Vol.35, No.3, pp.18~23.

Krugman, H. 1972. "Why Three Exposures May Be Enough." *Journal of Advertising Research*, Vol.12, No.6, pp.11~14.

Stewart, D. W. and D. H. Furse. 1987. *Effective television advertising: A study of 1000 commercials*. Massachusetts: Lexington Books.

Zielske, H. 1959. "The Remembering and Forgetting of Advertising." *Journal of Marketing*, Vol. 23, No. 1, pp. 239~243.

060
시청률, 점유율, 열독률
Rating, Share, Readership

　시청률은 특정 시간 동안 특정 프로그램이나 채널을 시청한 수용자의 크기를 백분율(%)로 나타낸 것이다. 즉, 주어진 특정한 시간에 얼마나 많은 사람들이 어떤 방송을 시청했는가를 나타내는 계량적 지표이다. 영어로는 공통적으로 rating이라고 표현하며, 매체의 성격에 따라 TV 방송의 경우 시청률이라 칭하고 라디오 방송의 경우 청취율이라 칭한다.

　시청률은 조사과정에서 사용된 분석 단위에 따라 '가구(households)시청률'과 '개인(persons)시청률'로 구분된다. 가구시청률은 분석단위가 텔레비전을 보유한 가구이며, 전체 텔레비전 보유가구 중에서 특정 프로그램이나 채널을 시청한 가구의 백분율을 나타낸다. 예를 들어 특정 지역의 텔레비전을 보유한 가구수가 50만인데 이들 중 특정 시간의 특정 프로그램을 본 가구가 20만이라고 한다면 그 프로그램의 가구시청률은 40%(20만/50만×100)가 된다. 개인시청률은 텔레비전 시청이 가능한 표적시청자(타깃, target) 중 특정 프로그램이나 특정 채널을 시청한 사람들의 백분율을 가리키며, 예들 들어 브랜드 X의 타깃이 100만 명이고 이들 중 A라는 프로그램을 시청한 사람들의 수가 30

만 명이라고 한다면 A프로그램의 개인시청률은 30%(30만/100만×100)가 된다. 통상적으로 뉴스 등을 통해 보도되는 시청률은 가구시청률을 일컫고 있으며, 구체적인 타깃을 선정해야 하는 마케터들은 개인시청률을 기본적으로 활용해 계획을 수립한다.

시청률은 시청률조사 전문기관에 의해 조사되는데, 국내에서는 '닐슨 코리아'와 'TNMS 멀티미디어' 두 회사에서 시청률 자료를 생산한다. 두 회사는 전국에 걸쳐 3000가구 이상의 패널(panel) 가구를 이용해 피플미터(people meter)라는 전자 일기식 방법을 이용해 자료를 수집하여 필요한 기관에 판매한다. 피플미터는 패널 가구의 시청 여부를 판단할 수 있는 기계적인 장치로 텔레비전 시청 정보를 시청자가 직접 입력하는 방식으로 시청자의 시청행위에 대한 정보를 획득한다. 최근 시청자의 움직임이나 소리 등을 기계 장치가 스스로 인식해 시청률을 기록하는 장치가 선보이고는 있으나 개인의 프라이버시 문제로 인해 널리 보급되고 있지는 않은 실정이다.

시청률이 전체 텔레비전 보유 가구수 대비 특정 프로그램 시청행위를 측정하는 것이라면, 점유율(share)은 텔레비전을 사용하고 있는 가구수 대비 특정 프로그램 시청행위를 측정하는 것이다. 즉, 시청률은 TV 보유 가구나 개인 전체가 기준인 반면, 점유율은 TV가 켜져 있는 상태 또는 TV를 보고 있는 사람들이 기준이 되는 셈이다. 앞의 예를 다시 들어 설명하면, 특정 지역의 텔레비전 보유 가구수가 50만인데 이들 중 프로그램이나 채널에 관계없이 TV를 보고 있는 가구수(TV를 켠 가구수)가 40만이고, 특정 시간에 특정 프로그램을 본 가구수가 20만이라고 한다면 그 프로그램의 가구시청률은 40%(20만/50만×100)인 반면, 가구점유율은 50%(20만/40만×100)가 된다. 점유율은 일종의 표준화된 시청률이라고 할 수 있으며, 시청자 크기가 다른 시간대나 방송 요일이 다른 프로그램들의 시청률이 주어진 상황하에서의 상대적인 경쟁력을 비교하고자 할 때 주로 사용되고 있다. 따라서 점유율은 매체 기획에서 직접적으로 사용되는 경우는 흔하지 않고 주로 방송 편성 과정에서 전반적인 프로그

표 7-1 **인게이지먼트와 시청률의 차이**

구분	인게이지먼트	시청률
패러다임	How deeply	How many/How long
관점	정성적	정량적
접근법	시청자 중심	미디어 중심
측정항목	관심, 관련, 집중, 만족도	노출 가능성
지표	인게이지먼트 지수	GRP, CPM, 임프레션

자료: 이종선·장준천(2009: 157).

램의 상대적 경쟁력을 평가하는 수단으로 활용되고 있다.

시청률이 방송매체의 평가지표라면 열독률은 인쇄매체의 평가지표이다. 열독률은 전체 인구, 혹은 광고 캠페인의 전체 표적청중 중 특정 인쇄매체에 노출된 사람들의 백분율을 가리킨다. 즉, 신문이나 잡지의 구독 여부에 관계 없이 일정 기간 동안(하루 혹은 일주일) 신문이나 잡지를 읽은 사람의 비율을 말하는 것으로 신문의 매체력을 평가하는 주요 잣대로 이용되고 있다. 열독률 또한 전문 조사기관에서 생산하고 있는데, 국내의 경우 한국리서치에서 연 3회 정기적으로 생산하는 '미디어 인덱스(Media Index)'가 가장 대표적으로 활용되고 있다.

최근 시청률과 같은 정량적인 지표에 대한 보완책으로 정성적인 효과에 대한 관심이 학계 및 업계에서 제기되고 있다. 시청률이 계량적 광고효과 측정의 대표적인 기본 단위라면, 인게이지먼트는 최근 대두되는 대표적인 정성적인 효과 측정 지표이다. 표 7-1은 시청률에 대비해 정성적인 성격을 갖는 인게이지먼트에 대한 설명으로 단순 노출 수준이 아닌 시청자들의 관심 정도나 집중도에 초점을 맞추어 측정하고 있다(이종선·장준천, 2009).

❏ 연관어: GPRs, 인게이지먼트

더 읽어야 할 문헌

김효규·김기주. 2017. 「다매체 시대 TV 프로그램 시청 행태와 통합 시청률 및 광고 시청에 관한 연구」.
    《한국광고홍보학보》, 19권(3호), 68~98쪽.
이종선·장준천. 2009. 「TV프로그램의 인게이지먼트가 광고효과에 미치는 영향」. 《광고연구》, 여름,
    155~191쪽.
닐슨코리아, http://www.nielsen.com/kr/ko.html
한국리서치, http://www.hrc.co.kr/
TNMS 멀티미디어, http://www.tnms.tv/rating/default.asp

061

총노출량

Gross Rating Points (GRPs)

총노출량(GRPs: Gross Rating Points)은 방송매체의 효과 측정에 주로 사용되는 '노출된 광고의 총량'을 의미한다. 즉, 개별 시청률(rating)의 총합으로서 매체 스케줄에 포함된 모든 비히클에 노출된 사람들의 비율을 모두 더한 값으로 계산된다. 다르게 표현하면, 광고 캠페인의 표적청중이 매체 스케줄에 포함된 모든 매체 비히클에 노출된 비율을 퍼센트(%)로 나타낸 것이다. 흔히 영어의 복수를 표현하는 's'를 생략해 단순히 GRP라고도 많이 일컫고 있다. GRPs 산출의 예를 들면, 표 7-2와 같은 가상의 매체 스케줄은 총 4개(A, B, C, D)의 비히클을 이용해 총 10회 광고를 집행한 결과, 최종적으로 160GRPs (30+30+60+40)를 얻고 있다.

GRPs는 단순히 광고 집행 횟수를 고려한 시청률만으로 구성되어 있어 산출이 비교적 쉬운 편이며, 관련 업계에서 광고 스케줄의 노출효과를 평가하기 위해 가장 보편적으로 사용하고 있는 지표이다. 주어진 매체 예산의 범위 내에서 선택 가능한 후보 스케줄들의 GRPs를 이용해 비교해봄으로써 가장 노출효과가 클 것으로 기대되는 스케줄을 선택할 수 있다. 하지만 GPRs에는 중

표 7-2 **가상의 광고 집행 스케줄 및 GRPs 산출 예**

비히클	시청률(rating)	집행 횟수	GRPs
A	10	3	30
B	15	2	30
C	20	3	60
D	20	2	40
계	–	10	160

복 노출의 비율이 포함되어 있기 때문에 노출빈도 수준에 따른 추가적인 정보를 제공하고 있지 못하며, 보다 정교한 노출결과를 살펴보기 위해서는 추가적으로 노출빈도분포를 활용해 노출빈도 수준별 도달률을 살펴볼 필요가 있다.

도달률(reach)은 표적 청중들에 대한 광고 메시지의 도달 범위를 말하며, 구체적으로 '특정 매체스케줄에 최소한 한 번 이상 노출된 표적수용자의 크기'를 가리킨다. 즉, 도달률은 특정 광고캠페인 기간 동안 전체 표적수용자들 중 광고 메시지를 최소한 한 번 또는 그 이상 본 표적수용자들의 비율을 말한다. 수용자의 중복노출 여부와는 관계없이 광고 메시지를 본 사람들의 비율을 가리키고 있기 때문에 광고를 본 사람과 광고를 보지 않은 사람의 구분점이 되어 그 자체로 의미가 있는 지표이다. 도달률의 최대값은 100%이며 도달률 100%라는 의미는 모든 표적수용자들이 매체스케줄을 통해서 광고 메시지에 최소한 한 번 이상 노출되었다는 것을 의미한다. 하지만 광고 메시지를 전혀 접하지 않은 사람과 광고를 한 번이라도 본 사람들의 반응이 다를 것이라는 가설이 쉽게 받아들여질 수 있듯이, 광고 메시지를 단 한 번 본 사람과 두 번 혹은 세 번 이상 본 사람들의 반응 역시 질적으로 다르게 나타날 것이라고 많은 학자들은 밝히고 있다. 따라서 광고를 한 번이라도 본 사람들 중에 반복적으로 몇 번을 보았는가를 알아보는 것 또한 매체 기획과정에서 매우 중요해진다.

중복된 노출 정도를 살펴보기 위해 매체 기획에서는 반복 노출 빈도라는 개념을 이용하는데, 빈도(frequency) 혹은 평균 빈도(average frequency)는 광고 캠페인 기간 동안 매체스케줄을 통해 개별 표적수용자가 광고 메시지에 반복적으로 노출된 횟수의 산술적 평균치를 말한다. 예를 들어, 전체 10명의 표적 수용자들 중 특정 광고 메시지를 본 사람이 4명이고 나머지 6명은 광고 메시지를 전혀 접하지 않은 경우 도달률은 40%(4/10×100)가 된다. 광고를 본 4명의 표적수용자 중 1명은 광고 메시지를 1번만 본 반면 다른 두 명은 각각 2번씩, 나머지 한 명은 3번을 보았다고 가정한다면, 이들 4명의 평균 노출 빈도는 2회가 된다. 앞의 예는 표적수용자가 단지 4명일 경우에 한정했기 때문에 개별 수용자별로 반복 노출 정도를 쉽게 일일이 나열할 수 있지만, 표적수용자의 크기가 수천 명 혹은 수만 명 이상일 경우에는 개별 수용자별로 반복 정도를 하나하나 정리하기가 매우 어려워져 광고를 한 번이라도 본 사람들(도달률)의 전체 평균 빈도만을 구하는 편이 단순하면서도 관리에 효율적일 것이다.

정리하자면, 앞의 예에서 도달률은 40%이고 평균 중복 노출빈도는 2회이며 도달률과 평균 빈도, 이 둘을 곱하면 40×2=80(%)이라는 결과를 얻게 된다. 여기에서 80이라는 숫자는 앞에서 설명한 총노출량, 즉 GPRPs와 같아지게 된다. 즉, 광고를 본 표적수용자들은 4명이고 이들이 평균적으로 2번씩 본 셈이 되며, 다르게 표현하면 몇 명이 보았는지는 관계없이 광고에 노출된 정도, 즉 총노출량은 8회에 이른다는 의미가 된다. 즉, GRPs는 시청률의 합으로도 구할 수 있지만, 도달률과 평균 빈도의 곱으로 계산할 수도 있다. 이는 곧 GPRs=Reach×Average Frequency로 표현할 수 있다.

❑ 연관어: 시청률, 미디어 플래닝, 매체 스케줄

더 읽어야 할 문헌

김희진·이혜갑·조정식. 2007. 『Integrated 광고 미디어 기획론』. 서울. 학현사.
양윤직. 2010. 『디지털 시대의 광고 미디어 전략』. 서울: 커뮤니케이션북스.
이경렬. 2016. 『광고 미디어론』. 서울: 서울경제경영.
Sissors, Jack Z., and Roger B. Baron. 2010. *Advertising Media Planning*, 7th ed. New York: McGraw Hill.

062

CPM, CPRP

Cost Per Mille (CPM), Cost Per Rating Point (CPRP)

매체 기획 과정에서 매체 스케줄에 포함될 매체 비히클을 선정할 때 우선 적으로 고려해야 할 요소가 매체의 노출량 또는 노출력이다. 매체 기획의 기본 전제가 가능한 한 많은 표적청중에게 메시지를 전달하는 것이기 때문이다. 하지만 제한된 예산 범위 내에서 매체 기획이 수립되어야 하기 때문에 매체 비히클의 비용 효율성에 관한 고려 역시 필요하다. 매체의 노출력이 아무리 크다 할지라도 광고 요금이 다른 비히클에 비해 과다하게 높으면 오히려 비효율적인 매체선정이 되고 말 것이다. 매체 기획에서 효율성은 매체에 지불한 요금에 대비해 메시지를 도달시키는 표적청중의 크기를 의미한다.

매체의 비용 효율성을 평가하는 대표적인 지표가 CPM이다. CPM은 Cost Per Mille의 앞 머리글자로, 여기에서 밀레(Mille)는 1000을 나타내는 라틴어이다. 매체 기획에서 CPM은 천 명에게 광고 메시지를 전달하는 데 드는 비용으로 해석이 가능하다. 광고 요금이 800만 원인 프로그램 A와 400만 원인 프로그램 B가 있을 때, 가격적인 면만 고려한다면 A가 두 배 비싸지만, 만약 프로그램 A를 시청하는 표적청중의 수가 프로그램 B의 두 배가 넘는다면 프로그램 A가 더 효율적일 것이다. 이처럼 요금이 다른 비히클들의 매체 효율성을 비교하기 위해 1000명의 표적 청중으로 표준화하여 메시지를 도달시키는 데 드는 비용을 가리키는 지표가 CPM이다. 따라서 CPM은 해당 비히클의 '광고 가격/해당 비히클의 표적 청중×1000'으로 구할 수 있다. 1명이 아닌 1000명을 기준으로 삼는 이유는 1명을 기준으로 했을 때 CPM값이 너무 작아지는 것을 방지하기 위해서이다.

1000명당광고비(CPM)는 초창기에 인쇄매체의 비용 효율성을 비교하기 위한 개념에서 출발했으나, 이후 방송매체는 물론 인터넷 등 모든 매체에 적용 가능하여 보편적으로 매체 간 비용 효율성 비교가 가능한 지표로 사용하게 되었다. 유사한 개념이지만 TV 프로그램에 특화된 비용 효율성 측정 개념이 시청률1%도달광고비(CPRP)이다. CPRP(Cost Per Rating Point)는 '시청률 1%에 해당하는 표적수용자에 도달하는 데 드는 비용'을 의미한다. 따라서 CPRP는 개별 프로그램의 광고 요금을 그 프로그램의 시청률로 나누어 산출하여 프로그램의 비용 효용성을 비교할 수 있다. 흔히 CPRP는 줄여서 CPP 혹은 CPR로 표기하기도 한다.

인터넷 매체의 등장으로 새롭게 등장한 개념이 CPC(Cost Per Click)이다. 인터넷 매체를 이용하는 광고 소비자들은 단순히 광고에 노출되는 수준을 뛰어넘어 '클릭(click)'이라는 구체적 행위를 수반한 광고 소비 행태를 보이고 있다. 따라서 노출이 아닌 구체적인 행위에 기반한 비용 효용성 측정 수단이 새롭게 등장했다. CPC는 클릭 1회당 발생하는 데 드는 광고비용으로 이해될 수 있으며 총비용 대비 클릭 횟수로 산출될 수 있다. CPM, CPRP, CPC 모두 수치가 낮을수록 비용 효용성이 더 좋다고 할 수 있다. 전략적 매체 기획 과정은 GRPs 같은 광고량의 관리와 CPM 같은 효율성이 동시에 고려되어야 한다.

❑ 연관어: 매체 비히클, GRPs, 매체 스케줄

더 읽어야 할 문헌

김희진·이혜갑·조정식. 2007. 『Integrated 광고매체기획론』. 서울: 학현사.
양윤직. 2010. 『디지털 시대의 광고 미디어 전략』. 서울: 커뮤니케이션북스.
이경렬. 2016. 『광고 매체론』. 서울: 서울경제경영.
Sissors, Jack Z., and Roger B. Baron. 2010. *Advertising Media Planning*, 7th ed. New York: McGraw
    Hill.

063

미디어 스케줄
Media Schedule

미디어 전략의 수립 과정은 어떤 매체에 얼마만큼의 광고량을 노출시킬 것인가 하는 골격의 수립을 핵심으로 한다. 즉, 예정된 캠페인 기간 동안 어떤 매체 혹은 비히클을 얼마 동안 사용할 것인가 하는 스케줄의 설정이 필요하다. 매체 스케줄은 캠페인 기간 동안 매체를 어떻게 운영할 것인가 하는 종합적인 운영 계획이라고 할 수 있을 것이다. 미디어 스케줄링 전략은 기본적으로 4가지로 구분할 수 있다. 즉, 지속형(continuity 혹은 continuous), 집중형(burst 혹은 blitz), 비월형(flight), 그리고 맥동형 혹은 파동형(pulsing)이다.

지속형은 캠페인 기간 내내 광고를 집행하기 때문에 표적청중에게 전달하고자 하는 광고 메시지를 항상 노출시킬 기회가 있어 전달하고자 하는 메시지에 대한 기억을 유지시킬 수 있으나 광고예산이 충분하지 않으면 경쟁사보다 단위기간 동안의 광고량이 상대적으로 적을 우려가 있으며, 장기간 같은 소재를 집행할 경우에는 지루함 등으로 인해 광고효과의 감퇴현상이 발생할 우려가 있다.

집중형은 광고예산이 충분하지 않거나 일시적으로만 판매가 필요한 제품

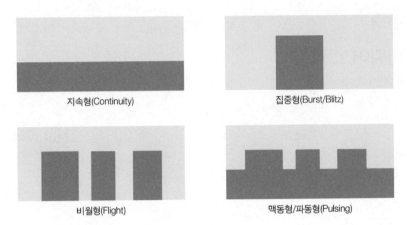

지속형(Continuity)

집중형(Burst/Blitz)

비월형(Flight)

맥동형/파동형(Pulsing)

그림 7-1 **미디어 스케줄링 전략의 네 가지 기본 유형**

일 경우 해당 기간에 광고물량을 집중하여 충분한 노출범위와 노출빈도를 확보할 때 사용하는 것이 적합한 스케줄 전략이다. 광고를 집행하는 기간 동안에는 다른 브랜드를 압도할 수 있으나 지나치게 광고가 많이 반복될 경우 광고에 무감각해지는 벽지효과(wallpaper effect)가 나타날 수 있어 여러 편의 광고 소재를 준비해 번갈아 운영할 필요가 있다. 주로 예산이 충분하지 못한 신제품, 특히 후발 브랜드가 짧은 기간 동안이라도 확실히 브랜드를 알리고자 할 때 이용할 수 있는 전략이다.

비월형은 광고를 집행하지 않는 휴지기(hiatus)에 줄인 예산을 광고 집행기에 사용할 수 있으므로 광고를 집행하는 동안에는 어느 정도 적정 수준의 노출과 빈도를 확보할 수 있는 장점이 있다. 광고 물량이 일정 수준 이상이 되지 못할 상황일 경우 집행기 동안이라도 소비자에게 브랜드를 충분히 노출시켜 단기 효과를 극대화시킬 필요가 있다. 집행기 동안 쌓아올린 광고효과가 휴지기까지 연결되는 이월효과(carryover effect)를 기대할 수 있지만, 동시에 휴지기에는 경쟁사의 광고 전략에 따라 집행기 동안 쌓아둔 광고효과가 소멸(wearout)될 가능성도 존재한다.

맥동형은 일정 물량을 지속적으로 집행하므로 평소 소비자들의 기억에 광고와 브랜드에 대한 기억을 유지시킬 수 있는 동시에 계절성이나 구매주기 등의 상황변수를 고려하여 필요한 시점에 추가적인 물량을 집행함으로써 경쟁 브랜드에 대한 경쟁력을 잃지 않을 수 있는 장점이 있다. 하지만 충분한 광고예산이 필요하며 추가적인 광고물량을 집행하려는 시기에 목표로 하는 최적의 광고 미디어를 확보하지 못할 수도 있다는 단점이 있다.

제품 구매의 계절적 특성이나 특정한 시기 혹은 상황 등이 제품 판매량에 상당한 영향을 미치는 경우 판매의 계절성(Seasonality)이 있다고 한다. 에어컨의 경우 여름철이 성수기이고 그 외의 계절은 비수기가 될 것이며, 졸업이나 입학 시즌, 혹은 크리스마스나 밸런타인데이 같은 시기적 이벤트가 있는 경우 관련한 특정 상품들이 집중적으로 판매가 이루어지기 때문에 매체 스케줄링의 결정 시 판매의 계절성은 중요하게 고려되어야 한다.

계절에 구애받지 않고 일 년 내내 소비되는 휴대폰 같은 제품이 있는가 하면, 많은 제품들은 연간 특정한 시즌에 주로 매출이 발생하기도 하기 때문에 광고 캠페인을 그 시즌에 맞추어 집행하는 것이 유리할 것이다. 성수기에는 광고예산을 많이 배분하고, 비수기에는 광고예산을 적게 배분해 광고예산을 효율적으로 관리할 필요가 있다. 날씨나 온도에 따라 판매량이 크게 변하는 맥주나 커피, 아이스크림과 같은 제품 역시 계절성과 관련해 이해될 수 있을 것이다. 하지만 이와 같은 저관여 제품들은 비교적 제품구매주기가 짧기 때문에 지속형 스케줄링을 구사하는 것이 바람직하며, 반면에 김치냉장고같이 판매의 계절성이 뚜렷한 고관여 제품의 경우 성수기에 집중하고 비수기에 예산을 줄이는 집중형이나 비월형 스케줄링 전략이 유리할 수 있다.

❑ 연관어: 미디어 플래닝, 관여도

더 읽어야 할 문헌

김희진·이혜갑·조정식. 2007. 『Integrated 광고 미디어 기획론』. 서울: 학현사.

이경렬. 2016. 『광고매체론』. 서울: 서울경제경영.

이경렬·이웅노. 2007. 「텔레비전 매체스케쥴의 효율성 분석에 관한 연구: ERPs(Effective rating points) 개념을 중심으로」. ≪광고학연구≫, 18권(1호), 41~62쪽.

이경렬·전민진. 2009. 「텔레비전 매체스케줄링의 효과에 영향을 미치는 요인에 관한 연구: 타이밍과 예산배분의 변동을 중심으로」. ≪광고학연구≫, 20권(4호), 7~24쪽.

한상필·이경렬·박현수. 2009. 「텔레비전 광고효과의 이월(carryover)과 소멸(decay)에 관한 실증적 연구」. ≪한국언론학보≫, 5~29쪽.

064

발행부수공사제도
Audit Bureau of Circulations (ABC)

발행부수공사제도(Audit Bureau of Circulations: ABC)는 신문과 잡지 등 인쇄매체의 발행부수를 공개적으로 검증하는 제도를 의미한다. 매체사에서 스스로 보고한 간행물의 부수와 접촉자 수 등의 매체량을 표준화된 기준을 가지고 제3자적 입장에서 객관적인 방법으로 조사하고 확인해서 그 결과를 공개하는 제도이다.

ABC협회는 1914년 미국에서 처음 출범했고 한국 ABC협회는 1989년 5월 세계에서 23번째로 창립되었다. 인쇄매체의 발행부수 등 매체량은 매체사의 재원인 판매 및 광고수입과 관계가 있으며 매체광고비의 집행근거가 된다. 따라서 매체량 정보는 매체사·광고주·광고회사의 경영과 광고의 과학화, 합리화를 위한 기본 자료로 필수적이다. 광고회사는 부수자료를 기초로 광고의 도달률, 도달횟수 등을 고려한 매체목표를 효과적으로 세울 수 있고, 매체의 객관적인 광고 요금을 기준으로 효율적인 매체계획을 세울 수 있다. 효율적인 매체계획은 광고주와 광고회사의 관계를, 객관적인 광고 요금 책정은 발행사와 광고주·광고회사와의 관계를 공정하게 함으로써 합리적인 광고거래질서를 구축할 수 있다.

시장경제원칙에서 출발하는 부수공개제도는 광고 단가의 기준이 되는 부수에 대한 정보를 상세히 밝혀줌으로써 불공정 거래행위를 방지하여 시장경제 질서의 기초가 된다. 최근 매체 환경의 변화에 따라 비영리조직인 한국 ABC 협회는 인쇄매체 부수에 국한되었던 조사 대상 영역을 모바일, e-edition, 유선방송 가입자, 웹사이트 접속량 공시, 옥외광고, 박람회 및 전람회 관람자 조사 등으로 확대하고 있다.

❏ 연관어: 시청률

더 읽어야 할 문헌

안대천·김상훈. 2010. 「신문광고산업의 발전을 위한 ABC제도 발전방안」. ≪광고학연구≫, 21권(1호), 51~67쪽.
김봉철. 2010. 「ABC 제도의 정착을 위한 정부의 역할」. ≪광고PR실학연구≫, 3권(1호), 49~66쪽.
홍문기·이경렬·이희복. 2014. 「지역일간지의 발행·유료부수와 정부광고의 제도·운영·효율성 관계 연구」. ≪광고학연구≫, 25권(5호), 271~302쪽.
한국 ABC협회, http://www.kabc.or.kr/
네이버 지식백과, "ABC제도"(두산백과), http://terms.naver.com/entry.nhn?docId=1206084&cid=40942&categoryId=31752

065

미디어렙
Media Representative

미디어렙은 매체사 대신 광고를 위탁받아 전문적으로 판매하는 광고 중개 전문기구이다. 인쇄매체의 경우 매체사가 직접 광고영업을 하고 있기 때문에 일반적으로 미디어렙(Media Rep.)이라고 하면 방송사의 위탁을 받아 광고주에게 광고를 판매하는 방송광고 판매대행사를 일컫는다. 이렇게 광고판매 대행체제를 운영하는 이유는 방송사가 광고를 수주하기 위해 광고주한테 압력을 가하거나 혹은 광고주가 광고를 빌미로 방송사에 영향을 끼치는 것을 막아 방송의 독립성과 공정성을 유지하는 데 있다.

국내의 경우 1980년 이래 한국방송광고공사(KOBACO)의 독점적인 방송광고 판매대행 체제에서 2008년 독점적 지상파방송광고 판매대행에 대한 헌법재판소의 헌법불합치 판결과 함께 2012년 미디어법 개정이 이루어졌고 그 이후 공영방송과 민영방송을 각각 대행하는 2개 미디어렙 체제로 운영되고 있다. 현재 공영방송인 KBS, EBS, MBC는 한국방송광고진흥공사에서, 민영방송인 SBS는 미디어크리에이트에서 각각 대행하고 있으며, 종합편성채널의 경우 3년간의 유예기간을 거쳐 2014년부터 각각 1사 1렙 체제로 운영되고 있다.

최근 미디어렙 운영에서 새로운 변화를 불러일으키는 것이 프로그래매틱 바잉(programmatic buying) 시스템이다. 기존의 광고 구매 시스템은 사람들 간의 거래를 통해서 작동하는 데 비해, 이 시스템은 소비자 데이터에 기반하여 사전에 설정된 디지털 알고리즘에 의해 자동적으로 광고 거래가 가능하다. 광고 인벤토리의 구매 및 판매 과정을 디지털화한 새로운 광고 집행 방식인 것이다. 이 시스템은 실시간 경매와 비실시간 경매로 이루어지는데, 특히 과거에는 없던 실시간 경매시스템을 RTB(Real Time Bidding: 실시간 입찰)라고 한다. 광고 인벤토리를 기계가 자동적으로 구매함으로써 신속하고 효율적일 뿐만 아니라 예산 측면에서 합리적이라는 평가를 받고 있다.

이 시스템은 인터넷 활동이나 SNS 활동의 증가 등으로 인해 소비자에 대한 정보가 풍부해진 상태에서 소비자 행위에 기반한 개인별 맞춤형 광고의 출발점이 되기도 한다. 인터넷 방문 기록이나 검색 결과 등의 사용자 행위 기반 데이터를 분석하여 소비자가 필요로 할 것 같은 광고를 선제적으로 제공하는 시스템으로, 이러한 광고를 프로그래매틱 광고라고 한다. 현재 이 시스템은 주로 온라인 광고 거래에 이용되고 있으며 향후 방송광고 영역의 활용 가능성에 대해서도 논의가 진행 중이다. 개인화된 맞춤형 광고에 대한 필요성이 점차 확대되어가는 가운데 이 시스템의 도입으로 광고 거래의 투명성 제고라는 긍정적인 효과까지 있다는 전문가의 의견도 있다.

국내의 광고 실무계에서는 프로그래매틱 구매 시스템을 네트워크 광고(network ad)라고 지칭한다. 우리나라 네트워크 광고의 발전은 구조의 고도화와 양적 성장으로 수요와 공급을 원활하게 조정하는 방향으로 발전해왔다. 그림 7-2에서와 같이 SSP(Supply Side Platform)는 매체의 입장에서 다양한 광고주를 편리하게 상대하고 최고가의 광고를 판매하여 수익을 극대화하기 위한 플랫폼을 말하며, DSP(Demand Side Platform)는 광고주의 입장에서 편리하고 효율성 높은 광고 인벤토리를 구매하기 위해 RTB(Real Time Bidding) 같은

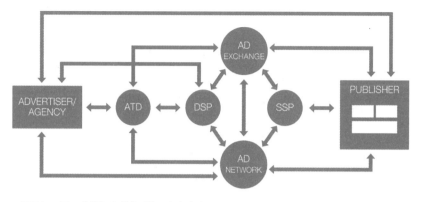

그림 7-2 **프로그래매틱 바잉(네트워크 광고)의 구조**

기능과 다양한 부가 데이터를 제공해주는 플랫폼을 말한다(김병희 외, 2016, 2017).

언론사의 인터넷뉴스 사이트에 노출되는 광고(이미지배너 광고, 텍스트배너 광고, 플로팅 광고 등)를 기준으로 해당 광고를 전송하는 사업자는 포털사가 운영하는 네트워크 광고와 온라인 광고대행사의 네트워크 광고로 분류할 수 있다. 포털 사업자가 운영하는 네트워크 광고의 장점은 방대한 네트워크 파워를 가진다는 점이다. 포털을 방문하는 많은 이용자를 누구보다 쉽게 활용할 수 있고, 포털 자신이 운영하는 다양한 서비스영역(뉴스, 블로그, 카페, 쇼핑 등)에 언제든지 광고를 노출시킬 수 있어 타 사업자에 비해 강력한 확장성을 가진다. 온라인 광고 대행사는 인터넷에서 유통되는 검색 광고 및 노출형 광고를 제작하고 유통하는 사업자로서 네트워크 광고 상품의 다양한 기술 변화를 주도하는 특성이 있다. 2016년 말 현재 우리나라에서 포털 사업자가 운영하는 네트워크 광고회사는 11개 사이며, 온라인 광고 대행사가 운영하는 네트워크광고회사는 47개 사로 보고되었다(김병희 외, 2016, 2017).

한편, 디지털 기술의 발전으로 모바일 광고 시장이 급성장하면서 새롭게 등장한 것이 SMR과 온라인 광고 전문대행사들이다. SMR(Smart Media Rep.)은 MBC와 SBS가 합작하여 설립한 회사로 지상파와 CJ E&M, 종편 채널 등 8개

방송사의 영상 유통과 광고 영업을 담당하는 온라인 영상 광고 전문대행사이다. SMR은 네이버나 다음 등 주요 유통 플랫폼을 지정하고 여기에서 발생하는 수익을 나누는 형태로 운영되고 있으며, 전 세계적으로 동영상 광고가 가장 활성화된 유튜브(youtube.com)의 채널은 현재 이용하고 있지 않다. 온라인 디지털 광고 전문 미디어렙으로는 나스미디어, 메조미디어, DMC미디어, 인크로스 등이 활동하고 있으며 온라인, 모바일, SNS 등 다양한 광고 미디어에서 광고주와 매체사를 연결해주고 있다.

❑ 연관어: 방송광고, 온라인 광고, 소셜미디어 광고

더 읽어야 할 문헌

강두필. 2012. 「종합편성 채널선정 이후 미디어렙과 지역방송의 문제 연구」. ≪광고PR실학연구≫, 5권 (1호), 162~183쪽.
김병희·지원배·지준형·김두완. 2017. 「언론사 네트워크 광고의 선정성 개선방안에 대한 질적 연구」. ≪광고학연구≫, 28권 1호, 93~125쪽.
김병희·지준형·지원배·김기현·김두완. 2016. 『언론사 네트워크 광고 현황 및 개선방안』. 서울: 한국언론진흥재단.
김봉철. 2010. 「민영 미디어렙 및 종편채널 등장에 따른 지역민방의 광고시장 구조 변화」. ≪광고PR실학연구≫, 3권(2호), 53~71쪽.
김인숙·허진. 2012. 「우리나라 방송광고 판매 대행 제도에 대한 연구」. ≪지역발전연구≫, 11권(2호), 27~48쪽.
홍문기. 2012. 「방송광고 시장경쟁 체제 도입에 따른 바람직한 미디어렙 제도 구축 방안에 대한 연구: 미디어렙 제도 변화에 따른 법적, 제도적 쟁점들을 중심으로」. ≪정치커뮤니케이션 연구≫, 27호, 409~464쪽.

제8장
PR의 정의와 환경

066

PR의 정의
Definition of Public Relations

PR(Public Relations)은 학자들에 의해 매우 다양하게 정의되어왔다. 주류를 이루는 몇 가지를 살펴보면 다음과 같다. 보탄(C. Botan)과 헤이즐턴(V. Hazelton)은 PR을 "커뮤니케이션 관리를 통해 조직을 둘러싼 환경에 적응하거나 환경을 변화, 유지시켜 조직의 목적을 달성하도록 하는 경영 기능"이라고 정의했다(Botan and Hazelton, 1989). PR 학자인 커틀립(S. Cutlip) 등은 PR을 "조직의 성패를 좌우하는 공중과 조직 간에 서로 이득이 되는 관계를 세우고 유지하는 관리 기능"이라고 정의했다(Cutlip, Center and Broom, 2000). 그루닉 (J. Grunig)과 헌트(T. Hunt)는 PR의 특정 효과나 활동, 이상적 상태를 강조하는 것보다 PR이라는 영역을 아우를 수 있는 좀 더 일반적인 정의가 필요하다고 주장하면서 PR을 "조직체와 그 공중 간의 커뮤니케이션을 관리하는 것"이라고 정의한 바 있다(Grunig and Hunt, 1984).

최근 세계 최대의 PR 전문인 조직인 미국PR협회는 다음과 같은 정의를 제시했다. "PR은 조직과 공중 사이의 상호호혜적인 관계를 구축하는 전략적 커뮤니케이션 과정이다"(PRSA, 2012). 여기에서 주목해야 할 것은 PR의 궁극적 목적을 조직과 공중 사이의 호혜적인 '관계'라고 규정하고 있는 점과, '과정'이라는 단어의 사용이다. 과거 PR은 조직의 입장을 중심으로 긍정적인 이미지를 만들어내는 활동으로 주로 이해되었던 반면, 이제는 어느 누가 커뮤니케이션 주도권을 쥐고 있는 것이 아니라 반복적인 상호작용을 통해 서로 관계를 맺는 것으로 기술하고 있는 것이다. 즉, 공중과 조직의 구분이 느슨해져, 커뮤니케이션의 주체가 조직이 될 수도 있고 공중이 될 수도 있다는 점을 반영한 것이다. 또한 과거 PR은 커뮤니케이션을 통해 메시지를 통제함으로써 공중을 희망하는 방향으로 관리할 수 있다고 전제한 반면, 지금은 그 어느 쪽도 서로를 통제하기는 어려우며 다만 상호 소통할 수 있는 환경을 만들어주는 '과정'에 더 방점을 두고 있다. 단어 몇 개가 다를 뿐이지만 PR 정의의 변화는 이론적, 실무적 패러다임의 변화를 오롯이 반영하고 있다.

이렇듯 PR은 진화하고 있으나, 허튼(J. G. Hutton)이 지적했듯이 근본적으로 PR은 결국 조직, 공중, 커뮤니케이션이라는 세 가지 요소를 축으로 전개되는 활동이다(Hutton, 1999). 각 용어는 커뮤니케이션학에서의 송신자, 수신자, 메시지/채널 등과 유사하게 이해될 수 있다. 하지만 PR이 다른 영역과 구별되는 이유는 '공중'이라는 개념을 중시하기 때문이다. 광고와 같은 마케팅 커뮤니케이션이 제품이나 서비스를 이용하는 소비자라는 특정 그룹에 대해 집중적으로 관심을 갖는 반면, PR은 보다 다양한 집단들을 대상으로 하는 커뮤니케이션을 다루어왔다. 예를 들어, 혐오시설의 설치에 반대하는 지역사회와의 갈등관리PR에서 주민들은 소비자들과는 사뭇 다른 성격을 지니는 집단이며 단순한 교환관계로 간주할 수 없다. 공중은 재화와 서비스의 교환이 아니라 공통의 문제나 이슈를 중심으로 형성되며, 그들에게 영향을 줄 수 있는 문제를 인지하게 되면 당면한 문제를 해결하기 위해 조직화하기도 하는 집단의 구성원들인 것이다(Grunig and Hunt, 1984). 김영욱도 프라이스(Price, 1992)를 인용해 공중이 대중, 군중과는 다른 개념임을 역설했다. 그는 대중은 불특정 다수로서 공유하는 관심사를 중심으로 이루어진 익명적 개인들의 결합이며, 군중은 정치적인 집단심리 혹은 감정의 회오리에 휩쓸려 생성되는 비이성적 결합이라고 설명했다. 반면에 공중은 "이슈를 둘러싼 논의와 반박 등 이성적인 담론을 통한 결합"(김영욱, 2003: 114)이라고 규정했다.

PR은 20세기 후반에 이르러 전문영역으로 인정받기 시작했다. 세계적으로 볼 때 PR은 북미지역에서 먼저 전문 분야로 자리매김했으므로, 실무-학문적으로 미국의 영향을 많이 받은 커뮤니케이션 영역이라고 할 수 있다. 학자들마다 견해는 조금씩 다르지만, 우리나라의 경우 근대적 의미의 PR이 처음 도입된 시점은 1940년대 미군정 시기로 보고 있다. 한국 PR역사 연구에서는 미군정 시대의 민간공보처(Office of Civil Information)가 미군에 의해 창설된 공보-PR기구이며, 이 기구의 활동으로부터 우리나라에 근대적 의미의 PR이라는 개념이 도입되고 확산되었다고 보고 있다(신인섭·김병희, 2016; 신인섭·이명천·김찬석, 2010). 일본으로부터의 해방과 민주화 과정에서 미군과 정부가 하는 일을 국민에게 알리기 위해 PR이라는 개념이 도입되고 실행되었다는 것이다. 대한민국 정부 수립 이후, 정부주도형 경제성장계획에 따른 대기업과 재벌체제의 수립은 기업PR의 발달을 이끌었다. 나아가 1980년대 들어 정부의 세계화 지향과 88올림픽 개최에 따라 해외 기업의 국내 진출, 국내 기업의 해외 진출이 활발해지면서 선진국 PR 대행사들이 국내 시장에 진입했고 이때부터 민간 PR시장의 본격적인 성장이 시작되었다(김영욱, 2003). 미국의 경우에도 그랬지만 한국에서 PR은 실무영역의 발달이 먼저 이루어지고 학문적인 접근이 뒤이어 전개되었다.

과거 PR은 언론홍보활동 혹은 언론대행활동으로 간주되어왔다. 즉, 조직이 나쁜 이미지나 행위는 숨기고 좋은 이미지는 강화, 확산하기 위해 언론을 통해 선전과 여론조작활동을 하는 것으로 이해되어온 것이다. 그러나 PR커뮤니케이션은 훨씬 더 넓은 영역을 포함하는 전략적 커뮤니케이션 활동으로 발전해왔다. 예를 들어, 커뮤니케이션 대상인 공중의 유형에 따라 PR실무 영역은 언론관계, 소비자관계, 지역사회관계, 투자자관계, 정부관계, 시민단체관계, 사원관계 등으로 나뉜다. 또한 커뮤니케이션의 특정한 목적이나 성격에 따라 국제PR, 마케팅PR, 쟁점관리, 위기관리, 갈등관리 등으로 지칭되는 영역 또한 PR 실무분야이자 연구영역이라고 할 수 있다. 실무자들은 매우 광범위한 커뮤니케이션 기술을 사용하고 있으며, PR활동을 통해 다양한 공중들과 커뮤니케이션하는 주된 목적은 인지도, 이해, 태도, 행동을 변화시키기 위한 것이다. 결국 PR실무는 조직과 공중이 서로 일련의 목표를 달성하기 위해 기획된 커뮤니케이션 활동을 하는 것으로 설명될 수 있으며, PR학은 이러한 활동들과 그 주체 및 대상을 연구하는 학문 영역이다.

이러한 상황에서 PR을 우리말로 어떻게 번역할 것인가에 대한 논의가 재점화되고 있다. PR은 도입 초기에 '홍보'라는 용어로 번역되었으나, 홍보라는 용어가 확장된 PR의 영역이나 본질을 흐리는 편협한 용어라는 공감대가 형성된 것이다. 2000년대 초반에 이르러 한국홍보학회는 한국PR학회로 개칭을 단행했고 '홍보' 대신 'PR'이라는 용어의 사용을 권고했다. 시대적 변화와 영역의 진화를 담을 수 있는 용어에 대한 고민은 현재 진행형이며, '공중관계'가 '홍보'나 'PR'을 대체할 용어로 부상했다.

❑ 연관어: 언론관계, PR 직업, 통합마케팅커뮤니케이션

더 읽어야 할 문헌

김영욱. 2003. 『PR커뮤니케이션』. 서울: 이화여자대학교 출판부.
신인섭·김병희. 2016. 「미군정기 민간공보처(OCI)의 PR활동에 관한 역사적 접근」. ≪광고PR실학연구≫, 9권 3호, 101~120쪽.
신인섭·이명천·김찬석. 2010. 『한국PR의 역사』. 커뮤니케이션북스.
Botan, C., and V. Hazelton. 1989. *Public Relations Theory*. Mahwah, NJ: Lawrence Erlbaum.
Cutlip, S., A. Center and G. Broom. 2000. *Effective Public Relations*, 8th ed. Upper Saddle River, NJ: Prentice Hall.
Grunig, J., and T. Hunt. 1984. *Managing public relations*. Orlando, FL: Harcourt Brace Jovanovich College Publishers.
Hutton, J. G. 1999. "The definition, dimensions, and domain of Public Relations." *Public Relations*

    Review, Vol 25, pp. 204~208.

Price, V. 1992. *Public opinion*. Newbury Park, CA:Sage

PRSA. 2012. "Definition of PR." http://apps.prsa.org/AboutPRSA/publicrelationsdefined/(검색일: 2017.5.14).

067
공중
Public

공중(public)은 PR활동의 파트너를 지칭하는 말이다. 공중은 기업이나 정부 등 조직이 전개하는 PR활동에서 없어서는 안 될 중요한 존재이다. 공중 없는 PR활동은 기대할 수 없다. PR이란 용어가 공중(public)과 관계(relations)의 앞 글자를 하나씩 따서 사용했다는 점을 떠올리면, 공중은 PR과 불가분의 관계에 있음을 알 수 있다.

공중은 대중(mass)과 개념적 차이가 있다. 대중은 여러 사람의 집합체를 일컫는다. 예를 들어 학력, 소득, 연령 등에 구애받지 않는 불특정 다수의 사람들이 대중이다. 대중은 균질성이 거의 없다. 이 점이 공중 개념과 차이를 불러일으키는 대목이다. 공중은 공통된 이슈를 가지고 있다는 점에서 균질적이다. 공중은 이슈가 발생할 때 탄생하는 경향이 강하다. 그렇다고 공중이 영속인 것은 아니다. 이슈가 사라지면 해당 공중도 없어지는 것이 일반적이다.

PR활동의 파트너로서 공중의 개념은 질적으로 발전했다. 공중의 개념이 객체적 관점에서 주체적 관점으로 바뀌고 있다는 것이다. 왼쪽 끝을 객체적 관점, 오른쪽 끝을 주체적 관점으로 하는 하나의 연속체에서 공중 개념은 왼쪽 끝에서 오른쪽으로 이동했다고 볼 수 있다. 이는 공중이 고정화된 개념이 아니라 변화하는 가변적 개념임을 의미한다. 객체적 관점에서 공중은 기업이나 정부 등 조직이 전개하는 PR의 대상으로 간주되는 것을 의미한다. 공중을 조직의 메시지 전달 대상이자, 조직에 의해서 인식이나 태도 그리고 행동을 변화시키거나 강화시켜야 할 타깃으로 보는 시각이 객체적 관점이다. 온라인, SNS 등 커뮤니케이션 기술의 진보로 조직과 공중 간 양방향 메시지 흐름이 원활히 이루어기 전까지 공중이 조직에 영향을 미칠 수 있는 수단과 활동은 제한적이었다. 시기적으로는 대략 2010년도까지 공중은 수동적 존재의 범주에 들어 있었다.

그루닉과 헌트의 PR발전 모델인 PR 4모형에서 기술하고 있는 공중의 존재성에 비유한다면(Grunig and Hunt, 1984), 언론홍보대행 모델-공공정보 모델-쌍방향불균형 모델-쌍방향균형 모델 중에서 앞의 세 모델까지의 공중은 객체적 관점에서 취급되었다. 물론 헌트의 PR 4모형 중 앞의 세 모델에 해당하는 과정에서 공중 개념은 객체화가 줄어들고 주체화가 증가하는 방향으로 꾸준히 변화해왔지만, 쌍방향불균형 모델 단계까지는 PR활동을 전개하는 조직이 바라보는 공중은 여전히 객체적 관점 속에 머물러 있었다.

주체적 관점에서 공중은 기업이나 정부 등 조직의 PR활동을 함께 전개하는 파트너이다. 오늘날 우리 눈앞에 존재하는 공중의 모습이다. 스마트폰과 같은 1인 미디어로 무장하고 세계 곳곳의 콘텐츠를 탐색(소비)하고, 콘텐츠를 생산하며, 콘텐츠를 유통하는 주체가 공중이다. 조직이 전개하는 PR활동에 대한 공중 참여의 폭이 커지고 개입이 일상화되는 것은 물론이고, 공중 자문과 공중 협의 등의 형태로 조직이 적극적으로 구축하려는 파트너십의 대상이 주체적 관점의 공중 개념이다.

예를 들어, 기업의 핵심 공중 중 하나인 소비자를 뜻하는 컨슈머(consumer)는 소비자가 단지 소비에 머물지 않고 생산에 참여한다는 생산적 소비자(productive consumer)의 줄임말인 프로슈머(prosumer)로 변화했다. 더 나아가 소비자가 기업의 제품기획 등에 참여하는 창의적(creative) 소비자라는 뜻으로 크리슈머(cresumer)로 발전했다. 또한, 소비자가 기업에서 일하는 엔지니어의 전문성을 확보했다는 의미에서 소비자(consumer)와 엔지니어(engineer)를 합성해 만든 슈어니어(suerneer)라는 표현도 등장했다.

공중의 세분화는 공중 연구에서 중요하다. 두 가지 이유가 있다. 첫째는 정확한 메시지를 소통하기 위해서이다. 이슈에 따라 어떠한 의견과 관점을 갖는 공중인가를 판단해 이에 부합하는 메시지를 설계하고 공유하는 것은 매우 중요한 PR의 미션이기 때문이다. 둘째는 모든 PR활동주체는 인력, 시간과 예산 등 자원이 제한적이기 때문이다. 즉, 현실적으로 어떤 공중에게 PR자산을 투입하는 것이 가장 효과적일 것인가를 고려해야 하기 때문이다.

따라서 공중 세분화의 기준은 소통 효과를 높이기 위해 공중 유형을 어떻게 분류할 수 있는가와 메시지 소통의 시차적 우선순위를 어떻게 정할 것인가의 문제로 귀결된다. 공중 유형은 그루닉 교수가 제시(Grunig, 1994)한 문제인식과 제약인식을 중심으로 활동공중, 잠재공중, 각성공중, 비공중 등으로 분류할 수 있다. 지식과 관여를 중심으로 한 핼러핸(K. Hallahan) 교수의 구분법(Hallahan, 2001)도 그루닉 교수의 유형과 크게 다르지 않다. 이들 공중 유형이 고전적이기는 하지만 공중 세분화에 대한 선각적 고민을 정리했다는 점에서 의미가 있다. 메시지 소통의 시차적 우선순위에 의한 유형은 메시지를 접하는 공중의 순서에 의해 1차 공중, 2차 공중 등으로 구분된다. 예를 들어 기업의 인수합병 메시지를 소통하는 상황에서 1차 공중은 내부 임직원, 2차 공중은 투자자, 3차 공중은 지역사회 등으로 나뉜다.

디지털 퍼스트(digital first)라는 오늘날의 커뮤니케이션 상황에서 공중은 질적으로 달라졌다. 첫째, 공중의 소통 효능감이 커졌다. 공중이 자신의 소통으로 기업이나 정부 등 조직의 의사결정을 변경하거나 주도하는 일이 잦아졌다. 둘째, 공중의 메시지 민감성이 높아졌다. 메시지 중심으로 공중의 응집과 분화가 이뤄지고 있는 것이다. 디지털 퍼스트 시대는 공중 퍼스트이다.

□ 연관어: 이슈, 세분화, 디지털

더 읽어야 할 문헌

Grunig, J. E. 1994. "A situational theory of publics: Conceptual history, recent challenges, and new research." in D. Moss, T. MacManus and D. Vercie(eds.), *Public Relations Research: An International Perspective*. London, UK: International Thompson Business Press, pp.3~46.

Grunig, J., and T. Hunt. 1984. *Managing Public Relations*. New York: Holt, Rinehart and Winston.

Hallhan, K. 2001. "The Dynamics of Issues Activation and Response: An Issues Processes Model." *Journal of Public Relations Research*, Vol.13, No.1, pp.27~59.

068

퍼블릭 어페어즈
Public Affairs

　퍼블릭 어페어즈(public affairs)란 기업과 같은 조직이 정치, 경제, 사회, 문화적 요인 등 정책 환경을 모니터링하고 분석해 자신의 조직에 유리한 공공정책 환경을 만들어가는 활동을 말한다. 이러한 활동은 정부, 국회, 언론, 소비자, 지역사회 등을 대상으로 조직에 유리한 공공정책 환경을 조성하는 활동으로 나타난다. PA라고 줄여서 부르는 퍼블릭 어페어즈라는 개념은 단면체가 아닌 다면체이다. 우리나라에 퍼블릭 어페어즈를 소개하는 문헌들은 '대 정부관계', '공공관계', '공공업무' 등으로 다양하게 번역했다. 지금까지 논의된 퍼블릭 어페어즈의 개념은 네 방향으로 요약된다(김찬석, 2012).

　첫째, 퍼블릭 어페어즈를 정부관계(government relation) 또는 대관(對官)업무로 인식하는 경우이다. 이는 퍼블릭 어페어즈의 핵심 역할은 정부관계에 달려 있다고 보는 견해로, 공공정책에 영향력을 행사하기 위해서는 조직의 대정부관계가 필요하기 때문에 정부관계가 퍼블릭 어페어즈의 다른 표현이라는 것이다.

　둘째, 퍼블릭 어페어즈를 PR과 유사하게 보는 경우이다. PA를 PR의 동의

어로 취급하는 이 견해는 퍼블릭 어페어즈나 PR의 기능적 역할은 조직 속에서 동일하게 나타난다고 설명하는데, 이 역할로는 커뮤니케이션 카운슬링, 글쓰기, 연구 및 평가 등이 있다.

셋째, 퍼블릭 어페어즈를 로비 활동으로 이해하는 경우이다. 이는 퍼블릭 어페어즈가 "정부로부터 희망하는 결과를 얻기 위해 이익단체들이 사용하는 대체 수단"(Van Schendelen, 2002)인 로비 활동과 같다고 보는 견해이다.

넷째, 퍼블릭 어페어즈를 기업의 마케팅 활동 이외의 대외관계로 보는 경우이다. 이는 퍼블릭 어페어즈에 대한 역사적 기원과 발전과정을 논의할 때 종종 논의되는데, 퍼블릭 어페어즈가 기업의 도시문제, 소수민족 관계, 여성 권익, 기업의 자선활동과 직원 자원봉사 등과 관련되어 있다는 관점이다.

우리나라 기업 PR실무자들의 반 이상이 퍼블릭 어페어즈를 대정부관계, 공공문제관리PR 그리고 로비활동 중 하나로 인식하는 것으로 나타났는데, 이 세 개념의 공통점이 '정부' 또는 '공공'이라는 점에서 퍼블릭 어페어즈는 사적 영역에서 전개되는 활동이 아닌 공적 영역의 활동이라는 데 인식의 합의가 형성되어 있다고 볼 수 있다(김찬석, 2012).

퍼블릭 어페어즈의 역사는 미국에서 시작되었다. 1954년 미국 퍼블릭 어페어즈 협의회가 설립되었으며, 여기서 퍼블릭 어페어즈 재단과 퍼블릭 어페어즈 매니지먼트센터로 역할을 나누었다. 오늘날 PR커뮤니케이션에서 중요하게 다루는 이슈관리가 1976년 이 퍼블릭 어페어즈 재단의 연구 활동으로 처음 시작되었다. 그 후 1969년 미국정치컨설턴트협회, 1979년 미국로비스트연맹이 설립되었다. 1986년에는 벨기에와 런던에 본부를 둔 퍼블릭 어페어즈 유럽센터, 1984년에 캐나다 퍼블릭 어페어즈 협의회, 1990년에 호주 기업 퍼블릭 어페어즈 센터, 1994년에 런던정치전문컨설턴트협회 등이 설립되어 퍼블릭 어페어즈가 국제적으로 발전하게 되었다.

퍼블릭 어페어즈의 발전은 기업 경영에서 차지하는 정부 영향력이 커지면서 이뤄졌다. ① 왜냐하면 정부는 거대한 구매자이기 때문이다. 무기 구매와 같은 방위 관련 비즈니스나 정기적인 정부 및 공공기관에 대한 물품 납품 등 글로벌 차원 혹은 단일 국가 차원에서 경쟁적 비즈니스 환경을 창출하는 데 정부의 역할은 꾸준히 증가해왔다. ② 정부가 규제자이거나 규제의 틀을 짜기 때문이다. 기업 활동에 영향을 주는 규제에 기업이 적절하게 대응하는 것이 기업 경영의 필수가 되었다. ③ 또한 정부가 비즈니스에 영향을 미치는 합법적 힘을 갖고 있기 때문이다. 정부 협조와 승인을 받아야 하는 기업의 인수합병이나 전략적 동맹이 증가했다. 퍼블릭 어페어즈의 대표적 수단은 세 가지를 들 수 있다.

첫째, 연합 참여이다. 동종업계나 협회 그리고 옹호그룹(advocacy group)과의 파트너십을 통해 많은 기업들이 연합에 참여하게 된다. 연합 참여는 수적 우세를 보여주면서 광범위한 이해관계를 아우르는 일관성 있는 메시지를 제시할 수 있고 신뢰감을 제공하는 이점이 있다.

둘째, 기업 경영진의 관계형성이다. 기업 경영진은 규제 당국과 정책입안자에게 자기 회사의 정체성이나 현재 계획 또는 미래 비전을 이해하게 한다. 또한 정부가 시행 예정인 법규나 규제가 자신의 기업 경영에 어떠한 영향을 미칠지에 대해서도 의견을 나눔으로써 공감의 폭을 넓히는 노력을 기울인다.

셋째, 풀뿌리(grassroots) 로비 활동이다. 기업의 내부 직원이나 고객들이 규제당국이나 입법자에게 이메일이나 전화 등으로 자신의 의견을 공공 정책에 전달하려는 활동이 풀뿌리 로비활동이다.

퍼블릭 어페어즈 실무에는 커뮤니케이션 스킬 역량, 아이디어 역량, 네트워킹 역량, 그리고 관련 법규 이해 역량 등이 요구된다. 특히 법규 이해 역량은 퍼블릭 어페어즈 업무의 주요 차별화 포인트 중 하나이다. PR 및 마케팅 활동 관련 규제와 규제 기관, 미디어 관련 규제 및 규제 기관, PA 활동에 영향을 미치는 기본 법률 등에 대한 이해가 필수적이다.

❑ 연관어: 대관업무, 공공업무, 풀뿌리 로비

더 읽어야 할 문헌

김찬석. 2012. 「퍼블릭 어페어즈에 대한 PR실무자의 인식」. ≪한국광고홍보학보≫, 14권(2호), 5~33쪽.

해리스, 필(Harris, P.)·크레이그 플레이서(C. Fleisher). 2007. 『퍼블릭 어페어즈 핸드북(사례편). 김찬석·정나영 옮김. 서울: 커뮤니케이션북스.

Van Schendelen, M. P. 2002. *Machiavelli on Brussels: The Art of Lobbying the EU*. Amsterdam: Amsterdam University Press.

069

PR 직업
PR Job

PR 직업은 기업이나 정부 등 조직이 당면한 커뮤니케이션 목표나 과제를 달성하거나 해결하기 위한 직무에 종사하는 것을 말한다. PR 직업은 PR의 원리나 가치에 대한 이해를 바탕으로 PR의 주제와 PR산업에 대한 깊은 경험과 지식 등 전문성을 추구한다. PR 직업인은 커뮤니케이션 관계 관리자, 커뮤니케이션 목표 달성자, 또는 커뮤니케이션 문제 해결자 등으로 불린다.

PR 관련 직무는 앞으로 더 확장되고 중요해질 것이다. 지금까지 PR이 주로 거시적으로 다뤄졌다면, 앞으로는 미시적으로 다뤄질 것으로 예상된다. PR은 이미지 제고를 하는 집합적 형태에서 이해 당사자별 맞춤형으로 이뤄지는 개별적 형태로 옮겨갈 개연성이 크다(김찬석·이완수·정나영, 2014).

PR 직업은 PR종사자가 근무하는 곳이 어디인가에 따라서, 즉 PR회사에 근무하는지 아니면 기업이나 정부 등 조직의 PR부서에 근무하는지에 따라서 느낌이 조금 달라질 수 있다. 또한 동일한 조직에 근무하는 경우에도 경험과 전문성의 차이에 따라서, 그리고 담당하는 직무의 성격, 즉 기능적 업무인지 경영적 업무인지에 따라서 PR 직업에 대한 다양한 해석이 존재할 수 있다. PR

종사자의 전문성을 중심으로 볼 때, PR 직업은 10가지로 분류된다. 언론관계 전문가, 위기관리자, 온라인·SNS PR인, 글로벌PR인, 마케팅 PR인, 사내 소통자, 정책 홍보인, 퍼블릭 어페어즈 전문가, IR 전문가, PI 전문가 등이다(김찬석·이완수·정나영, 2014).

언론관계 전문가는 기업, 정부, NGO 등 자신이 속한 조직의 가치를 극대화하기 위해 언론과 긍정적인 관계를 형성하고 전략적으로 커뮤니케이션하는 전문가를 말한다. 이들은 PR하려는 메시지를 공신력 있는 언론에 기사화하여 타깃 공중의 신뢰를 얻고자 한다. 소속된 조직에 유리한 여론을 조성하고 목표하는 PR 효과를 얻기 위해 언론과의 긍정적인 관계 관리에 지속적으로 노력을 기울인다.

위기관리자는 위기 상황에서 조직을 보호하는 PR전문가이다. 위기관리자의 업무는 위기 징후를 감지하는 데서 시작한다. 위기 대응 메시지를 만들고 악성 루머에 대응하는 일은 위기관리자의 핵심 업무이다. 위기 상황이 종결된 이후에 위기로 인한 피해로부터 회복하는 회복 프로그램을 가동시키는 것을 위기관리자는 잊어서는 안 된다.

온라인·SNS PR인은 디지털 시대에 주요한 커뮤니케이션 채널인 웹사이트, 애플리케이션과 SNS를 활용해 PR하는 사람을 말한다. 이들은 자신이 속한 조직의 웹사이트와 SNS 등을 PR 플랫폼으로 구축·활용하거나 파워 블로거, 유명인, 충성 고객 등 영향력이 있는 중요한 사람들, 주요 디지털 미디어들과 협업해 PR한다.

글로벌PR인은 기업의 이미지, 제품 또는 국가의 정책을 세계 시장에 홍보해 글로벌 리딩 기업이나 선도 국가의 위상을 높이는 역할을 하는 직업인이다. 다문화, 다국적 기업, 자국 사회 전반의 주요 사안이나 이벤트 등을 세계인이나 세계 시장에 알리는 일도 모두 글로벌PR인들이 하는 일이다.

마케팅 PR인은 마케팅 목표를 달성하기 위해 PR하는 전문가를 말한다. 주로 기업의 제품과 서비스의 커뮤니케이션에 주력하며, 실질적인 마케팅 성과,

즉 브랜드 가치 제고나 매출 성장 등을 이루기 위해 PR한다.

사내 소통자는 특정 조직의 소식과 정보를 구성원들에게 유기적으로 전달하는 역할을 수행하는 사람들이다. 일종의 사내 커뮤니케이터인 셈이다. 기업의 구조가 갈수록 커지고 복잡해지면서 기업 내 직원 간 또는 부서 간 소통 문제가 중요해졌다.

정책홍보인은 정부나 지방자치단체 등의 정책이나 일정한 가치 또는 이념을 수립해 공중에게 우호적으로 널리 알리고, 지지 태도를 얻는 데 목적을 두고 PR활동을 수행하는 직업인이다. 정책 홍보인은 쌍방향 커뮤니케이션으로 상호 이해의 폭을 넓히는 것이 중요하다.

퍼블릭 어페어즈 전문가란 기업과 같은 조직 활동에 영향을 주는 정치적, 경제적, 사회적, 문화적 환경 요인을 분석하여 정부 공공정책 결정 과정에 참여하는 사람을 말한다. 퍼블릭 어페어즈 전문가는 공공정책 환경을 모니터링하고 참여하며, 로비 또는 풀뿌리 로비 활동을 전개하고, 기업 광고 또는 이슈 광고를 기획해 집행하는 업무를 한다.

IR 전문가는 기업 가치를 극대화하기 위해 투자자를 대상으로 커뮤니케이션 활동을 하는 사람을 말한다. 기업의 자금 조달 뿌리인 투자자로부터 신뢰를 얻어 기업이 지속 가능한 경영을 할 수 있도록 하는 직업인이 IR 전문가이다.

PI 전문가는 대통령과 장차관, 공공기관장, 기업 CEO, 연예인 등 오피니언 리더들의 퍼스널 브랜드를 만들어내는 사람을 말한다.

10가지 PR 직업에 공통적으로 적용되는 세 가지 자질이 있다. 첫째는 관찰이다. 세상을 느끼는 오감 행위가 관찰이다. 시각, 청각, 후각, 미각, 촉각 등 오감은 PR 현상을 발견하고 이면의 작동원리를 찾는 중요 기제이다. 둘째는 수학의 인수분해식 사고방식의 생활화이다. 인수분해란 어떤 수나 식을 간단한 수나 일차식의 곱으로 분해하는 것을 말하는데, 이를 현상 분석에 적용하면 공통점과 차이점을 파악하는 것과 유사하다. PR 직업에서 요구하는 다양한 분석은 결국 공통점과 차이점을 밝히는 작업이다. 셋째는 회복탄력성이다. 회복탄력성이란 스트레스나 실패 상황으로부터 벗어나서 원래대로 되돌아오는 힘을 말한다. PR 직업은 앞으로 더 넓고 깊게 펼쳐질 것이다. 미래에 가장 오래 지속될 직업 중 하나가 될 것이다.

□ 연관어: 관찰, 인수분해, 회복탄력성

더 읽어야 할 문헌

김찬석·이완수·정나영. 2014. 『PR 직업』. 서울: 커뮤니케이션북스.

Lattimore, D., O. Baskin, S. Heiman and S. Toth. 2011. *Public Relations: The Profession and the Practice*, 4th ed. New York, NY: McGraw-Hill.

Scott, D. M. 2017. *The New Rules of Marketing & PR.* Hoboken, NJ: John Wiley & Sons.

070

언론관계
Media Relations

언론관계는 PR의 전통적인 핵심 업무이다. 언론관계란 기업이나 정부 등 조직이 언론과 상호 호혜적 관계를 형성하려는 커뮤니케이션 활동이다. 조직이 언론관계를 통해서 달성하고자 하는 목적은 두 가지가 있다. 하나는 조직의 가치를 언론을 통해서 극대화하는 것이고, 다른 하나는 조직에 대한 부정적 이슈가 언론을 통해서 확산되는 나비효과를 관리하는 것이다.

언론관계의 역사는 지금으로부터 100년 이전으로 거슬러 올라간다. PR의 선두주자인 아이비 리(Ivy Lee)는 1900년 보스턴에 '퍼블리시티 뷰로(Publicity Bureau)'라는 회사를 설립해 고객사가 원하는 내용을 언론이 보도하도록 하는 업무를 담당했다. 언론관계의 효시라고 할 수 있다. 이후 아이비 리는 파커앤리(Parker and Lee) 등의 PR회사를 설립하여 철도회사 등 다양한 클라이언트를 위한 언론관계 업무를 수행했다. 이 당시 아이비 리가 천명한 원칙선언 (Declaration of Principles)이 있다. 이는 언론에 진실을 감춰서는 안 된다는 내용으로 PR과 저널리즘의 큰 방향을 선언했다는 점에서 의미가 크다. 그는 이 선언에서 자신들이 하는 일이 "뉴스의 제공"이라고 하면서 바로 언론관계 업무임을 밝혔다.

　언론관계가 중요한 이유는 기업이나 정부 등과 같은 조직이 언론을 통해서 신뢰성 있는 메시지를 전파할 수 있기 때문이다. 언론의 보도에 대한 신뢰는 언론사가 갖고 있는 게이트 키핑(gate keeping)에서 나온다. 게이트 키핑이란 문자 그대로 '문을 지키는 것'처럼 뉴스 결정자가 뉴스를 취사선택하는 과정을 말한다. 언론에 보도되기 위해서는 언론사에 근무하는 기자, 데스크, 편집 국장 등 여러 단계의 저널리스트들에 의해서 뉴스 가치를 인정받아야 한다.

　뉴스 가치는 다양하다. 예를 들어 영향력, 시의성, 저명성, 근접성, 진기성, 갈등 등이 뉴스 가치를 판단하는 기준이다. 더 중요하게 전제되는 것은 사실성, 즉 신뢰이다. 신뢰는 뉴스의 생명이며, 신뢰를 잃어버리면 뉴스 생산에 참여하는 기업이나 정부 등 조직의 언론관계도 타격을 받는다. SNS와 같은 개인 미디어의 보편화와 '가짜 뉴스'의 횡행에 따라 뉴스 신뢰도가 위협받고 있는 상황은 전통적 언론관계에 대한 도전이다.

　언론관계 유형은 세 가지가 있다. 독립형, 상호의존형, 종속형이다. 독립형은 언론사와 기업이나 정부 등 조직이 따로따로 자신의 역할을 수행하는 유형이다. 서로 영향을 주고받지 않고 독립적으로 활동하는 것이다. 상호의존형은 언론사와 조직이 자신의 필요를 상호 충족시키면서 상호보완적 관계를 유지하는 유형이다. 예를 들어 언론사는 자신의 인력으로 취재할 수 없는 영역에 대해서 조직의 언론관계를 담당하는 PR인으로부터 보완받을 수 있다. 동시에 기업이나 정부 등과 같은 조직은 신뢰성 있는 메시지를 언론에 제공하여 자신의 의제를 수립하는 데 도움을 받을 수 있다. 이러한 상호 필요에 의해서 서로 협력하고 공생하는 관계가 가능해진다. 종속형은 기업이나 정부 등과 같은 조직이 언론사의 영향력 안에 머물러 있는 유형이다. 이 유형은 조직이 언론사에 일방적으로 의존하게 된다.

　세 유형 중에서 독립형이나 종속형은 공유와 상호 존중을 중시하는 현대 커뮤니케이션 시대에는 적합하지 않다. 상호의존형 언론관계가 언론과 조직이 자신의 역할을 수행하면서 협력하는 모델로서 타당하다.

언론관계의 수단은 퍼블리시티가 대표적이다. 퍼블리시티란 언론매체에 정보나 기사를 제공하는 행위이다. 또한 보도자료나 신제품 발표회, 기자회견, 현장 설명회, 브리핑, 기고문 등 주로 공식 접촉이나 비공식 접촉 등을 통해서 이뤄진다. PR의 주체인 기업이나 정부 등과 같은 조직의 언론관계는 이처럼 PR인, 기자 등 인적 네트워크를 통해서 진행되어왔다.

언론관계는 질적으로 변화했다. 미디어의 변화와 발맞춰서다. 미디어 발전은 TV, 신문 등과 같은 전통 미디어에서 인터넷미디어를 거쳐 소셜미디어로 진행되었다. 전통 미디어 시대의 가장 큰 특징은 매스미디어가 갖는 위력적인 힘이다. 노출되면 마치 실탄과 같은 힘이 있다고 해서 매스미디어의 탄환효과(bullet effect)의 시대라 불렸다. 인터넷미디어 시대는 미디어와 수용자 간 양방향 소통이 원활히 일어나는 피드백 효과(feedback effect)가 특징이다. 전통적 미디어에서 일어나는 제한적 피드백과 비교할 수 없을 정도로 인터넷미디어 시대에는 피드백이 일어났다. 현재는 소셜미디어의 시대이다. 미디어를 통한 네트워크 효과가 최고조에 달한 시기이다. 미디어와 수용자 간 관계를 벗어나서, 1인 미디어 이용자인 '나'를 중심으로 한 네트워크로 생활하는 시대가 되었다.

소셜미디어 시대의 언론관계는 네트워크를 활용한 구전(WOM)이 메시지 확산의 주요 수단이라는 점이 첫 번째 특징이다. 사회구성원 한 사람 한 사람이 미디어가 되다 보니, 기존의 TV나 신문 등과 같은 매스미디어의 힘이 약화되고 그 공백을 개인 미디어가 메우는 현상이 일어났다. 두 번째 특징은 기존 언론관계가 사람 중심이었다면, 소셜미디어 시대의 언론관계는 콘텐츠 중심으로 가고 있다는 점이다. 리처드 에델만(Richard Edelman) 회장은 "자신이 공감하고 동의하는 것만을 읽고 믿고자 하는 에코 체임버(echo chamber) 현상의 심화"라고 하면서, "PR 커뮤니케이션 전문가는 최종 수용자가 보는 콘텐츠가 제3자에 의해 검증되고, 무엇보다 신뢰가 가는 정확한 내용을 담아야 한다는 점을 보장해야 한다"(강미혜, 2017)라고 말할 정도이다.

❑ 연관어: 게이트키핑, 네트워크효과, 구전

더 읽어야 할 문헌

강미혜. 2017.5.10. "주류 언론의 붕괴 … PR의 변모는 필수적." ≪더피알≫.
Fitch, B, and J. Holt. 2012. *Media Relations Handbook for Government, Associations, Nonprofit, and Elected Officials*, 2nd ed. Alexandria, VA: TheCapitol.Net.
Johnston, J. 2013. *Media Relations: Issues & Strategies*, 2nd ed. Sydney: Allen & Unwin.
McDonald, J. 2017. *Social Media Marketing*. San Jose, CA: JM Internet Group and Excerpti Communications.

071

투자자관계
Investor Relations

투자자관계(Investor Relations)란 기업 재무 가치를 극대화하기 위해 투자자를 대상으로 전개하는 PR 커뮤니케이션 활동을 말하며, 투자자관계의 영어 앞 글자를 따서 IR이라고도 부른다. 좀 더 구체적으로 말하면, 투자자관계는 기업의 현재 가치와 미래 비전을 위한 기업 경영 전략의 하나로서, 경영자가 경영환경을 앞서 전망하고 그것에 어떻게 대응해 나갈 것인가 또는 예상치 못한 환경 변화에 어떻게 적절히 대응할 것인가를 주주에게 설명하는 활동이다 (가이 마사키, 2002).

투자자관계, IR이라는 말은 1953년 제너럴일렉트릭(GE) 사가 만든 용어로서, IR 전문가들의 모임인 IR협회가 미국에서는 1969년, 한국에서는 1999년에 만들어졌다. 미국에서 IR은 1970년대에 투자자 보호를, 1980년대에는 기업 인수합병(M&A) 대응 수단으로 활용되었다. 일본에서는 IR을 '재무 수치의 공시'로 오랫동안 인식해왔다. 우리나라에서 IR은 1998년 IMF 구제금융 사태를 겪으면서 발달했다. 기업의 자금 조달이 어려워지자 이를 극복하기 위한 방안으로 기업과 정부가 국가차원의 IR활동을 전개하면서 IR이 대중적으로 조명받기 시작했고 이 과정에서 IR 전문가의 역할이 확대되었다(김찬석·이완수·정나영, 2014).

투자자관계의 핵심 공중은 주식 투자자이다. 우리나라 주식거래 활동 계좌는 2017년 6월 현재 2347만여 개로 집계되었다. 인구 2명당 1명꼴로 주식계좌를 보유하고 있는 셈이다(KBS, 2017). 우리나라 주식시장에서 거래되는 상장 기업 수는 2017년 2000개를 넘었다. 대한증권거래소가 1956년 출범해 12개 기업이 처음 거래된 지 60년 만에 160배 넘게 증가했다. 이러한 데이터에 근거해볼 때, 기업 경영에서 가장 중요한 PR 공중이 투자자라고 할 수 있다. 특히, 자신의 자산을 투자한 투자자라는 점을 감안하면 기업의 커뮤니케이션 공중 중 가장 민감성이 높은 공중과의 커뮤니케이션이 투자자관계이다.

하지만 이는 글로벌 시장의 2%에 불과하다. 글로벌 시장에서는 70여 개 국가에서 7만여 개의 기업이 거래되고 있다. 글로벌 시장의 주식투자가 활발한 상황을 감안하면 투자자관계의 공중이 되는 주식투자자는 이미 국내 시장을 넘어섰다고 볼 수 있다. 기업이 자사 주식의 투자 가치를 주주나 투자자에게 알리고 이들의 의견을 듣는 상대로 호소하는 PR활동의 하나인 투자자관계, 즉 IR활동은 기업 경영의 필수가 되었다. 기업의 자금 조달을 원활하게 하려면 기업의 경영 내용과 미래 전망에 대해 포괄적인 정보를 주식 투자자들에 제공해야 하기 때문이다(김찬석·이완수·정나영, 2014). 투자자관계의 업무는 일상 업무, 이벤트 업무, 미디어 업무, 공시 및 상장 관련 업무 그리고 M&A 업무 등으로 구분된다(김찬석·이완수·정나영, 2014).

일상 업무로는 투자자 정보를 분석하고 IR 관련 데이터베이스를 유지하고 관리하는 일, 자기 회사의 재무·회계 자료와 애널리스트 리포트를 취합하고 분석하는 일 등이 있다. 이벤트 업무로는 매 분기 말 개최하는 경영설명회를 비롯해 해외 투자자와의 일대일 IR 미팅, 전화 회의, 해외 로드쇼 참석 등이 있다. 미디어 업무는 언론인의 질의와 언론의 자료 요청 등에 응대하는 일과 IR 웹사이트의 관리와 운영을 담당하며 연간 리포트를 발간하는 일이다. IR

전문가의 공시나 상장 관련 업무는 금융감독원이나 증권거래소 등 금융 당국에 정확한 정보를 적시에 제공하는 일이 대표적이다. 기업 인수합병(M&A)과정에서 IR 업무는 긴장도가 높다. 또한 기업 인수합병 시 IR 업무는 M&A 성사라는 단일 목적하에 정교하고 구체적인 메시지를 가진다는 특징이 있다(김찬석·이완수·정나영, 2014).

투자자관계의 특징은 재무지식을 커뮤니케이션의 메시지로 삼는다는 점이다. 커뮤니케이션 전문성에 재무지식이 결합될 때 투자자관계는 원활히 진행될 수 있다. 그리고 투자자관계는 글로벌 투자자와 시장 흐름 속에서 진행되기 때문에 글로벌IR 경향을 파악하는 것이 필요하다.

글로벌IR, 투자자관계의 최근 5년간 트렌드의 첫 번째 특징은 일대일 투자자 미팅이 증가했다는 점이다. 글로벌 기업의 투자자관계(IR)팀은 2011년에는 평균 170여 회의 투자자 미팅을 한 데 비해 2015년에는 240여 회를 개최했다. 이는 투자자관계의 수단으로서 일대일 미팅이 선호되고 있음을 보여주는 것이다. 두 번째 특징은 글로벌 기업의 투자자관계에서는 주요 경영진보다 투자자관계 전담팀의 주도가 증가했다는 점이다. 주요 경영진의 투자자관계 참여율이 2011년 53%를 기점으로 감소하는 반면에 일대일 투자자 미팅을 비롯한 IR활동은 투자자관계팀 중심으로 전개되고 있다. 세 번째 특징은 글로벌 기업 투자자관계팀의 1년 예산은 평균 5억 원에서 6억 원 사이를 사용한다는 점이다.

글로벌 투자자관계 활동을 전개하는 기관으로는 독일의 Deutscher Investor Relations Verband e.V(www.dirk.org), 러시아의 Financial Communications and Investor Relations Assdciation(www.arfi.ru), 미국의 National Investor Relations Institute(www.niri.org), 영국의 Investor Relations Society(www.irs. org.uk), 일본의 Japan Investor Relations Institute(www.jira.or.jp) 등이 대표적이다.

우리나라는 한국IR협의회가 기업 투자자관계의 중심 역할을 했다. 한국IR

협의회는 IR모범 규준과 표준서식 등 투자자관계의 실무적 표준화를 시도하면서, IR멘토링 제도를 비롯해서 원스톱IR 서비스 등 입체적인 지원을 수행했다. 또한 이 협의회는 2001년부터 매해 IR우수 기업과 베스트 IR전문가를 시상하는 한국IR대상을 운영하여 우리나라 IR 발전에 기여하고 있다.

❏ 연관어: 재무커뮤니케이션, M&A PR, 주식 투자자

더 읽어야 할 문헌

가이 마사키. 2002. 『IR매니지먼트』. 임진국 옮김. 서울: 거름.
김찬석·이완수·정나영. 2014. 『PR 직업』, 서울: 커뮤니케이션북스.
KBS. 2017. "너도 나도 주식투자." http://news.kbs.co.kr/news/view.do?ncd=3498483&ref=A
Bragg, S. M. 2017. *Investor Relations Guidebook*, 3rd ed. Centennial, CO: Accounting Tools.

072

사원관계
Employee Relations

과거의 조직들은 사원들을 당연히 조직을 옹호하고 호의적인 태도를 가진 집단으로 여겼다(김영욱, 2003). 그러나 보다 치열해지고 있는 경쟁 환경 속에서 유능한 인재를 확보하고 사원들의 협력과 지지를 얻어내는 것은 조직이나 기업의 생존과 직결된 가장 중요한 문제가 되고 있다. 현재 PR영역에서 구성원들은 가장 중요한 전략적 공중의 하나로 간주되고 있으며, 사내 커뮤니케이션은 PR의 특화된 실무분야로 자리 잡고 있다. 그루닉과 헌트는 PR의 4모형을 사용해 미국의 사내 PR의 역사를 설명했다(Grunig and Hunt, 1984). 1940년대의 사내 PR은, 언론대행이나 퍼블리시티 모델의 경우에서처럼 진실이나 사실의 전달이 중요하지 않으며, 조직의 좋은 면에 대해 때로는 과장되게 포장해 보여주고 사보와 같은 형태의 일방향적 매체를 통한 메시지 확산에 열을 올리는 것이었다. 자신이 일하는 곳이 좋은 기업이라는 것을 믿도록 하는 데 주된 목적이 있었던 것이다. 1950년대에 이르러서는 공공정보 모델이 제시하고 있는 것처럼 허위나 과장이 아닌 사실적인 정보를 전달하는 데 주안점을 두게 되었으며, 60년대에 이르러서는 무조건 알리는 일방향적 소통에서 벗어나 조직원들의 피드백을 구하고 의견조사를 실시하여 이를 토대로 정책을 수정하고 설득하는 쌍방향불균형적 소통을 지향하게 되었다. 1970년대 이후에는 구성원들을 회사의 의도대로 좌지우지할 수 있고 조정을 할 수 있는 대상이 아니라 이해와 협조를 구해야 하는 중요 공중으로서 인식하고 보다 쌍방향균형적인 소통을 시도하게 되었다. 우리나라 사내 커뮤니케이션의 경우도 시기적인 차이는 있으나 미국과 비슷한 방향으로 변화해왔다.

우수한 PR을 수행하는 조직들은 조직 내부 구성원들과 쌍방향균형적인 커뮤니케이션을 하며, 이를 통해 구성원들과 개방적이고 서로 신뢰하는 관계를 형성한다. 조직과 긍정적인 관계를 형성하고 있는 구성원들은 직업만족도가 높으며, 조직의 활동에도 능동적으로 참여해 조직효과성 증대에 기여한다는 것이다(Grunig, 1992). 즉, PR이 구성원들의 직업만족도, 신뢰감, 충성도 등을 이끌어내는 균형적인 내부 커뮤니케이션 체계운영을 담당함으로써 조직 효과성에 기여할 수 있다는 것이다. 보다 실행적인 차원에서 사내 PR의 목적은 크게 네 가지로 정리할 수 있다(Lattimore et al., 2013). 우선 구성원들이 조직 내에서 자신의 역할을 제대로 이해하고 수행하도록 돕는 것이다. 둘째는 다양한 조직 활동에 대한 내규와 원칙 등의 경영정책들에 관해 명확한 정보를 제공하는 것이다. 셋째, 구성원 복지와 안전에 대한 정보를 제공하는 것이다. 마지막은 구성원들의 업적을 치하하고 독려해주는 것이다.

최근 들어 구성원의 역할에 대한 이해가 확장되면서, 전통적인 의미의 사내 PR도 그 외연이 확대되고 있다. 구성원 역할의 재해석은 마케팅이나 조직 심리학 등의 분야에서부터 그 시작을 찾아볼 수 있다. 해당 분야들에서는 조직성과의 향상을 위한 주체로서 고객과 직접 상호작용을 하고 서비스를 제공하는 접점사원(frontline employees)에 대해 지대한 관심을 보여왔다. 학자들은 실증적인 연구를 통해 이러한 조직-사원-소비자-조직성과 간의 연결고리를 증명한 바 있다. 커뮤니케이션 학자들 또한 조직에 대한 만족도가 높은 사원들이 그렇지 않은 사원들보다 고객들을 응대하는 데 더 적극적이고 우호적인 태도를 가질 가능성이 크며 사원들이 호혜적인 커뮤니케이션 기술을 발휘할 때 더욱 성공적으로 고객을 만족시킨다는 사실을 보고한 바 있다. 최근 발표된 일련의 PR연구들과 에이전시 보고서 내용들은 왜 사원 커뮤니케이션이 PR이 적극적으로 관리를 해야 할 분야인가를 보여주고 있다(Rhee and Kim, 2009). 예를 들어, 에델만(Edelman)이 지속적으로 진행해온 신뢰지수 조사(Trust Barometer)에서는 공중들이 한 회사에 대한 신뢰할 만한 정보원으로 더 이상 TV, 라디오, 신문 등의 전통대중 매체를 최우선으로 꼽지 않는다고 보고했다. 이에 비해 친구, 동료, 사원들과 같은 대인-구전 매체에 대한 신뢰도는 전통매체에 버금가는 신뢰를 얻고 있다는 것이다. 에델만은 특히 사원을 PR의 가장 중요한 커뮤니케이션 채널로 간주해야 함을 주요 결론으로 제시했다(Edelman, 2015).

사내 PR의 중요성은 최근 들어 기업들에 대한 공중들의 사회적 책임성 이행요구가 증가하는 것과도 결부되어 있다. 기업들의 사회공헌활동은 많은 경우 PR기능에서 담당하고 있으며, 구성원들의 자원봉사활동은 가장 편재하는 활동유형이다. 즉, 외부 공중과 구성원들의 접점이 늘어나고 있는 것이다. 한국 회사원들을 대상으로 했던 한 연구에서는 사원들이 자신의 조직에 대한 애정과 신뢰의 정도가 높을수록 공식적 업무가 아닌 일상에서도 실제로 조직에 대한 긍정적인 정보나 소식을 자발적으로 외부 공중에게 전파하려는 성향이 높았으며, 부정적인 뉴스에 대해서는 조직의 입장을 설명하거나 옹호하는 발언을 하는 경향이 강했음을 확인하기도 했다(Kim and Rhee, 2011).

종합해볼 때 사원들은 비공식적인 PR 실무자 역할을 수행할 수 있으며, 이 때 긍정적인 성과를 이끌어내려면 조직은 사원들과 우호적인 관계를 맺고 있어야 한다는 것을 알 수 있다. 앞서 확인한 바와 같이, 공중의 매스커뮤니케이션 매체 의존도가 줄고 있는 상황에서 비매스미디어적인 커뮤니케이션, 즉 사원과 같은 대인 커뮤니케이션 채널이나 소셜미디어 채널 등을 활용하는 PR활동에 대한 관심과 투자는 이제 클라이언트와 PR 에이전시 모두에게 선택이 아닌 필수이다. 이처럼 사내 PR은 다양한 측면에서 조직의 효과적인 운영에 영향을 끼칠 수 있으며, 그 중요성은 날로 증가하고 있다.

❏ 연관어: 조직-공중 관계성, 우수이론, 임파워먼트

더 읽어야 할 문헌

김영욱. 2003. 『PR커뮤니케이션: 체계, 수사, 비판 이론의 통합』. 서울: 이화여자대학교출판부.

문현기·이유나. 2009. 「지각된 조직 위상과 대학 총장의 리더십 스타일이 대학생의 조직 동일시와 구전의도에 미치는 영향에 관한 연구」. ≪커뮤니케이션학 연구≫, 17호(3), 111~137쪽.

신호창. 2013. 『사내 커뮤니케이션』. 서울: 커뮤니케이션북스.

Grunig, J. E. 1984. "Organization, environment, and models of public relations." *Public Relations Research & Education*, Vol.1, No.1, pp.6~29.

Grunig, J. E. 1992. *Excellence in public relations and communication management*. Hillsdale, NJ: Lawrence Erlbaum Associates.

Jo, S., and S. W. Shim. 2005. "Paradigm shift of employee communications: The effect of management communication on trusting relationships." *Public Relations Review*, Vol.31, No.2, pp.277~280.

Kim, J. N., and Y. Rhee. 2011. "Strategic thinking about employee communication behavior (ECB) in public relations: Testing the models of megaphoning and scouting effects in Korea." *Journal of Public Relations Research*, Vol.23, No.3, pp.243~268.

Lattimore, D., O. Baskin, S. Heiman and E. Toth. 2013. *Public Relations: The Profession and the Practice*, 4th ed. McGraw Hill.

Ledingham, J. A., and S. D. Bruning. 2000. *Public relations as relationship management: A relational approach to the study and practice of public relations*. NJ: Lawrence Erlbaum Associates.

Rhee, Y. 2008. "Risk communication management: a case study on Brookhaven National Laboratory." *Journal of Communication Management*, Vol.12, No.3, pp.224~242.

Rhee, Y., and J. Kim. 2009. Employee as boundary spanners: Predicting employees' external communication behavior through employee-organization relationships. Paper presented at the annual meeting of the Internal Communication Association, Marriott, Chicago.

073

지역사회관계
Community Relations

　지역사회(community)는 대개 "지리적 위치로서의 집단-지리적 위치에 의해 나누어지는 집단"(박기순·박정순·최윤희, 1994: 327) 또는 지리적 위치와는 상관없이 학술 공동체나 인터넷 커뮤니티 등 "이해관계의 비지리적 공동체"로 정의되어왔다(박기순·박정순·최윤희, 1994: 327). 버크(E. M. Burke)는 여섯 가지의 지역사회 유형을 제시했다. 조직의 구성원들로 이루어지는 사원 지역사회(employee community), 관심공중 지역사회(interest community), 영향권 지역사회(impact community), 인근 지역사회(fence line community), 입지 지역사회(site community), 사이버 지역사회(cyber community)가 그것이다(Burke, 1999; 김영욱, 2003에서 재인용).

　다시 말해서 지역사회는 한 조직을 둘러싸고 있는 지리적 집단, 또는 이해관계 공동체이며, 지역사회관계PR은 이러한 특화된 집단들과 커뮤니케이션을 통해 관계를 형성하고 유지하는 활동이라고 볼 수 있다. 그루닉과 헌트는 지역사회관계 프로그램에는 크게 두 가지의 유형이 있다고 말한다. 첫째는 표현적(expressive) 활동이고, 둘째는 도구적(instrumental) 활동이다(Grunig and

Hunt, 1984). 전자는 한 조직이 자신의 호의(goodwill)를 보여줄 수 있는 오픈하우스, 육상팀 후원 같은 가시적인 활동을 일컫는다. 도구적 활동은 지역사회에 실질적인 도움을 주어 긍정적 변화를 유발시킬 수 있는 프로그램들을 일컫는데, 병원의 건강 세미나 개최와 같은 활동이 이에 속한다. 라티모어(Dan Lattimore) 등은 과거 지역사회관계 활동이 단순한 금전적 기부(philanthropy)의 개념으로 이해되었던 바 있으나, 이를 조직에 장기적으로 긍정적인 효과를 유발할 수 있는 투자(investment)의 개념에서 이해할 필요가 있다고 주장했다(Lattimore et al., 2013).

김영욱도 지역사회PR은 단순한 기부가 아닌 "조직이 공중과의 대화와 의미공유를 통한 공동체 형성"(김영욱, 2003: 352)을 돕는 역할을 해야 함을 역설한 바 있다. 일찍이 크루케버그(D. Kruckeburg)와 스타크(K. Stark)는 현대에 들어 퇴색하고 있는 공동체 의식 혹은 참여 의식의 회복과 형성이야말로 지역사회관계PR이 담당해야 하는 가장 중요한 역할 중의 하나라고 주장하기도 했다(Kruckeburg and Stark, 1988).

❑ 연관어: 공중, 조직-공중 관계성, 상호지향성, 갈등관리

더 읽어야 할 문헌

김영욱. 2003. 『PR커뮤니케이션: 체계, 수사, 비판 이론의 통합』. 서울: 이화여자대학교출판부.
박기순·박정순·최윤희. 1994. 『현대 PR의 이론과 실제』. 서울: 탐구당.
Berkowitz, D., and K. Turnmire. 1994. "Community relations and issues management: An issue orientation approach to segmenting publics." *Journal of Public Relations Research*, Vol.6, No.2, pp.105~123.
Burke, E. M. 1999. *Corporate community relations: The principle of the neighbor of choice*. ABC-CLIO.
Grunig, J. E., and T. Hunt. 1984. *Managing Public Relations*. New York: Holt, Rinehart & Winston
Kruckeberg, D., and K. Starck. 1988. *Public relations and community: A reconstructed theory*. Praeger Publishers.
Lattimore, Dan, Otis W. Baskin, Suzette T. Heiman and Elizabeth A. Toth. 2013. *Public Relations: The Profession & the practice*. 4th Ed. New York, McGraw-Hill.

074

PR 교육
PR Education

응용사회과학인 PR은 산업적인 발전과 전문화의 진행에 따라 교육의 필요성이 발생되었다고 볼 수 있다. 현대적 의미의 PR이 가장 먼저 자리를 잡은 것으로 여겨지는 미국의 경우, 1, 2차 세계대전을 겪는 과정에서 배출된 설득 커뮤니케이션 전문가들이 전후 민간기업에 대한 체계적인 커뮤니케이션 컨설팅 서비스를 시작했고, 이들이 대학에서 강의를 진행한 바 있다.

예를 들어, '미국 PR의 아버지'라 일컬어지는 버네이스(Edward Bernays)는 미국 최초의 PR 대학교재인 『퍼블릭 릴레이션스(Public Relations)』를 저술한 바 있으며 뉴욕 대학에서 교편을 잡은 것으로 알려져 있다. PR학의 경우, 시대에 따라 다소 차이는 있지만, 산업연계성이 상대적으로 강한 영역이기에 학부 커리큘럼 구성에서 실무능력의 겸비를 중시하는 성향이 있다. 일반적으로 커리큘럼은 학사학위를 수여받고자 하는 학생들을 위한 공식적인 학습 계획을 지칭하며 넓은 의미에서 학생의 학습목표(기술, 지식, 태도), 콘텐츠, 수강순서, 강의교재, 수업자료, 평가 등을 포함한다(Lattuca, 2002). 대학의 커리큘럼은 시대적 상황에 따라 상반된 목표를 지향하는 경향이 있다. 시대에 따라, 직업을 위한 능력배양(career competencies)을 지향하는 방향을 강조할 수도 있고, 반대로 보다 인문학적인 소양과 일반적인 교양(liberal-humanist)을 중심으로 하는 방향을 강조할 수도 있다.

미국PR협회(Public Relations Society of America: PRSA)나 언론 및 대중매체 교육연합(Association for Education in Journalism and Mass Communication: AEJMC) 등의 전문협회들이 각각 교육위원회를 구성해 이상적인 학부 커리큘럼에 대한 청사진을 제공하고자 지속적인 노력을 해왔다. PR 교육위원회가 PR 교육에 관한 보고서를 1975년 처음 출간한 이래 4번째 수정 보고서에 해당하는 「전문적 연대: PR 교육과 실무(Professional Bond: Public Relations Education and the Practice)」가 2006년에 발표되었다. 위원회는 이러한 연구 절차를 통해 PR 환경 변화의 양태를 진단하고, 실무자에게 요구되는 기량, PR 교육 커리큘럼에 반영되어야 하는 내용, PR 실무에 영향을 미치는 트렌드 등이 무엇인지에 대해 구체적으로 제시했다.

위원회는 PR에 영향을 미치는 다양한 사회적 상황을 고려해야 할 필요가 있음을 밝히며, 경영에서 PR의 가치 증대, 세계화, 미디어 환경의 변화, 내부 공중의 중요성 증대, 윤리적 환경의 복잡성 증가 등을 주요하게 다루었다. 이러한 환경적 변화에 민감하게 대처하는 것과 더불어, 학부 졸업생들이 실무로 진입하는 단계에서 요구되는 기량으로는 글쓰기(writing skill), 비판적 사고(critical thinking), 문제 해결 능력(problem-solving skills), 호의적인 태도(good attitude), 퍼블릭 스피킹(ability to communicate publicly), 자주성(initiative)의 다섯 가지가 제시되었다. 또한 PRSA는 이상적인 대학 PR커리큘럼 구성요소를 표 8-1과 같이 제시했다.

우리나라 PR 교육의 경우, 미국 대학의 커리큘럼을 도입한 경우가 대부분이라고 할 수 있다. 또한 과거에는 독립적인 PR학과에서 개설되는 경우보다 커뮤니케이션학과나 신문방송학과 내에 위치한 PR전공에서 개설되는 경우가 많았다. 그러나 점점 독립 광고PR학과 혹은 전공영역으로 개편이 되는 추세

표 8-1 **PRSA 커리큘럼 권고안**

연번	권고안
1	PR 개론(Introductions to PR-including theory, origin and principles)
2	PR 사례연구(Case Studies in PR that Review the Professional Practice)
3	PR 연구방법(PR Research, Measurement and Evaluation)
4	PR 법과 윤리(PR Law and Ethics)
5	PR 문장 작성(PR Writing and Production)
6	PR 기획관리(PR Planning and Management)
7	PR 실습(Supervised Work Experience in PR -Internship)
8	Directed electives(선택과목)

자료: Commission on Public Relations Education(2006).

에 따라, 교과과정 디자인에서의 자율성도 늘어날 것이다. 한편, PR커리큘럼 개설에 대한 실태조사와 더불어 PR 실무자와 교육자에 대한 인터뷰를 통해 한국 대학 PR 교육과정의 방향성에 대해 연구가 수행된 바 있다(이유나·박건희·윤여전, 2013). 이 연구에서는 우선 우리나라 대학들이 무분별한 미국 PR커리큘럼 도입을 지양해야 함을 강조했다. 미국의 커리큘럼이 보편적인 기준이 될 수는 있지만, 한국의 경우 자국 문화나 국가의 특수한 상황들에 대한 고려가 부족한 편이라는 것이 확인되었기 때문이다. 두 번째로, 언론대행에 치중되어 있는 현재의 교과목 디자인에서 탈피하여 새로운 매체환경에 대한 적극적인 대책을 제시할 수 있는 PR교과과정의 재구성이 필요하다고 설명했다. 세 번째로, 인문학적 소양에 대한 교육을 통해 통합적인 사고가 가능한 인재를 양성해야 한다고 제언했다. 응용학문이기에 PR이 업계의 요구를 수용하고 필요한 인재를 배출해내는 것은 당연한 일이지만, 현장에 투입되어 직업에 맞는 기능적 역할만이 지나치게 강조될 경우 더욱 중요한 개인의 인성이나 태도, 인간과 사회 전반에 대한 통합적 이해와 같은 소양은 약화되고 마는 우를 범할 수 있다는 것이다.

미국PR협회가 2006년 발간한 보고서의 실무자 대상 조사 연구 결과에서도 실무진입 단계의 대학 졸업생들에게 작문 기량, 비판적인 사고, 문제해결 능력, 커뮤니케이션 능력만큼이나 중요하게 요구된 것은 다름 아닌 바른 인성 (good attitude)이었던 점을 상기할 필요가 있다. 그 외에도 PR 윤리 혹은 법과 관련한 개별적 커리큘럼 마련의 시급성을 지적했다. 특히 현재 학부과정에 실무에 대해 미리 경험하고 PR영역에 대해 이해를 도울 수 있는 다양한 인턴십 프로그램이 마련되어야 할 필요가 있으며, 이를 정규 커리큘럼화하여 지속적으로 학생들에게 프로그램을 제공할 수 있도록 하는 것이 한국의 상황에서 필요한 교육과정임을 설명했다.

❏ 연관어: 광고교육, 광고 윤리, PR 직업, PR 윤리

더 읽어야 할 문헌

이유나·박건희·윤여전. 2013. 「해외유수대학의 광고홍보학 커리큘럼 사례분석: 미국대학 PR 교육과정을 중심으로」. 한국광고홍보학회 특별기획세미나 발제집.

Commission on Public Relations Education. 1975. *Design for Public Relations Education*. NY: Public Relations Society of America,

Commission on Public Relations Education. 1999(October). A port of entry: Public relations education for the 21st century. NY: Public Relations Society for America.

Commission on Public Relations Education. 2006(November). The Professional Bond: Public relations education for the 21st century. NY: Public Relations Society for America.

Commission on Public Relations Education. 2012(October). Standards for a Master's Degree in Public Relations: Educating for Complexity. NY: Public Relations Society for America.

Lattuca, L. R. 2002. "Learning interdisciplinarity: Sociocultural perspectives on academic work." *The journal of higher education*, Vol.73, No.6, pp.711~739.

075

PR 윤리
PR Ethics

PR실무자들은 업무를 수행하는 과정에서 고객과 공중이라는 두 존재 사이에서 윤리적 선택을 하고 이에 의거하여 행동하게 된다. 게다가 PR실무자들은 사실상 여러 상황적인 요소들로 인해 본인이 속한 PR대행사, 고객, 그리고 공중의 이익을 동시에 추구하기 어렵기 때문에 이 과정에서 윤리적으로 모순이 되는 상황에 처할 수밖에 없다(김영욱, 2003; 박종민, 2001). 실제로 PR실무자들은 진실한 정보 공개, 공중의 이익보호와 조직에 대한 충성 사이에서 많은 갈등을 겪고 있다(김영욱, 2003).

윤리는 옳음(rightness)과 그름(wrongness), 정당함(fairness)과 부당함(unfairness)에 대한 것이다. 윤리적 상황은 항상 흑과 백으로 나누어지지 않고, 회색영역(gray area)이 존재하기 마련이다. PR 전문가들은 윤리적 이슈들에 대해 끊임없이 논의해왔다(Wilcox, Ault, Agee and Cameron, 2000). 전통적으로 윤리는 목적론(teleology)과 의무론(deontology)으로 구분된다. 목적론은 최선의 결과를 가져오는 행위, 즉 궁극적인 목적을 달성하는 행위는 옳고 그렇지 못한 행위는 그르다는 주장을 함으로써 윤리적 문제를 해결하는 것이다(김태길, 2002). 의무론은 보편적으로 적용 가능한 도덕원리의 존재를 가정한다.

PR영역에서도 이러한 목적론과 의무론을 기반으로 윤리에 대한 논의가 진행되어왔다. 특히 윤리 관련 논의는 그루닉의 쌍방향균형 모델과 관련된 세계관을 바탕으로 본격화되었다(최석현, 2009; Grunig, 1984). 쌍방향균형 모델에서는 조직과 공중의 이익을 동시에 고려해야 함을 강조하며, PR실무자는 조직의 이익과 공중의 이익 간의 균형(equilibrium)을 지향해야 함을 강조한다(Grunig and Grunig, 1996). 조직의 의사결정으로 인해 공중이 영향을 받게 되는 순간 조직-공중관계가 발생하며, 이를 다루는 영역이 PR이고 이런 조직의 사결정의 '결과'로부터 윤리문제가 파생되는 것이다. 이에 따라 '결과' 중심적으로 윤리문제를 해결하고자 하는 목적론이 PR 윤리를 논하는 출발점이 될 수밖에 없다(Grunig and Grunig, 1996). 즉, 목적론은 PR실무자로서 조직의 의사결정이 다양한 공중들에게 어떤 영향을 미치고 결과를 야기할 수 있는지에 대해 조직이 고려해야만 함을 설득하는 근거가 된다는 것이다. 그러나 목적론적 윤리관만을 의사결정기준으로 삼을 경우 지나치게 주관적이고 상대적으로 결론을 내리게 될 위험이 있다. 이에 따라 PR실무자들에게는 영역의 다양한 업무에 대한 가이드라인을 줄 수 있는 합의된 일련의 의무 혹은 원칙들이 필요해지고 의무론적 윤리관이 이러한 문제를 해결해줄 수 있다는 주장이 제기되었다. 다시 말해, 보편적으로 받아들여질 수 있는 규범적 PR 윤리, PR 윤리강령이 필요하다는 것이다.

미국PR협회(PRSA)에서는 PR실무자들의 윤리인식을 고취하고 윤리적 행동의 가이드를 제공하고자 17개조의 윤리강령을 규정했다. 한국에서도 미국PR협회의 윤리강령을 일부 수용한 윤리강령 10개조를 한국PR협회에서 규정했다(표 8-2 참조). 이 10개조는 공중의 이익 우선, 고객 서비스, 다른 담당자와의 협조 등을 다루고 있으며(신호창·차희원, 2000), PR 조직과 실무자에게 규범적인 윤리원칙을 제공하고 있다.

한국PR 윤리에서 2015년 3월은 상당한 의미를 지닌다. 이른바 '김영란법'

표 8-2 한국PR협회 윤리강령

한국PR협회 PR인 윤리강령

PR(홍보)산업이 급성장하고 있는 지금, PR이 21세기에는 하나의 당당한 산업으로 자리매김하면서 동시에 PR인이 사회로부터 존경받는 전문인이 되기 위해서 한국 PR협회는 다음과 같이 윤리강령을 제정하여 앞으로 한국 PR인들이 고도의 윤리의식을 가지고 PR 업무를 수행할 것임을 선포한다.

1. PR(홍보)인의 업무수행 중 최고의 가치는 공익에 두어 PR의 전문성 제고를 위해 최선을 다해야 하며 상황성과 진실성에 입각하여 행동한다.

2. PR인은 고객이나 고용주를 위해 민주 절차에 의해 업무를 수행하는 동안 정직과 양심을 최대한 입증시켜야 한다.

3. PR인은 외부적으로 명시된 업무 내용과는 전혀 다른 실제적으로는 밝히지 못할 이익을 추구하는 어떤 개인이나 조직을 PR업무 수행에 이용해서는 안 되며, 현재, 과거 및 미래의 고객이나 고용주의 비밀이나 개인의 프라이버시와 관련된 사항은 철저히 보호해주어야 한다.

4. PR인은 공공 커뮤니케이션 채널을 타락시키는 어떠한 행동도 해서는 안 되며, 특히 금전적인 제공을 금하며, 능력 밖의 어떤 결과를 보장해서도 안 된다. 또한 정부나 언론보도의 관련된 능력 밖의 결과 보장은 철저히 금한다.

5. PR인은 잘못된 허위정보라는 것을 알고서 그것을 절대 언론에 배포하지 않으며 잘못된 커뮤니케이션이 이루어졌다면 이를 즉각 시정하여야 한다. 그리고 다른 사람의 생각이나 말을 인용할 때는 꼭 그 당사자를 밝혀주어야 한다.

6. PR인은 다른 PR인의 고객 또는 그 고객의 비즈니스, 제품, 또는 서비스를 훼손하는 어떤 행동도 해서는 안 되며, PR활동에 관련된 고객이나 고용주의 이름을 언제나 공개적으로 밝힐 준비가 되어 있어야 한다.

7. PR인은 경쟁사나 이해관계가 상충되는 회사의 일을 할 경우 모든 사실을 기존 고객에게 다 설명한 후, 관련 당사자들의 확실한 동의를 얻은 연후에만 새로운 일을 떠맡을 수 있다. 그리고 PR인 개인의 이해관계가 고용주나 고객의 이해관계와 상충될 경우 모든 당사자들에게 관련 사실을 다 설명한 후 동의를 얻지 못하는 경우 새로운 업무에 개입해서는 안 된다.

8. PR인은 고용주가 새로운 고객을 영입하여 업무수행 시 그 고객의 사업 성격이 사회 정의에 어긋난다고 판단할 때 그 고객의 업무를 맡지 않겠다는 입장을 표시할 수 있으며, 이것과 관련하여 어떤 불이익도 받아서는 안 된다.

9. 협회 PR인은 현재 일하고 있는 직장에서 다른 직장으로 옮길 때는 최소한 2개월 전에 통보하여야 하며 철저한 업무 인수인계를 통해 계속적인 업무수행에 한 치의 차질도 없게 해야 한다. 또한 옮기는 과정에서 PR인이 담당한 고객을 새로운 직장의 고객으로 만드는 어떤 노력도 하여서는 안 된다.

10. PR인은 업무상 얻어진 정보를 개인적인 이익을 위해 사용하지 않으며, PR인 상호간의 발전을 위해 상호 협조 체제를 구축한다.

PR인은 위의 10개 사항을 PR업무 수행 시 행동기준으로 삼아야 한다. 특히 한국PR협회 회원은 어떤 조직이나 개인이 한국PR협회 윤리강령에 위배되는 행위를 요구할 시 그 조직이나 개인과의 관계를 즉시 단절하여야 하며, 한국PR협회 윤리위원회에 즉각 보고하여야 한다. 또 윤리강령의 집행과정에서 증인으로 채택되는 회원은 협회 사법위원회가 충분한 이유가 있다고 양해하지 않는 한 증인으로 출석해야 한다. 윤리위원회는 윤리강령 위반 발생 시 사안에 따라 경고와 제명 조치를 취할 수 있으며 제명 조치 시는 모든 회원에게 제명사실을 서면으로 통보하여야 한다.

자료: 한국PR협회(http://koreapr.org/about/ethics.php)

으로 지칭되던 「부정 청탁 및 금품 수수금지에 관한 법률안」이 국회에서 통과되고 공포된 시기이기 때문이다. 이 법은 애초에 공직자를 대상으로 한 법률이었으나, 그 대상이 언론인들을 포함하게 되면서 PR의 전통적인 언론관계 관리 관행변화가 불가피해졌기 때문이다. 그동안 PR활동의 일부로서 기자들에게 제공해오던 일체 물품, 입장권, 할인권, 음식물, 주류, 골프 등의 접대, 교통-숙박편의 제공 등이 정해진 범위를 넘어서는 경우(식사 3만 원, 경조사비 5만 원, 화환 10만 원 등) 모두 금지된 것이다. 결국 윤리강령 등을 통해 규범적인 차원에서의 공정한 PR활동이 권고되던 차원을 넘어, 준법의 차원으로 재규정되는 결과를 가져왔다. 2017년 현재 부정청탁금지법은 시행세칙에서 여전히 논란이 많으며 법이 안정화되기까지 상당한 시간을 요할 것으로 보이는 상황이다. 그러나 PR전문가들은 이 법의 시행으로 인해 가장 윤리적 딜레마가 빈번히 발생하던 언론관계 영역의 고질적 문제들이 긍정적인 방향으로 개선될 것으로 기대하고 있다.

❑ 연관어: 광고 윤리, 부당광고

더 읽어야 할 문헌

김영욱. 2003. 『PR커뮤니케이션: 체계, 수사, 비판 이론의 통합』. 서울: 이화여자대학교출판부.
김태길. 2002. 『윤리학』. 서울: 박영사.
박종민. 2001. 「조작광고의 수사적, 윤리적 그리고 논리적 허용 기준에 관한 고찰」. ≪광고학연구≫, 12권 1호, 131~149쪽.
신호창·차희원. 2000. 「한국 PR 전문화를 위한 윤리 강령의 필요성과 방향에 대한 연구」. ≪홍보학 연구≫, 4권 2호, 232~258쪽.
최석현. 2009. 「PR 실무자의 PR 직업윤리에 관한 연구」. 한국콘텐츠학회 종합학술대회 논문집, 7권 1호, 1216~1221쪽.
Grunig, J. E. 1984. "Organization, environment, and models of public relations." *Public Relations Research & Education*, Vol.1, No.1, pp.6~29.
Grunig, J. E., and L. A. Grunig. 1996. Implications of symmetry for a theory of ethics and social responsibility in public relations. Presented to the Public Relations Interest Group International Communication Association, Chicago, May, 23-27.

Wilcox, D. L., P. H. Ault, W. K. Agee and G. T. Cameron. 2000. *Public relations strategies and tactics*, 6th ed. NY: Addison Wesley Longman.

제9장
PR 기획과 전략

076

PR 기획
PR Planning

PR 기획은 PR의 과제와 방법론을 설계하는 작업이다. 기획(企劃)이란 말 그대로 생각하는 바를 그려내는 행위이며 어떤 업종이나 분야든 간에 필수적이고 핵심적인 업무이다. 기업이나 정부 등의 조직 경영에서 이른바 '기획통(企劃通)'이라 불리는 사람들의 승진이 빠르거나 높은 직급으로 발탁되는 경우가 많은데, 이는 조직 경영의 과제와 목표를 현실적으로 그려 보여줌과 동시에 이를 달성할 수 있는 방법과 노하우를 제공하는 기획 업무가 그만큼 중요하기 때문이다.

PR 기획의 첫 번째 임무는 PR 커뮤니케이션의 과제를 찾는 일이다. PR활동은 조직의 고난도 경영행위이다. 기업이나 정부 등 조직이 추구하는 목적이나 목표를 달성하거나 이들 조직이 당면한 문제를 해결하기 위해서 조직의 인적, 물적 자원을 투입하는 일이다. PR 과제를 도출하는 것은 왜 조직이 PR을 해야 하는가에 대해 답하는 일이다. 이를 위해서는 상황분석이 필수이다. 우리 조직은 어디에 위치해 있는지 현주소를 파악하고, 앞으로 어디로 갈 것인가에 대한 좌표를 설정해야 한다.

상황분석을 위해 적용되는 기법들은 다양하다. 자사(company), 경쟁사(competitor), 고객(customer)에 대한 3C 분석, PR 대상의 강점(strength), 약점(weakness), 기회(opportunity), 위협(threat) 요인 등을 찾는 SWOT 분석 등이 자주 사용된다. 또한 거시적 분석 방법으로는 정치적(political), 경제적(economic), 사회적(societal), 기술적(technological) 차원의 환경을 탐색하는 PEST 분석이나 PR 주제에 대한 공중들의 의견을 직접 물어보는 서베이, 신문 등 미디어에 보도된 경향이나 특징을 파악하는 미디어 커버리지 분석, 온라인 담론 분석, 통찰력 도출을 위한 전문가 심층인터뷰 방법 등이 있다. 최근 모바일 퍼스트 시대에는 오픈 서베이 방법이나 페이스북이나 트위터 등 SNS를 통해서 관련 이슈에 대한 의견을 청취하는 일이 늘어나면서 PR 과제 도출을 위한 상황분석은 정적 접근보다 동적 접근으로 나가고 있다.

이러한 상황분석을 통해 PR활동의 목적과 목표가 찾아지면 PR 기획의 첫 번째 임무는 완수된다. 여기서 PR의 목적이 '고객과의 관계관리 강화'나 '신제품 출시와 관련된 호의적 환경 구축' 등과 같은 포괄적 지향점이라고 한다면, PR의 목표는 '고객의 호의적 반응률 10% 향상'이나 '경쟁사 제품 대비 신제품 초기 매력도 5% 이상 유지' 등처럼 구체적인 관리 지표가 될 것이다.

PR의 목적과 목표는 동일한 뿌리를 갖고 상호 연동되어야 하며, PR의 목표는 가급적 계량화될 수 있도록 설계되어야 한다. PR 목표를 계량화한다는 것이 현실적으로 용이하지 않은 PR활동이 존재한다는 점에서 계량화에 의문을 제기하는 경우도 있다. 하지만 측정되지 않은 PR활동은 설득력이 떨어진다는 점에서 PR 목표 설계에서 측정가능한 계량화 지표에 대한 요구는 커지고 있다. 이러한 계량화된 목표 지표는 PR 실행의 성패를 판단하는 준거로서 작용한다.

PR 기획의 두 번째 임무는 방법론을 설계하는 일이다. 방법론이라 함은 PR 기획의 첫 번째 임무를 통해서 도출된 PR의 목적과 목표를 달성할 수 있는 방안을 말한다. 타깃, 메시지, 프로그램, 피드백 등 네 가지가 여기에 들어갈 필수 항목이다. PR에서 말하는 타깃은 PR 메시지에 대한 민감도에 따라서 결정된다. 예를 들어 PR 메시지에 대한 민감도가 가장 높은 공중을 핵심 공중으로 분류한다. PR 메시지에 대한 민감도가 높다는 것은 PR 메시지에 대한 관여도가 높다는 의미일 수도 있고, PR 메시지에 대한 영향력이 크다는 의미일 수도 있다. PR 커뮤니케이션의 가장 중요한 파트너가 곧 가장 중요한 타깃이 된다.

PR 기획에서 가장 중요한 일 중 하나가 메시지를 설계하는 일이다. 메시지의 속성은 다양하다. 예를 들어 감성적 메시지로 할 것인지, 아니면 이성적 메시지를 중심으로 할 것인지 결정해야 한다. 이익을 부각시키는 쪽으로 메시지를 설계할 것인지 아니면 손실을 회피하려는 방향으로 설계할 것인지 고려해야 한다. 메시지를 분명하게 드러내는 전략을 사용할 것인지 아니면 모호성을 갖게 하는 전략을 사용할 것인지도 판단해야 한다. 다양한 메시지 속성 가운데서 무엇이 최상의 메시지인지는 공중의 마음과 본능을 얼마나 읽어내느냐에 따라 결정된다.

메시지는 의제를 부각시키는 의제 주도형 상황인지 아니면 문제제기나 이슈에 대해 대응하는 이슈 대응형 상황인지에 따라 구분된다(김찬석, 2007). 의제 주도형 상황에서는 사례와 혜택 중심의 메시지 전파와 확산이 필요하다. 반면에 이슈 대응형 상황에서는 책임의 소재를 어느 선까지 수용할 것인가에 따라 부인 메시지, 책임회피 메시지, 충격완화 메시지, 초월 메시지, 개선행위 메시지, 사죄 메시지 등으로 구분된다.

PR 프로그램은 PR 기획의 완성품이다. PR 기획의 앞 과정, 예를 들어 PR의 목적과 목표 설계, 타깃 도출, 메시지 작업 등은 바로 PR프로그램 속에서 구체화되고 실현된다. 이 단계에서 최적화 매체에 대한 고민도 당연히 포함되어야 한다. 목표별 프로그램, 타깃 공중별 프로그램, 매체별 프로그램, 메시지별 프로그램 등으로 프로그램이 다양화될 수 있으나, 이렇게 다양한 프로그램들을 보다 입체화할 필요가 있다면, 목표별·공중별 프로그램, 메시지별·매체별 프로그램 등으로 구조화해야 한다.

피드백 설계는 PR 기획에서 빠져서는 안 되는 항목이다. PR교과서에 가장 많이 언급되는 PR 기획 모형인 연구(research)-실행계획(action plan)-실행(communicating)-평가(evaluation)로 순환되는 RACE 과정에서 평가 단계가 곧 피드백 절차이다. PR 기획의 첫 번째 임무인 PR목표가 측정 가능하도록 설계되었다면 피드백 설계도 훨씬 현실적이 될 수 있다. 이처럼 PR 기획은 PR활동의 본체이다.

❏ 연관어: 상황분석, 목적과 목표, 실행프로그램

더 읽어야 할 문헌

김찬석. 2007. 「PR실행과 평가」. 조용석 외. 『제일기획 출신 교수들이 쓴 광고홍보실무 특강』. 서울: 커뮤니케이션북스.
Gregory, A. 2015. *Planning and Managing Public Relations Campaign: A Strategic Approach*, 4th ed. Philadelphia, PA: CIPR.
Smith, R. D. 2017. *Strategic Planning for Public Relations*, 5th ed. New York, NY: Routledge.

077

기업PR
Corporate PR

기업PR은 기업과 기업의 이해관계자 간의 커뮤니케이션 활동을 말한다. 생존과 유지 그리고 발전을 위해 기업은 소비자, 투자자, 미디어, 지역사회, 내부직원, 정부 등 기업 자신에게 영향을 미치는 이해관계자와 끊임없이 커뮤니케이션할 필요성을 갖는다. 기업은 기업 자신이 존재해야 하는 이유를 기업의 이해관계자들에게 하나의 커다란 상, 즉 평판이나 이미지로 증명하면서 시장을 주도해 나가야 한다. 그렇지 않으면 기업의 존재를 아무도 보장해주지 않는다.

재화나 서비스를 창출하거나 유통시키거나 소비하는 주체로서 기업은 마치 사람처럼 수명주기를 갖고 있다. 기업의 수명주기, 즉 라이프사이클은 사람이 태어나서 성장하고 왕성하게 활동하다가 소멸되는 것과 유사한 패턴을 갖고 있다. 사람에게 평균 수명이 있는 것처럼 기업에도 수명이 있다. 1955년 우리나라 상위 100대 기업 중 현재 그 명맥을 유지하는 기업은 불과 서너 개에 지나지 않는다. 1900년 상위 25개 미국 기업 중 1963년까지 수명을 유지한 기업은 2개에 불과했다. 기업의 생존환경을 유지하고 개척하는 기제가 기업

PR이다(김찬석, 2007). 그래서 기업 CEO들은 기업 평판 제고의 수단으로, 재무적 성공의 수단으로, 시장점유율 확대의 수단으로 PR을 강하게 인식해왔다(PRSA, 2007). 단순하게 말하면 기업PR 없는 기업경영은 생각할 수 없다는 뜻이다.

기업PR은 기업의 목소리와 이미지를 형성한다. 기업PR의 개척자인 아이비리(Ivy Lee)와 에드워드 버네이스(Edward Bernays)가 100년 전에 만들어놓은 기업PR의 주제들은 오늘날에도 여전히 유효하다. 이들은 기업이 자신들의 이미지를 창출하고 목소리를 드러내는 사회적, 정치적, 경제적, 문화적 환경을 지속적으로 모니터링하는 것을 기업PR의 첫 번째로 꼽았다. 이어서 기업PR을 위해서 기회의 순간을 이용하거나 그러한 환경을 만들어내기, 대내외 구성원들의 심리를 이해하고 이를 적절히 이용하기, 다양한 커뮤니케이션 채널을 최적으로 결합해 활용하는 방법 선택하기, 기업PR 윤리에 대한 책임 다하기 등을 기업PR의 주요 주제에 포함시켰다(Argenti and Forman, 2002).

오늘날 기업PR의 주요 활동으로는 디지털 커뮤니케이션, 위기 및 쟁점관리, 브랜드 커뮤니케이션, 사내 커뮤니케이션, 평판관리, 미디어 관계, M&A PR, 투자자관계, 대정부관계, 사회공헌활동, PR 효과 측정 등이 포함된다.

기업PR은 마케팅PR과 구분되기도 한다. 기업PR(corporate PR: CPR)과 마케팅PR(marketing PR: MPR)은 목적과 범위가 다르지만 상호보완적으로 작용한다. CPR이 기업 경영 전반에 걸친 이해관계자들과의 커뮤니케이션에 주력하는 반면에 MPR은 기업의 제품이나 서비스 등에 보다 초점을 맞춘다.

또한 기업PR의 목적 중 하나는 기업 조직의 정체성과 이미지 그리고 명성을 구체화하는 작업이다. 기업PR은 비전이라는 지향 가치를 종업원들이 느끼고 간직할 수 있는 현실적 문화로 만드는 역할을 담당한다. 이런 점에서 기업PR은 마케팅PR의 자양분을 공급해주는 뿌리와 같다고 볼 수 있다. 디지털 퍼스트 시대의 기업PR은 질적 변화를 겪고 있다. 기업과 기업 이해관계자 간의 전통적 커뮤니케이션과 디지털 커뮤니케이션이 복합적으로 전개되는 양상이다. 물론 주도력은 디지털 쪽으로 옮겨가고 있다. 디지털 퍼스트 시대의 기업 PR에서 고려해야 할 점이 몇 가지 있다.

첫째, 디지털 인게이지먼트(digital engagement)이다. 인게이지먼트를 우리 말로 표현한다면, '인연 맺기'가 가장 적합하다고 본다. 인연을 맺는다는 것은 직접적으로 만난다거나 아니면 간접적으로 서로 접촉하는 어떤 계기를 공유한다는 것을 의미한다. 디지털 인게이지먼트란 디지털 디바이스를 통해서 정보를 접하거나 공유하거나 지지(또는 반대)하는 등의 접촉을 하는 행위이다. 예를 들어, SNS 등을 통해 기업과 소비자들의 인게이지먼트가 빈번하게 일어날수록 기업에 대한 소비자의 이해와 지지가 늘어나는 경향이 있다. 따라서 디지털 퍼스트 시대에 기업과 이해관계자 간의 인게이지먼트는 중요한 기업 PR로 자리잡고 있다.

둘째, 디지털 스토리텔링이다. 기업PR에서 미래에 가장 중요해질 업무로 디지털 스토리텔링이 조사되었다. 미국 서던캘리포니아대학교 애넌버그 PR센터는 세계 여러 나라의 800여 명의 PR·마케팅 임원을 대상으로 조사하여 「2017년 글로벌 커뮤니케이션 리포트」를 발표했다. 이 리포트에 따르면 PR 전문가의 88%가 가장 중요한 PR업무로 디지털 스토리텔링을 꼽았으며, 소셜 리스닝, 빅데이터, 인플루언서 마케팅, 가상현실(AR), 인공지능(AI) 등이 그 뒤를 이었다. 따라서 디지털 스토리텔링 능력이 디지털 퍼스트 시대에 기업 PR의 질을 가르는 중요 포인트가 되고 있다.

셋째, 성과 측정과 빅데이터의 활용이다. 기업PR의 성과가 점점 크게 부상하고 있다. 기업PR활동을 추적할 수 있는 기술이 발전하면서 기업PR이 성과 중심으로 자리를 잡고 있는 것이다. 그리고 빅데이터와 관련된 주제가 기업 PR에서 중요해지고 있다. 데이터의 힘을 기업PR에서 활용하고자 하는 의지가 높아지고 있다.

기업PR은 기업경영의 거울이다.

□ 연관어: 기업수명주기, 인게이지먼트, 빅데이터

더 읽어야 할 문헌

김찬석. 2008. 『사례로 본 PR경영』. 서울: 커뮤니케이션북스.

이완수·김찬석. 2012. 「기업PR을 위한 이미지 개념의 성찰과 탐색」. ≪홍보학연구≫, 16권(3호), 98~131쪽.

이완수·김찬석·구종상. 2014. 「기업의 생명주기에 대한 실증적 연구: 통신회사 KT의 정체성 개념을 중심으로」. ≪홍보학연구≫, 14권(4호), 36~77쪽.

Argenti, P. A., and J. Forman. 2002. *The power of corporate communication*. NY: McGraw-Hill companies.

PRSA. 2007. *Public Relations Tactics*, Vol.14, No.3, March 2007, p.25.

078

마케팅PR
Marketing PR

　마케팅PR이란 마케팅 목표를 달성하기 위해 PR 커뮤니케이션의 전략과 전술을 활용하는 것을 말한다. 마케팅 목표는 네 가지로 구분할 수 있다. 인지 목표, 태도 목표, 행동 목표 그리고 시장 목표이다. 인지 목표는 소비자에게 정보를 알리고 노출시키고 기억하게 하는 데 초점을 맞춘다. 마케팅PR의 초기 단계에서 비논쟁적인 기능적 정보 전달에 적합하다. 태도 목표는 기존에 없던 관심과 태도를 형성하거나 기존의 관심과 태도를 강화하는 데 주안점을 둔다. 정서적이고 감정적인 메시지를 취급하는 경우가 많다. 행동 목표는 행동적 표현과 실행이 중심이 된다. 예를 들어 구매행위나 기부행위 또는 특정 이슈에 참여하게 한다. 행동의 범위는 구전(word of mouth)이나 SNS 상의 댓글이나 의견 제시부터 직접적인 신체적 행동을 유발하는 행동까지 넓다. 마지막으로 시장 목표는 시장점유율 확대, 매출 증진, 브랜드 리포지셔닝 등처럼 시장에서의 직접적인 존재감과 리더십을 내보이는 데 유용하다(Cutlip, Center and Broom, 2000; Harris, 1998; Harris and Wahlen, 2006).

　마케팅PR은 고전적 마케팅 개념으로 설명할 수 없는 시장 상황이 전개되면서 출현했다(김병희·서상열, 2003). 선험적 개념이 아닌 시장에서의 경험적 개념으로 만들어진 것이다. 마케팅의 개념을 4P인 상품(product), 유통(place), 가격(price), 촉진(promotion)으로 정리한 필립 코틀러(Philip Kotler)는 1986년에 「메가마케팅(Megamarketing)」이라는 논문을 발표하면서 마케팅PR의 중요성을 강조했다. 코틀러 교수는 타깃 소비자 이외에도 제품과 서비스에 대한 혜택을 섬세하게 전달해야만 하는 그룹들이 있으며 그들을 관리해야 할 필요성이 나타났는데, 이 그룹들은 개인일 수도 있고 단체일 수도 있으며 시장에 진입해 이익을 내는 데 걸림돌이 될 수도 있다고 보았다. 이러한 상황에서 PR의 기능이 마케팅과 연계되어야 하는 상황 또는 PR이 마케팅 목적을 위해 사용되어야 하는 환경이 펼쳐지면서 마케팅PR이 존재감을 갖게 되었다.

마케팅PR이 필요해진 상황을 좀 더 구체적으로 살펴보자. 예를 들어 매우 혁신적인 제품들이 쏟아져 나오는데 이런 제품들은 PR을 통해 뉴스 가치를 가질 수 있다. 광고에 돈을 들이지 않는 기업들이 다른 마케팅 커뮤니케이션 수단을 강구한다. 또한 기존 회사들이나 브랜드들이 인수 합병되거나 전략적 제휴를 하면서 회사나 브랜드에 대해서 혼란스럽지 않도록 정리해줄 필요가 발생한다거나 광고는 잘 먹히는데 브랜드가 제대로 인식되지 않는 경우에도 마케팅PR의 필요성이 증가한다.

마케팅PR 전략은 미는(push) 전략, 끄는(pull) 전략 그리고 통과(pass) 전략으로 구분된다. 미는 전략이란 말 그대로 생산자가 유통업체에게, 유통업체는 다시 소비자에게 상품을 밀어 넣는 것처럼 MPR을 하는 것을 말한다. 미는 전략은 중간 유통업체나 판매원들이 효과적으로 마케팅을 하는 데 주력한다. 예를 들면 유통점주를 대상으로 하는 이벤트를 열거나 신제품의 특장점이나 판촉활동에 초점이 맞춰진 안내서를 발간해 배포한다거나 하는 활동이 여기에 해당한다. 또한 판매원들이 구매자에게 직접 보여주거나 전달할 수 있게끔 재복사한 신문이나 잡지 기사들을 생산하는 것, 업계 간행물에 상품에 대한 뉴스를 다룬 기사들을 내는 것 등이 미는 전략에 포함된다.

끄는 전략은 미는 전략의 반대 개념이다. 소비자를 대상으로 하는 광고 또는 이벤트와 같은 직접적 접촉을 통해서 수요를 창출하여 소비자를 제품 쪽으로 끌어오게 한다는 전략이다. 소비자는 소매점에게, 소매점은 도매점에게, 도매점은 생산자에게 제품을 요구하도록 하는 것이다. 예를 들면, 매스미디어나 SNS 등을 통해 소비자에 대한 도달 메시지를 강화하는 것이라든지, 소비자 대상의 이벤트 등은 끄는 전략에 해당한다. 통과 전략은 목표 시장으로의 진입을 막는 장애물을 건너뛰어 간다는 의미에서 통과(pass) 개념을 사용한다. 시장 진입을 막는 제3자들, 규제단체, 사회활동가 등을 상대로 마케터가 이들을 넘어서야만 목표 시장에 진입할 수 있다는 뜻이다. 예를 들면, 사회단체에서 자원봉사나 기부 참여를 하는 것이라든지, 환경보호나 커뮤니티에 대한 기여 등의 방법이 여기에 해당된다.

마케팅PR의 전략은 이렇게 개념적으로 세 가지로 구분되지만, 직접 구매와 홈쇼핑 구매 그리고 모바일에 의한 직접 거래가 복합적으로 가능해지는 현실 상황에서 마케팅PR의 세 전략은 따로 놀지 않고 복합적으로 적용되는 일이 빈번해지고 있다.

마케팅PR의 진화는 다양하게 이루어지고 있다. 첫째는 공익연계 마케팅(cause related marketing)이다. 마케팅과 공익의 결합인 셈이다. 기업은 소비자의 선한 의지를 촉진시키고, 소비자는 제품이나 서비스의 이용을 통한 만족감을 얻게 된다. 기업과 소비자 양자에게 모두 일석이조가 된다. 예를 들면, 소비자가 신용카드를 이용할 때마다 기업이 5원씩 적립시켜 이 적립금으로 소년소녀 가장을 돕는 것이라든지, 음료를 마시는 컵을 모아주면 이를 적립금으로 환산하여 환경미화원 자녀의 장학금으로 기부하는 사례이다.

둘째는 기업의 사회적 책임(CSR: Corporate Social Responsibility)이다. 기업의 사회적 공헌을 마케팅PR의 범주에 포함시켜서 논의하는 것이 타당한 것인가에 대한 이견은 있을 수 있다. 하지만 CSR이 지역사회에 대한 기업의 자선 또는 대의에 대한 봉사이기 때문에 기업 마케팅을 위한 전략적 투자라는 관점에서 CSR을 마케팅PR의 진화로 볼 수 있을 것이다.

셋째는 기업의 공유가치 창출(CSV: Creating Shared Value)이다. 2011년 하버드 대학의 마이클 유진 포터(Michael Eugene Porter) 교수가 개념화한 CSV는 이윤을 창출한 다음 그 이윤을 사회에 환원하는 CSR보다 적극적인 개념이다. 기업 활동 자체가 사회문제를 해결하면서 기업 이윤을 창출하는 과정이라고 생각하는 것이 CSV 접근법이다.

넷째는 혜택 기업(Benefit Corporation)이다. 혜택(benefit)과 기업(corporation)을 합성한 용어에서 알 수 있듯이, 이윤창출과 사회적 책임 모두를 적극적으로 하는 기업을 이르는 말이다.

앞으로 마케팅과 PR이 결합한 마케팅PR이 어디까지 진화할 것인지 예의 주시할 필요가 있다.

❏ 연관어: CSR, CSV, 베네피트 기업

더 읽어야 할 문헌

김병희·서상열. 2003. 「마케팅 PR 논의의 현황과 연구과제」. ≪홍보학연구≫, 7권(1호), 39~68쪽.
Cutlip, S. M., A. H. Center and G. H. Broom. 2000. *Effective public relations* (8th ed.). Upper SaddleRiver, NJ: Printice Hall.
Harris, Thomas L. 1998. *Value-Added Public Relations: The Secret Weapon of Integrated Marketing.* Chicago: NTC Business Books.
Harris, Thomas L., and P. T. Wahlen. 2006. *The Marketer's Guide to Public Relations in the 21st Century.* Thomson.

079

디지털PR
Digital PR

디지털PR은 온라인 PR 또는 SNS PR, 소셜미디어 커뮤니케이션 등과 유사어로 혼용된다. 디지털PR은 사용자 경험(user experience), 스마트 워치와 같은 착용(wearable) 기술 그리고 가상현실(virtual reality)이 결합된 사물인터넷(IoT) 생태계 환경에서 꽃피고 있다. 일상생활의 사물들이 인터넷으로 연결되어, 언제 어디서나 쉽고 편하고 빠르게 정보와 사람이 연결되는 것이 디지털 커뮤니케이션 환경이다(유현재·김찬석 외, 2015). 디지털PR에 대한 개념은 두 범주에서 정의될 수 있다.

하나는 조직과 공중이라는 전통적 PR 관점이다. 이 관점에서 디지털PR은 기업이나 정부 등과 같은 조직이 디지털 매체를 활용하여 콘텐츠나 정보 그리고 경험 등을 공중들과 공유하고 확산하는 커뮤니케이션이다. 조직이 자신의 전략적 목표를 성취하기 위해서 디지털PR을 어떻게 효율적으로 사용할 것인가가 주요 관심사가 된다.

다른 하나는 조직과 공중이라는 전통적 PR 관점을 뛰어넘는 사회구성원 중심 관점이다. 이 관점에서 디지털PR의 주체는 기업이나 정부 등 조직이 아니다. 사회구성원 한 사람 한 사람이 디지털 커뮤니케이션의 주체가 된다. 여기서 디지털PR은 사회구성원들이 자신의 자아정체성을 스스로 드러내 이를 다른 사람들과 교류하고 교감하는 커뮤니케이션 행위라고 정의할 수 있다. 이러한 커뮤니케이션 행위는 사회구성원으로서 자신의 존재감을 드러내는 것일 수 있다. 또한 다른 사람에게 자신의 좋은 이미지를 보여주고 싶은 선망의식의 표출일 수 있다. 아니면, 이보다 더 단순한 즐김과 놀이 같은 것이다.

디지털PR이 이전의 PR과 다른 점은 세 가지로 간추릴 수 있다.

첫째, 디지털 기기라는 매체 특성에서 가장 큰 차이가 나타난다. 디지털 기기는 일(一) 대 다수(多數)의 소통 방식을 다수 대 다수 방식으로 바꿨다는 점에서 혁명적이다. 역사상 일찍이 경험하지 못했던 다수에 의한 다수 간 실시간 소통이 가능하게 됨으로써 세계가 디지털을 통해 하나로 연결되는 현상을 맞이하게 되었다. 이런 현상은 PR 실무에서 오랫동안 지속되어온, 기업이나 정부 등 조직과 공중 간의 불균형에 금이 가게 하면서 조직과 공중 간 균형화의 계기가 되었다.

둘째, 콘텐츠의 입체화인 융합이다. 디지털PR 이전에 제한적으로 유통되던 콘텐츠들이 디지털PR로 진입하면서 텍스트, 영상, 그림, 오디오 등 장르나 영역을 뛰어넘는 콘텐츠 유통이 이뤄지고 타깃 공중을 향한 메시지의 입체적 전달과 확산, 공유가 가능하게 되었다. 동시에 온오프라인 콘텐츠의 융합이 진행되었다. 여전히 메시지의 생성과 확산은 PR의 전통적 주요 영역이지만, 디지털 커뮤니케이션 상황에 진입하면서 디지털 융합 콘텐츠의 기획, 생산, 공유와 확산 등이 PR실무자의 가장 중요한 업무로 부각되었다.

셋째, 공유와 참여가 강화되었다. 디지털PR 이전에는 정보의 전달 및 확산 등에 목적이 있었다면, 디지털PR에서는 정보의 공유와 참여가 주요 목적이 된다. 큐레이션과 공중 자문이 더 중요하게 된 것이다. PR실무자가 콘텐츠를 기획해서 생산하고 이를 유통하는 기존의 PR 방식은 디지털 환경에서 생명력을 갖기 어렵다. 오히려 디지털 사용자(user)의 참여를 통해서 이들의 견해나 콘텐츠를 조직의 커뮤니케이션 목적이나 취지와 연결하고 활용하는 큐레이션 방식이 장려되고 있다. 큐레이션 방식이란 미술관에 그림을 전시하는 큐레이터가 세계 곳곳을 돌면서 훌륭한 예술품을 찾아서 자신의 전시 목적에 맞게 전시하는 것처럼 PR실무자가 수많은 디지털 사용자가 만들어놓은 콘텐츠를 자신의 커뮤니케이션 목적에 부합되도록 선별해서 활용하는 것을 말한다. 공중 자문은 특정 커뮤니케이션 사안이나 상황에 대해서 전문가보다는 일반적 사회구성원들의 의견이나 방안을 청취하는 것을 말한다. 다양한 SNS에 디지털 유저의 의견과 솔루션을 구하는 공중 자문은 디지털PR의 주요한 리서치 인프라이다.

디지털PR은 새로운 커뮤니케이션 용어를 쏟아내는 분수이다. 챗봇(Chatbot)은 사람과 기계 언어를 통해 대화를 하면서 질문에 대한 답이나 관련 정보를 제공하는 인공지능(AI)형 소프트웨어를 말한다. 이러한 대화를 통해서 소비자들의 취향이나 패턴을 분석해 상품을 추천해주는 기능을 한다. 챗봇이 문자 대화 소프트웨어라면 네오 인터페이스(neo interface)는 사람과 기계가 음성이나 몸짓을 통해 대화하는 것을 말한다. 2017년 50주년을 맞은 세계 최대의 가전 쇼인 CES가 네오 인터페이스 시대를 선언하면서 이 용어가 널리 사용되기 시작했다.

디지털PR은 관계, 융합, 속도를 중심으로 발전해갈 것으로 보인다. 계서적 관계가 아닌 평등적 관계, 이익-손실 관계가 아닌 이익-이익의 상생관계가 더욱 중시될 것이다. PR 실무의 온오프라인 콘텐츠 융합뿐만이 아니라 PR 주체 간의 협력이나 융합 등이 광범위하게 전개될 것이다. 속도는 디지털PR에서 더 중요해질 것이다.

디지털PR은 디지털 기술의 습득 및 활용을 더욱 필요로 하게 될 것이다. 디지털 기술에 대한 이해가 떨어지는 상황에서 디지털PR은 피상적으로 흐를 수밖에 없다. 그리고 디지털PR은 역설적이게도 휴머니즘을 더욱 갈구하게 될 것이다. 휴머니즘이 결여된 디지털PR 또한 기술의 향연에 불과하기 때문이다. 한 손에는 디지털 기술 진보에 대한 이해, 다른 한 손에는 따뜻한 인간미를 바탕으로 한 휴머니즘의 실천이 디지털PR의 앞날을 밝게 할 것이다.

❑ 연관어: 관계, 융합, 속도

더 읽어야 할 문헌

유현재·김찬석 외. 2015. 『서울시 공공 커뮤니케이션 혁신 방안 연구』. 서울: 서울연구원.

Klewes, J., D. Popp and M. Rost-Hein. 2016. *Out-thinking Organizational Communications: The Impact of Digital Transformation.* Switzerland: Springer.

Lloyd, J. and L. Toogood. 2015. *Journalism and PR: New Media and Public Relations in the Digital Age.* New York, NY: I.B.Tauris & Corp.

080

인수합병PR
M&A PR

　인수합병, 즉 M&A PR은 기업의 특수한 커뮤니케이션 활동이다. 특수하다 함은 한 기업 입장에서 일상적으로 발생하지는 않지만, 발생할 경우에는 기업 경영에 미치는 영향이 매우 크다는 것을 의미한다. 한 기업이 다른 기업을 인수나 합병하는 것이나 한 기업이 다른 기업에 인수나 합병당하는 것은 해당 기업의 생존과 직결된다. 따라서 기업의 인수합병은 그 자체가 기업의 흥망을 가르는 가장 중요한 경영활동의 일환이라는 점에서 기업이 보유하고 있는 여러 가지 커뮤니케이션 수단과 방법 등을 동원하여 전개하는 PR커뮤니케이션 전쟁인 셈이다(김찬석, 2009).

　M&A는 합병(mergers)과 인수(acquisitions)를 뜻하는 용어이다. 합병은 둘 이상의 기업이 통합되어 하나의 기업으로 되는 가장 강력한 수단(Reed and Lajoux, 1998)이며, 인수는 한 기업이 다른 기업의 자산이나 주식을 통해 경영권을 획득하는 방식(Mirvis and Marks, 1992)이다. M&A의 목적은 시너지 효과를 추구하는 데 있다. 즉, 두 회사의 외부 고객을 통합시킴으로써 시장 리더십을 강화하고, 내부적으로는 우수 인력의 통합을 통해 인적 파워를 강화하고자

하는 것이다.

이를 토대로 M&A PR을 M&A의 과정에 초점을 맞춰 정의하면, 기업의 합병과 인수를 원활하게 추진하기 위한 복합적 이해관계자들과의 커뮤니케이션 활동이라고 정의할 수 있다. 또한 M&A의 목적에 초점을 맞추면, M&A PR은 기업의 고객 기반 확대와 인력의 시너지 효과를 통한 기업 경쟁력 강화를 위해 인수합병의 이해관계자와 전개하는 설득 커뮤니케이션 활동이라고 정의할 수 있다.

M&A PR은 기업PR 중에서 어느 분야보다도 복합적이다. 주식 투자자를 비롯한 시장의 재무적 이해관계자와의 커뮤니케이션이라는 점에서 투자자관계를, 그리고 IR과 미디어가 시장에 영향을 크게 미친다는 측면에서 언론관계를 기본으로 한다. 여기에 기업의 M&A는 관련 법령과 규제 당국의 인허가 등과 관련된다는 점에서 대정부관계와 관련이 깊다. 무엇보다도 기업의 내부 직원들은 자신의 직무와 직위 등에 영향을 받는다는 측면에서 사내 커뮤니케이션을 빼놓을 수 없다. 이 외에도 M&A의 결과에 따라 공장이나 사무실의 폐쇄나 신설 등이 행해질 수 있다는 측면에서 지역사회관계를 고려하지 않을 수 없다.

따라서 M&A PR의 핵심 공중은 내부 직원 및 노동조합, 미디어, 정부, 투자자 등이고, 보조 공중은 지역사회와 소비자라고 할 수 있다(김찬석, 2009). M&A PR은 일반적 기업PR과 다른 점이 있다.

첫째, 불확실성이다. 고도의 경영 전략으로 추진되는 M&A는 추진 주체 간의 은밀성 때문에 불확실성을 갖게 된다. 여기에 M&A 추진을 선언했음에도 불구하고 실제 성공률이 20%에 미치지 못한다는 점(Blake and Mouton, 1985)이 불확실성을 더하게 한다.

둘째, 루머의 왕성한 발생이다. M&A 추진 사실을 가능한 한 빨리 공개해야 한다는 해당 기업의 커뮤니케이션 원칙이 있다 하더라도 관련 법규와 제도를 충족시키고 협상 주체들 간의 최종 합의 등을 고려해야 하는 외부 요인들 때문에 다양한 루머의 양산을 피하기가 쉽지 않다.

셋째, 내부 직원들의 스트레스이다. M&A 과정에서 관련 기업의 직원들이 겪는 심리적, 현실적 충격은 노사분규 때 직원들이 겪는 스트레스보다 10배 이상 크다(Cartwright and Cooper, 1990). 사람들이 외부적 사건에 봉착하면 불신과 부정의 단계, 분노의 단계, 협상의 단계, 그리고 좌절 단계를 거쳐 수용의 단계로 이행한다는 이론(Kubler-Ross, 1969)처럼 M&A 추진 기업 직원들은 복잡한 심경을 보이게 된다.

M&A PR은 일반적으로 3단계로 구분된다. 1단계는 M&A 성사 이전 단계이다. 이 단계는 인수합병 기업에 대한 실사가 이뤄지는 단계로서, 뉴스 중심의 정보적 성격이 메시지의 주요 내용이 된다. M&A에 대한 메시지 결정 및 전파 시점의 선택이 중요하며, 퇴사, 보직 변경, 근무지 재배치 등과 같은 내부 직원의 염려와 걱정을 관리하는 커뮤니케이션 과제를 원활히 처리하는 것이 필요하다.

2단계는 M&A 계약 체결 단계이다. 이 단계는 인수-피인수 기업 간 상호 호혜성 증진을 위한 메시지 전달이 중심 업무가 된다. 내부 직원들이 무엇을 원하고 있으며, M&A 상황을 바라보는 태도가 무엇인지를 파악하기 위해 내부 직원 대상의 커뮤니케이션 조사를 진행할 필요가 있다.

3단계는 통합 이후(PMI) 단계이다. 이 단계는 인수합병을 적극적으로 인식할 수 있도록 동기를 부여하는 일이 중요하다. 공통된 목적의식을 창출하고, 팀워크를 촉진하며, 제품과 서비스에 대한 정보 공유를 정교화하면서 새로운 기업 문화를 창출하는 것이 중요하다.

복합적 이해관계자들에 대한 커뮤니케이션 관리를 주요 내용으로 하는 M&A PR은 기업 M&A 증가에 발맞춰 수요가 증가할 것이며 M&A의 실질적 성공에 미치는 영향도 더 커질 것으로 전망된다.

☐ 연관어: 루머관리, 직원스트레스, PMI

더 읽어야 할 문헌

김찬석. 2009. 「기업 M&A PR에 대한 탐색적 연구」. ≪한국언론학보≫, 53권(4호), 323~345쪽.

Blake, R. R., and J. S. Mouton. 1985. "How to achieve integration on the human side of the merger." *Organizational Dynamics*, Winter 1985, pp. 41~56.

Cartwright, S., and C. L. Cooper. 1993. "The role of culture compatibility in successful organizational marriage." *Academy of Management Executive*, Vol.7, No.2, pp.57~70.

Kubler-Ross, E. 1969. *On Death and Dying*. New York: Macmillan.

Mirvis, P. H., and M. L. Marks. 1992. *Managing the Merger: Making it Work*. Paramas, NJ: Prentice-Hall.

Reed, S. F., and A. R. Lajoux. 1998. *The Art of M&A: A Merger Acquisition Buyout Guide* (3rd ed.). New York: McGraw-Hill.

081

정부PR
Government PR

    정부PR은 정부가 주체가 되어 국민과 함께 커뮤니케이션 활동을 하는 것을 말한다. 전통적으로 PR의 가장 큰 주체인 기업이 아니라 말 그대로 정부가 PR을 한다는 점이 특징이다. 정부는 대통령, 국무총리 그리고 행정 각부로 구성되기 때문에 정부PR은 대통령, 국무총리 그리고 행정 각부의 PR을 포함하는 방대한 영역이다.

    정부PR에서 가장 중요한 점은 정부가 국민을 어떻게 바라보고 인식하는가이다. 정부의 성격, 즉 권위적 정부인가 또는 참여적 정부인가에 따라서 국민에 대한 인식이 달라진다. 권위적 정부는 국민을 PR의 객체나 대상으로 간주하는 경향이 더 강하다. 정부가 메시지를 전달하면 수동적으로 소비하는 대상이나 심지어는 계몽의 대상으로 인식하기도 한다. 반면, 참여적 정부는 국민을 파트너로 인식한다. 상호 이해, 신뢰, 지지 등 PR 자산을 함께 만들고 가꾸는 대상으로 본다. 국민의 의견을 적극적으로 경청하고 피드백하려고 노력한다. 절차적 투명성을 강조한다. 권위적 정부PR보다는 참여적 정부PR이 오늘날 민주주의 사회의 대세이며 지향해야 할 바이다.

정부PR의 내용은 인물과 정책으로 구분된다. 인물 중심 정부PR은 PI, 즉 프레지던트 아이덴티티(president identity)로 나타난다. 정책 중심 정부PR은 정책홍보로 구현된다. 대통령이나 국무총리 그리고 각부 장관 등 인물이 중심이 되는 프레지던트 아이덴티티는 개인적 인물이 갖고 있는 특징이나 가치, 철학 등이 정부 운영과 결합되어서 메시지가 만들어지고 부각된다. 리더십이 가장 중요한 요소가 된다. 또한 정부의 활동이 인물로서 상징화되고 표현되면서 개인 리더십과 정책 간의 시너지를 발생시키는 경향이 강하다. PI는 없는 것을 만들어서 보여주기보다는 잊고 있었던 것을 대내외 상황에 맞춰 보여주는 데 주력한다. 보여주는 것에 치중한다 해서 외형적 이미지에만 신경 쓰는 것이 아니다. 그래서 PI의 핵심은 해당 인물의 메시지(message), 스케줄(schedule), 의제(agenda), 비주얼(visual) 등 MSAV의 결합이라고 말한다(김찬석·이완수·정나영, 2014).

정책 중심 정부PR은 정책홍보, 정책PR 등으로 불린다. 한 국가의 정책이 국방, 외교에서부터 경제, 교육, 치안, 안전 등까지 열거하기 어려울 정도로 많은 만큼 정책홍보의 세부 주제나 내용도 광범위하다. 주제가 다르고 처한 환경이 이질적이기 때문에 공통점을 찾기 쉽지 않아 보인다. 하지만 적어도 두 가지, 즉 왜 정책홍보를 하며 정책홍보란 무엇을 하는 것인가는 분명해 보인다.

첫째, 정책홍보를 하는 이유, 다른 말로 하면 정책홍보의 목적성이다. 정책홍보는 정부와 국민 간에 가교 역할을 하는 정책을 통해 국민들의 이해와 지지를 향상시키고, 예상되는 우려와 이슈를 관리함으로써 사회적 비용을 줄이려는 뚜렷한 목적을 갖는다.

둘째, 정책홍보란 무엇을 하는 것인가에 대한 답이다. 정책홍보는 의제에 관련된 일과 나비효과 관리를 하는 일이다. 정책 의제를 세우고 관리하는 일은 정책홍보의 가장 큰 임무이다. 1960년대에 소로카(Stuart N. Soroka) 교수가 정책 의제는 미디어 의제와 공공 의제 간의 상호작용 과정에서 나온다고 말한 것처럼, 정책 의제를 수립하고 관리하는 것은 미디어와의 소통 그리고 국민과의 소통 없이는 불가능하다. 선거를 통해서 정부를 맡겨준 국민에게 그리고 납세자인 국민에게 할 수 있는 정부의 의무이자 책임은 정책 의제를 통해 국민들에게 성과와 혜택을 돌려주는 것이기 때문에 의제를 세우고 부각시키는 일은 정책홍보의 1순위 내용이 된다.

반면 나비효과 관리는 작은 이슈가 국가 사회적인 큰 혼란과 낭비를 초래하는 큰 위기로 번지는 것을 사전에 예방하는 것이다. 이 또한 정책홍보의 임무이다. 그리고 큰 위기가 벌어진 상황에서는 신속하게 이 위기를 진화할 수 있는 책무를 정책홍보가 수행해야 한다. 이처럼 정책 의제 관리와 나비효과 관리는 수레의 두 바퀴와 같다.

정부PR이 중요해진 데는 두 이유가 있다. 하나는 역사적 이유이다. 우리 국민에게 중대한 영향을 미친 두 사건, 즉 권위주의 체제를 종식시킨 1993년 김영삼 정부의 등장과 국민경제의 파국을 맞은 1997년 IMF 구제금융 사건을 통해서 민주주의와 글로벌 상황에 대한 국민들의 인식이 크게 성장했다. 이 과정에서 정부가 대접받는 시대가 아닌 국민이 대접받는 시대로 들어서고 있다는 커뮤니케이션 자각이 병행되었다고 할 수 있다. 이 말은 국민의 의견을 묻지 않고, 국민의 생각에 귀 기울이지 않은 정부는 국민들이 더 이상 지지하지 않는다는 것을 뜻한다. 정부PR이 강조되는 대목이다.

다른 하나는 경영적 이유이다. 정부가 생산하는 수많은 정책들이 국민에게 알려지지 않고 공유되지 않으면 정책의 의미와 가치가 나타나기 어렵다. 물론 국가와 국민을 위한 인기 없는 정책이나 국민과 정부 간 이해관계의 대립을 내포하는 정책들이 있을 수 있지만 정책의 진정성과 이해 조정에 관한 정부 커뮤니케이션이 더 필요해졌다.

해외 선진국의 정부PR은 지속성과 자율성을 갖고 있다. 지속성을 갖는 정부PR의 대표 사례는 독일이다. 1949년에 만들어진 독일의 연방공보처는 베를린과 본을 중심으로 현재까지 독일 정부PR을 관장해오고 있다. 자율성을 갖는 정부PR의 대표 사례는 미국이다. 미국의 정부기관들은 국, 실, 과 차원에서 자율적으로 정부PR을 수행한다. 정부PR은 정치적 민주주의가 진전될수록 국민소통으로 발전할 것이다. 또한 글로벌 시대에 다른 국가들과 경쟁하기 위해서 해외 홍보의 역할을 확대해 나가야 한다. 정책홍보, 해외홍보 그리고 갈등관리 소통 등을 전담하는 '국민소통부'가 필요한 때이다.

❏ 연관어: 정책홍보, PI, 국민소통부

더 읽어야 할 문헌

김찬석·이완수·정나영. 2014.『PR 직업』. 서울: 커뮤니케이션북스.
김찬석·황성욱. 2014. 「공중의 성향, 정책-공중 관계성, 행위 변인 간의 PR효과 모형: 고용 노동 정책 PR공중을 중심으로」. ≪광고연구≫, 102권, 5~34쪽.
김찬석·문광석. 2012. 「지방자치단체 환경행정 이미지가 생활만족도에 미치는 영향: 천안시를 중심으로」. ≪한국언론학보≫, 56권(2호), 26~47쪽.
이완수·김찬석·이민규. 2012. 「국내 입법커뮤니케이션의 구조적 특징: 쇠고기 수입법안에 대한 입법 전문가 집단의 인식과 평가를 중심으로」. ≪한국언론정보학보≫, 60권(4호), 52~74쪽.

082

비영리PR
Non-Profit PR

비영리PR이란 비영리 의미에 대한 공유의 장을 공중들에게 확대하는 커뮤니케이션을 말한다. 비영리 의미를 비영리조직에 의해서 확산하고 공유한다는 점에서 기업PR이나 정부PR 등과 구별된다. 즉, PR의 주체가 비영리조직이고, PR의 목적이 비영리 의미 확산인 것이다.

비영리PR의 주체인 비영리조직(non profit organization)은 국가나 시장 영역에서 분리된 제3영역에서 영리추구가 아닌 공공의 목적을 추구하는 자발적 민간 부문을 말한다. 비영리조직은 NGO(non governmental organization), 비영리단체, 비영리기관 등으로 불리기도 한다. 비영리조직은 소비자, 환경, 교육, 이웃돕기 등과 같은 일상생활에 관련된 연성형 주제에서부터 민주주의, 정치 등 거대 담론의 경성형 주제에 이르기까지 광범위하게 걸쳐 있으나 자선단체나 노조 등이 대표적이다.

미국은 비영리조직이 160만 개로, 인구 200명당 한 개꼴이다. 우리나라에서 비영리조직의 수는 행정자치부를 비롯한 중앙행정기관과 지방자치단체에 등록된 경우만 2만 5천여 개가 넘는다(노영희, 2016). 인구 2000여 명당 한 개꼴이다.

비영리조직 입장에서 PR 커뮤니케이션이 필요한 이유는 스스로의 존재 이유를 공중들에게 지속적으로 설득하는 일이 중요하기 때문이다. 기금 모금 및 자원봉사자 확보 등과 같은 공중들의 지원과 참여를 획득하는 과정을 통해 수많은 비영리조직들 속에서 다른 조직과 차별화되는 자신의 대의명분이나 지향 가치 등을 알릴 필요성이 커지고 있기 때문에 이를 실현할 방안으로 비영리PR이 강조되고 있다. 비영리PR의 메시지의 원천이 되는 비영리의 의미는 세 가지로 요약될 수 있다.

첫째, 사회적 약자 대변이다. 국가와 시장의 힘만으로는 충분히 다룰 수 없는 부분에서 경제적, 신체적, 사회적 약자나 피해자들을 위한 공론장을 만드는 것이 대표적인 비영리PR의 의미이다. 예를 들어, 2016년 옥시 가습기 살균제 피해자를 위해 환경시민단체와 소비자시민단체들이 제품 불매선언과 기자회견 등을 통해 활동한 것을 들 수 있다(송금한, 2016).

둘째, 자발성이다. 비영리PR의 의미는 비영리 활동에 대한 공중의 자발적 개입을 촉진하는 것이다. 개입은 다양한 차원에서 일어날 수 있는데, 비영리 이슈에 대한 가장 낮은 수준의 관심 유발에서 심리적 지지를 거쳐 가장 높은 수준의 재정적 후원이나 자원봉사 활동 등으로 나타날 수 있다.

셋째, 투명성과 신뢰성이다. 비영리PR의 의미는 투명성과 신뢰성에서 출발한다. 이것은 마치 비영리PR의 뿌리와 같다.

비영리PR의 국내 사례로 사랑의 열매 사회복지공동모금회 '이웃사랑 캠페인'이 대표적이다. 사회복지공동모금회는 세 개의 빨간 열매로 아이콘화되어 있는 이웃사랑 캠페인을 20여 년 동안 전개했다. 6천만 번의 재정지원을 통해 5천만 건의 기부를 이끌어낸 비영리PR은 국내는 물론 세계적으로도 의미가 크다. 특히 2017년 연중 이웃사랑 캠페인은 '착한일터', '착한가게' 등 생활 기부자와 1억 원 이상 기부하는 '아너소사이어티 기부자' 등의 모습을 부각시켜 기부에 대한 사회적 선망을 '나의 일'로 연계시키는 데 초점을 맞췄다.

해외 사례로 스웨덴소아암재단의 '벗겨진 가발'을 들 수 있다. 이 재단은 스웨덴 아포텍이라는 회사의 헤어제품에 대한 마케팅PR을 창의적으로 활용했다. 아포텍은 지하철 역 안에 여성모델을 등장시킨 헤어제품 광고판을 설치했는데, 광고 모델이 움직이지 않은 상태로 있을 것이라는 예상을 깨고 지하철이 들어올 때마다 "당신의 머릿결을 생기 있게"라는 카피와 함께 여성 모델의 머릿결이 자연스럽고 생동감 있게 흩날리게 했다. 지하철이 들어오는 역 입구에 센서를 부착해 지하철이 들어올 때마다 이 센서가 감지하는 압력을 지하철 광고로 전달하는 장치를 마련한 것이다.

이 마케팅PR이 화제가 되고 있을 때, 스웨덴소아암재단은 똑같은 기법을 활용했다. 다만 한 가지 차이가 있었는데, 흩날리는 머릿결이 획 날아가면서 민머리의 여성 모델이 등장한 점이다. 소아암 치료를 받느라 머리가 빠진 소녀가 쓴 가발이 날아간 것이다. 이어서 "소아암 치료를 받는 14살 소녀"라는 카피가 나오면서 반전이 일어난다. 그리고 "매일 소아암 판정을 받는 어린이들을 위해 기부해주세요"라는 카피로 이 비영리PR의 목적성을 나타냈다. 비영리PR에서 고려해야 할 세 가지 사항은 다음과 같다.

첫째, 휴머니즘에 대한 창의적 접근이다. 비영리PR의 단골 메뉴인 휴머니즘은 그 자체로 강력한 힘이 있지만, 휴머니즘을 구현하는 비영리조직이 증가하는 상황에서 공중들의 눈과 귀를 붙잡아두는 창의적인 휴머니즘 표현법이 절실한 상태이다.

둘째, 연대와 협업 능력이다. 비영리조직들끼리 뭉쳐서 공통의 가치를 추구하는 연대형 비영리PR을 강화해야 한다. 예를 들어, 미국의 520여 개 비영리조직이 가입해서 활동하는 인디펜던트 섹터(Independent Sector)나 240만 개 비영리조직의 정보를 공개하는 가이드스타(Guide Star) 등이 대표적이다.

셋째, 지역사회 영향(community impact) 중심의 비영리PR이 선호된다. 비영리PR을 전개하는 데 있어서 지역사회의 문제해결이나 가치 증진 등과 같이 실질적인 지역사회의 변화를 체감할 수 있는 구체적인 성과를 내는 데 기여할 수 있는 방안이 점점 더 중요해지고 있다는 의미이다.

❏ 연관어: 휴머니즘, 연대와 협업, 지역사회 영향

더 읽어야 할 문헌

김병철·김찬석·이철한. 2009. 「기업의 사회적 책임성 정도에 대한 인식이 기업에 대한 호의도 및 해당
    기업 제품 구매시 비용지불 의사에 미치는 영향: 대학생을 중심으로」. ≪광고학연구≫, 20권(2
    호), 37~55쪽.
김찬석. 2006. 「비영리조직을 통한 기업의 사회공헌 활동: 씨티그룹 중심 사례 연구」. ≪광고학연구≫,
    17권(1호), 133~157쪽.
노영희. 2016. 『한국비영리단체 총람』, 서울: 조은글터.
송금한. 2016.4.25. "환경 시민단체들 옥시 불매운동 선언." KBS, http://news.kbs.co.kr/news/view.do?
    ncd=3269338

083

공공캠페인
Public Campaign

캠페인은 자주 쓰는 말이다. '착한 소비를 위한 뷰티 캠페인', '새로운 시즌, 새로운 패션 캠페인', '아침밥 먹기 캠페인', '금연 캠페인', '건강 미소 찾기 캠페인', '음식물 쓰레기 줄이기 홍보 캠페인', '국회의원 선거 캠페인' 등 다양한 분야와 대상에 사용된다. 인식을 개선하거나 강화하고자 할 때, 목표를 달성하기 위해 조직적으로 뛰어보자고 할 때, 기존 방식이 아닌 다른 방식으로 시도해보고자 할 때, 직접적인 행동으로 뭔가를 바꿔보거나 강화하고자 할 때, 우리는 캠페인이 필요하다고 한다.

이처럼 캠페인이란 용어는 민간기업, 정부, 공공기관, 개인 등을 가리지 않고 광범위하게 사용된다. 여기에는 특정한 장소와 시간, 특정한 목표, 목표를 달성하기 위한 수단과 방법 등 공통적 요소들이 들어 있다. 그래서 라틴어로 평원이라는 뜻의 캄푸스(campus)에서 유래한 캠페인은 특정 영역에서 특정한 목표를 달성하기 위해 특정 시기 동안 전개하는 사회적, 상업적, 조직적 활동이다.

캠페인은 추진 목적과 주체에 따라서 공공캠페인과 상업 캠페인으로 구분된다. 상업 캠페인은 민간기업이 자사의 이익을 위해서 전개하는 캠페인이다. 매출 증진이나 시장점유율 확대 등을 목표로 벌이는 창사 기념 세일 캠페인이나 제품 촉진 캠페인 등을 예로 들 수 있다. 이에 반해 공공캠페인은 사회 구성원의 공익적 이익을 위해 전개하는 캠페인이다. 대표적으로 금연 캠페인, 산불예방 캠페인, 온라인 선플 캠페인, 환경보호 캠페인 등을 들 수 있다.

공공캠페인의 특징은 공공의 이익을 촉진하는 계획된 비영리적 활동이라는 데 있다. 또한 공익을 촉진하기 위한 메시지를 통해 사회구성원들의 가치관이나 태도에 영향을 미친다. 그리고 사회적 개혁을 유도하는 경우에는 사회 통제적 수단으로 이용되기도 한다.

PR학이나 PR실무에서 바라보는 공공캠페인은 조직이 사회적으로 책임 있는 관계를 형성하기 위해 수행하는 일련의 커뮤니케이션 활동으로 정의할 수 있다. 책임 있는 관계란 곧 캠페인 추진 조직과 타깃 공중 간의 상호 호혜, 즉 사회적 공익성을 추구하는 것을 말한다. 이것이 PR에서 보는 공공캠페인의 목적이다. 그리고 공공캠페인 기획자들은 매스미디어 커뮤니케이션과 대인 커뮤니케이션을 공공캠페인의 방법론으로 채택한다.

공공캠페인은 정부나 공공기관 또는 언론사나 비영리단체 등에 의해 주도되는 경우가 많다. 영리를 추구하는 기업이라고 해서 공공캠페인의 주체가되지 못하는 것은 아니다. 예를 들어, 어떤 기업의 전 직원이 매월 말일을 환경보호의 날로 정해 환경보호 관련 자원봉사를 전개한다거나, 금연 활동에 참여한다거나, 저출산 극복을 위한 국가 사회적 의제에 참여하는 것은 공공캠페인을 주도하거나 그것에 동참하는 것이라고 할 수 있다. 물론 기업의 전략적 투자 차원에서 추진되는 사회적 공헌활동이나 대의명분 마케팅이 공공캠페인에 포함될 수 있는데, 이러한 활동을 정부나 공공기관 또는 비영리조직의 공공캠페인과 비교했을 때 질적 차이는 나타날 수 있다. 하지만 공익을 추구하는 목적성이 분명하다면, 기업 캠페인이라고 해서 공공캠페인에 포함되지 못할 이유가 없다. 공공캠페인의 성패는 메시지, 자구 조치, 지속성 등에서 결정된다.

첫째, 메시지는 공공캠페인의 동력이다. 훌륭한 메시지는 공공캠페인이 갖고 있는 문제의식을 얼마나 현실감 있게 잘 풀어내느냐에 있다. 캠페인 대상들에게 '내 이야기구나' 하는 개인적 관여도를 끌어내면서 '정말 문제구나'라는 문제의식을 갖게 하는 소스가 메시지이다. 예를 들어, "흡연은 질병입니다. 치료는 금연입니다"나 "오늘은 담배 끊기 좋은 날" 같은 우리나라의 금연 캠페인, "오직 당신만이 산불을 예방할 수 있습니다" 같은 미국의 산불예방 스모키베어 캠페인, 인구 1억 명을 유지하자는 "1억 총 활약 플랜"을 기치로 내건 일본의 저출산 극복 캠페인 등을 들 수 있다.

둘째, 자구 조치는 공공캠페인의 지렛대이다. 자구 조치란 공공캠페인의 문제의식을 받아들인 사회구성원들이 뭔가 스스로 할 수 있도록 하는 수단과 여건이다. 자구 조치가 없으면 공공캠페인은 산 속의 메아리에 불과하다. 쉽고, 비용이 적고, 장소와 시간의 구애를 적게 받는 자구 조치일수록 공공캠페인의 성과는 커진다.

셋째, 공공캠페인의 성과를 창출하기 위해서는 지속성이 있어야 한다. 소구력 높은 메시지와 손쉬운 자구 조치가 마련되었다 할지라도 지속성이 없으면 효과를 내기 어렵다. 지나가는 소나기는 가문 저수지를 가득 채울 수 없다.

공공캠페인의 트렌드는 컬래버레이션, 진정성 그리고 디지털 등을 강조하는 방향으로 전개될 것이다.

컬래버레이션, 즉 협업 캠페인은 공공캠페인의 영역을 확대해주고 있다. 동일한 국가적 의제, 사회적 이슈나 대의를 사회구성원들에게 인식시키고 이에 보다 부합하는 태도나 행동을 갖게 하기 위해서 공공기관 간 협업, 공공기관과 민간기업 간 협업, 민간기업 간 협업 등 다양한 컬래버레이션 캠페인이 필요하다.

진정성은 점점 더 부각될 것이다. 여성에 대한 고정관념과 편견을 사회구성원 스스로 성찰하게 만들어준 미국 기업 P&G의 'Like a girl' 캠페인이나 우리나라 기업인 현대증권의 '마음으로 전하는 이야기' 캠페인 등은 진정성을 강조하는 대표적 사례이다.

디지털은 공공캠페인을 더욱 개인화되고 역동적 수준으로 끌어올리는 데 기여할 것이다. 공유와 확산 그리고 피드백이 실시간으로 진행된다는 점에서 디지털은 공공캠페인의 주요 수단이 될 것이다.

❑ 연관어: 자구 조치, 컬래버레이션, 진정성

더 읽어야 할 문헌

라이스, 로널드(Ronald Rice)·찰스 앳킨(Charles Atkin). 2015. 『공공 커뮤니케이션 캠페인』. 백혜진 옮김. 서울: 커뮤니케이션북스.
Kim, C. M. 2016. *Social Media Campaigns*. New York, NY: Routledge.
Rice, R. E., and C. K. Atkin. 2013. *Public Communication Campaigns*. SAGE Publications, Inc.

084

글로벌PR
Global PR

사실 PR영역에서는 국제PR(International PR)이라는 용어가 먼저 등장했으며 다양하게 정의된 바 있다. 윌콕스(D. Wilcox) 등은 국제PR을 "다른 국가의 공중과의 상호 호혜적 관계(mutually beneficial relations)를 수립하기 위한 기업, 정부, 기관의 기획되고 조직된 노력"이라고 규정했다(Wilcox, Ault and Agee, 1992). 컬버트슨(H. M. Culbertson) 등은 "국제기관, 정부관계, 국제교역, 민간 국제교류 등 국제적인 맥락에서 일어나는 국제 혹은 다문화 커뮤니케이션 활동"으로 국제PR을 정의했다(Culbertson and Chen, 1996). 이유나(2014)는 "국제 PR"은 주로 각국의 차이에 주안점을 두고 있는 성향이 강함을 지적하면서, 보다 일반적인 PR의 공통 원칙 구현과 특성의 고려라는 함의를 반영하는 "글로벌PR"이라는 용어가 더 적합하다고 주장했다. 그는 이러한 전제를 두고 글로벌PR을 "타 국가의 공중들과 상호 호혜적 관계를 수립하기 위해 한 조직이 해당 국가의 매체환경, 경제, 정치, 문화적 차이 등의 요소를 반영하여 일련의 PR활동 원칙들을 선별적으로 적용하는 전략적 커뮤니케이션"으로 규정했다.

글로벌PR의 영역은 크게 두 가지 차원으로 나누어 볼 수 있다. 첫째가 정부 차원에서 이루어지는 PR이고, 둘째가 민간 차원에서 이루어지는 PR이다. 정부 차원에서는 정부의 대외정책 지지, 국가정체성 구축, 국가 이미지 제고, 관광사업 촉진, 무역증진 제고, 국제협력 증진을 위한 활동에 초점을 맞추게 된다. 민간 차원에서는 주로 국제기업이나 다국적 기업의 현지 PR활동 증대, 현지에서의 기업의 소유와 운영 문제, 외국 기업에 대한 적대감 완화 및 해소, 또는 외국 기업에 대한 분쟁, 인종적-종교적 적대감, 이문화 간의 마찰 등에 대한 대처와 예방을 위한 활동들이 주를 이룬다.

제2차 세계대전 이후 세계무역 확대와 기업들의 해외시장 진출 증가, 국제무역 자유화 협정의 체결, 다국적 기업들의 전면 등장은 글로벌PR의 필요성을 증대시킨 주요 요인들이었다. 이와 더불어 통신기술과 교통수단의 발달로 인해 국가 간 이동이 용이해지고, 인공위성 커뮤니케이션, 인터넷의 확산, 소셜미디어의 발달 등으로 국제 접촉이 실시간으로 가능하게 되었다. 국제적인 커뮤니케이션이 활발해지면서, 이와 관련된 각종 단체와 협회들도 생겨나기 시작했다. 예를 들어, 1955년에는 국제PR협회(International Public Relations Association: IPRA)가 출범했다. 국제 비즈니스 커뮤니케이션 협회(International Association for Business Communicators: IABC)는 1970년대에 창설되었으며, 2013년 현재 80여 개국 1만 5000명의 회원을 거느리고 있다. 특히 IABC는 커뮤니케이션 관련 연구를 지원해주는 재단을 1982년부터 수립하기도 했다. PR학 영역에서 영향력 있는 우수이론과 같은 연구들이 이 재단의 지원을 통해 수행되었다. 국제 커뮤니케이션 협회(International Communication Association: ICA)의 경우는 IPRA와 유사한 시기인 1950년에 창립되었고, 총 65개국의 3500명 이상의 회원을 보유했다. ICA는 지난 2003년부터 UN과 비영리조직으로서 유대관계를 맺고 있다. ICA는 순수학회의 성격을 가진 단체로 커뮤니케이션 관련 학회들 중 언론 및 대중매체 교육연합(AEJMC: Association for Education in Journalism and Mass Communication)과 함께 양대 산맥을 이루고 있다. ICA의 PR 분과에서는 글로벌PR을 주요 주제로 다루고 있다. 전술한 단체들은 모두 세계 PR/커뮤니케이션 전문가들 간에 정보를 활발하게 교환하고 발전의식을 고취하는 것을 목적으로 하는 대표적 조직들이다. 이러한 협회, 학술단체들의 발달과 더불어 국제적 규모의 PR대행사들의 세계 진출도 가속화되었다. 미국의 5대 PR대행사 중 하나인 힐앤놀튼(Hill and Knowlton)의 경우 1950년대에 네덜란드와 독일에 지사를 설립했고, 에델만 PR(Edelman PR), 버슨 마스텔러(Burson Masteller)도 그 뒤를 따랐다.

PR영역의 발달이 주로 미주지역에서 먼저 이루어진 만큼, PR에 대한 정보의 공급도 미주 쪽에 편중되어 있다. 스리라메쉬(K. Sriramesh)와 같은 PR 학자는 미국과 서유럽, 아시아 일부 국가를 제외한 나라들의 PR활동에 대한 연구나 보고는 매우 빈약한 점을 비판한 바 있다(Sriramesh, 2009). 그는 미래의 PR 실무자들이 균형 잡힌 시각을 형성할 수 있도록 각기 다른 문화에 대한 보다 깊은 이해와 다양한 지역의 PR활동에 대한 지식을 쌓아야 한다고 주장했다. 다시 말해서 글로벌PR에 대한 관심을 가짐으로써, PR영역 고유의 지식체계가 특정 국가 위주로 편향되지 않고 균형 있게 발달하도록 해야 한다는 것이다. 또한 타국의 PR활동과 문화와의 관계를 살펴보는 과정을 통해 자국의 PR활동에 대해서도 더 명확하고 깊은 이해를 도모할 수 있다는 것이 그의 주장이다. 글로벌PR은 이러한 맥락에서 꾸준히 논의되어온 주제이다.

문화는 글로벌PR영역에서 가장 중요하고 흥미로운 환경적 요소이다. 한 개인, 더 나아가 하나의 조직, 국가의 커뮤니케이션은 사실상 문화의 영향을 받지 않을 수 없기 때문이다. 특히 실무에서 국제적으로 PR영역이 확장되면서 사회문화가 PR활동에 어떤 영향을 끼치는가에 대한 관심이 커졌다. 보통 글로벌PR 혹은 국제PR을 논할 때, 실무자나 학자들이 관심을 갖는 것은 사회적 차원의 문화이다. 혹자는 조직문화가 PR에 대한 영향력이 더 크다는 주장을 펴기도 하지만, 조직문화도 결국은 해당 기업이 존재하는 사회나 국가라는 환경적 영향에서 자유로울 수 없기 때문에 사회적 문화에 대해 관심을 갖는 것이 필요한 것이다. 이에 따라 글로벌PR영역에서는 조직문화와 사회문화 모두에 대한 이해가 요구된다.

□ 연관어: 우수이론, 글로벌광고

더 읽어야 할 문헌

Chen, N., and H. M. Culbertson. 1996. "Guest relations: A demanding but constrained role for lady public relations practitioners in mainland China." *Public Relations Review*, Vol.22, No.3, pp.279~296.

Culbertson, H. M., and N. Chen. 1996. "Public relations education in the United States: Can it broaden international students' horizons." in H. M. Culbertson and N. I. Chen, *International public relations: A comparative analysis*, pp.397~415.

Sriramesh, K. 2009. "The Missing Link: Multiculturalism and Public Relations." in K. Sriramesh and D. Vercic(eds.). *The Global Public Relations Handbook*. New York: Routledge.

Wilcox, D., P. Ault and W. Agee. 1992. *Public Relations Strategies and Tactics*, 3rd ed. New York: Harper Collins.

085

PR 효과
PR Effects

PR 효과는 크게 산출과 성과(output and outcome)라는 두 가지 차원에서 평가할 수 있다. 산출 지표(Output Index)는 단기적 차원에서 비교적 즉시 측정이 가능한 것으로, 기사의 수, 방송 노출도, 기자 회견횟수 등 기술적인 커뮤니케이션 산물의 빈도를 측정하는 것이다. 과거의 PR은 이러한 산출의 달성에 의지해 PR의 효과성을 주장했다. 산출은 여전히 중요한 효과 측정의 척도이며 기본적으로 제공되어야 할 평가항목으로 간주되고 있다. 성과 지표(Outcome Index)는 보다 장기적인 차원에서의 효과를 측정하는 것으로, PR 프로그램을 통해 대상공중에게 실제로 일어난 변화의 정도를 살펴보는 것이다. PR활동의 궁극적인 효과는 금전적 수익 같은 유형적 자산의 증대보다 명성, 우호적 조직-공중관계, 이미지 같은 무형 자산이 증진된 형태로 나타난다.

첫째, 산출 지표로는 미디어 내용분석, 광고등가가치 등이 활용된다.

먼저 미디어 내용분석은 PR에서 가장 빈번히 이용되는 지표의 하나이다. 예를 들어, 고객 기업의 신상품에 대한 언론 보도의 횟수는 어떠한지, 긍정적인 기사였는지, 의도했던 핵심 메시지는 제대로 전달되었는지를 살펴보는 것이다. PR대행사마다 조금씩 다른 보도 평가기준을 가지고 있지만, 대부분 논조, 보도의 빈도, 전달된 메시지의 질, 경쟁사와의 비교 등을 사용한다.

다음으로, 광고등가가치(Advertising Value Equivalency: AVE)는 같은 지면을 광고하기 위해 구매했을 때 드는 비용을 사용해 PR 보도의 가치를 측정하는 방법이다. 예를 들어, 월간 잡지에 3cm 길이의 지면을 구입하는 데 드는 비용이 10만 원일 경우, 이 잡지에 보도자료가 픽업되어 기자가 15cm 길이의 기사를 썼을 경우 총 50만 원의 금전적 가치를 지닌다는 것이다. 그러나 이러한 측정 방법에 대해 많은 문제가 제기된 바 있어 사용도가 낮아지고 있다. 왜냐하면 광고와 PR 보도기사는 근본적으로 그 성격이 다르기 때문이다. 예를 들어, 광고는 광고주가 금전을 지불하고 구매하는 것인 만큼 내용의 통제가 쉬운 반면, PR은 광고와 달리 편집주체의 게이트키핑 과정에 영향을 받을 수 있다. 이에 따라 광고와 PR콘텐츠에 대한 수용자의 신뢰도도 달라질 수 있다.

웹사이트 트래픽, 조회수, 페이스북 좋아요 수, 댓글 수, SNS 공유빈도, 이벤트 참가자의 수, 우편회신율 등도 산출을 평가하는 측정치로 사용된다.

둘째로 성과 지표를 살펴보면, PR 프로그램을 통해 의도하는 결과에는 네 가지 유형이 있다. 인지도(awareness), 이해도(comprehension), 태도(attitude), 행동(behavior)의 변화가 그것이다. 대상공중이 프로그램을 통해 이전에 모르던 것에 대해 알도록 하는 것이 인지이며, 이해는 대상공중이 이슈나 조직, 새로운 상품이나 서비스 등에 대해 단순히 인지하는 것을 넘어 올바르게 이해하도록 하는 것에 주안점을 두는 것이다. 태도는 대상공중이 PR 프로그램에 노출됨으로써 대상에 대한 신념이나 확신을 갖도록 하려는 것을 지칭하며, 행동은 대상공중이 프로그램을 접함으로써 실제적인 행위를 하도록 유도하는 것에 주안점을 둔다. 이런 결과를 평가하기 위해서는 사전, 사후 조사가 필요하다. 즉, 프로그램 실행 전의 공중의 상태와 실행 후의 상태를 비교해야 하는 것이다. 이에 따라 성과를 평가하기 위해서는 주로 설문조사 방법이 사용된다. 변화 상태에 대한 심화된 정보가 요구될 경우, 초점집단면접(Focus Group

Interviews)이나 일대일 심층면접 등 정성적인 연구방법이 사용되기도 한다. 명성, 조직-공중관계 같은 개념들은 이러한 성과지표 유형에 해당된다.

셋째, 제3자 인증효과와 무가노출(3rd party endorsement and unpaid media)이다. 과거의 PR은 전통적으로 언론대행활동으로 규정되어왔으며, 이러한 맥락에서 PR을 타 영역과 비교해 설명할 때 가장 큰 특징 혹은 차별점으로 꼽히던 것이 무가노출과 제3자 인증효과이다. 광고는 광고주가 전달하고자 하는 메시지를 일정 금액을 지불하고 구매한 지면이나 방송시간에 노출시키는 데 비해, PR은 고객의 제품이나 서비스, 사회공헌활동 등의 기업활동에 대한 내용을 보도자료의 형식으로 언론-방송기자들에게 배포한다. 이러한 배포는 가격을 지불하고 이루어지는 것이 아니라 기자와 편집국에 의해 선택이 되고 이것이 기사화되는 과정을 거치게 된다는 의미에서 제3자 인증효과를 기대할 수 있다. 하고 싶은 말을 그대로 노출시킬 수 없고, 언론의 게이트키핑 과정을 거치게 되는 PR 결과물은 광고에 비해 신뢰도가 높다. 또한 이러한 기사화는 비용을 지불하지 않기 때문에 무가노출의 효과가 있다.

하지만 최근 들어 매체환경의 급격한 변화로 종이신문, 공중파 방송 등 전통 언론사의 영향력이 급감하면서 기존의 언론노출효과를 기대하기 어려워졌다. 열독률 및 시청률 저하로 광고수입이 줄어들어 경영난에 시달리기 시작한 언론사들은 소위 애드버토리얼(advertorial) 형태의 기사 게재 같은 PR 수익모델을 만들기 시작했다. 즉, 보도자료를 기반으로 기사를 써주는 조건으로 일정액의 광고 게재를 요구하기 시작한 것이다. 종이신문사의 기획기사나 특집 섹션 등은 이러한 애드버토리얼 비즈니스 모델의 전형이다. 이에 따라 전통적인 의미의 제3자 인증효과는 퇴색되고 있으며, 더 이상 무가노출은 PR만의 차별점이 아닌 상황이 연출되고 있다.

❑ 연관어: 광고효과측정, 미디어 오딧, 위계효과 모형

더 읽어야 할 문헌

그레고리, 앤(Anne Gregory). 2005. 『PR캠페인 기획·관리의 단계별 지침서』. 차희원 옮김. 서울: 커뮤니케이션북스.

그루닉, 제임스(James Grunig)·토드 헌트(Todd Hunt). 2006. 박기순·박정순·최윤희 옮김. 『PR의 테크닉과 실행』. 서울: 커뮤니케이션북스.

이종혁. 2006. 『PR프로젝트 기획』. 서울: 커뮤니케이션북스.

한정호 외. 2014. 『PR학 원론』. 서울: 커뮤니케이션북스.

Institute for Public Relations. 2017. IPR Measurement Commission. http://www.instituteforpr.org/ipr-measurement-commission/

제10장
PR 이론과 관련 개념

086

PR 4모형
Four Models of Public Relations

PR의 4모형은 애초에 PR의 역사적 발달 과정을 정리하기 위한 시도에서 출발했다. 표 10-1에서 알 수 있듯이 그루닉과 헌트는 커뮤니케이션의 방향성과 목적에 따라 PR을 언론대행/홍보, 공공정보, 쌍방향불균형, 쌍방향균형으로 나누었다(Grunig and Hunt, 1984).

첫째, 언론대행/홍보 모형이다. 이 모형은 19세기 초반 미국의 PR활동에서 찾아볼 수 있는 것으로, 수단과 방법을 가리지 않는 일방적인 선전을 주로 지칭하는 것이다. PR에 관한 부정적인 인식의 원류를 제공한 PR유형이라고 할 수 있다. 이 시기는 생산자 주도형 독점 대기업의 시대이기도 했으며, 경영진은 공중들을 무지한 존재로 간주하고 그들의 의견을 무시했고 진실은 오도되었다. 현재 일방적인 선전은 점차 설자리를 잃어가고 있으나 언론은 여전히 중요한 커뮤니케이션 대상이다. 또한 소셜미디어 등 매체 환경 다변화에 따라 언론관계의 모습도 진화했다.

둘째, 공공정보 모형이다. 20세기에 들어서면서 대기업의 횡포에 대한 시민의 저항 움직임과 정부의 대기업 규제가 강화되고, 거짓을 일삼는 언론정보

표 10-1 PR 4모형의 특성

특성	모형			
	언론대행/홍보	공공정보	쌍방불균형	쌍방균형
목적	선전	정보의 확산	과학적 설득	상호이해
커뮤니케이션 모형	정보원 → 수신자	정보원 → 수신자	정보원 ↔ 수신자	집단 ↔ 집단 피드백
연구의 본질	거의 없음: 사람의 머릿수를 셈	거의 없음: 읽기의 난이도, 독자의 수 측정	규범적: 태도 변화	규범적: 상호 이해의 수준
주요 역사적 인물	P. T. 바넘	아이비 리	에드워드 버네이스	에드워드 버네이스
오늘날 많이 실시되고 있는 곳	스포츠, 극장, 제품 프로모션	정부기관, 비영리기관, 기업	경쟁적인 기업, 정부기관	정부의 규제를 받는 기업, 정부기관

자료: Grunig and Hunt(1984).

/홍보 모형에 대한 비판의 목소리가 대두되기 시작하면서, 진실된 정보의 확산을 PR의 목적으로 내세우는 공공정보 모형이 대두되기 시작했다. 아이비 리(Ivy Lee)는 공공정보 모형의 대표적인 인물로, 과장이 아닌 조직체에 관한 진실을 공중에게 알려야 한다고 주장했다. 현재도 공공기관이나 정부에서 자주 찾아볼 수 있는 PR활동의 유형이다.

셋째, 쌍방향불균형 모형이다. 미국은 제1차 세계대전과 제2차 세계대전을 치르면서 공중의 태도나 의견 조사에 바탕을 둔 매스미디어 전략으로 군인을 모집하고 전쟁에 대한 지지를 얻어내는 등 큰 성과를 경험하게 되었으며, 전후 이러한 사회과학적 방법을 PR의 민간영역에 적용하는 일은 더욱 활성화되었다. 사회과학적 방법을 이용한 설득을 특징으로 하는 쌍방향불균형 모형의 대표적인 인물은 에드워드 버네이스(Edward Bernays)로, 그 역시 1차 대전 당시 크릴 위원회(The Creel Committee)라는 국가 차원의 전쟁 선전기구에서 일했다. 그는 조사연구를 통해 공중의 지각, 태도, 행동을 분석함으로써 그들의 동의를 얻어내는 것을 PR이라고 보았다. 쌍방향불균형 모형은 현재 대개의 경쟁 영리기업들이 채용하는 모델이다.

넷째, 쌍방향균형 모형이다. 쌍방향불균형 모형의 뒤를 이어 발전된 형태로, 주로 조직이 원하는 방향으로 설득을 전개하는 것을 목적으로 하던 PR과 달리 공중과 조직 간의 상호이해 도모를 그 목적으로 하는 PR을 지칭한다. 그루닉과 헌트는 이 모형이 PR 학자인 커틀립(Scott Cutlip)에 의해 처음으로 개념화되었다고 한다. 커틀립은 PR활동이 조직의 이익만을 대변하는 활동이 되어서는 안 되며, 공중의 의견이나 태도를 조직에 전달함으로써 이들의 이익도 조화 있게 고려하는 활동이어야 한다고 주장했다. 실증 연구들을 통해 이러한 쌍방향균형 철학에 기반을 두고 PR활동을 전개하는 조직들이 존재하기는 하지만, 이 모형이 편재하는 상태는 아니며 종종 지나치게 규범적이라는 비난을 받기도 한다.

쌍방향균형 모형은 체계이론적 관점의 핵심철학을 담고 있다고 볼 수 있다 (김영욱, 2003). 그루닉은 조직 중심적인 체계이론 관점을 채택하더라도 궁극적인 커뮤니케이션 목적을 조직과 공중 간의 상호이익 달성에 둔다면 이상적이고 윤리적인 PR이 성립할 수 있다고 보았다(Grunig, 2001). 이러한 그의 생각은 학자들에 의해 쌍방향균형적 세계관으로 지칭되기도 했다. 그루닉은 그의 활동 당시 아직 정형화되지 않았던 PR영역이 사회적으로 의미 있고 가치 있는 영역으로 진일보하기 위해서는 일방적 선전이나 언론대행과 같은 기존의 PR활동을 설명하고 반복하는 데만 급급할 것이 아니라 균형적 커뮤니케이션 모델을 향해 나아가는 것이 중요하다고 보았다. 그루닉의 쌍방향균형 PR 모형이나 철학은 다양한 학자와 실무자들로부터 현실성이 없다는 비판을 받기도 했으나 이러한 비판과 반박의 과정에서 PR이론이 크게 발전할 수 있었다(김영욱, 2003).

특히, 90년대에 이르러 쌍방향불균형 모형과 쌍방향균형 모형을 이분법적으로 나누어 생각하기보다는 이들을 통합적으로 보아야 한다는 주장이 제기되었다. 머피(P. Murphy)의 혼합동기 모형(Mixed-motive model)은 PR을 조직 또는 공중 어느 한편의 이득만을 추구하는 제로섬(zero-sum: 한 편의 승리가 곧 상대방의 패배를 의미하는 것)의 차원에서 이해하기보다 논제로섬(non-zero-sum) 의 차원에서 볼 것을 주장했다(Murphy, 1991). 즉, 조직, 공중 양측이 모두 협

PR활동의 유형

① 순수불균형 모형(Pure Asymmetry Model): 조직의 입장을 받아들이도록
   커뮤니케이션을 사용하여 공중을 설득

② 순수협동 모형(Pure Cooperation Model): 공중의 입장을 완전히 받아들이도록
   커뮤니케이션을 사용하여 조직을 설득

③ 쌍방형 모형(재개념화된 Two-way Model): 조직과 공중 모두가 합의할 수 있는
   Win-Win 영역에 도달하도록 커뮤니케이션 전략 사용

그림 10-1 **혼합동기 모형**
자료: Grunig, Grunig and Dozier(2002).

상을 통해 조금씩 양보하고 서로 동의할 수 있는 의사결정(즉, win-win의 상황)
을 내리는 것이 PR커뮤니케이션의 본질이라는 것이다(그림 10-1 참조). 이렇
게 볼 때 합의를 도출하기 위해 불균형적인 전략과 균형적인 전략 모두가 사
용될 수 있으며, 이때의 불균형적 전략의 사용은 윤리적인 것이라는 주장이
다. 혼합동기 모형은 현실세계에서 일어나는 PR커뮤니케이션의 상황을 보다
잘 반영하고 있는 것으로 평가받고 있다.

그루닉 등은 2000년대에 이르러 정형화된 4모형보다는 그 기저에 깔려 있
는 이론적 차원들에 대한 측정을 함으로써 설명력을 높이고 이론적 발전을 꾀
할 필요가 있다고 역설했다(Grunig, 2001; Huang, 1997; Rhee, 1999, 2002; Sha,
2004, 2007). 그들은 4모형 대신 새롭게 제안된 7가지 PR커뮤니케이션 차원인
일방향(one way), 쌍방향(two way), 불균형(asymmetrical), 균형(symmetrical),
대인(interpersonal), 매개(mediated), 윤리(ethical)커뮤니케이션을 제안했다.
즉, PR활동에서 일방향적 요소와 쌍방향적 요소가 공존할 수 있으며 대인 커
뮤니케이션과 매개 커뮤니케이션 방법이 상호배타적이 아님을 인정한 것이
다. 윤리 커뮤니케이션 차원은 PR활동이 얼마나 윤리적 원칙에 입각해 수행

되었는가를 평가하는 차원이라고 할 수 있으며, 기존과 달리 쌍방향성과는 별개의 특성으로서 개념화된 것이다.

❏ 연관어: 우수이론, 상황이론, 광고 소구

더 읽어야 할 문헌

김영욱. 2003. 『PR커뮤니케이션: 체계, 수사, 비판 이론의 통합』. 서울: 이화여자대학교출판부.

Grunig, J. E. 2001. *Handbook of Public Relations*. Thousands Oaks, CA: Sage

Grunig, J. E., and Hunt, T. 1984. *Managing Public Relations*. New York: Holt, Rinehart & Winston.

Grunig, L. A., J. E. Grunig and D. M. Dozier. 2002. *Excellent public relations and effective organizations: A study of communication management in three countries*. Mahwah, NJ: Lawrence Erlbaum Associates.

Huang, Y. H. 1997. "Public relations strategies, relational outcomes, and conflict management strategies." Doctoral dissertation, University of Maryland, College Park, MD.

Laskin, A. V. 2009. "The evolution of models of public relations: an outsider's perspective." *Journal of Communication Management*, Vol.13, No.1, pp.37~54.

Murphy, P. 1991. "The limits of symmetry: A game theory approach to symmetric and asymmetric public relations." *Journal of Public Relations Research*, Vol.3, No.1~4, pp.115~131.

Rhee, Y. 1999. "Confucian culture and excellent public relations: A study of generic principles and specific applications in South Korean public relations practice." Doctoral dissertation, University of Maryland, College Park, MD.

Rhee, Y. 2002. "Global public relations: A cross-cultural study of the excellence theory in South Korea." *Journal of public relations research*, Vol.14, No.3, pp.159~184.

Sallot, L. M., L. J. Lyon, C. Acosta-Alzuru and K. Ogata Jones. 2003. "From aardvark to zebra: A new millennium analysis of theory development in public relations academic journals." *Journal of Public Relations Research*, Vol.15, No.1, pp.27~90.

Sha, B. L. 2004. "Noether's theorem: The science of symmetry and the law of conservation." *Journal of Public Relations Research*, Vol.16, No.4, pp.391~416.

Sha, B. L. 2007. "Dimensions of public relations: Moving beyond traditional public relations models." in C. D. Sandra(ed.). *New media and public relations*, pp.3~26.

087
체계이론
Systems Theory

체계이론관점에서는 조직을 하나의 체계로 보며, PR은 이 체계가 환경에 적응해 생존할 수 있도록 돕는 기능을 수행하는 하부체계로 간주된다. 체계이론의 관점에서는 주로 기업 등의 조직을 커뮤니케이션의 주체로 보고 공중은 메시지의 수용자로서 보는 성향이 강하다. 체계이론 관점은 경영 관점 혹은 기능주의 관점이라고 지칭되기도 하는데, 이는 전략적으로 기획된 커뮤니케이션을 통해 공중을 관리하고 통제하는 것이 가능하다고 전제하고 있기 때문이다. 일부 유럽학자들은 북미 PR 학자들이 모든 것을 체계화하고 관리할 수 있다는 환상에 빠져 있다고 비판해왔다. 체계이론 관점을 채용하고 있는 연구들은 대부분 PR문제를 둘러싼 요소들을 변수화하고 이를 계량적으로 측정하는 뚜렷한 실증주의적 연구성향을 보인다. 체계이론 관점은 PR이론 발달의 초기에 주류로 자리를 잡으면서 많은 비판과 공격의 대상이 되기도 했다. 그러나 이러한 체계이론관점하의 연구들에 대한 재검토와 비판, 개선작업을 통해 가장 많은 개념적 성과가 축적되고 결과적으로 다양한 이론적 개념들이 탄생했다.

메릴랜드 대학의 제임스 그루닉(James Grunig)은 대표적인 체계이론 관점을 가진 PR 학자로 꼽힌다. 그루닉 이전의 시기에 개발된 이론들은 대부분 실무자의 역할 유형화를 시도하거나 실제 사례들을 기술하는 등 개념의 정제나 세련화는 크게 이루어지지 못한 상황이었다. 그루닉은 사회과학조사 방법론을 적극적으로 도입해 PR 관련 변수들을 도출해내고 경제학, 커뮤니케이션학, 심리학 등의 인접분야 이론들을 도입하여 PR현상을 설명하고자 했다. 그는 체계이론적 관점을 토대로 PR의 4모형, 공중분류법(상황이론), 우수이론, 조직-공중 관계성 등에 대한 다양한 이론들을 발표했다.

❏ 연관어: PR 4모형, 우수이론, 상황이론, 조직-공중관계성

더 읽어야 할 문헌

김영욱. 2013. 『PR커뮤니케이션이론의 진화』. 서울. 커뮤니케이션북스.
이유나. 2015. 「전략 커뮤니케이션: PR(공중관계)」. 『커뮤니케이션 과학의 지평』. 나남출판사, 405~444쪽.
Grunig, J. 2000. "Collectivism, collaboration, and societal corporatism as core professional values in public relations." in *Journal of Public Relations Research*, Vol. 12, No. 1, pp. 23~48.
Grunig, J. and T. Hunt. 1984. *Managing Public Relations*. Orlando, FL: Harcourt Brace Jovanovich College Publishers.
Toth, E. 2007. *The future of excellence in public relations and communication management*. New Jersey, Lawrence Erlbaum Associates.

088

비판이론
Critical Theory

PR영역에서 비판이론 관점은 기능주의적인 체계이론에 대한 비판을 하면서 발달한 것으로 볼 수 있다. 조직의 성과를 중심으로 공중을 대상이나 수단으로 여기는 것은 타당하지 못하며, 실제 세계에서는 하위체계, 상부체계 등과 같은 기계적인 질서가 존재하기보다는 무질서와 혼돈이 더 일상적이라는 것이 이 조류에 속한 학자들의 주장이다. 그들은 주로 PR영역 내 권력의 불균형, 기존 PR 체제의 해체와 재구성 등에 관심을 둔다.

이 관점을 대표하는 학자인 로버트 히스(Robert Heath)는 PR이 조직과 그 환경 사이에서 언어, 심상, 이미지 등 겉으로 드러나는 상징적인 요소들과 그로부터 도출되는 의미를 관리하는 역할을 하는 것이라고 규정한다. 히스 외에 스파이서(Christopher Spicer), 토스(Elizabeth Toth) 등이 이 조류에 속하는 대표 학자들이라고 할 수 있다. 특히 히스는 수사학 관점에서 PR 핸드북을 편집하기도 했다. 린다 알두리(Linda Aldoory)와 린다 혼(Linda Hon), 로리 그루닉(Lauri Grunig) 등은 여성실무자와 남성실무자 간의 조직 내 권력 차이와 역할의 차이 등에 대해 여성학 관점에서 다양한 연구를 진행하기도 했다. 레땅

(Jacquie L'Etang)과 피에즈카(Magda Pieczka) 등은 기존 PR연구가 매우 조직 중심적인 사고를 기반으로 하고 있음을 격렬히 비판하며, 보다 공중중심적인 연구를 진행해야 함을 주장했다. 그들은 특히 메릴랜드 학파에서 생산된 대다수의 이론들을 해체하는 작업에 주력했다.

　남아프리카공화국 출신의 학자 홀츠하우젠(Derina Holtzhauzen)은 PR을 이해하는 데 있어 포스트모더니즘을 도입하기도 했다. 그는 커뮤니케이션을 통해 PR실무자가 할 수 있는 것은 합의를 도출해내는 것이 아니라, 공중과 조직이 서로의 차이를 인정하고 불일치를 수용하도록 돕는 것이라고 주장했다. 더 나아가 그는 실무자가 조직 지배적인 권력이나 부조리에 저항하는 행동주의자적인 역할을 해야 한다고 강조했다(Holtzhauzen and Voto, 2002). 비판학적인 접근은 대체로 유럽계 학자들에 의해 주창되어왔다. 비판학 관점하의 연구들은 체계이론 관점에 비해 상대적으로 텍스트 분석을 통한 의미의 해석을 중요시하며 질적인 연구방법의 채택비율이 높은 편이다.

　최근 논의가 활발해지는 담론형성 관점은 일면 비판학의 전통을 이어받은 것으로 볼 수 있다. 담론형성 관점은 체계, 비판학 관점의 상호견제와 통합을 주장하는 성향이 있으며, 특히 PR의 사회적 역할을 찾아내는 것에 관심을 둔다(김영욱, 2013). 담론을 핵심개념으로 도입해 PR현상을 바라보게 되면, 조직과 공중 간의 명확한 구분은 더 이상 의미가 없으며 모두가 담론의 주체로서 소통의 장에 참여하고 상호 소통의 규칙을 준수하면서 의미공유를 하는 데 집중하게 된다는 것이다. 이 관점에서는 담론과 담론적 실천 과정이라는 개념의 적용을 통해, 효과적인 PR이라는 것은 결국 조직 중심으로 전략 커뮤니케이션을 기획하는 대신 다른 커뮤니케이션 주체들과 의미의 공유를 이끌어내는 방안을 도출하고 경쟁하여 사회 전체의 공론장을 확대하고자 노력하는 것이라고 설명한다(김영욱, 2013: 128). 하버마스(Jürgen Habermas)의 의사소통행위 이론, 푸코(Michel Foucault)의 담론이론, 페어클로(Norman Fairclough)의 비판담론분석(Fairclough, 1995) 등이 PR활동을 이해하는 이론적 틀로서 논의된다(김영욱, 2005; 김영욱·박정윤, 2006). 비교적 새롭게 등장한 담론형성의 관점은 기존 PR이론과 실무의 재해석에 유용한 틀을 제공한다는 점에서 의미를 찾을 수 있다.

❑ 연관어: 공중, 체계이론, PR 윤리

더 읽어야 할 문헌

김영욱. 2005. 「PR 커뮤니케이션 이론화와 미디어 중심주의 극복」. ≪커뮤니케이션 이론≫, 1호 1권, 296~331쪽.
김영욱. 2013. 『PR 커뮤니케이션 이론의 진화』. 서울: 커뮤니케이션북스.
김영욱·박정윤. 2006. 「PR 커뮤니케이션 비판이론의 방향성에 관한 논의: 푸코와 하버마스를 중심으로 한 전개」. ≪홍보학 연구≫, 10호 2권, 125~167쪽.
Holtzhausen, D. R., and R. Voto. 2002. "Resistance from the margins: The postmodern public relations practitioner as organizational activist." *Journal of Public Relations Research*, Vol.14, No.1, pp.57~84.
L'Etang, J. and M. Pieczka. 1996. *Critical perspectives in public relations*. London: Thomson Business Press.

089

우수이론
Excellence Theory

　우수이론은 기존에 발표된 중범위 PR이론들을 수렴해 일반이론을 구축하기 위한 시도였다(김영욱, 2003). 우수이론은 PR이 조직의 효과성에 왜, 어떻게 기여할 수 있는가에 대한 답을 찾기 위한 연구프로젝트에서 시작되었다. 간단히 말하자면, 우수이론은 광범위한 관련 문헌연구를 통해 조직의 효과적인 운영에 기여하는 PR 프로그램의 특성, PR부서의 구조적인 특성, 조직을 둘러싼 환경의 특성들에 대한 이론적 전제들을 도출해내고, 이러한 전제들에 대한 실증연구를 진행하여 그 결과를 정리한 것이다(표 10-2). 이러한 우수이론은 PR영역에서 가장 빈번히 연구되고 인용된 바 있다.

　우수이론의 이론적 전제들을 검증하기 위해 그루닉의 연구진은 미국, 캐나다, 영국의 300여 개 이상의 기업 CEO, PR수장, 구성원을 대상으로 한 설문조사 및 심층면접 연구를 실시했다. 이런 과정을 통해 최종적으로 단일우수성지표를 구성하는 차원들에는 PR의 전략적 관리, PR에 대한 의사결정집단(dominant coalition)의 지지, 쌍방향균형 모델의 수행 및 지향, PR부서 수장의 관리자적 역할수행, PR에 대한 지식의 정도 등이 포함되었다. 연구자들은 우

표 10-2 **우수한 PR의 특성**

I. 프로그램 차원
1. PR 프로그램이 전략적으로 관리된다.
II. 부서 차원
2. PR기능이 단일부서이거나 통합되어 있다.
3. 마케팅과 PR은 분리되어 독립적으로 운영되고 있다.
4. 최고 경영진에게 직접보고를 하거나 의사결정집단(dominant coalition)의 지지를 받고 있다.
5. 쌍방균형 모형(two-way symmetrical model)을 이상적 PR로 간주하거나 도입했다.
6. PR부서의 리더가 기술자보다는 관리자 역할을 했다.
7. 우수PR을 수행할 수 있는 잠재력이 높다.
8. 관리자적 역할과 균형적인(symmetrical) PR에 대한 지식이 있다.
9. PR에 대한 전문적인 교육을 받았다(전공자).
10. 전문가의식이 있다.
11. 모든 PR 역할에 남녀차별이 없다.
III. 조직 차원
12. 조직의 PR에 대한 세계관이 쌍방향균형 모델을 반영했다.
13. PR 디렉터가 조직의 의사결정집단에 속해 있거나 의사결정권한을 갖고 있다.
14. 권위적인 조직문화보다는 참여적인 조직문화를 갖고 있다.
15. 사내 커뮤니케이션 체계가 균형적(symmetrical)이다.
16. 기계적이기보다는 유기적인 조직구조를 지녔다.
17. 조직이 불안정하고 복잡한 환경에 처해 있으며 시민단체 등으로부터 압력을 받고 있다.
IV. 우수한 PR의 효과
18. PR프로그램들이 커뮤니케이션 목표를 달성한다.
19. 규제, 압력, 소송 등으로 인한 비용을 절감시킨다.
20. 구성원들의 직업 만족도를 증진시킨다.

자료: Grunig et al.(2002: 9) 표 재인용.

수성에 관련된 특성들이 이론적 전제들이 예측한 것과 유사하게 함께 묶였다고 보고했으며, 우수성 지표하에 내포된 하위차원들의 점수들을 계산하여 우수성의 정도를 비교할 수 있게 했다. 또한 연구진은 이 우수성 지표를 기준으로 상위그룹과 하위그룹에 속한 조직들을 선정해 심층면접을 실시하여 어떻게 그 조직이 우수한 점수를 얻을 수 있었는지에 대해 알아보고, 우수조직과 그렇지 않은 조직을 더 깊이 있게 비교해보았다.

결국 우수한 PR활동은 PR이 조직의 의사결정집단으로부터 가치를 인정받아 의사결정 과정에 관여할 수 있어야 하며, 마케팅 등과 분리되어 독립적으로 운영되고, 쌍방균형적 PR 모형을 사용하며, 평등과 참여를 장려하는 기업 문화나 사회운동(activism), 페미니즘 등 비교적 성숙한 시민단체들로부터의 사회 전반에 걸친 자극과 같은 내외부 환경의 여건이 조성되어 있어야 가능하다. 프로그램 차원에서는 조사연구를 통해 대상공중을 파악하고 커뮤니케이션 목표와 목적 등을 세우며, 활동의 결과를 체계적으로 평가하는 등 임기응변식 PR과 대별되는 전략적인 PR을 실행할 때 우수한 PR이라고 할 수 있다.

부서 차원에서는 PR이 마케팅과 독립적으로 운영되며 모든 PR기능이 한 부서로 통합되고 최고경영진의 직속기관이어야 전략적 PR이 가능하다. 또, 쌍방향균형 모형이나 경영자적인 지식, PR인의 전문성과 적절한 인원구성 등도 부서 차원에서 갖추어져야 할 요건이다. 조직의 차원에서는 보다 참여적인 조직문화와 유기적인 조직구조, 균형적인 내부 커뮤니케이션이 존재할 때, 그리고 조직이 시민단체의 압력 등 복잡하고 불안정적인 환경적 요인에 민감할 때 우수한 PR활동이 가능하다는 것이 우수이론에서 주장하는 바이다. 우수이론은 다양한 국가와 조직들의 PR을 분석하고 이해하는 데 적용된 바 있다.

과거 PR영역의 연구들은 매우 분산적으로 논의되어 이론적 발전이나 진화가 더뎠으나, 통합적인 우수이론의 등장은 PR이론 개발과 확장의 기점을 마련했다. 한편으로는 우수이론의 편재성으로 인해 이론적 다양성이 확보되지 못했다는 평가를 받기도 한다. 또한 일부 학자들은 우수이론이 문헌 리뷰를 통한 전이론 수립의 단계에 그쳤을 뿐이라는 평가를 내리기도 한다.

❏ 연관어: PR 효과, 조직-공중 관계성, 체계이론

더 읽어야 할 문헌

김영욱. 2003. 『PR커뮤니케이션』. 서울: 이화여자대학교출판부.
이유나. 2014. 『글로벌PR』. 서울: 커뮤니케이션북스.
Grunig, J. 2000. "Collectivism, collaboration, and societal corporatism as core professional values in public relations." in *Journal of Public Relations Research*, Vol.12, No.1, pp.23~48.
Grunig, J. E. 1992. *Excellence in public relations and communication management*. Mahwah, NJ: Lawrence Erlbaum Associates.
Grunig, L. A., J. E. Grunig and D. M. Dozier. 2002. *Excellent public relations and effective*

organizations: A study of communication management in three countries. Mahwah, NJ: Lawrence Erlbaum Associates.

Toth, E. 2007. *The future of excellence in public relations and communication management.* New Jersey, Lawrence Erlbaum Associates.

090

상황이론
Situational Theory

공중은 PR영역의 핵심개념이라고 할 수 있다. 발달 초기의 PR은 전통언론 매체를 활용해 진행되는 불특정 다수, 즉 대중을 대상으로 하는 커뮤니케이션 활동인 경우가 많았으나 그루닉은 이러한 접근법이 매우 비효율적이며, 제한된 예산으로 최대의 효과를 누리는 첫걸음은 목표공중의 세분화임을 역설했다. 그루닉과 헌트는 듀이(John Dewey)와 블루머(H. Bloomer)의 이론을 도입하여 공중유형을 비공중(non-public), 잠재공중(latent public), 자각공중(aware public), 활동공중(active public)으로 나누었다(Grunig and Hunt, 1984). 비공중은 유사한 문제/쟁점에 직면해 있지 않으며, 문제가 있다는 것을 인지하지 못하고, 이의 해결을 위해 조직화된 노력을 하지 않는 집단을 의미한다. 잠재공중은 문제에 직면해 있으나 이를 자각하지 못하는 집단을 말하며, 그들이 문제를 인지할 때 자각공중이 된다. 자각공중이 문제해결을 위해 조직화해 무엇인가를 하려고 할 때 이들이 활동공중에 해당된다.

그루닉과 헌트는 더 나아가 각기 다른 공중의 커뮤니케이션 행동을 예측하기 위해 상황이론을 개발했다. 상황이론은 문제인식(problem recognition), 제

표 10-3 **문제인식과 제약인식에 따른 공중 커뮤니케이션 행동분류**

제약인식	문제인식	
	높음	낮음
높음	제약된 행동 (constrained behavior)	숙명적 행동(fatalistic behavior)
낮음	문제직면적 행동 (problem-facing behavior)	일상적 행동(routine behavior)

자료: 그루닉과 핸러핸의 공중분류모델 연구, 차동필(2002: 106)에서 재인용.

약인식(constraint recognition), 관여도(level of involvement)와 같은 독립변인과 종속변인인 정보추구(information seeking)와 정보처리(information processing)로 구성되어 있다(Grunig, 1994). 문제인식은 '어떤 상황에 있어 무엇인가 빠져 있거나 결정이 안 된 상태로 지각하여 하던 일을 멈추고 그 상황에 관해 생각하게 되는 정도'로 정의되며, '개인이 어떤 상황이 문제가 되어 뭔가 조치를 취해야 한다고 지각하는 정도'를 나타낸다. 제약인식은 '개인이 자신의 행동을 계획하고 실행할 자유가 제한된 상황에서 제약을 지각하는 정도'를 뜻하며 '어떤 상황에 대해 조치를 취할 수 있는 능력을 제한하는 장애가 있다고 느끼는 정도'로 해석될 수 있다. 한편, 관여도는 '개인이 상황과 얼마나 연계 (connection)되어 있는지를 지각하는 정도'로서 '개인이 어떤 상황과 관련된 정도'로 간주된다(Grunig, 1978). 문제인식, 제약인식, 관여도의 고저에 따라 공중유형은 8가지로 나뉘게 된다(표 10-3 참조).

종속변인인 커뮤니케이션 특성은 주어진 사안에 대한 정보를 의도적으로 찾는 적극적인 커뮤니케이션 특성인 정보추구와 우연히 접한 정보에 대해서 주의를 기울이는 소극적인 커뮤니케이션 특성인 정보처리로 구분된다(Grunig, 1989). 예를 들어, 문제인식이 높고 제약인식이 낮으며 관여도가 높은 경우가 활동적인 공중이며, 이 유형은 정보추구행동을 할 가능성이 높아진다는 것이다.

상황이론은 다양한 쟁점을 둘러싼 공중들에 대한 실증연구에 적용되고 검

표 10-4 **문제인식, 제약인식, 관여도에 따른 공중분류**

구분	공중유형	
	고관여	저관여
문제직면적 행동 (문제인식↑, 제약인식↓)	활동적	자각적/활동적
제약된 행동 (문제인식↑, 제약인식↑)	자각적/활동적	잠재적/자각적
일상적 행동 (문제인식↓, 제약인식↓)	활동적(보강적)	비공중/잠재적
숙명적 행동 (문제인식↓, 제약인식↑)	잠재적	비공중

자료: 그루닉과 핼러핸의 공중분류모델 연구, 차동필(2002: 108)에서 재인용.

증되어왔으며, 사실상 동적인 공중을 예측해내어 이들에 대해 커뮤니케이션 노력을 투자하는 것이 효율적임을 강조하고 있는 이론이다. 그러나 핼러핸은 상황이론이 지나치게 활동공중에만 관심을 두고 있음을 비난하면서, 현대의 PR실무자가 다루어야 하는 대부분의 공중들은 비활동공중일 경우가 더 많다고 주장했다(Hallahan, 2000). 그는 지식과 관여도를 사용하여 공중을 활동공중, 인지공중, 관심공중, 비활동공중으로 나누어 제안하기도 했다. 상황에 대한 지각에 따라 정보를 어떻게 처리하거나 추구하는지와 같은 공중의 커뮤니케이션 행동을 실증적으로 측정하고 검증할 수 있는 기본적인 토대를 상황이론이 만들었다면, 김정남과 그루닉이 제안(Kim and Grunig, 2007, 2011)한 문제해결상황이론(Communicative Action in Problem Solving: CAPS) 모델은 공중의 커뮤니케이션 행동 차원을 확대하고 정교화시킨 이론적 모델이다.

이들은 상황이론에서 제시했던 기존의 커뮤니케이션 행동이 정보를 습득하는 차원에만 국한되어 있다는 점을 지적하면서, 정보를 습득하는 차원(information taking potential)과 함께 정보를 선별(information selection potential)하고, 제공하는 차원(information giving potential)의 영역도 포괄적으로 다룰 필요가 있다고 주장한 바 있다.

구체적으로 정보선택 차원은 '문제 상황과 관련된 정보를 특정한 준거기준

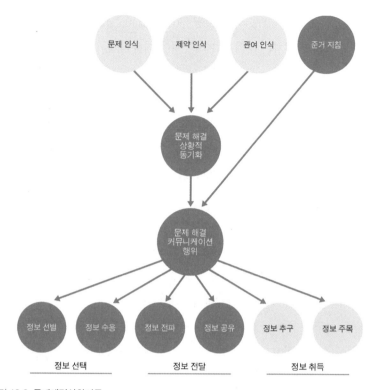

그림 10-2 **문제해결상황이론**

자료: 김정남·박노일·김수진(2014)에서 편집하여 재인용.

에 따라 선별하려는 의도'로 해석될 수 있으며, 정보회피(information fore-fending)와 정보수용(information permitting)으로 구분된다. 정보회피는 주어진 문제상황에서 특정한 정보를 외면하는 경향을 의미하며 이는 적극적인 정보선택 행위로 규정된다. 반면 정보수용은 소극적인 행위로써 주어진 문제를 해결하는 데 관련이 있는 어떠한 정보라도 받아들이는 경향을 뜻한다. 다음으로, 정보습득 차원은 '문제를 해결하기 위해 정보를 수집하는 노력의 정도'로 정의되며, 적극적인 정보추구(information seeking)와 수동적인 정보처리(information processing)로 나뉜다. 마지막으로 정보전달 차원은 '다른 사람들이 문제 상황을 극복할 수 있도록 설명 혹은 교육하려는 노력의 정도'로 정보

전송(information forwarding)과 정보공유(information sharing)가 해당 하위차원들이다. 그리고 전자는 후자보다 적극적인 커뮤니케이션 특성을 지닌다(그림 10-2).

문빛과 이유나(2012)는 공중의 커뮤니케이션 행동을 적극적(능동성)에 따라 구분하는 것 외에도, 그 행동이 긍정적인지(방향성)와 의견이 표면상으로 드러나는지(가시성)를 살펴볼 필요가 있음을 주장했다. 가시성(Visibility)은 발화의 유무를 의미하는 것으로서 '타인에게 조직과 관련된 공적 사안에 대한 자신의 의견을 표출하는지의 여부'이며, 능동성(Activeness)은 '조직과 관련된 공적 사안에 대한 자신의 의견을 타인에게 적극적 혹은 소극적으로 전달하는 정도'로 규정되고, 방향성(Valence)은 '조직과 관련된 공적 사안에 대해 자신의 의견을 긍정적 아니면 부정적으로 전달하는 정도'로 정의되며, 이에 따라 공중 커뮤니케이션 행동의 하위차원들을 세분화했다.

그들은 연구를 통해 긍정적이고 능동적인 '지지행동', 긍정적이고 수동적인 '옹호행동', 부정적이고 능동적인 '공격행동', 부정적이고 수동적인 '비난행동', 비가시적이고 능동적인 '회피행동', 비가시적이고 수동적인 '침묵행동'이 공중의 커뮤니케이션 행동을 설명하는 하위차원으로 구성됨을 보고했다. 특히 소셜미디어 시대에서 즉각적이고 표면적으로 드러나는 외연적 의견이 전체를 반영한다는 가정하에 공중의 의견을 측정하는 오류를 범하기 쉬운 상황에서, 공중의 커뮤니케이션 행동 차원 중 겉으로 의견이 표명되지 않는 침묵행동과 회피행동을 하나의 의사소통 행위로 간주하고 측정도구를 개발했다는 점에서 흥미롭다. 이처럼 PR영역에서는 공중의 커뮤니케이션 행동에 대한 보다 정밀한 연구가 지속되고 있다.

❑ 연관어: 공중, 조직-공중 관계성, 소비자조사

더 읽어야 할 문헌

김정남·박노일·김수진. 2014. 「공중 상황이론의 수정과 진화: 문제해결상황이론을 중심으로」. ≪홍보
　　학연구≫, 18호(1), 330~365쪽.

문빛·이유나. 2012. 「관계경영의 새로운 효과지표」. ≪한국언론학보≫, 56호(2), 167~197쪽.

차동필. 2002. 「쟁점유형별 공중의 문제인식 및 정보추구행동에 미치는 매스미디어 영향에 관한 연구」.
　　≪한국방송학보≫, 16호(3), 458~489쪽.

Grunig, J. E. 1978. "Defining publics in public relations: The case of a suburban hospital."
　　Journalism Quarterly, Vol.55, No.1, pp.109~124.

Grunig, J. E. 1989. "Symmetrical presuppositions as a framework for public relations theory." in C.
　　H. Botan and V. Hazleton, Jr.(eds.). *Public Relations Theory*. Lawrence Erlbaum Associates.

Grunig, J. E. 1994. The situational theory of public: Conceptual history, recent challenges, and new
　　research. Paper presented to the internatonal Public Relations Research Symposium, Bled,
　　Slovenia, July 8~14.

Grunig, J. E., and T. Hunt. 1984. *Managing Public Relations*. New York: Holt, Rinehart & Winston.

Hallahan, P. K. 2000. "Inactive publics: The forgotten publics in public relations." *Public Relations
　　Review*, Vol.26, pp.499~515.

Kim, J. M., and J. E. Grunig. 2007. Explicating and validiting communicant activeness in problem
　　solving. Paper presented to the International Communication Associates, San Francisco.

091

정황적 수용이론
Contingency Theory

캐머런(G. T. Cameron)을 비롯한 일군의 학자들이 개발한 정황적 수용이론의 핵심은, PR이 매우 복잡하고 다양한 변수들의 영향을 받는 유동적인 활동이기 때문에 결코 우수이론이나 PR 4모형과 같은 규격화된 틀 안에 가둘 수 없다는 것이다. 서로 분리된 PR활동유형을 찾기보다는 일련의 축을 중심으로 연속선상에서 움직이는 활동으로 PR을 이해하는 것이 타당하다는 것이다. 캐머런은 동료연구자들과 함께 PR을 절대 순응(pure accommodation)과 절대 옹호(pure advocacy)라는 두 축을 중심으로 일어나는 활동으로 규정한다. 즉, 조직은 어떤 사안이나 쟁점에 대한 순응 혹은 옹호의 입장(stance)을 가지며, 이러한 입장을 다루는 것이 PR의 업무라는 것이다. 그들에 따르면 옹호행위는 전통적으로 PR실무자들이 담당해온 역할이었다. 옹호는 마치 변호사처럼 타인의 이익이나 입장을 지지해주는 행위로 규정될 수 있으며, PR실무자는 조직의 옹호자 역할을 수행한다는 것이다. 순응은 상대방의 입장을 고려해 서로의 입장을 수용하거나 조율하는 것을 말하며, 이러한 과정을 통해 신뢰할 수 있는 관계를 형성할 수 있다. 순응이 PR에서 순응행위 또한 옹호만큼이나 편재하는 활동이라는 것이다.

정황적 수용이론에서는 조직이 외부공중을 대할 때 다양한 선행, 중재, 조절변인들이 영향을 끼치게 되며, 주어진 상황에 따라 영향변인들의 조합은 달라질 수밖에 없다고 설명한다. 캐머런은 우수이론이 조직과 공중 간의 관계 설정에 이러한 변인들이 구체적으로 어떤 영향력을 미치는가에 대한 설명을 충분히 제시하고 있지 못하다고 비판했다. 이에 캐머런과 동료들은 기존 PR 연구 결과들을 광범위하게 검토해 87개의 상황변수를 제시한 바 있다(Cancel et al., 1997, 1999).

정황적 수용이론의 상황변수들은 크게는 조직 내부적인 변수들과 조직 외부적인 변수들로 나눌 수 있다. 조직 내 변수란 조직이 PR과 관련된 의사결정을 내리기 이전부터 이미 형성되어 있는 조직문화, 경영스타일 등의 요소를 말한다. 조직 외부변수란 조직이 통제하기 어려운 외부환경에 존재하는 것으로 정부의 규제, 업계의 현황 등을 말한다. 연구 초기에는 이러한 변인들이 주로 PR실무자들에 대한 심층면접 방법을 통해 도출되었으나, 점차 정량적 연구방법을 통해 정련되었다. 캐머런 등은 조직에 내재되어 있는 요인들 중 PR 활동에 영향을 주는 것으로 기업의 비즈니스 노출도, PR실무자의 최고경영진 접근성, 경영진의 의사결정력, PR에 대한 인식수준, 내부적 위협(경제적 손실 등), 기업의 규모, 조직 내 주요 인사들의 개인적 특징, 조직-공중 간 관계의 특성 등을 들었다. 또한 각각의 변인들 아래에 관련된 세부요인들을 열거했다. 조직 외적변인은 크게 위협(소송, 정부규제 등), 산업환경, 일반적인 정치-사회-문화적 환경, 외부공중의 특성 등으로 제안되었다.

캐머런과 동료들은 조사연구를 통해 변인들에 대한 반복적 연구를 진행했고, 레버(B. Reber)와 캐머런은 다시 87개의 변인들을 외부적 위협, 외부 공중의 특징, 조직의 특징, PR부서의 특징, 최고경영진의 특징 등으로 묶을 수 있다고 했다(Reber and Cameron, 2003). 황성욱(2014)은 그림 10-3과 같이 87개의 정황 독립변인들을 10개의 그룹으로 분류했다. 그 외에도 다양한 연구들을

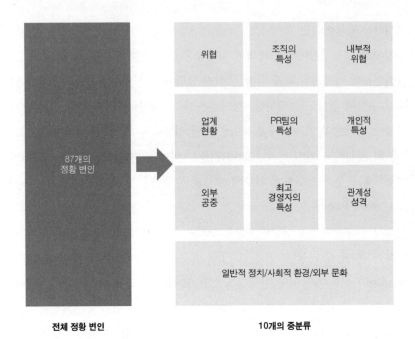

위협	조직의 특성	내부적 위협
업계 현황	PR팀의 특성	개인적 특성
외부 공중	최고 경영자의 특성	관계성 성격

일반적 정치/사회적 환경/외부 문화

87개의 정황 변인

전체 정황 변인   **10개의 중분류**

그림 10-3 **정황적 수용이론의 정황변인**
자료: 황성욱(2014: 392)에서 재구성.

통해 변수들을 정리하고 그 영향력에 대한 평가를 진행해오고 있다. 그러나 조직의 유형이나 관련 공중, 주어진 환경에 따라 조금씩 다른 결과들이 도출되는바, 일반화된 영향변인들이 제시되고 있지는 않다. 하지만 황성욱(2009)은 연구들이 공통적으로 최고경영진의 특징, 위협의 정도, 상대공중의 특성, PR 부서의 힘과 역할 등을 가장 영향력 있는 변인들로 보고했다고 결론짓고 있다. 또한 각각의 요인들에 대한 구체적인 측정척도 개발이 지속적으로 이루어지고 있다.

☐ 연관어: 우수이론, PR 효과

더 읽어야 할 문헌

황성욱. 2009. 「정부의 대북관계에 대한 공중의 인식과 태도: 카메론의 Contingency 이론을 중심으로」. ≪한국언론학보≫, 53호(4), 228~251쪽.

황성욱. 2014. 「정황적 수용이론: 과거, 현재, 그리고 미래에 대한 전망」. ≪홍보학연구≫, 18호(1), 367~402쪽.

Cancel, A. E., G. T. Cameron, L. M. Sallot and M. A. Mitrook. 1997. "It depends: A contingency theory of accommodation in public relations." *Journal of Public Relations Research*, Vol. 9, No. 1, pp. 31~63.

Cancel, A. E., M. A. Mitrook and G. T Cameron. 1999. Testing the contingency theory of accommodation in public relations. *Public Relations Review*, 23(2), pp. 171~197.

Reber, B., and G. T. Cameron. 2003. "Measuring contingencies: Using scales to measure public relations practitioner limits to accommodation." *Journalism and Mass Communication Quarterly*, Vol. 80, No. 2, pp. 431~446.

092

상황적 위기커뮤니케이션 이론
Situational Crisis Communication Theory (SSCT)

PR 분야에서 위기커뮤니케이션에 대한 논의는 주로 이미지 회복전략(image restoration strategies)이나 사과이론(theory of apologia)에 기반을 두고 있다. 조직이 위기 상황에서 어떠한 커뮤니케이션 전략을 사용하는지, 분석 및 해석하는 수사학적인 접근방법에서부터 귀인이론(attribution theory)을 바탕으로 위기 유형에 따라 어떠한 커뮤니케이션 전략이 보다 적합한지를 모색하는 효과 중심의 연구에 이르기까지 다양한 연구가 진행되어왔다(Pauchant & Mitroff, 1992; Coombs & Holladay, 1996; Benoit, 1997; Coombs, 1999). 국내에서도 개인이나 기업이 위기 상황에서 어떠한 대응 전략을 활용하게 되며 특정한 위기 상황에서 효과적인 커뮤니케이션 전략은 무엇인지 모색하는 연구가 꾸준히 이루어지고 있다(김영욱·박소훈·차희원, 2004; 김영욱, 2006; 백진숙, 2006; 윤영민, 2007; 이상경·이명천, 2007).

이현우 등(2014)에 따르면 초기 위기관리 연구가 기술적 사례연구 수준에서 벗어나 크게 발전할 수 있었던 것은 쿰즈(Coombs, 1995)에 의해 제안된 상황적 위기커뮤니케이션 이론(Situational Crisis Communication Theory, 이하 SCCT)

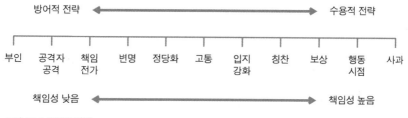

방어적 전략 ←————————————————————→ 수용적 전략

부인　공격자　책임　변명　정당화　고통　입지　칭찬　보상　행동　사과
　　　공격　전가　　　　　　　　　　강화　　　　　　시점

책임성 낮음 ←————————————————————→ 책임성 높음

그림 10-4 **SCCT 전략**
자료: 이현우·최윤형(2014)에서 재인용.

의 등장 때문이었다. 쿰즈는 귀인이론에 근거해 기업의 책임성 정도에 따라 위기를 유형화하고, 각 위기에 따라 적합한 위기 커뮤니케이션을 체계화했다. 그에 따르면 위기는 책임성에 따라 자연재해(natural disasters), 훼손(tampering), 사고(accidents), 위반(transgression)으로 구분된다. 또한 위기커뮤니케이션은 부인하기(denial), 축소하기(diminish), 정정하기(repair)로 나누어진다(Coombs and Holladay, 2004). '부인하기'는 공격자를 공격하고(attack), 책임을 전가(shifting blame)하는 방어적인 커뮤니케이션이다. '축소하기'는 변명(excuse)을 하거나 피해를 최소화(minimizing)하는 전략이다. 마지막으로 '정정하기'는 공중의 피해를 보상(compensation)하며 재발 방지를 약속하고(corrective action) 모든 책임을 지며 용서(apology)를 구하는 수용적인 커뮤니케이션이 주로 포함된다. 이를 통해 그는 위기의 책임성 정도가 높고 낮음에 따라 커뮤니케이션 전략이 다르게 구현되어야 한다고 주장했다(그림 10-4). 즉, 책임성이 높을수록 사과 혹은 수정행위와 같은 수용적인 전략이, 책임성이 낮을수록 공격자 공격, 부인과 같은 방어적인 전략이 사용되어야 한다는 것이다(Coombs, 1999). 이러한 SCCT는 위기PR연구에서 가장 많이 인용되고 적용된 것으로 알려져 있다(An & Cheng, 2010).

　국내 PR연구에서도 SCCT를 도입한 연구는 매우 활발하여 위기 대응전략의 효과를 다루는 연구, 위기인지 영향 요인에 관한 연구, 수용자 입장에서 본 위기에 관한 연구, 뉴미디어의 기능에 대한 연구 등이 진행된 바 있다. 그러나 이현우 등(2014)은 현재 한국의 문화적 특성이나 영향력을 반영한 SCCT 연구는 매우 부족한 실정이며 이에 대한 관심이 필요하다고 지적했다.

❏ 연관어: 갈등관리, 위기관리, 명성관리

더 읽어야 할 문헌

김영욱. 2006. 「우리나라 조직의 사과 수사학: 신문에 난 사과광고문의 내용과 수용 여부 분석」. ≪광고학연구≫, 17호(1), 179~207쪽.

김영욱·박소훈·차희원. 2004. 「한국인의 집단주의 성향과 귀인 성향, 그리고 위기 커뮤니케이션 수용 간의 관련성」. ≪한국언론학보≫, 48호(4), 271~298쪽.

백진숙. 2006. 「사과 광고의 메시지 유형에 따른 공중의 반응 연구」. ≪한국광고홍보학보≫, 8호(2), 184~229쪽.

윤영민. 2007. 「수용자의 관점에서 본 위기 커뮤니케이션 전략」. ≪한국언론학보≫, 51권 6호, 424~442쪽.

이상경·이명천. 2007. 「기업의 제품 관련 위기 유형과 대응 전략별 효과에 관한 연구」. ≪한국광고홍보학보≫, 9호(3), 186~218쪽.

이현우·최윤형. 2014. 「위기관리에서 상황적 위기 커뮤니케이션 이론의 전개과정과 향후 연구를 위한 제언」. ≪홍보학연구≫, 18호(1), 444~467쪽.

An, S. K., and I. H. Cheng. 2010. "Crisis Communication Research in Public Relations Journals: Tracking Research Trends over Thirty Years." in W. T. Coombs and S. J. Holladay, *The handbook of crisis communication*, pp.65~90.

Benoit, W. L. 1997. "Image repair discourse and crisis communication." *Public Relations Reviews*, Vol.23, No.2, pp.177~186.

Coombs, W. T. 1995. "Choosing the right words: The development of guidelines for the selection of the 'appropriate' crisis-response strategies." *Management communication quarterly*, Vol.8, No.4, pp.447~476.

Coombs, W. T. 1999. *On-going crisis communication: Planning, managing, and responding.* Thousand Oaks, CA: Sage

Coombs, W. T., and S. J. Holladay. 2004. "Reasoned action in crisis communication: Attribution theory-based approach to crisis management." in D. P. Miller and R. L. Heath(eds.). *Responding to crisis: A rhetorical approach to crisis communication.* Mahwah, NJ: Lawrence Erlbaum Associates.

Coombs, W. T., and S. J. Holladay. 1996. "Communication and attributions in a crisis: An experimental study in crisis communication." *Journal of public relations research*, Vol.8, No.4, pp.279~295.

Pauchant, T. C., and I. I. Mitroff. 1992. *Transforming the crisis-prone organization: Preventing individual, organizational, and environmental tragedies.* Jossey-Bass.

093

조직-공중 관계성
Organization-Public Relationships

퍼거슨(M. A. Ferguson)이 미국 플로리다에서 열린 언론 및 대중매체 교육 연합(AEJMC: Association for Education in Journalism and Mass Communication) 학회에서 관계성을 PR에서 집중적으로 조명해야만 하는 핵심개념으로 제안한 이래(Ferguson, 1984), 조직-공중 관계성에 대한 논의는 지속적으로 이어져 왔다. 사실, 전통적으로 단순한 언론대행 활동으로 이해되어온 PR에 대한 패러다임의 변화를 촉발시킨 개념이 바로 조직-공중 관계성이라고 해도 과언이 아니다. 관계성 개념을 중심으로 볼 때, PR은 커뮤니케이션 메시지를 통한 공중 여론의 조작 또는 설득의 기능을 넘어 "상징적 메시지 및 조직의 행동 관리를 통해 상호 우호적인 관계를 촉발, 형성, 유지시키는 기능"(Ledingham and Bruning, 1998: 87)으로 재정의되기 때문이다.

브룸(G. M. Broom)과 그의 동료들은 대인 커뮤니케이션, 심리치료학, 체계 이론 등을 바탕으로 조직-공중 간 관계(Organization-public relationship)를 "관계성은 조직과 공중 간의 상호작용, 교환, 연결 등의 패턴을 지칭한다"라고 정의했다(Broom, Casey and Ritchey, 2000: 18). 레딩햄과 브루닝은 조직-공중 간

관계성을 "조직과 그 핵심 공중 상호간에 경제적, 사회적, 정치적, 그리고 문화적 이득을 제공하고, 상호 우호감이 존재하는 상태"라고 정의했다(Ledingham and Bruning, 1998: 62). 혼(L. Hon)과 그루닉은 조직-공중 간 관계성이란 조직의 의사결정이나 행동의 결과로부터 영향을 받거나 공중의 행동으로부터 조직이 영향을 받게 될 때 발생하는 것이라고 설명했다(Hon and Grunig, 1999). 많은 학자들은 조직-공중관계의 측정도구 개발에 많은 노력을 기울여 왔다. 브룸 등은 관계 선행요인, 관계 개념, 관계의 결과의 세 단계별로 나누어 조직-공중 간 관계성에 대해 생각해볼 수 있다고 했다(Broom et al., 2000). 그루닉과 후앙(Y. H. Huang)은 이 3단계 모형을 발전시켜 관계선행요인, 관계배양전략, 관계의 결과(품질)로 나누어 조직-공중 간 관계성을 연구할 것을 제안했다(Grunig & Huang, 2000).

관계 선행요인은 관계가 왜, 언제 발생하는가를 설명하는 요소들로, 사회교환 이론에 따르면 관계란 쌍방이 상호 이해관계나 보상이 있다고 판단되어 자발적으로 자원 등을 교환하기 위해 형성된다. PR 학자들은 이를 적용해, 조직과 공중 사이에도 어떤 자원의 교환을 위해 관계가 형성되는 것이라고 설명한다. 그러나 조직과 공중 사이의 관계가 꼭 유형적인 무엇인가를 교환하기 위해서만 형성되지는 않으며, 무형적인 가치를 교환하거나 또는 베풂의 차원에서 관계가 형성될 수도 있다. 조직과 공중 간의 관계가 결국 서로의 행동의 결과로 인해 어떤 영향을 받게 될 때 발생하는 것이라고 정의했을 때, 관계 선행요인을 사회교환이론(Social Exchange Theory)적 관점에서만 이해하는 것보다는 상황적인 변인들을 고려해야 한다는 것이다.

그루닉과 후앙은 이러한 상황적인 선행요인의 발견을 위해 PR실무자들이 환경 스캐닝을 실행할 것을 역설했다. 그루닉 등은 조직-공중 관계관리를 위한 커뮤니케이션 전략을 구체적으로 제안했다(Grunig and Huang, 2000; Hon and Grunig, 1999). 관계배양전략(relationship cultivation strategies)이 그것으로, 그루닉은 이를 "PR실무자들이 공중들과 새로운 관계를 형성하려 하거나 모든 관계에서 발생할 수 있는 갈등이나 스트레스를 다루기 위해 사용하는 커뮤니케이션 방법"(Hon and Grunig, 1999)이라고 정의했다. 실무적인 차원에서 보면, 관계배양전략이란 결국 PR 담당자가 중요 공중들과 우호적인 관계를 형성하기 위해 신문, TV, 라디오 등의 대중매체나 공청회, 간담회, 이벤트 등의 대인적 매체를 사용하여 핵심 메시지를 전달하고 공중의 의견을 수렴하는 것을 지칭한다.

관계성의 3단계 중 가장 빈번하게 연구주제가 된 것은 관계의 결과(품질)(Relationship outcome)이다. 레딩햄(J. A. Ledingham)과 브루닝(S. D. Bruning)은 신뢰, 개방성, 관여, 투자, 헌신이 조직-공중 간 관계의 질을 구성하는 차원들이라고 주장했다(Ledingham and Bruning, 1998). 그루닉과 후앙은 신뢰, 상호주도권, 헌신, 만족의 네 가지 조직-공중 간 관계성 차원을 제시했다. 신뢰는 상대방에 대한 확신의 정도와 자신을 상대에게 개방하고자 하는 의지의 정도를 나타내는 차원이며, 상호주도권은 서로 누가 더 관계에서 주도권을 지니는가에 대한 합의를 나타내는 차원이고, 헌신은 서로 관계를 유지하기 위해 드는 노력이나 에너지를 투자할 가치를 느끼는 정도를 나타내며, 만족은 서로 관계에 대한 긍정적인 기대가 재확인되어 느끼게 되는 호감의 정도를 나타내는 것이라고 설명했다(Grunig and Huang, 2000). 그리고 조직-공중 간 관계관리의 성공 여부는 결국 조직과 공중이 서로 신뢰하는 정도, 상호주도권에 대한 합의의 정도, 헌신, 만족의 정도에 따라 판단할 수 있다고 했다.

학자들은 실증연구를 통해 서로 다른 유형의 조직-공중 간 관계성을 발견하기도 했다. 그루닉 등은 조직-공중 간 관계성에는 공공적(communal) 관계와 교환적(exchange) 관계의 두 가지 유형이 있다고 설명했다(Grunig, Grunig and Dozier, 2002). 공공적 관계는 별다른 전제조건 없이 서로의 이익을 최대한 고려하는 관계를 의미하며, 교환적 관계는 서로 이득이 될 만한 것을 제공한다는 전제하에서만 상대방의 이득을 고려하는 관계를 뜻한다. 그루닉은 한 조직이 사회적 책임성(social responsibility)을 이행하고 사회와 공중에게 이득을 주려고 의도할 때 공공적인 관계의 형성이 가능하다고 말하면서, PR 프로그램은 궁극적으로 교환적 관계보다는 이러한 공공적 관계를 추구해야 한다고 주장했다.

최근에 들어, 단순 반복 연구보다는 관계성 개념과 척도에 대한 다각적인 검토가 이루어지고 있다. 그러나 기존 연구들이 맥락을 불문하고 조직-공중 관계성의 긍정적인 측면만을 다루어왔기 때문에 공중과의 관계 악화나 쇠퇴를 진단하는 데 한계가 있다는 지적이 있어왔다. 이에 PR 학자들은 관계성의 부정적인 측면에 대한 탐색을 시도했으며, 척도개발 연구를 통해 관계성이 부정적 특성을 반영한 불만, 불신, 지배통제, 관계해지와 긍정적 특성인 만족, 신뢰, 상호통제, 헌신으로 이루어졌음을 밝혀내기도 했다(문빛·이유나, 2012). 현재 조직-공중 관계성은 PR영역에서 가장 활발하게 연구가 이루어지고 있는 이론체계라고 할 수 있다. 대다수의 PR 학자들은 관계경영의 개념이 PR의 정체성을 매우 적절하게 설명했다고 보고 있으며, 향후에도 PR이론이 관계경영이론을 중심으로 발전해나갈 것으로 보고 있다.

☐ 연관어: 공중, PR 효과, 소비자조사

더 읽어야 할 문헌

문빛·이유나. 2011. 「조직-공중 관계의 양면성: 부정적 관계특성의 탐색과 측정」. ≪한국언론학보≫, 55호(5), 416~448쪽.

Broom, G. M., S. Casey and J. Ritchey. 2000. "Concept and theory of organization-public relationships." in J. A. Ledingham and S. D. Bruning(eds.). *Public relations as relationship management: A relational approach to the study and practice of public relations.* Mahwah, NJ: Lawrence Erlbaum Associates.

Ferguson, M. A. 1984. "Building theory in public relations: Interoganizational relationships." Paper resented at the Association for Education in Journalism and Mass Communication, Gainesville, FL.

Grunig, J. E., and Y. H. Huang. 2000. "From organizational effectiveness to relationship indicators: Antecedents of relationships, public relations strategies, and relationship outcomes." in J. A.

Ledingham and S. D. Bruning(eds.). *Public relations as relationship management: A relational approach to the study and practice of public relations.* Mahwah, NJ: Lawrence Erlbaum Associates.

Grunig, L. A., J. E. Grunig and D. M. Dozier. 2002. *Excellent public relations and effective organizations: A study of communication management in three countries.* Mahwah, NJ: Lawrence Erlbaum Associates.

Hon, L., and J. E. Grunig. 1999. "Guidelines for Measuring Relationships in Public Relations." Institute for Public Relations.

Ledingham, J. A., and S. D. Bruning. 1998. "Relationship management in public relations: Dimensions of an organization-public relationship." *Public Relations Review,* Vol.24, pp.55~65.

094

위기관리
Crisis Management

위기관리는 실무적으로나 학문적으로 PR의 가장 뜨거운 주제이다. 위기관리는 PR 직업의 대표적인 직무가 되었으며, 학술 논문도 가장 많이 생산되는 영역 중 하나이다. 여기에는 두 가지 이유가 있다. 하나는 위기로부터 자유로울 수 있는 조직이 없기 때문이다. 기업이나 정부 등 현대의 모든 조직은 자신의 지속가능성을 위해서 위기에 대한 대처를 염두에 두지 않을 수 없다. 다른 하나는 위기가 조직경영에 미치는 심각성 때문이다. 위기가 찾아오면 이 위기를 이겨내느냐 아니냐는 조직의 생존과 직결되기 때문에 위기관리는 조직경영의 핵심 의제이다.

위기관리란 나비효과를 관리하는 일이다. 나비효과(butterfly effect)란 나비의 작은 날갯짓이 날씨 변화를 일으키는 것처럼 미세한 변화나 작은 사건이 추후 예상하지 못한 엄청난 결과로 이어지는 것을 말한다(Bradbury, 1952). 우리 속담에 있는 '호미로 막을 것을 가래로 막는다'는 의미와 유사하다. 즉, 일을 미리 처리하지 않다가 나중에 큰 힘을 들이게 된다는 것이다. 이처럼 위기관리는 기업이나 정부 등 조직이 직면할 수 있거나 직면한 위기 상황을 예방·

진화하는 커뮤니케이션 활동이다.

위기(crisis)는 기업이나 정부 등 조직이 일상적 업무수행을 할 수 없는 상황을 말하며, 동시에 조직이 맺고 있는 공중 또는 이해관계자와의 관계가 악화되는 상황이다. 이 과정에서 조직의 신뢰나 이미지 등 평판이 부정적으로 변하는 상황을 수반하게 된다.

위기는 대부분 이슈(쟁점)에서 비롯된다. 이슈란 결정을 기다리는 해결되지 않는 사안을 말한다. 또한 조직과 공중의 갈등의 순간을 의미한다. 위기의 씨앗이 이슈인 셈이다.

그런데 이슈는 살아 움직이는 것처럼 수명주기, 즉 라이프사이클(life cycle)을 갖고 있다. 태어나서 성장하고 왕성하게 활동하다가 노후를 맞아 늙어서 죽는 사람의 일생처럼 이슈의 전개과정은 마치 사람의 수명주기와 유사한 것이다.

이슈수명주기(issue life cycle)를 이해하는 것은 위기관리의 핵심이다. 이슈수명주기는 발단 단계 → 조정과 확장 단계 → 조직화 단계 → 해결 단계로 이루어져 있다.

발단 단계는 이슈가 만들어지는 단계이다. 이슈는 사람과 관련된 것일 수도 있고 기술 시스템과 관련된 것일 수도 있다. 또한 조직 내부에서 발생된 것일 수도 있고, 아니면 조직 외부에서 발생한 것일 수도 있다. 혹은 빈번하게 발생하지만 강도가 낮은 이슈가 있는 반면에 매우 드물게 발생하지만 강도가 높은 이슈가 있을 수 있다. 이슈의 성격이나 특성을 어떻게 분석하느냐는 향후 이슈 대응을 포함한 위기관리 전반에 중요한 영향을 미친다는 의미에서 위기관리자 입장에서는 중요하게 취급된다.

조정과 확장 단계는 이슈를 중심으로 세력이 확장되는 이슈 세력화 시기이다. 이슈를 중심으로 찬성과 반대로 진영이 형성되고, 양 진영이 대립하고 갈등 구도를 형성하게 된다. 이슈를 전파하려는 쪽에서는 각종 데이터와 정당성의 근거를 제시하고, 이를 반대하는 쪽에서는 다양한 방어 논리를 동원하는 것이 특징이다.

조직화 단계는 이슈 최고조기이다. 조직의 평판이나 이미지가 본격적으로 추락하고, 이해관계자와의 관계가 부정적으로 형성되며, 정상적인 업무 수행이 용이하지 않은 단계이다. 산불에 비유하면 산에 불씨가 떨어져 불길이 번지면서 본격적으로 산림을 태우는 형국이다. 이때 산림과 인명 등 피해를 최소화하면서 어떻게 산불을 빨리 진화하느냐가 급선무인 것처럼 이 단계에서는 조직의 유무형 자산 피해를 최소화하면서 조직을 지키는 것이 가장 중요한 임무가 된다.

해결 단계는 이슈가 동력을 잃고 소멸하는 시기이다. 이 단계에서는 위기로 인해 손상된 평판이나 이미지 회복과 재발 방지에 주력한다. 아울러 위기 극복에 기여한 내부 직원이나 외부 관계자들에 대한 감사 커뮤니케이션이 필요하다.

발단 단계 → 조정과 확장 단계 → 조직화 단계 → 해결 단계로 전개되는 전 과정을 위기관리라고 한다. 또한 협의의 개념으로 발단 단계와 조정과 확장 단계의 두 단계를 이슈관리, 그리고 조직화 단계와 해결 단계의 두 단계를 위기관리라고 하는 경우도 있다. 앞의 두 단계가 상대적으로 조직이 이슈에 영향을 미치기 쉬운 상황이라고 한다면, 뒤의 두 단계는 조직이 이슈에 영향을 미치기 어려운 상황이라고 할 수 있다.

위기관리의 주요 영역은 시스템(System), 수사(Rhetoric), 접촉(Contact), 철학(Philosophy)이며 SRCP로 요약할 수 있다. 시스템은 위기 징후 포착과 처리 시스템을 말한다. 조직의 위기를 가져올 수 있는 징후, 즉 이슈를 탐지하고 처리할 수 있는 시스템을 구비하고 조직 구성원들을 훈련하는 것이 첫 번째 위기관리 업무이다. 두 번째는 수사, 즉 메시지 설계 능력을 갖추는 것이다. 베노이트(W. L. Benoit)의 위기 상황(Bennoit, 1997)에서 이미지 회복을 위한 메시지 등을 포함한 상황별, 타깃별 메시지의 창출은 위기상황의 전개에 필수적 요소이다. 시스템과 수사가 잘 구비되었다 하더라도 위기상황에서는 조직 구성원의 공중 접촉 과정에 주의할 필요가 있다. 말 한마디, 행동 하나가 걷잡을 수 없는 위기상황을 촉발시킬 수 있기 때문이다. 마지막으로 위기관리는 경영 철학과 관련되어 있다. 위기에 대한 평상시 대비와 훈련을 비롯한 위기관리 전 과정은 조직 최고책임자의 경영 철학이 없으면 한 발짝도 실행될 수 없다.

위기관리의 방법과 활용 매체는 시대에 따라 달라질 수 있지만 변하지 않는 원칙이 있다면 그것은 신속과 진실이다. 신속하고 진실되게 대응하는 것이 최고의 위기관리라고 할 수 있다. 특히 진정성이 강조되는 디지털 커뮤니케이션 시대에는 더욱 그렇다.

❏ 연관어: 나비효과, 이슈라이프사이클, SRCP

더 읽어야 할 문헌

김찬석. 2005. 「노사분규 시 구사된 이미지회복 전략에 대한 수사학적 분석: 한미은행 파업을 중심으로」. ≪커뮤니케이션학연구≫, 13권(3호), 33~53쪽.

문빛·김찬석·이철한. 2013. 「전략적 쟁점관리를 위한 정책 쟁점의 역동성: 정책 쟁점별 매체 및 프레이밍 변화과정에 관한 연구」. ≪한국언론학보≫, 57권(6호), 121~148쪽.

Benoit, W. L. 1997. "Image restoration discourse and crisis communication." *Public Relations Review*, Vol. 23, pp. 177~186.

Bradbury, R. D. June 28, 1952. "A sound of thunder." *Collier's*.

095

갈등관리
Conflict Management

갈등관리는 PR의 주제만은 아니다. 또한 그것은 커뮤니케이션 차원만의 일도 아니다. 그럼에도 불구하고 갈등관리는 PR학의 가장 중요한 주제이자 PR학의 학문적 기여도를 판가름할 수 있는 주제 중 하나이다. 여기에는 두 가지 이유가 있다.

첫째, PR과 같은 설득커뮤니케이션은 갈등관리의 제3의 자산이기 때문이다. 경제적 요인이 갈등관리 제1자산이고, 정치적 요인이 제2자산이라고 한다면, PR 커뮤니케이션은 갈등관리의 제3의 자산이다. 갈등의 규모와 양상은 갈등 자체의 내재적 속성에 따라 비롯된다. 동시에 갈등의 전개과정은 갈등을 바라보는 사람들의 인식과 갈등을 둘러싼 이해당사자 간의 커뮤니케이션 내용이나 방식에 크게 영향을 받는다. 따라서 갈등 현상은 갈등 그 자체의 크기라기보다는 갈등을 바라보는 사람들의 인식의 크기라는 점에서 갈등 현상에 대한 사회구성원의 인식을 주로 다루는 PR 커뮤니케이션이 갈등관리의 핵심인 것이다.

둘째, 하나의 과정으로서 갈등의 전개과정은 쟁점(issue)의 수명주기와 동일한 맥락을 가지고 있기 때문이다(김찬석, 2011; Pondy, 1967). 쟁점의 수명주기를 중심으로 한 쟁점관리(issue management)는 PR학이나 PR실무의 주요 의제이다. 쟁점의 출현 → 성장 → 고도화 → 휴지 및 사멸이라는 쟁점 수명주기는 대부분의 갈등 전개과정과 일치한다. 쟁점관리에서 다루는 쟁점의 속성분석, 쟁점의 단계별 양상에 따른 처방, 쟁점 진화를 위한 이해관계자별 솔루션 마련, 그리고 회복 및 보상 방안 도출 등은 갈등을 관리하는 데 매우 유용하다.

갈등관리는 갈등을 바라보는 시각에 따라서 달라진다. 갈등을 파괴적인 것으로 보는 전통적 관점에서는 갈등을 없애는 것을 갈등관리라고 정의한다. 1940년대 중반까지 지속된 관점이다. 1950년대에 부각된 행태주의적 관점에서 갈등은 조직이나 사회의 생래적 현상이기 때문에 갈등을 수용하는 것이 강조되었다. 하지만 처방은 여전히 전통적 관점에 머물러 있었다. 갈등을 제거하는 것을 갈등관리로 정의한 것이다. 갈등에 긍정적인 면도 있다고 갈등을 양면적으로 인식하는 것이 상호작용주의적 관점이다. 여기서 갈등관리란 부정적 갈등관리를 해소하는 것과 긍정적 갈등을 적정 수준으로 유지하는 것이다.

갈등관리와 비슷한 개념으로 갈등해소(conflict resolution)가 있는데, 의미의 차이가 있다. 갈등해소는 갈등의 부정적 측면을 없애나가는 것을 말한다. 상호작용주의적 관점에서 바라보는 갈등의 양면성 중 갈등의 부정적 측면인 집단 간 불화나 대립 등으로 인해 조정이 어려워져서 사회적 비용이 증가하는 것을 최소화해나가는 것을 갈등해소라고 한다. 이에 비하여 갈등관리는 갈등의 순기능성을 활용하는 것이다. 예를 들면, 갈등을 통해 사회구성원들의 창의적이거나 목표지향적인 성향이 향상되는 것이라든지 변화하는 환경에 대한 집단적 대응 능력이 강화되는 것이 갈등의 순기능성이다. 따라서 갈등관리가 갈등의 순기능성을 강조하는 것이라면, 갈등해소는 갈등의 역기능성에 초점을 맞추는 것이다.

갈등관리 중에서 큰 비중을 차지하는 것이 공공갈등관리이다. 공공갈등이란 공공정책과 같이 사회구성원들에게 광범위하게 영향을 미치는 쟁점을 둘러싼 갈등이다. 정부, 지자체 또는 정부투자기관 등이 갈등의 당사자가 되어 국민들과 관계에서 갈등이 불거지는 경우가 많다. 공공정책을 수행하는 정부와 국민 간에 또는 공공정책을 둘러싼 국민 상호 간에 생기는 갈등이 공공갈등이다. 그래서 상호작용주의적 관점에서는 공공갈등관리를 사회나 국가 간 갈등을 효과적으로 조율하고 소모적인 분쟁상황이 재발하지 않도록 통제하고 관리하는 접근방식으로 정의하고 있다(구도환 외, 2005).

공공갈등관리에는 전통적 방법, 대체적 방법, 경제적 방법, 그리고 민주적 방법 등이 있다(하혜영, 2007). 전통적 방법은 정부의 우월적 힘이나 사법적 판결로 갈등을 관리하는 방안이다. 대체적 방법은 말 그대로 전통적 공공갈등관리 수단인 정부의 힘이나 사법판결 등을 대체할 방안을 활용한다는 것이다. 협상, 조정, 중재가 대표적으로 활용된다. 경제적 방법은 공공갈등 당사자에게 인센티브나 보상금을 지급하는 방식이다. 경제적 방법을 사용하는 것은 공공갈등이 비용과 편익의 불공평성이나 보상체계의 불만에서 비롯되었다고 보기 때문이다. 민주적 방법은 공공갈등과 관련된 의사결정을 할 때 시민이나 전문가 등의 참여를 확대하는 방법이다. 공공갈등의 이해당사자나 제3의 전문가들이 직접 공공갈등 주제를 다루면서 방안을 찾는 시도이다. 오늘날 공공갈등은 다양한 이해관계나 관점들이 복합적으로 얽혀 있는 사안이어서 이를 관리하는 수단도 어떤 한 가지 방법에 의존하기보다는 다양한 방법을 복합적으로 활용하는 경우가 늘고 있다.

커뮤니케이션 메시지 측면에서 공공갈등관리를 성공적으로 하기 위해서 정부는 정서적 메시지보다는 사실적 메시지를, 일방적 메시지보다는 상호적 메시지를 주로 사용하는 것이 좋다(김찬석, 2011). 또한 지역주민이나 지역단체의 메시지는 정서적 메시지와 일방적 메시지가 많을 것이라는 생각을 갖고 공공갈등관리 커뮤니케이션에 임할 필요가 있다.

□ 연관어: 갈등전개, 이슈관리, 갈등해소

더 읽어야 할 문헌

구도환 외. 2005. 「공공갈등과 갈등 영향 분석」. 대통령자문지속가능발전위원회 편. 『공공 갈등관리의 이론과 기법(상)』, 서울: 논형.

김찬석. 2011. 「공공 갈등관리의 성공 요인과 커뮤니케이션 메시지 특성」. ≪홍보학연구≫, 15권 4호, 5~34쪽.

하혜영. 2007. 「공공갈등 해결에 미치는 영향요인 분석: 갈등관리 요인의 효과를 중심으로」. ≪한국행정학보≫, 41권 3호, 273~296쪽.

Pondy, L. R. 1967. "Organizational conflict: concepts and models." *Administrative Science Quarterly*, Vol. 12, pp. 296~320.

096

명성관리
Reputation Management

　최근 들어 PR은 단기적인 이미지관리 기능이 아니라 보다 장기적인 관점에서 조직의 명성을 관리하는 전략적 커뮤니케이션 기능으로 규정되고 있다. PR에서 평판이라는 용어로도 해석되는 명성은 조직을 둘러싼 "다양한 이해관계자가 오랜 시간에 걸쳐 형성되고 축적된 조직의 과거 및 현재 행위와 커뮤니케이션에 근거하여 조직을 총합적으로 인식하고 평가한 것"이다(차희원, 2015). 이미지는 로고, 상징, 표어(slogan), 광고 등을 사용하는 커뮤니케이션 캠페인을 통해 비교적 빠르게 의도적으로 형성될 수 있으나 명성의 경우는 다르다. 명성이란 조직의 일관된 행위와 의미 있는 정체성을 바탕으로 한 장기적이고 누적적인 커뮤니케이션을 통해 강화될 수 있는 것이다(차희원, 2015). 즉, 조직의 명성은 해당 조직이 단순히 광고나 PR 커뮤니케이션 전략을 통해 원하는 방향으로 통제하기 어려운 자산이라는 것이다.

　명성의 측정과 평가를 위해 학자들은 다양한 구성요인을 제안하고 탐색해 왔다. 폼브런(C. B. Fombrun)과 반 리엘(C. J. Van Riel)은 명성의 구성요소로서 사회적 책임성, 친숙함, 친근함, 비전과 리더십, 재무성과, 근무환경, 제품과

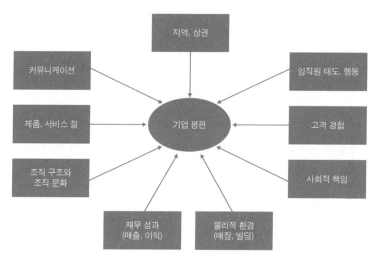

그림 10-5 **기업의 평판 형성 요인**
자료: 조삼섭(2015: 185).

서비스의 질을 제시한 바 있다(Fombrun and Van Riel, 2004). 차희원(2015)은 다양한 명성관리 이론들을 바탕으로 하여 PR커뮤니케이션 관점에서 통합명성관리 커뮤니케이션 자본모형을 제시하기도 했다. 그의 모형은 조직커뮤니케이션 자본, 관계커뮤니케이션 자본, 사회커뮤니케이션 자본으로 구성되어 있다. 학계뿐 아니라 포천(Fortune), 파이낸셜타임스(Financial Times), 다우존스(Dow Jones) 등의 기관에서도 존경받는 기업순위를 발표하는 데 있어 명성 개념과 지표를 구축해왔다. ≪포천≫은 혁신성, 인사관리, 기업자산활용, 사회적 책임, 경영진 자질, 재무건전성, 장기투자가치, 제품 서비스 품질, 글로벌 경쟁력 등을 명성을 구성하는 요소로 보고 있다. 한국 PR회사인 코콤포터노벨리는 대한민국 고유의 명성지수를 발표했으며 기업정체성, 기업 경영전략, 기업커뮤니케이션 등을 핵심 평가요소로 제시한 바 있다. 조삼섭(2015)은 다양한 명성형성 요인을 그림 10-5와 같이 정리한 바 있다(조삼섭, 2015: 185).

현재 조직 명성관리에서 PR의 역할은 과거의 단순 언론뉴스 보도관리의 틀에서 벗어나, 중장기적으로 조직 내외부의 커뮤니케이션을 관리함으로써 단기적 이미지 형성이 아닌 누적적이고 총합적인 공중의 인식을 관리하는 기능으로 변모했다. 명성관리는 특히 위기관리의 중요성이 대두되면서 더욱 각광을 받고 있다. 2017년 기술의 진보에 따른 초연결사회를 살고 있는 대한민국은 유례없는 기업 및 조직들의 위기사태를 경험했다. 즉, 조직들은 더 이상 정보 유통을 통제하기 어려워졌고, 예상하기 어려운 곳에서 발생하는 위기들로 인해 명성이 실추되는 경험을 했다. 공중들은 기업들에 대해 보다 사회적으로 책임 있는 존재가 될 것을 요구하고 있으며, 이에 따라 위기관리와 명성관리는 동반 관리되어야 하는 활동으로 자리 잡고 있다.

❏ 연관어: PR 효과, 조직-공중 관계성, 광고효과측정

더 읽어야 할 문헌

조삼섭. 2015. 「조직체 공중관계성 이론과 평판관리」. 한정호·김병희 외. 『PR학 원론』. 서울: 커뮤니케이션북스. 167~187쪽.

차희원. 2015. 『기업명성과 커뮤니케이션』. 서울: 이화여자대학교출판부.

Fombrun, C. J., & C. B. Van Riel. 2004. *Fame and Fortune: How successful companies build winning reputations.* FT Press.

097

헬스 커뮤니케이션
Health Communications

헬스 커뮤니케이션에 대한 정의는 다양하다. 헬스 커뮤니케이션 과정에서 무엇을 강조하는가에 따라서 일반형, 타깃형 그리고 목적형 정의 등 세 가지 유형으로 나눠볼 수 있다. 일반적인 정의는 헬스 커뮤니케이션에 대한 가장 광범위한 관점이라고 할 수 있는데, "헬스 케어, 즉 건강관리 과정에서의 의사 소통을 헬스 커뮤니케이션"이라 한다(Kreps and Thorton, 1992). 타깃형 정의는 헬스 커뮤니케이션의 대상공중을 부각시키는 관점으로서 이 관점에서 가장 중요한 점은 공중의 메시지 수용성이다. "타깃 공중에게 관련성이 있고 정확하고 이해할 수 있으며 접근 가능한 건강 관련 정보를 개발해 확산시키는 일을 헬스 커뮤니케이션"이라 한다(Bernhardt, 2004). 그리고 목적형 정의는 헬스 커뮤니케이션을 왜 하는지, 무엇을 추구하는지와 같이 목적을 부각시키는 관점이다. "건강하고 안전한 행동을 하도록 하고, 건강검진과 같은 건강보호와 의약품 등에 대하여 사회구성원들이 보다 용이하게 접근할 수 있도록 하기 위해 전개하는 커뮤니케이션 활동을 헬스 커뮤니케이션"이라 한다(Porto, 2007).

헬스 커뮤니케이션에 대한 세 가지 유형의 개념들을 통해 볼 때, 헬스 커뮤니케이션 개념은 일반적인 차원에서 전문적인 방향으로 그리고 타깃 중심에서 목적 중심으로 발전했다고 할 수 있다. 헬스 커뮤니케이션은 국내적으로나 국제적으로 발전하고 있다. 여기에는 네 가지 이유가 있다.

첫째, 사회구성원들의 건강 효능감이 커지고 있기 때문이다. 사회구성원들은 자신이 건강에 대한 지식이나 정보를 많이 습득할수록 건강검진 등을 통해 건강관리를 더 잘할 수 있다고 느끼고 있기 때문이다. 또한 건강은 금연, 나트륨 저감 등 일상적 생활과 밀접한 연관성이 있어서 건강관리에 대한 관심과 실천을 할수록 자신이 건강하게 살 수 있다는 믿음이 커지기 때문이다. 사회구성원들의 건강 효능감이 커진다는 것은 양질의 건강 정보를 다양한 매체를 통해 얻고자 하는 의지가 커진다는 것을 의미하기 때문에 미디어 등에서 건강 관련 정보를 더 자주 취급하면서 헬스 커뮤니케이션의 시장이 넓어지고 있다.

둘째, 감염병에 대한 글로벌 차원의 커뮤니케이션이 강화되고 있기 때문이다. 감염병 예방, 징후 포착 그리고 진화를 위해서 커뮤니케이션은 필수적이다. 감염병은 특정 국가의 헬스 커뮤니케이션 이슈가 아니라 글로벌 차원의 이슈라는 점에서 감염병 커뮤니케이션은 글로벌 차원의 협력과 연대로 발전해왔다. 또한 감염병 커뮤니케이션은 감염병이 발생했을 때 사회구성원들이 심리적으로 과도한 불안감을 갖지 않도록 하면서 대처능력을 향상시킬 수 있도록 하는 심리적 방역에 필수적이다. 감염병 발발 상황에서 사회구성원들이 과도한 공포심을 갖지 않도록 하면서 정서적 균형감을 유지하게 하고 자신을 보호할 수 있는 자구 조치를 갖게 하는 데 헬스 커뮤니케이션의 역할이 커지고 있다.

셋째, 제약회사나 병원 등이 신약이나 새로운 건강 서비스 등과 관련해서 커뮤니케이션할 필요성이 커지고 있기 때문이다. 고혈압, 당뇨 등 만성질환 치료 신약이나 개인 맞춤형 건강 서비스 등이 개발되면서 헬스 커뮤니케이션 주체 중 한 그룹인 제약회사나 병원 등이 건강 소비자들을 대상으로 한 정보 제공을 강화했다.

넷째, 보건의료 정책적 차원의 커뮤니케이션 필요성이 커지고 있다. AI나 빅데이터 등으로 대변되는 제4차 산업혁명 시기에 부합하는 보건의료 정책을 개발하고 추진하려면 이에 대한 새로운 정책 정보를 국민들에게 알리고 지지를 획득하는 역할을 헬스 커뮤니케이션이 담당해야 하기 때문이다. 우리나라에 인공지능 의사인 왓슨(Watson)이 2017년 4월 진료를 시작했고, 같은 해 5월 보건복지부가 보건의료 빅데이터추진단을 발족한 것이 이 사례이다. 또한 미국의 '오바마 케어'로 불리는 헬스케어 정책이나 한국의 의료 민영화 정책을 둘러싼 이슈들을 관리하는 데 헬스 커뮤니케이션이 필요하게 되었다.

헬스 커뮤니케이션의 영역은 의료진과 환자 사이 또는 의료진들 상호 간의 대인 커뮤니케이션에서부터 건강 캠페인이나 건강 정보를 확산하는 매스 커뮤니케이션까지 폭이 넓다. 또한 병원에서의 치료 기획회의나 스태프 보고서 등의 집단 커뮤니케이션, 병원행정이나 스태프관계 등의 조직 커뮤니케이션, 혼잣말과 같은 자아 커뮤니케이션 그리고 보건의료 정책 당국의 정책 발표나 프레젠테이션 등과 같은 공공 커뮤니케이션이 모두 헬스 커뮤니케이션의 영역이다(박동진·정의철, 2009).

미국 헬스커뮤니케이션협회(Society for Health Communication)는 변화하는 상황에서 자신들의 새로운 세 가지 영역을 밝히고 있다.

첫째, 교육과 지지(advocacy)이다. 헬스 커뮤니케이션이라는 영역에 대한 인식의 향상과 보건의료 정책에서 헬스 커뮤니케이션이 갖는 역할을 강화하는 것이다. 둘째, 우수 사례 발굴과 정보 공유이다. 헬스 커뮤니케이션을 통해 행동 변화가 일어나는 사례를 발굴하고, 헬스 커뮤니케이션의 리더십을 구축하는 데 기여하는 연계와 지원을 확충하는 것이다. 셋째, 역량 함양과 교육이다. 헬스 커뮤니케이션의 역량을 배양하고 헬스 커뮤니케이션 전문가를 활용하여 관련 기관의 능력을 신장시켜주는 것이다.

❑ 연관어: 건강해독력, 감염병 심리방역, 리스크 커뮤니케이션

더 읽어야 할 문헌

박동진·정의철. 2009. 「헬스 커뮤니케이션의 역사, 정의, 과제」. ≪헬스커뮤니케이션연구≫, 1권 1호, 33~48쪽.

Bernhardt, J. M. 2004. "Communication at the core of effective public health." *American Journal of Public Health*, Vol.94, pp.2051~2053.

Kreps, G. L. and B. C. Thorton. 1992. *Health Communications: Theory and Practice*. Prospect Heights, IL: Waveland Press.

Porto, M. P. 2007. "Fighting AIDS among adolescent women: Effects of a public communication campaign in Brazil." *Journal of Health Communication*, Vol.11, pp.453~454.

098

신뢰
Trust

신뢰는 PR의 가장 중요한 존재 이유이다. 인생의 목적이 행복에 있는 것처럼 PR의 목적은 신뢰에 있다. PR에서 신뢰는 목적이자 과정이다. 그래서 조직이 전개하는 다양한 PR활동은 이해관계자들로부터 신뢰를 얻기 위한 것이다. 예를 들어, 많은 기업들이 소비자로부터, 지역사회로부터, 투자자로부터, 미디어로부터, 정부로부터, 시민단체로부터 신뢰를 얻으려고 다양한 프로그램을 구상하고 실행한다. 그래서 조직을 둘러싼 이해관계자들 간의 영향력망에 신뢰를 주는 역할을 PR이 담당한다는 면에서 PR은 신뢰의 엔진이다.

PR에서 말하는 신뢰란 조직과 공중 간에 소통되는 메시지에 대해 공유하거나 공감하거나 지지하는 상태를 말한다. PR을 가리켜 "조직과 공중의 상호 호혜적 커뮤니케이션 활동"(Grunig and Hunt, 1984) 또는 "관계의 철학이자 실천"(김찬석, 2008)으로 정의한다. 이는 조직과 공중 간에 가교 역할을 하는 메시지에 대한 수용과 긍정으로써 신뢰를 형성하고 수준을 올리는 것이다. 기업이나 정부 조직 등 PR 주체가 신뢰를 형성하는 데 영향을 미치는 중요한 두 가지 실체적 요인이 있다. 이들은 PR 주체가 신뢰를 만드느냐 그렇지 못하냐를 결정하는 요인이다.

첫째는 메시지이다. 공중들의 조직에 대한 신뢰 여부나 신뢰의 질이나 정도는 PR 주체가 공중에게 말하는 메시지에 따라서 결정된다. 어떤 메시지가 더 신뢰를 주고 어떤 메시지가 덜 신뢰를 줄 것인지를 단정하는 것은 쉽지 않다. 왜냐하면 PR 주체가 놓여 있는 PR 상황이 제각각 다르기 때문이다. 하지만 일반적으로 신뢰를 불러오는 메시지는 사실성과 시대정신을 반영하는 경향을 나타내고 있다. 사실성이란 말 그대로 사실에 입각한 충실한 메시지를 말한다. 사실성의 가장 큰 적은 거짓말, 왜곡, 과장 등이다. 시대정신이란 공중의 마음속에 간직하거나 추구하고 싶은 가치 또는 공중들에게 정신적, 물질적 측면에서 이로운 방향성에 근거하는 메시지를 말한다. 예를 들면 존중감, 배려, 성장, 격차해소, 향상심 등 수없이 많다.

둘째는 전달자이다. 메시지가 무엇을 말하는가에 관한 것이라면, 전달자는 누가 말하는가에 관한 것이다. 동일한 메시지라 하더라도 말하는 사람이 누구냐, 즉 전달자가 달라지면 신뢰가 달라질 수 있다. 에델만월드와이드의 신뢰조사(Trust Survey) 결과에 의하면, 기술전문가를 가장 많이 신뢰하는 것으로 나타났다. 그다음으로 나와 같은 사람들 > NGO > 학술 전문가 > 금융권 전문가 > 직원 > CEO > 이사회 > 정부관계자의 순으로 조사되었다(Edelman Trust Survey, 2017). 흥미로운 점은 기술전문가의 바로 뒤를 이어 우리가 전통적으로 영향력이 있다고 인식해온 사람들이 아닌 일상적 사람들, 즉 '나와 같은 사람들(someone like my self)'이 더 큰 신뢰를 갖고 있다는 점이다.

아울러 PR활동의 방법론적 요인이 신뢰에 영향을 미친다. 기업이나 정부 등과 같은 조직이 앞에서 기술한 신뢰에 영향을 미치는 메시지와 전달자에 대해서 충분히 고려했다 할지라도 PR활동을 어떠한 방식으로 추진하느냐는 절차적 요인을 충분히 고려할 필요가 있다는 것이다. 이러한 방법론적 요인으로는 세 가지를 들 수 있다.

첫째는 공평성이다. 공평성은 기회의 제공에 차이를 두지 않는 기회의 균

등화를 의미한다. PR활동이 공중의 기회를 제한하거나 차별을 두는 방향으로 흘러간다면 공중들은 신뢰하는 데 주저할 것이다.

둘째는 언행일치이다. 말과 행동이 일치하지 않는 PR활동은 공중의 신뢰를 얻는 것과는 거리가 멀다. 왜냐하면 말과 행동은 조직이 공중과 소통하는 주요 메시지이지만, 성격상으로 볼 때 말은 쉽고 행동은 어렵기 때문이다. 오늘날 공중들은 메시지를 말하는 것, 즉 메시지 텔링(message-telling)보다 메시지를 실천하는 것, 즉 메시지 두잉(message-doing)을 하는 조직에 대해서 더 많은 신뢰와 지지를 보낸다. 말이 주는 진정성의 무게보다 행동이 주는 무게감이 더 크게 공중들에게 다가가기 때문이다. 그래서 예를 들면, 스토리를 말하는 기업은 좋은 기업이지만 스토리를 실천하는 기업은 위대한 기업이라고 불리기도 한다.

셋째는 능력이다. 능력이란 PR활동을 통해서 무언가를 해낼 수 있는 역량이다. 전문성이 대표적이다. PR에서 능력, 곧 전문성이란 의제의 설정과 나비효과를 관리할 수 있는 힘을 말한다. 기업이나 정부 등 조직이 다양한 채널을 통해 메시지를 공유하고 소통하려는 목적은 자신이 주도하는 의제를 만들려는 것이다. 물론 의제가 넓으냐 좁으냐는 있겠지만, 의제는 그 조직의 존재이유와 지향 가치를 나타낸다. 의제 설정이 조직이 부각시키려는 PR활동의 목적이라고 한다면, 나비효과 관리는 이슈가 위기로 전환되지 않도록 관리하는 위기관리이다. 기업이나 정부와 같은 조직 경영을 위협하는 리스크 요인이나 부정적 요인이 무엇인지를 살펴서 이를 예방하거나 관리함으로써 큰 경영 위기로 만들지 않는 것이 나비효과 관리의 핵심이다. 이 두 가지 능력이 기업이나 정부 등과 같은 조직에 대한 공중의 신뢰에 큰 영향을 미친다.

"열매를 맺지 않은 꽃은 심으려 하지 말고 신의 없는 친구는 사귀지 말라(不結子花 休要種 無義之朋 不可交"라는『명심보감』의 글귀처럼, 신뢰를 얻지 못하는 조직의 PR활동은 껍데기이다.

❑ 연관어: 메시지, 전달자, 스토리두잉

더 읽어야 할 문헌

김찬석. 2008. 『사례로 본 PR경영』. 서울: 커뮤니케이션북스.
Edelman Trust Survey. 2017. 2017 에델만 신뢰도 지표 조사: 한국편. http://www.edelman.kr/wp-content/
    uploads/insight/93562017%20Trust%20Barometer_South_Korea_(Korean).pdf
Grunig, J. E., and T. Hunt. 1984. Managing Public Relations, New York: Holt Rinehart & Winston.

099

임파워먼트
Empowerment

권한부여, 권한위임, 권한이양으로 해석되는 임파워먼트는 일터에서 구성원의 자율성을 증진하여 동기를 부여하고, 구성원이 자신의 일에서 가치와 의미를 찾을 수 있도록 하는 방법으로서 논의되어왔다(Moye and Henkin, 2006; 이유나, 2008). PR은 사내커뮤니케이션 관리를 통해 구성원 임파워먼트에 기여하는 조직경영기능이다. 그러나 뉴미디어 기술의 발전으로 인해 조직에 대한 자신들의 의견들을 보다 직접적으로 표현하고 신속하게 조직화된 행동을 벌이는 새로운 공중들이 등장하면서 임파워먼트 개념은 다양한 PR영역으로 확장되고 있다.

심리학적인 관점에서 임파워먼트는 개인의 자기효능감에 대한 믿음이 증진되는 과정으로 규정된다(Conger and Kanungo, 1988: 474). 슈프라이처(G. M. Spreitzer)는 임파워먼트가 의미(meaning), 능력(competence), 자기결정권(self-determination), 영향력(impact)의 네 가지 요소로 구성된다고 했다(Spreitzer, 1995: 1443). 첫째, '의미'는 어떤 일의 목표나 목적의 가치가 개인의 이상이나 기준에 얼마나 부합하는가를 살피는 차원이다. 둘째, '능력'은 개인이 능숙하게 무엇인가를 해낼 수 있다고 믿는 정도를 말한다. 셋째, '자기결정권'은 개인이 어떤 활동과 과정을 시작하거나 지속할 수 있는 자율성의 정도를 의미하고, 마지막으로 '영향력'은 개인이 어떤 활동의 결과물에 대한 영향력을 얼마나 행사할 수 있는가를 지칭한다(Spreitzer, 1995).

상위자가 부하의 기여에 대해 간단한 구두 칭찬을 해주는 것, 성과에 대한 금전적 보상 등이 구성원 임파워먼트를 이끌어내는 요소라고 간주되어왔으며, 특히 관리자들의 대인 커뮤니케이션 행동이 구성원들의 임파워먼트 경험에 영향을 끼친다고 보고된 바 있다(Conger and Kanungo, 1988). 다시 말해 기존의 구성원 PR에서 주된 관심사는, 어떻게 하면 사내 커뮤니케이션을 통해 중간관리자나 지도자가 구성원이 자신의 일에 대해 의미를 느끼고, 자신의 능력에 대한 믿음을 키우고, 업무활동과 과정을 자율적으로 진행할 수 있다고 생각하고, 결과물에 실질적인 기여를 할 수 있다고 인식하도록 도울 수 있는가에 있었다고 할 수 있다. 그간 PR연구에서는 쌍방향적이고 균형적인 커뮤니케이션 방식이 호혜적인 조직-공중 관계경영에 기여함을 확인해왔다(Grunig, Grunig and Dozier, 2002; Kim and Rhee, 2011). 조직의 주요 공중의 하나인 구성원들의 경우도 예외 없이 정보접근성, 긍정성, 개방성, 상호존중성, 연대성 등의 쌍방향적인 커뮤니케이션 패턴이 존재할 때 임파워먼트를 느끼는 것으로 보고된 바 있다(이유나, 2008).

임파워먼트는 구성원 PR영역뿐 아니라 뉴미디어 시대의 공중행동을 이해하는 데도 적용되고 있다. 뉴미디어 기술의 발달을 토대로 한 소셜미디어의 등장과 확산은 PR영역에 큰 영향을 끼쳤다. 기존의 PR활동은 TV나 신문과 같은 대중매체를 활용해 공중들에게 기업의 정보를 일방향적으로 전달하여 태도나 행동의 변화를 꾀하는 데 중점을 두어왔다. 그러나 소셜미디어의 부상은 공중들이 자발적으로 특정 기업에 대한 자신의 의견이나 경험을 표출하고 공유하고 확산하는 적극적인 커뮤니케이션 행동을 하도록 만들고 있다(Lariscy, Avery, Sweetser and Howes, 2009; Solis and Breakenridge, 2009). 즉, 공중들이 소셜미디어의 발달로 인해 전례 없는 임파워먼트를 경험했다는 것이다. 그러나 소셜미디어 시대의 PR에 있어 임파워먼트 개념을 적용한 연구 성과의 축적은 아직 미미한 상태이며 향후 더욱 활발한 탐색이 요구된다.

임파워먼트는 비단 공중에 국한되어 적용되는 개념은 아니다. 우수PR이론에 따르면, 조직의 의사결정진이나 최고경영진이 PR기능에 힘을 실어주고 가치를 인정해주는 임파워먼트가 일어나야만 조직의 효과적인 운영에 제대로 기여할 수 있다. 즉, PR기능 자체, 혹은 PR실무자 개인 단위에서의 힘 실어주기가 부재할 때는 우수한 PR활동을 기대할 수 없다는 것이다. 구체적으로 우수PR이론에서는 PR부서가 마케팅과 분리되어 독립적으로 운영될 것, 최고 의사결정진의 지지가 있을 것, PR 리더가 최고 의사결정집단에 속해 있을 것 같은 조건을 제시하고 있으며, 이러한 조건이 충족된 조직들의 PR 성과가 더 우수하다는 것을 실증연구를 통해 밝혀낸 바 있다.

❑ 연관어: 조직-공중 관계성, 사원관계, 인게이지먼트, 자기효능감

더 읽어야 할 문헌

이유나. 2008. 「사원 커뮤니케이션에서의 대인 커뮤니케이션 전략, 임파워먼트, 대인적 신뢰 간의 관계」. ≪커뮤니케이션학연구≫, 16권 4호, 5~27쪽.

Conger, J. A., and R. N. Kanungo. 1988. "The empowerment process: Integrating theory and practice." *Academy of Management Review*, Vol.13, No.3, pp.471~482.

Grunig, L. A., J. E. Grunig and D. M. Dozier. 2002. *Excellent public relations and effective organizations: A study of communication management in three countries*. Mahwah, NJ: Lawrence Erlbaum Associates.

Kim, J. M., and Y. Rhee. 2011. "Thinking strategically about employee communication behavior(ECB) in public reltaions: Testing the models of megaphoning and scouting effects in Korea." *Journal of Public Relations Research*, Vol.23, No.3, pp.243~268.

Lariscy, R. W., E. J. Avery, K. D. Sweetser and P. Howes. 2009. "Monitoring public opinion in cyberspace: How corporate public relations is facing the challenge." *Public Relations Journal*, Vol.3, No.4, pp.1~17.

Moye, M. J., and A. B. Henkin. 2006. "Exploring associations between employee empowerment and interpersonal trust in managers." *Journal of management development*, Vol.25, No.2, pp.101~117.

Solis, B., and D. K. Breakenridge. 2009. *Putting the public back in public relations: How social media is reinventing the aging business of PR.* FT Press.

Spreitzer, G. M. 1995. "An empirical test of a comprehensive model of intrapersonal empowerment in the workplace." *American Journal of Community Psychology*, Vol.23, No.5, pp.601~629.

100

상호지향성
Coorientation

상호지향성 개념은 커뮤니케이션학 영역에 도입된 심리학 이론이다(McLeod and Chaffee, 1973; Newcomb, 1953). 간단히 말해서, 상호지향성은 동일한 사물이나 이슈에 대해 두 사람이 가질 수 있는 서로 다른 의견을 다면적으로 구조화시킨 것이다. 상호지향성 개념은 PR에서 조직과 공중 간 인식의 차이를 비교 분석하는 데 주로 적용되었으며, 그림 10-6과 같이 표현될 수 있다.

그림 10-6에서 알 수 있듯이, 상호지향성 모델은 네 가지 차원으로 구성된다. 이슈나 문제에 대한 조직의 의견, 공중의 의견, 공중의 의견에 대한 조직의 추측, 조직의 의견에 대한 공중의 추측이 그것이다. 네 가지 차원 간의 간극을 살펴봄으로써, 조직 – 공중 간 관계에서 발생할 수 있는 오해나 갈등을 최소화하고 상호이해를 도모하여 관계개선과 유지를 도울 수 있다. 그림 10-6에서 보이는 것처럼, 합의(agreement)는 조직과 공중이 어느 정도로 유사한 인식을 가지고 있는가를 가리키며, 인식된 합의(perceived agreement or congruence)는 조직이나 공중이 각자 상대의 인식과 자신의 인식이 얼마나 일치한다고 생각하는가를 보는 것이다. 정확성(accuracy)은 조직의 인식과 공중

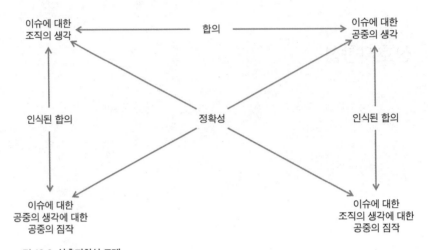

그림 10-6 **상호지향성 모델**
자료: 김영욱(2003: 145)에서 재인용.

의 조직 인식에 대한 추측 혹은 공중의 인식과 조직의 공중인식에 대한 추측
사이에 차이가 있는지를 살펴보는 것이다.

브룸(G. M. Broom)과 도지어(D. M. Dozier)는 조직-공중 사이의 합의와 각
자가 지닌 인식된 합의 상태 간의 비교를 통해 동의, 불일치, 가짜분쟁, 가짜
동의라는 네 가지 상태를 도출할 수 있다고 했다(Broom and Dozier, 1990). 특
히 가짜분쟁상태는 실제는 서로 합의를 이루고 있지만 분쟁이 있다고 생각하
는 것이다. 가짜동의상태는 실제로 서로의 의견이 불일치하는데도 서로 합
의를 이루고 있다고 잘못 간주해버리는 경우를 말한다. 우리나라에서 큰 사
회적 이슈가 되었던 2017년 사드(Terminal High Altitude Area Defense missile:
THAAD) 배치 문제에 이를 가설적으로 적용해보자. 우리나라 국방부(조직)는
국가안보의 차원에서 사드배치에 찬성하고 있으며, 배치 장소로 지정된 성주
시민(공중)도 이에 찬성한다고 짐작하고 있어 인식된 합의가 존재하는 것으로
판단할 수 있다.

그러나 정작 국방부의 생각과는 달리 성주시민들이 사드배치에 반대했다

면 국방부의 인식된 합의에 대한 판단은 틀린 것이다. 이 경우에 국방부의 잘못된 인식으로 기획된 커뮤니케이션은 성주시민들과의 갈등을 야기할 수밖에 없다. 반대 경우로, 국방부와 성주시민들이 실제로는 사드배치에 대해 합의를 이루고 있는데도 불구하고 국방부가 성주시민들이 반대했다고 짐작한다면 이는 가짜분쟁상태에 해당된다. 또는 국방부와 시민들이 서로 사드배치에 대한 합의를 이룬 상태이지만, 성주시민들이 정부가 사드를 성주에 배치하는 것을 부정적으로 보고 철회하고자 한다고 짐작하는 경우도 가짜분쟁상태가 될 수 있다. 이러한 가짜분쟁의 상태는 면밀한 소통을 통해 해결할 수가 있다.

결국 가장 중요한 것은 해당 사안을 바라보는 공중의 생각에 대한 조직의 짐작과 공중의 실제 생각 사이의 차이, 즉 정확도를 파악하는 것이다. 김영욱(2003)이 설명한 것처럼, 정확성의 측정은 동일 사안에 대한 조직-공중 간 오해의 여부를 살펴보는 것이며 이러한 분석이 전제되지 않으면 효과적인 소통과 관계관리가 이루어지기 어렵다. 이와 같이 상호지향성 개념은 특히 공공 갈등 상황에서 매우 유용하게 사용될 수 있는 소통분석틀이라고 할 수 있다.

❏ 연관어: 공중, PR 효과, 조직-공중 관계성

더 읽어야 할 문헌

김영욱. 2003. 『PR커뮤니케이션』. 서울: 이화여자대학교출판부.

Broom, G. M., and D. M. Dozier. 1990. "Using research in public relations role models." *Public Relations Review*, Vol. 12, pp.37~56.

McLeod, J. M., and S. H. Chaffee. 1973. "Interpersonal approaches to communication research." *American Behavioral Scientist*, Vol.16. No.4. pp.469~499.

Newcomb, T. M. 1953. "An approach to the study of communicative acts." *Psychological Review*, Vol.60, pp.393~404.

찾아보기

필자 소개

김병희는 현재 서원대학교 광고홍보학과 교수이다. 서울대학교 국어국문학과를 졸업하고 연세대학교 석사를 거쳐 한양대학교 광고홍보학과에서 광고학 박사를 받았다. 『광고로 보는 미디어 테크놀로지의 소비문화사』, 『창의성을 키우는 통섭 광고학』(시리즈 5권) 외 다수의 저서를 출판했고, "Advertising Creativity in Korea: Scale Development and Validation", 「광고의 새로운 정의와 범위: 혼합연구방법의 적용」 외 다수의 논문을 발표했다. 한국PR학회 제15대 회장을 역임했고, 광고 창의성 척도개발 논문으로 한국갤럽학술상 대상(2011)을 수상했다.
kimthomas@hanmail.net

김찬석은 청주대학교 광고홍보학과 교수이다. 제일기획 차장, 씨티은행 홍보이사 등을 역임했으며, 중앙대학교에서 언론학 박사 학위를 취득하고, 미국 서던캘리포니아대학교(USC)에서 방문교수를 지냈다. 한국PR학회장을 역임했으며 관심분야는 정책PR, 위기관리, 갈등관리, 브랜드 마케팅 등이다. 주요 저서로는 『사례로 본 PR경영』, 『트리플 미디어와 광고기획』(공저), 『광고홍보 실무특강』(공저), 『PR 직업』(공저) 등이 있으며, 국내외 저명 학술지에 "Chinese Immigrants in Korea: The Relationship between Interpersonal Communication and Acculturation", 「외국인 유학생 행동의도에 영향을 미치는 요인들 간의 경로분석 연구」 등 다수의 논문을 발표했다.
luckyk55@naver.com

김효규는 동국대학교 광고홍보학과 교수이다. 고려대학교 신문방송학과에서 학사와 석사를 취득하고, 미국 텍사스 대학교 오스틴(University of Texas at Austin)에서 광고학 박사를 취득했다. 제일기획 미디어전략연구소에서 근무한 경력이 있으며, 주요 관심 분야는 미디어 환경 변화에 따른 매체 운영 전략과 효과 측정이다.
hgkim@dongguk.edu

이유나는 한국외국어대학교 미디어커뮤니케이션학부 교수이다. 이화여자대학교를 졸업하고, 미국 매릴랜드 대학에서 저널리즘 석사, 커뮤니케이션학 박사학위를 취득했다. 미국 Ogilvy PR, Ketchum PR에서 근무한 경력이 있고, 관심 연구 분야는 사원관계PR, 글로벌PR, 정부-정책PR 등이며, 저서로는 『글로벌PR』, 『빅데이터와 국가브랜딩』(공저)이 있다.
yrhee@hufs.ac.kr

이희복은 상지대학교 언론광고학부 교수이다. 한국외국어대학교에서 석사를, 경희대학교에서 박사학위를 취득했다. 관심분야는 광고카피와 슬로건, 광고산업과 정책, 도시 브랜드, 광고활용교육 등이다. 주요 저서로는 『설득의 수사학 슬로건』, 『도시브랜드 슬로건 전략』, 『광고활용교육』, 『소셜미디어시대의 광고』(공저), 『미디어 스마트』(공저) 등이 있다.
boccaccio@hanmail.net, facebook.com/leeheebok

최세정은 고려대학교 미디어학부 교수이다. 미시건 주립 대학교(Michigan State University)에서 광고학 석사, 매스미디어(광고) 박사학위를 취득했다. 오리콤에서 AE로, 텍사스 오스틴 대학교 (University of Texas at Austin)에서 조교수와 부교수로 근무한 경력이 있으며, 주 관심 분야는 디지털 환경에서의 소비자 심리, 광고 전략과 효과이다.
bluemarina73@korea.ac.kr

한울아카데미 2042
KADPR 지식총서 1

100개의 키워드로 읽는 광고와 PR

ⓒ 한국광고홍보학회, 2017

지은이 김병희·김찬석·김효규·이유나·이희복·최세정
기획 및 저술 지원 한국광고홍보학회
펴낸이 김종수
펴낸곳 한울엠플러스(주)
편집책임 배유진

초판 1쇄 인쇄 2017년 10월 24일
초판 1쇄 발행 2017년 11월 7일

주소 10881 경기도 파주시 광인사길 153 한울시소빌딩 3층
전화 031-955-0655
팩스 031-955-0656
홈페이지 www.hanulmplus.kr
등록번호 제406-2015-000143호

Printed in Korea
ISBN 978-89-460-7042-4 93320(양장)
ISBN 978-89-460-6397-6 93320(학생판)

* 이 도서는 한국언론진흥재단의 후원을 받아 출판되었습니다.
* 책값은 겉표지에 표시되어 있습니다.
* 이 도서는 강의를 위한 학생판 교재를 따로 준비했습니다.
  강의 교재로 사용하실 때는 본사로 연락해주십시오.